월말통신·월보·회보와 함께 읽는

정전 훈련법

'일원상' 자리에 근거하는 훈련법

글 · 방길튼

WON BOOK 원불교출판사

| 프롤로그 |

월말통신·월보·회보와 함께 읽는
『정전 훈련법』과 『정전 수행법』을 발간하며

원기105년(2020)에 교강선포100주년을 맞이하여 이를 기념하기 위한 공부 모임을 「원불교대장간」 공부인들과 함께했다. 이 모임은 필자의 강의에 따라 『정전』 교의편의 '사은·사요'와 '삼학·팔조' 및 '양대요도'와 '사대강령'을 연이어 연찬해 가는 과정이었으며, 또한 《월말통신》《월보》《회보》 중 소태산 대종사의 법설과 초창기 제자들의 글을 『정전』 총서편과 교의편의 순서에 따라 선별하여 강독講讀해 가는 연속이었다.
그리하여 이러한 공부의 결실을 '월말통신·월보·회보로 읽는 『정전 공부법』(총서편·교의편)'이란 제목으로 발간하였다.

이후 원기106년(2021)부터는 그 후속 작업으로 『정전』 수행편 및 이에 해당하는 《월말통신》《월보》《회보》의 법설과 회설·논설·감상담·시 등의 글을 강독하는 모임을 꾸준히 이어왔다.
이 공부로 『정전』 수행편의 한 단어 한 구절마다 소태산 대종사의 법설과 초기교단의 공부담으로 풍성하게 독해하였고, 공부와 사업에 매진했던 초창기 교단의 정서를 감득感得하는 기회도 되었다.
또한 공부의 적공을 '월말통신·월보·회보와 함께 읽는 『정전 훈련법』', '월말통신·월보·회보와 함께 읽는 『정전 수행법』'이란 제목으로 담아내기에 이르렀다.

책 구성은 필자가 유튜브 《원불교주유소》 「길튼교무의 정전이야기」에 올린 강의 원고를 다듬어 '뜻풀이' '더보기' 등의 형식으로 엮었으며, 《월말통신》《월보》《회보》에 실

린 소태산 대종사의 법설과 선진[제자]들의 회설·논설·감상 등을 선별해 이해를 돕고 체감의 숨결을 불어 넣는 '안내의 글'을 덧붙였다. 그리고 몇몇 글에 윤명화 교무와 조수원 정토가 감상담을 달았다.

그리고 《월말통신》《월보》《회보》에서 선별한 글은 가독성이 떨어지지 않을 정도만큼 현대 문법으로 다듬었음을 밝혀둔다.
아무쪼록 『정전 훈련법』과 『정전 수행법』이 원불교 3대[원기108년]를 마무리하고 4대[원기109년 이후]를 맞이하는 이 시점에서 『정전』 수행편의 정기·상시의 훈련법과 각종 방법으로 전개된 수행법을 잘 안내하는 마중물 또는 디딤돌이 되기를 희망한다.

원기107년(2022) 6월 6일
익산총부-황등역 간 옛길[물문다리]에서
길산 방길튼 교무 합장

차례

※ 『정전』은 제1 총서편, 제2 교의편, 제3 수행편으로 구성되어 있다. 『정전 훈련법』은 '제3 수행편' 1장~6장에 해당한다.

《월말통신》《월보》《회보》로 독해하기

『정전』 수행편의 구성

『정전』은 제1 총서편과 제2 교의편과 제3 수행편으로 구성되어 있다.

〈총서편〉은 회상관인 개교의 동기와 교법관인 교법의 총설로 이루어져 있다면, 〈교의편〉은 일원상을 첫 장으로 사은·사요·삼학·팔조 등의 교의가 펼쳐져 있으며, 〈수행편〉은 이러한 총서편의 의지와 교의편의 방향에 따라 각종 훈련법과 수행법으로 구성되어 있다. 마치 건물의 기초가 있고 설계에 따른 구조와 간의 기능이 있듯이 『정전』 편마다 고유의 역할이 있다.

그러므로 『정전』 제3 수행편은 〈총서편〉의 비전에 기반하고 〈교의편〉의 설계에 따라 구체적인 수행 방법으로 구성되어 있다.

이러한 〈수행편〉의 편성 차례를 편의에 따라 임의로 나누어 본다면 제1장부터 6장까지를 전반부로, 제7장에서 17장까지를 후반부로 구분할 수 있다.

〈수행편〉의 전반부인 1장부터 6장까지는 교리강령의 실천 덕목인 '일상 수행의 요법'을 비롯하여 '정기훈련법'과 '상시훈련법' 그리고 '염불법'을 비롯한 각종 훈련법이 제시되어 있다면, 후반부인 7장에서 17장까지는 '무시선법'을 비롯한 '참회문' '심고와 기도' '불공하는 법' '최초법어' 등 자신自身 수행과 활용活用 수행의 각종 수행법이 제시되어 있으며 수행 정도의 척도인 법위등급으로 마무리 짓고 있다.

이를 세밀하게 구분한다면 첫째, 수행편의 서론인 '일상 수행의 요법'과 둘째, 수행편의 본론 1부인 훈련법과 셋째, 수행편 본론 2부인 수행법 그리고 넷째, 수행편의 결론인 '법위등급'으로 분류한 것이다.

〈표〉『정전』 수행편의 구성

<table>
<tr><td rowspan="2">전반부</td><td>서론</td><td>1장</td><td></td><td>일상 수행의 요법</td></tr>
<tr><td>본론(1부)</td><td>2~6장</td><td>훈련법</td><td>정기훈련법, 상시훈련법, 염불법, 좌선법, 의두요목, 일기법</td></tr>
<tr><td rowspan="2">후반부</td><td>본론(2부)</td><td>7~16장</td><td>수행법</td><td>무시선법, 참회문, 심고와 기도, 불공하는 법, 계문, 솔성요론, 최초법어, 고락에 대한 법문, 병든 사회와 그 치료법, 영육쌍전법</td></tr>
<tr><td>결론</td><td>17장</td><td></td><td>법위등급</td></tr>
</table>

이처럼 『정전』 수행편은 전반부와 후반부로 크게 나눌 수 있으며, 세밀하게는 4부분으로 구분해 볼 수 있다. 『정전』 수행편의 차례에 나름의 구분을 한 것이다.

이렇게 구분하는 의도는 『정전』 수행편을 이해하고 체득하는 효율적인 방법이라 여겨지기 때문이다. 이에 『정전』 수행편을 훈련법과 수행법으로 대별하여 '정전 훈련법'과 '정전 수행법'이란 이름으로 양분해서 살펴보고자 한다.

더불어 《월말통신》《월보》《회보》에 실린 『정전』 수행편과 관련된 소태산 대종사의 법설과 제자들의 회설·논설·감상담·시 등을 통해 독해讀解하는 힘을 더하고자 한다.

제3
수행편
修行編

일상 수행과 훈련법

●●● '정전正典 수행편'의 차례 개괄

『정전』은 제1 총서편, 제2 교의편 제3 수행편으로 구성되어 있으며, 제3 수행편은 17장으로 엮어져 있다. 수행편에는 양대요도인 공부의 요도 삼학팔조와 인생의 요도 사은사요의 구체적 실행 방법이 제시되어 있다.
즉 정기훈련법과 상시훈련법, 염불법, 좌선법, 의두요목, 일기법, 무시선법, 고락에 대한 법문 등은 공부의 요도에 해당한다면, 심고와 기도, 불공하는 법 그리고 병든 사회와 치료법 등은 인생의 요도에 해당한다.

제1장 일상 수행의 요법은 수행편의 첫머리로써 일상에서 교리강령을 실천하는 요긴한 덕목으로 원불교 수행의 큰 줄거리이다.

제3 수행편修行編
  제1장 일상 수행의 요법

이어서 제2장은 정기훈련과 상시훈련이 3절로 구성되어 있다.
1절은 일명 정기훈련 11과목인 정기훈련법과 2절은 상시 응용 주의사항과 교당 내왕시 주의사항인 상시훈련법, 3절은 정기훈련법과 상시훈련법의 관계가 제시되어 있다.

제2장 정기훈련定期訓練과 상시훈련常時訓練
  제1절 정기훈련법
  제2절 상시훈련법
  제3절 정기훈련법과 상시훈련법의 관계

훈련법은 개교의 동기의 '사실적 도덕의 훈련'의 구체적인 실행 방법이다.
이처럼 훈련은 기질 단련을 통한 기질 변화를 추구하는 수행의 또 다른 표현이다.

이어서 제3장~제6장까지는 이러한 훈련의 구체적인 방법을 제시하고 있다.
제3장에서는 염불법을, 제4장에서는 좌선법을, 제5장에서는 의두요목을, 제6장에서는 일기법을 훈련의 방법으로 제시한다.
염불법, 좌선법, 의두요목, 일기법은 정기훈련의 과목이면서 상시훈련의 조목이다.

제3장 염불법念佛法
제4장 좌선법坐禪法
제5장 의두요목疑頭要目
제6장 일기법日記法

이처럼 제1장에서 제6장까지를 '일상 수행과 훈련법'으로 구분해서 묶을 수 있다.

제7장~제12장에서는 각각의 구체적인 수행 방법이 등장한다. 수행법의 활용이다.
제7장은 무시선법으로 선을 통한 마음공부 법을,
제8장은 참회문으로 참회를 통한 마음공부 법을,
제9장은 심고와 기도, 제10장은 불공하는 법,
제11장에는 계문, 제12장에는 솔성요론을 밝히고 있다.

제7장 무시선법無時禪法
제8장 참회문懺悔文
제9장 심고心告와 기도祈禱
제10장 불공佛供하는 법
제11장 계문戒文
제12장 솔성요론率性要論

제7장 무시선법과 제8장 참회문이 대대待對가 되며, 제9장 심고와 기도와 제10장 불공하는 법, 그리고 제11장 계문과 제12장 솔성요론이 대대가 된다.

제13장부터 제16장까지는 또 다른 방식으로 수행법을 활용하여 종합한다.

제13장 최초법어는 수신의 요법, 제가의 요법, 강자·약자 진화상의 요법, 지도인이 준비할 요법으로 포괄하고 있으며,

제14장 고락에 대한 법문은 고락의 시각을 통해 개교의 동기의 광대무량한 낙원으로 인도하는 방법을 온전한 생각으로 정당한 고락은 취하고 부정당한 고락은 버리기는 취사하기를 주의하는 수행이며,

제15장 병든 사회와 그 치료법은 사회와 문명의 병리 현상을 사은사요로 치료하는 병든 문명의 치료법이며,

제16장 영육쌍전법은 수도와 생활이 둘이 아닌 산 종교 및 새로운 문명을 제시하고 있다.

제13장 최초법어最初法語

제14장 고락苦樂에 대한 법문

제15장 병病든 사회와 그 치료법

제16장 영육쌍전법靈肉雙全法

그리고 제17장 법위등급으로 마무리한다.

제17장 법위등급法位等級

법위등급은 삼대력의 법력에 따라 법위의 실제를 제시하고 있다.

그러므로 법위등급에 따라 수행편의 실제를 점검하고 증명해야 하며, 수행편에 제시된 모든 수행 방법은 법위등급으로 확인되어야 한다.

이처럼 제7장에서 제17장까지를 묶어서 '수행법과 법위등급'으로 구분할 수 있다.

『원불교교전』 편성 시, 수행편은 수행·훈련·활용의 각 조목과 법위등급이 있다고 설명하고 있다. 수행편의 수행은 신앙·서원·불공·봉공 등 모든 실천 수행을 포괄하는 수행이다.

덧붙여서 『정전』 제1 총서편과 제2 교의편의 차례를 살펴보면,
먼저 제1 총서편은 제1장 '개교의 동기'와 제2장 '교법의 총설'로 이루어져 있으며, '개교의 동기'가 원불교의 설립 동기와 목적이라는 회상관·교단관이라면 '교법의 총설'은 원불교 교법의 성향을 나타내고 있는 교법관이다.
『원불교교전』 편성 시, 총서편은 물질이 개벽되니 정신을 개벽하자는 '개교의 동기'와 불법佛法 및 만법萬法의 일원화一圓化인 '교법의 총설'이라고 해설한다.
총서편은 교의편과 수행편의 나침반 같은 역할로, 총서편의 지침을 잃어버린 교의편과 수행편은 길 잃은 방황이라 할 것이다.

또한 제2 교의편은 교법의 설계도로 일곱 장으로 구성되어 있는데, 3부류로 대별할 수 있다.
첫 부류는 제1장 일원상이며, 둘째 부류로 제2장 사은, 제3장 사요, 제4장 삼학, 제5장 팔조이며, 셋째 부류는 제6장 인생의 요도와 공부의 요도, 제7장 사대강령으로 분류할 수 있다.
특히 제1장에서 제5장까지는 원불교의 기본 교리인 일원상과 사은사요 삼학팔조로 구성되어 있다.

소태산 대종사의 교법은 한마디로 일원상의 진리에 근원한 사은사요 삼학팔조이다. 이 교법의 체계를 벗어나면 원불교의 정체성을 잃는 것이다. 소태산은 일원상의 진리를 깨달아 사은사요 삼학팔조의 법을 펴신 것이다.

일원대도에 근원 하여 인생의 요도인 사은사요와 공부의 요도인 삼학팔조의 양대兩大요도로 양립한다.
사은사요는 삼학팔조로 운영하고 삼학팔조는 사은사요로 작용하여야 한다. 삼학팔조에서 이탈한 사은사요는 무력하고 사은사요를 벗어난 삼학팔조는 가치 없기 때문이다. 삼학팔조로 운영되는 사은사요일 때 효과 있는 사은사요이며, 사은사요로 드러나는 삼학팔조일 때 효력 있는 삼학팔조가 되는 것이다.

또한 인생의 요도 사은사요와 공부의 요도 삼학팔조를 다시 네 기둥으로 세워 교의편을 종결한다. 이념적 기준과 실천 강령으로 세운 것이다.
일원상 자리에 바탕한 삼학팔조를 정각정행으로 밝히고,
일원상 자리에 근원한 사은사요를 지은보은으로 밝히어,
일원상 자리에 근본한 불법활용으로 마음공부 하라는 것이며,
일원상 자리에 근거한 무아봉공으로 자리이타를 실천토록 하고 있다.

『원불교교전』 편성 시, "교의편은 최고 종지인 '일원상', 신앙문이며 인생의 요도인 '사은사요', 수행문이며 공부의 요도인 '삼학팔조', 총체적 지도 강령인 '사대강령'이라" 설명한다.

이처럼 『정전』은 소태산 대종사의 깨달음의 내용이요 포부와 경륜의 결집이며, 특히 수행편에서 구체적인 수행 방법을 제시하고 있다.

●●● '수행편'의 수행이란?

『정전』 제1 총서편이 회상관과 교법관이 담긴 소태산 대종사의 포부와 경륜의 총괄이라면, 제2 교의편은 일원상을 위시한 사은·사요와 삼학·팔조의 교리를 체계적으로 밝히고 있다.
그러므로 제3 수행편은 총서편의 의도와 교의편의 뜻을 받아서 구체적인 수행으로 전개되어 있다. 수행편의 갖가지 수행법에는 총서편의 의지와 교의편의 가르침이 담겨 있는 것이다.
이처럼 『정전』 수행편에는 총서편과 교의편의 기반 위에 신앙·수행의 구체적인 실행 방법이 망라되어 있다.
만일 수행편에 대한 각자의 경험과 체험이 총서편의 뜻에 어긋나고 교의편의 방향에 거슬리면 그것은 소태산의 수행법은 아니다.

『교고총간』 제6권 '교전 제2차 감수의 서한선選' 중 〈결의사항개요〉의 한 대목이다.
" …… '심고와 기도, 불공하는 법은 수행편 제9장과 제10장으로 편입, 이 두 장은 신앙 관계인데 어찌 수행편에 편입할 수 있느냐' 하여 신앙편 독립설까지 있었으나 결국 교의편은 교리의 이론적 해의이고 수행편은 교리의 실천적 방법이지 신앙과 상대되는 의미의 수행이 아니니 신앙에 관계되는 이 양편을 전기前記와 같이 편입하는 것이 가하다고 합의되었습니다. 일상 수행의 요법부터가 사은사요를 다 포함하지 않았느냐는 말씀이 나왔습니다."

위의 결의사항처럼 교의편은 '교리의 이론적 해의'이고 수행편은 '교리의 실천적 방법'으로, 수행편의 수행은 실천 실행을 뜻한다. 『정전』 수행편의 수행은 신앙을 포괄하는 수행으로, 신앙과 수행을 실천·실행하라는 의지이다. 신앙과 수행의 적공이라 해도 타당할 것이다.
결국, 수행편의 수행은 신앙을 포괄하는 교리의 실천적 방법이지 신앙과 상대되는 의미의 수행은 아니라는 것이다.

일반적으로 좁은 의미의 신앙을 타력신앙, 좁은 의미의 수행을 자력신앙이라 하며, 이를 포괄하여 자타력 병진신앙自他力竝進信仰 또는 신앙과 수행 병행이라 한다. 이를 넓은 의미의 수행이라 한다.

『정전』 수행편의 수행은 신앙과 수행을 포괄하는 넓은 의미의 수행이며 일상 수행의 요법의 수행도 사은사요를 포괄하는 넓은 의미의 수행이다.
『정전』 제3 수행편 제1장 「일상 수행의 요법」의 수행은 삼학팔조와 사은사요를 일상에서 실행하고 실천하라는 구체적인 담론이다. 일상 수행의 요법 1~4조는 삼학팔조의 실천 방법이 제시되어 있고, 5~9조는 사은사요의 실천 방법이 제시되어 있다. 그러므로 삼학팔조만 수행이 아니라 사은사요도 수행이다.
그러므로 신앙과 수행은 둘이 아니라 상통한다. 한 자리를 신앙으로 또는 수행으로 나투는 것으로 중심축과 방법이 다를 뿐이다.

신앙과 수행은 본래 둘이 아닌 하나이면서 타력으로 보면 신앙이요 자력으로 보면 수행이다. 지혜의 수행 속에 은혜가 있고 은혜의 신앙 속에 지혜가 있는 것으로, 지혜와 은혜는 둘이 아닌 관계이다.

수행편의 수행은 문맥에 따라 어떨 때는 신앙과 대응되는 좁은 의미의 수행으로 읽어야 하고, 어떠한 경우는 신앙을 포괄하는 넓은 의미의 수행으로 읽어야 한다.
그러므로 신앙과 수행은 두 부류가 아니라, 다만 타력에 중심축을 둔 효과가 있고 자력에 중심축을 둔 효과가 다를 뿐이다. 근본이 다른 것이 아니라 심고와 기도할 때가 있고 염불과 좌선할 때가 있는 것으로 대상과 경계에 따라 중심축을 달리 세운 것이다.

'사은이시여!'라는 간절한 기도 속에 자성불이 역력히 드러나 있는 실상을 봐야 하며, 자성반조에 사은의 도가 그대로 나타나 있는 풍광을 감지해야 할 것이다. 사은 보은에 삼학 수행이 활활 타오르고 있으며, 삼학 수행에 사은의 도가 역력히 드러나 있는 것이다.

'사은이시여' 할 때는 자성불이 결여되어 있고, 자성불 수행만 하면 신앙이 결여된다는 생각은 다 분별심이다. 결국 신앙과 수행은 둘이 아니라 일원대도의 깨달음에 도달하는 양대 방법이며 또한 일원상의 진리를 나투는 이중주이다. 경우에 따라서 신앙하여 보은·불공할 상황이 있고, 또는 수행하여 훈련·적공할 상황이 있는 이중주의 연주인 것이다.

삼학은 사은으로 효과를 내야하고 사은은 삼학으로 발현되어야 한다. 그러므로 『대종경』 서품 19장에서 작업취사의 과목으로 '사은의 도'를 단련하도록 하였으며, 천지보은의 결과로 '천지 같은 위력'과 '천지 같은 수명'과 '일월 같은 밝음'을 얻게 된다고 했다. 이는 삼학의 결과로 천지 같은 수명이 정신수양의 결과라면 일월 같은 밝음이 사리연구의 결과이고 천지 같은 위력은 작업취사의 결과와 상통해 있는 것이다. 즉, 사은의 피은-지은-보은은 삼학의 수양-연구-취사와 통해 있다.

결국, 『정전』 수행편의 수행은 일원상의 진리에 근원 하여 삼학팔조와 사은사요를 실행하는 실천이다. 일원상의 진리를 체받아 어떨 때는 삼학이 중심이 되고 어떨 때는 사은이 중심이 되어 작용하나 삼학으로 중심을 삼아도 사은이 내포되어 있으며 사은으로 중심 삼아도 삼학이 깔려 있는 것이다.

『정전』 수행편은 공부의 요도 삼학팔조가 주체가 되어 있기도 하고 인생의 요도 사은사요가 주체가 되어 있기도 하나, 수행편의 모든 수행법은 다 인생의 요도 사은사요와 공부의 요도 삼학팔조가 상호 침투되어 있고 바탕하고 있는 수행이다.

『정전』 수행편은 신앙과 수행의 이중주 관점으로 읽어야 하는 시점을 놓쳐서는 안 될 것이다.

●●● 수행편과 일원상

〈교리도〉에서 일원상에 근원한 신앙문인 사은·사요와 수행문인 삼학·팔조를 좌우로 배치하여 구조화하고 있다. 결국 『정전』 수행편의 수행은 일원상의 진리에 기반을 둔 삼학·팔조 및 사은·사요의 실천이요 실행이요 적공이다.
『정전』 수행편의 '수행'이 일원상의 진리에 근원 하고 기반 하지 못한다면 이는 그냥 수행이지 일원상의 수행은 아니며, 또한 일원상의 진리가 삼학팔조 사은사요로 전개되지 못한다면 이도 소태산의 수행법은 아닌 것이다.

소태산 대종사의 교법은 일원대도一圓大道에 근원 한다. 그러므로 소태산의 교법은 일원상의 진리에 근거한 사은사요 삼학팔조이며, 또한 이러한 사은사요와 삼학팔조를 다양한 수행 방법으로 적용하여 각 상황에 따른 실행 방법으로 전개하고 있다.
총서편에서 회상관인 개교의 동기와 교법관인 교법의 총설이 확립되어 있다면
교의편에서 일원상의 진리에 근원 한 사은사요 삼학팔조의 교의가 체계적으로 밝혀 있으며, 수행편에는 총서편과 교의편에 근거하여 구체적인 수행 방법을 제시하고 있다.

예를 들면 수행편의 좌선법도 일원상 자리에 바탕을 둔 수양법이다. 즉 좌선은 일원상의 발현이요 작용이다.
『정전』 좌선법에서 "좌선은 모든 망념을 제거하고 진여의 본성을 나타내며, 일체의 화기를 내리게 하고 청정한 수기를 불어내기 위한 공부"라고 명시하고 있다.
망념이 쉬면 수기가 오르고 진성을 나타내면 화기가 내린다는 것이다. 여기서 진여의 본성이 곧 적적성성한 일원상의 발현이다. 이 일원상 자리를 놓치면 망념에 들끓게 되고 일원상을 챙기면 마음이 두렷하고 고요하여 분별성과 주착심이 없는 정신을 수양하게 되는 것이다. 일원상 자리에 바탕을 둔 좌선법을 제시한 것으로 정신수양의 한 방법이다.

염불법도 마찬가지다. 나무아미타불 한 소리에 자심미타를 발견하여 자성극락에 돌아가기를 목적한다. 자심미타가 바로 심성 원래인 적적성성한 일원상 자리이며, 이 자리에 그

치는 것이 바로 심락心樂을 누리는 자성극락이다.
일을 하다가 만일 번뇌가 치성하면 염불로 대치하여 염불 한방으로 심성 원래의 일원상 자리를 회복하는 것이다.

정산 종사는 '일원상 체받는 법'에서 "우리가 매일 염불을 하고 좌선을 하며 기타 모든 시간에도 오직 전일專一을 연마하는 것이 다 이에 대한 실행적 과정이 아닙니까. 그러한 중에 이 공부를 긴밀히 하기로 하면 그 마음 가운데에 항상 일원상[망상 없는 곳]을 깊이 인상하여 잠깐도 잊어버리지 아니하여야 할지니"라고 밝히고 있다.
이처럼 좌선도 염불도 '망상 없는 자리'인 일원상에 바탕을 둔 수행이요 마음공부이다.

일기법의 유념도 유무념 대조도 곧 일원상을 활용하는 공부이다.
유념이 곧 공적영지의 일원상 자리에 바탕 하여 온전한 생각으로 취사하는 경지라면. 이러한 일원상 자리에 근원한 삼학공부를 사후에 대조하여 경계 속에서 챙겼으면 유념이라 체크하고, 만일 챙기지 못한 줄 알면 무념이라 하는 것이다.
공적영지한 일원상을 발현하여 취사하는 주의심을 작용하기 위해서 당처에 유념하고 당후에 유무념 대조하는 것이다. 이처럼 유무념 대조도 일기법도 일원상 자리에 반조하고 대조하는 대중 공부이다.
정산 종사는 '일원상 이용하는 법'에서 "우리가 매일 일기를 하고 유무념을 대조하는 것이 다 이[일원상]에 대한 실행 과정이 되는바"라 논설하시며 일기와 유무념 대조도 일원상 자리를 이용하여 실행하는 공부라 밝히고 있다.

심고와 기도도 일원상 자리에서 해야 합니다. 심고와 기도를 올리는 그 마음 당체가 드러나야 한다. 이 당체가 바로 일원상 자리로, 이 자리에 그치면 사은의 도에 감응되는 것이다. 텅 비어 고요한 자리이면서 두렷하고 신령한 자리에서 천지의 도와 부모의 도가 하감하고, 동포의 도와 법률의 도가 응감하는 것이다. 만일, 심고와 기도를 올렸는데 마음이 두렷하고 텅 빈 일원의 경지가 드러나지 않으면 사은의 도가 하감하고 응감 될 수 없는 것이다.
주산 송도성 교무는 《회설》 제34호의 '신앙과 수양'에서 "일원의 진리를 알고 보면 천지만물 허공법계가 모두 한 덩어리로 합한 참되고 떳떳한 본래면목을 발견하게 될 것이니, 이곳에 한 번 예배하면 곧 천지만물 허공법계의 전체에 예배함이 될 것이며, 이곳에 한 번 기도하면 곧 천지만물 허공법계의 전체에 기도함이 될 것이다."라고 논설한다.
심고와 기도를 올리는 청정한 마음 당처에 천지만물 허공법계가 두렷이 드러나 있기에, 이 자리에서 예배 올리면 천지만물 허공법계 전체에 예배하는 것이 된다.

또한 불공하는 법도 두렷하고 텅 빈 일원상 자리에서 드러나는 사은에 보은하는 것이다. 「교리도」에서 '보은 즉 불공'이라 명시하고 있다. 소태산의 불공은 사은에 보은 하는 것이다.
원산 서대원 교무는 《회보》 제56호의 '일원상의 유래와 법문[하]'에서 "일원상에 대한 불공법을 약론하려 하는바, 재래에는 등상불만을 부처님으로 모셔서 온 만큼 불공에도 간단間斷이 있었고 그의 방식도 또한 형식적이었으되, 본회에서는 천지만물 허공법계가 무비불無非佛[부처 아님이 없는]인 법신불을 부처님으로 모시는 만큼, 가는 곳마다 부처님을 뫼시지 아니한 때가 없고 어느 때든지 간단없는 불공을 하게 되었으며 그의 방식에서도 또한 사실적이라 하겠나니, 이야말로 불공과 공부가 둘이 아니요, 불공과 일이 둘이 아닌 광대미묘廣大微妙한 법문이시라."라고 논설한다.
천지만물 허공법계를 부처로 모시기 위해서는 우주만유의 본원이요 제불제성의 심인인 법신불 일원상을 직면해야 한다. 이 일원상 성품 자리에서 드러나는 천지만물 허공법계는 은혜 아님이 없는 것이다.

또한 상시 응용 주의사항도 일원상 자리에 바탕을 둔 상시훈련이다. 상시 응용 주의사항의 응용할 때 주의사항도, 응용하기 전 주의사항도, 모든 일을 마치고서 대조·조사하는 주의사항도 다 일원상을 이용하는 공부다. 응용할 때도 응용하기 전에도 응용한 후에도 다 일원상 성품 자리에 근원하는 수행이다.
정산 종사는 '일원상 이용하는 법'에서 "응용하기 전에 응용의 형세를 보아서 미리 연마하는 것은 이 대도[일원대도]에 어긋나지 않기를 연마하는 것이요, 응용할 때 온전한 생각으로 취사하기를 주의하는 것은 이 대도를 어기지 않기를 취사하는 것이요, 응용한 후에 즉시 대조하기를 주의하는 것은 또한 이 대도에 어긋나지 않았는가를 조사한 것이니"라고 논설하고 있다. 상시 응용 주의사항도 일원상 이 자리에 바탕을 두고 실행하는 공부이다.

상시훈련법인 상시 응용 주의사항 6조에 있어 일원상 자리를 놓치면 소태산 대종사가 의도하는 수행의 길은 아니라 할 것이다.

이처럼 『정전』 수행편의 수행법은 일원상의 진리를 체받아서 수행하는 방법이다.
일상 수행의 요법도 정기훈련법과 상시훈련법도 염불법도 좌선법도 의두요목도 일기법도, 또한 무시선법도 참회문도 심고와 기도도 불공하는 법도 계문도 솔성요론도 최초법어도 고락에 대한 법문도 병든 사회와 치료법도 영육쌍전도 법위등급도 다 일원상 자리에 기반한 삼학팔조 사은사요의 교리를 실천하는 훈련법이요 수행법이다.

이와 같이 일원상 자리에 기반 하지 않는 수행은 원불교 수행의 정로는 아니다.

참고로 '일원상'의 용례에 대해 살펴보면, 일원상一圓相은 진리[일원一圓]를 가리키는 손가락[상相]이면서 진리[일원一圓]의 발현[상相]이다. 즉 진리를 상징하는 표상이면서 또한 진리의 실상을 나타내고 있다.
일원상은 곧 진리의 상징이면서 진리의 현현顯現으로, 표상이면서 실상이다. 표상을 대하는 즉시 곧바로 실상에 직입하라는 것이다.
이처럼 일원상은 가면假面과 본면本面을 융통하고 있다. 상징의 가면을 통해 진리의 본면에 직면하고, 실상의 본면에 직면키 위해서도 표상의 가면을 소중하게 대하라는 것이다.[회보 제38호, 일원상에 대하여]
일원상一圓相은 진리 지체인 일원一圓을 표상하는 사진이면서, 이 표상으로 인하여 일원의 실상에 이르도록 하는 것이다. '표본의 일원상'으로 '참 일원상'을 발견하라는 것이다.[회보 제46호, 일원상과 인간과의 관계]
결국 일원상은 일원을 가리키는 손가락이요 상징이면서 또한 일원의 실상이요 현현이다. 궁극적으로 일원과 일원상은 둘이 아니다.
그러므로 일원상의 진리, 일원상 자리, 일원상, 일원, 법신불 일원상 등은 문맥에 따라 그 상황에 맞게 상징, 진리 자체, 표상, 실상 등으로 적용해서 읽어야 할 것이다.

좋잡고 잇스면 自然히 드려쉬난 숨은 強할거
내ㅣ쉬난숨은 짧으고 微하기되며 이와갓치 오래
한則 아래ㅅ배가 漸々단々해지며 水昇火降이
맑고 潤滑한 침(涎)이 혀(舌)끝기맛과
牙際로부터 繼續하야 날것이니 그침을 입
가득모아 삼키고 삼키면 몸이 潤澤하고 精
淸快하야 自然히 밝은 慧光을 어드려라 그러
塵俗事務에 複雜하게지내든 그精神과 思
을갓다가 처음으로 坐禪에 들면 全身이 개

제3 수행편 修行編

제1장 일상 수행의 요법

제1장 일상 수행의 요법日常修行-要法

1. 심지心地는 원래 요란함이 없건마는 경계를 따라 있어지나니, 그 요란함을 없게 하는 것으로써 자성自性의 정定을 세우자.
2. 심지는 원래 어리석음이 없건마는 경계를 따라 있어지나니, 그 어리석음을 없게 하는 것으로써 자성의 혜慧를 세우자.
3. 심지는 원래 그름이 없건마는 경계를 따라 있어지나니, 그 그름을 없게 하는 것으로써 자성의 계戒를 세우자.
4. 신과 분과 의와 성으로써 불신과 탐욕과 나와 우를 제거하자.
5. 원망생활을 감사생활로 돌리자.
6. 타력생활을 자력생활로 돌리자.
7. 배울 줄 모르는 사람을 잘 배우는 사람으로 돌리자.
8. 가르칠 줄 모르는 사람을 잘 가르치는 사람으로 돌리자.
9. 공익심 없는 사람을 공익심 있는 사람으로 돌리자.

일상 수행과 일원상

일상 수행의 '일상日常'은 삶을 관통하는 시공간이다. 우리는 산에 걸려 넘어지는 것이 아니라 일상의 돌부리에 걸려 넘어진다. 그러므로 구체적인 삶의 일상에서 자기를 닦는 사람이 자신의 인격을 다스리고, 자신의 인격을 다스릴 때 자기 인생을 주도하며, 자기 인생을 주도할 때 개인·가정·사회·국가·세계로 인간관계를 잘 맺어 갈 수 있는 것이다. 일상 수행은 자기로부터 비롯된다.

「일상 수행의 요법」은 일상에서 수행하는 요긴한 방법이다.
요란해질 때가 일상 수행할 때요, 어리석어질 때가 일상 수행할 때요, 글러질 때가 일상 수행할 때요, 불신이 있을 때가 일상 수행할 때요, 탐욕이 있을 때가 일상 수행할 때요, 게으른 나태가 있을 때가 일상 수행할 때요, 자기 맘대로 행하는 어리석을 우愚가 있을 때가 일상 수행할 때이다.
또한 원망생활이 있을 때가 일상 수행할 때요, 타력생활이 있을 때가 일상 수행할 때요, 배울 줄 모를 때가 일상 수행할 때요, 가르칠 줄 모를 때가 일상 수행할 때요, 공익심이 없은 때가 일상 수행할 때이다.
그러니까 동정動靜 간 경계가 발생할 때가 일상 수행할 때로, 일상은 동정 간 모든 상황이다.

이러한 일상에서 요란할 때 요란한 줄 아는 텅 비어 고요한 자리에 그치는 것이 일상 수행이요, 어리석어질 때 어리석은 줄 아는 신령한 자리를 확보하는 것이 일상 수행이요, 글러질 때 그른 줄 아는 두렷한 자리를 떠나지 않는 것이 일상 수행이다.
이처럼 텅 비어 고요한 자리요 신령하게 알아차리는 자리요 애초에 사사가 붙을 수 없는 두렷한 일원상 이 자리에 들어 경계를 운영하는 것이 곧 일상 수행이다.

또한 신信이 분명한 자리가 곧 마음을 정定한 일원상의 경지요, 용장한 분심忿心이 온통인 자리가 곧 일원상의 발현이며, 모르는 것을 알고자 하는 오롯한 자리가 곧 일원상의 지경이며, 간단없이 정성한 자리가 곧 일원상의 드러남이다.
또한 불신인 줄 알아차리고, 탐욕인 줄 알아차리고, 게으른 나懶인 줄 알아차리고, 자기 마음대로 행하는 우愚인 줄 알아차리는 자리가 일원상 성품 자리를 나투고 있는 경지이다.
이처럼 일원상 성품 자리의 나타남인 신분의성으로 불신과 탐욕과 나와 우를 제거하는 것이 곧 일상 수행이다.

또한 원망할 것도 감사할 것도 본래 없는 고요하고 텅 빈 자리에서 원망이 일어나면 원망하는 줄 훤히 알아차리어 원망생활에 빠지지 않도록 하고, 또는 은혜의 소종래를 감지하여 감사생활을 할지라도 혹여 오만하고 우월한 마음으로 흘러가지 않도록 하여 감사생활이 원만생활로 바뀌지 않도록 하는 것이다.
또한 상대심의 짝이 없는 온전한 자력으로 의뢰하는 타력생활을 자력생활로 돌리고, 배울 줄 모를 경우 배울 줄 모르는 마음 당체를 돌이켜 비추어 보아[반조返照] 본래 차별 없는 텅 비어 고요한 자리에서 잘 배우는 것이며, 가르칠 줄 모를 때에 가르칠 줄 모르는 마음자체를 돌이켜보아 본래 신령하게 알아차리고 있는 이 자리에서 자타의 국한이 없이 잘 가르치는 것이며, 또한 공익심 없을 때 공익심 없는 줄 알아차리고 있는 사사의 흔적을 찾아볼 수 없는 지공무사한 자리에서 공익심 있는 생활을 하는 것이다.
이처럼 고요한 일원상 자리에 근원 하여 감사생활로 돌리고, 온전한 일원상 자리에 기반하여 자력생활로 전환하며, 신령한 일원상 자리에서 잘 배우고 잘 가르치는 사람으로 돌리고 또한 공익심 있는 사람으로 돌리는 것이 곧 일상 수행이다.

일원상 자리를 체받아서 사은사요 삼학팔조를 실행하는 연역적 방법뿐만 아니라, 사은사요 삼학팔조를 실행하여 일원상의 진리를 구현하는 귀납적 방법이 있다.

소태산 대종사, 정축하선 해제 시 '일원상을 모본하라'는 법설에서 「일상 수행의 요법」을 실행하는 것이 곧 일원상을 체받는 공부라고 천명한다.
정신수양 즉 일심을 얻는 데에도, 사리연구 즉 지식을 얻는 데에도, 작업취사 즉 실행하는 데에도 사심 없는 온전한 마음으로 시비와 이해를 원만히 분석하여 정의는 죽기로써 행하고 불의는 행치 않았다면 일원상을 체 받은 것이요.

또한 어떠한 경계를 당하든지 원망심을 버리고 감사생활을 하며, 타력심을 버리고 자력생활을 하며, 모르는 것은 배우기에 노력하고, 아는 것은 가르치기에 노력하며, 남은 나에게 어떻게 하든지 나는 남에게 유익을 줄 것 같으면 일원상을 체받는 것이 될 것이요, 만약 그 반대로 행한다면 일원상과는 위반되는 것이라고 밝히고 있다.

무슨 일이나 일상 수행의 요법을 실천하는 것은 정의요 곧 일원상을 체받은 것이며, 그 반면에 일상 수행의 요법을 실행치 못하는 것은 불의요 곧 일원상을 체받지 못한 것이다. 즉 무슨 일을 당해서든지 일상 수행의 요법을 실천하면 귀납적으로 일원상을 체받는 것이 되어 일이 잘되는 정의正義 행이라면, 그 반면에 일상 수행의 요법을 실행치 못하면 결국 귀납적으로 일원상을 체받지 못한 것이 되어 일이 잘못되는 불의의 행이 되는 것이다.

세우자 제거하자 돌리자

1. 세우자

첫째, 일상 수행의 요법 1~3조의 첫머리는 '심지心地는 원래 요란함·어리석음·그름이 없건마는 경계境界를 따라 있어지나니'라고 명시되어 있다. 즉 심지와 경계의 관계를 밝히고 있다.

심지는 마음 심心, 바탕 지地로 마음 바탕을 뜻한다. 이러한 마음 바탕에 요란함·어리석음·그름이 원래 없는 것이다. 이 심지를 '일원상의 진리'로 살펴보면 하나로 두렷한 일원상 자리로 공적영지의 광명이요 진공묘유의 조화이다.
즉 대소유무에 분별이 드러나는 당처가 바로 대소유무에 분별이 없는 자리이며, 생멸거래가 역력한 그 당처가 바로 생멸거래에 변함이 없는 마음 바탕이며, 선악업보에 차별이 생겨나는 당처가 곧바로 선악업보가 끊어진 자리이며, 언어명상이 완연한 당처가 곧 언어명상이 돈공한 자리이다.

그러므로 심지는 일원상 성품 자리로, 요란함을 환히 드러내면서도 요란함에 물들지 않는 자리이며, 어리석고 그른 줄 역력히 알아차리면서 어리석음과 그름에 물들지 않는 자리다. 요란함·어리석음·그름에 물든 줄 알아차리는 그 자리가 곧장 원래 요란함·어리석음·그름에 물들지 않는 자리이다.

경계를 따라 분별이 일어나는 당처가 곧 경계에 물들지 않는 일념미생전의 분별이 없는 자리로써, 분별이 생기生起하는 줄 알아차리면 그 당처가 곧바로 분별이 없는 자리와 둘이 아니다. 분별을 내려놓으면 분별이 일어나는 자리가 분별이 없는 자리와 원융한 한 바탕이다. 다만 분별이 일어나는 경계에 끌려가면 분별에 빠지게 되는 것이다.

요란함은 '정신수양'에 있어 안으로 분별성과 주착심이 일어나고 밖으로 산란하게 하는 경계에 끌리는 것이라면, 어리석음은 '사리연구'에 있어 대소유무의 이理와 시비이해의

사事에 어두운 것이며, 그름은 '작업취사'에 있어 정의는 버리고 불의를 취하는 것이다.

일원상인 심지는 원래 요란함·어리석음·그름이 없는 청정한 자리이며, 영명한 자리이며, 공변된 자리이다.
설사 요란함이 눈앞에 펼쳐진다고 해도 요란한 그 마음 당체를 돌이켜 직시하면 그 자리는 본래 요란하다 할 것이 없는 청정한 자리이며, 어리석음에 함몰될 때도 그 마음을 돌이켜 어리석은 그 마음 당체를 직시하면 원래 어리석다 할 것이 없는 청명한 자리이며, '나는 해 봤자 글렀어.' '나는 애초에 글렀어.'라고 자학할 때도 글렀다고 여기는 그 마음 당체를 돌이켜 비춰보면 원래 그름으로 오염될 수 없는 자리이다.

마치 하늘을 구름이 덮어도 허공은 근본적으로 오염되고 훼손되지 않듯이, 마음에 분별의 구름이 치성해도 마음 허공은 청정하여 본래 오염될 수 없는 것이다. 이렇게 텅 비어 걸림 없는 마음 허공에 들면 분별의 구름이 일어나면 이를 두렷이 자각하되 이에 붙잡히지 않는 것이다.

심지는 이처럼 원래 요란함·어리석음·그름에 걸림이 없는 자리이므로 요란함이 명백하고 어리석음이 선명하며 그름이 확연하게 드러나는 것이다. 그런데 경계에 끌려가기에 요란함·어리석음·그름에 떨어지는 것이다.
즉 심지는 원래 요란함·어리석음·그름이 없는데 경계를 따라가기에 있어지는 것이다. 심지를 놓치면 경계에 매몰되기 때문이다.
일상 수행의 일상은 경계를 따라 경계에 끌리는 요란함·어리석음·그름이 발생하는 이때 수행하는 것이다.

경계境界는 분별심에 따라 생긴다. 그런데 심지에 바탕을 두면 경계에 끌려다니지 않으나 심지를 여의면 경계에 끌리어 요란함·어리석음·그름이 발생하는 것이다. 심지인 공적영지의 광명을 따르느냐 경계를 따라가느냐에 의해 갈리는 것이다.
마치 햇빛이 본래 어둠이 없으나 가림의 유무에 따라 밝음과 어둠이 생기는 격이다. 햇빛이 본래 있기에 햇빛이 비치면 밝음이요 햇빛을 가리면 어둠이듯이, 심지를 밝히면 경계가 훤히 드러나지만, 경계에 끌려서 심지를 외면하면 심지가 어둡게 되어 요란함도 발행하고 어리석음과 그름도 발생하는 것이다.

다만 이러한 경계의 유무보다는 경계에 끌려 심지가 가리면 문제가 발생하는 것이다.
경계란 이곳과 저곳을 나누는 분계선으로, 경계는 내부와 외부가 관통된 인연으로 내부의 분별심이 투영된 외부의 대상으로써 내부의 외부화이다. 이처럼 경계는 객관적 대상이 아니라 분별심이 투영된 육근의 대상이다.

경계를 따라 요란해질 때 요란한 줄 아는 자리에는 요란하다 할 것이 원래 없으며, 경계를 따라 어리석어지고 글러지는 줄 아는 자리에는 어리석음과 그름이 본래 없는 것이다.
이 자리는 요란함도 어리석음도 그름도 공적한 자리이면서도 요란한 줄 알고 어리석고 그른 줄 아는 영지의 자리이다. 이 자리를 마음 바탕인 심지라 한다.
이 심지를 『정산종사법설』에서 '우리의 진정한 고향'이요 '심원心源'이라 하며, 이 심지로 마음공부 하는 것이다. 즉 심지는 경계 이전 자리와 경계를 따라 발생하는 자리를 관통하는 일원상 자리이다.

또한 『정산종사법설』에서 "요란하면 어리석고 글러지며, 어리석으면 요란하고 글러지며, 그르면 요란하고 어리석어진다."라는 요란함·어리석음·그름의 관계를 밝히고 있다.
이처럼 요란함·어리석음·그름은 서로 연동되어 있으면서 선후와 경중이 없는 관계이다.

둘째, 일상 수행의 요법 1~3조의 앞 구절은 '심지는 원래 요란함·어리석음·그름이 없건마는 경계를 따라 있어지나니'라면 뒤 구절은 '그 요란함·어리석음·그름을 없게 하는 것으로써 자성自性의 정·혜·계를 세우자."로 맺고 있다.

'그 요란함·어리석음·그름을 없게 하는 것으로써'의 문장은 다음 문장인 '자성의 정·혜·계를 세우자'와 연동되어 있다. 앞 문장이 뒤 문장의 구체적인 수행 방법이라면 뒤 문장은 앞 문장의 실현 목표요 결과라 할 것이다.

'그 요란함·어리석음·그름'의 '그'가 중요하다. 심지는 원래 요란함·어리석음·그름이 없는데 경계를 따라 있어지므로, 경계에 따라 발생하는 그 요란함·어리석음·그름으로 공부하라는 것이다. 지금 여기의 그 상황으로 공부해야지 이전의 선입견이나 상황을 개입시켜 전개하지 말라는 것이다.

'없게 하는 것'은 없애는 것이 아니라, 요란한 그 당처에 요란함이 없고 어리석은 그 당처와 그른 그 당처에 어리석음과 그름이 본래 없는 심지를 행하라는 것이다.
즉 '없게 하는 것'은 원래 요란함·어리석음·그름이 없는 자리를 나투는 것이다. 경계를 따라 있어지는 그 요란함·어리석음·그름을 직시하여 원래 요란함·어리석음·그름이 없는 심지에 토대 하여 행하는 것이다.

요란함·어리석음·그름은 심지에는 원래 없으나 경계를 따라 발생하기에, 경계를 따라 요란해지고 어리석어지고 글러지는 마음이 일어날 때, 요란한 줄 알고 어리석은 줄 알고 그른 줄 아는 마음 당처를 직시하는 것이다.
즉 경계를 따라 있어지는 요란함이 역력하게 드러나는 그 바탕은 곧 요란함이 원래 없는 심지이며, 경계를 따라 있어지는 어리석음과 그름도 마찬가지이다.
이렇게 한 마음이 일어나기 전의 마음 바탕을 직시하면 요란하고 어리석고 그른 형상에 끌려가지 않고 요란하고 어리석고 그른 줄 알아차리고 있는 깨어있는 심지에 직입하게 되는 것이다.

이렇게 요란함·어리석음·그름이 없는 자리를 직시하면 그 자리가 바로 자성의 정·혜·계이다. 그리하여 원래 요란함이 없는 심지를 회복하여 자성의 정을 세우고, 원래 어리석음이 없는 심지를 발현하여 자성의 혜를 세우고, 원래 그름이 없는 심지에 바탕 하여 자성의 계를 세우는 것이다.

'세우자'는 없던 것을 만드는 것이 아니라 본래 자리를 다시 세우는 것이다. 즉 '망각한 원래 자리를 세우자'는 성찰이요 의지이다.
경계를 따라 잃어버린 심지를 다시 각성하여 활성화하는 공부이다. 즉 '세우자'는 뜻은 요란함·어리석음·그름이 원래 없는 심지를 확인하여 경계 속에서 자성을 발현하여 사용하는 공부이다.

자성의 정을 세우자는 것은 요란한 그 당처가 곧바로 요란함이 없는 자리임을 확인하여 동정 간에 간단없이 수양력을 발현하는 공부라면,
자성의 혜는 세우자는 것은 어리석어지는 당처가 원래 어리석음이 없는 자리임을 자각하여 사리 간에 끊임없이 연구력을 밝히는 공부이며,
자성의 계를 세우자는 것은 글러지는 당처가 바로 원래 그름이 없는 자리임을 직시하여 육근 작업 간에 오래오래 취사력을 작용하는 공부이다.
이처럼 경계 속에서 원래 요란함·어리석음·그름이 없는 심지를 발현하여 활성화하는 공부가 바로 자성의 정·혜·계를 세워 수양력·연구력·취사력을 발현하는 공부이다.

요란함과 어리석음과 그름에 대한 소태산 대종사의 법설이다.
"…… 인의화 또 여쭙기를 '일체유심조一切唯心造 되는 이치를 안 후에는 어떻게 공부를 하나이까.' 대종사 말씀하시기를 '마음이 경계를 대하여 요란하지도 않고 어리석지도 않고 그르지도 않게 하나니라.'" 〈『대종경』 교의품 27장〉
또한 "정성과 정성을 다하여 항상 심지가 요란하지 않게 하며, 항상 심지가 어리석지 않게 하며, 항상 심지가 그르지 않게 하고 보면 그 힘으로 지옥 중생이라도 천도할 능력이 생기는 것"[『대종경』 천도품 27장]이라 말씀하신다.

일체유심조의 심心은 원래 요란할 것도 어리석을 것도 그를 것도 없는 마음자리로, 경계를 따라 있어지는 요란함과 어리석음과 그름의 분별 집착을 이 원래 마음으로 없게 하는 것이다. 이처럼 오염될 것이 없는 일원상 자리인 심지를 회복하여 그 상황과 그 경계에서 원래 마음을 발현하여 요란하지도 않고 어리석지도 않고 그르지도 않게 하는 공부이다.

《회보》 제53호 '교강약해敎綱略解'에서 일상 수행의 요법 1~3조를 해석하고 있다.
"심지가 요란타 함은 마음이 오욕삼독五慾三毒에 불려서 시끄럽고 어지러움을 이름이니, 이 요란한 생각을 없애는 방법은 일 없는 때 염불과 좌선으로써 내정정內定靜 공부를 하

여 오직 언어도단言語道斷한 데에 그치기를 주장할 것이요, 일 있는 때에는 이 일을 하면서 저 일에 끌리지 않는 외外정정 공부로써 오로지 사심私心 없이 온전한 생각을 작용하는 것이며, 자성의 정을 세우자는 것은 요란한 생각이 없어지면 곧 근본 성품이 회복된다는 것이다."

"심지가 어리석다 함은 대소유무와 시비이해를 모르는 것을 이름이니, 이 어리석은 마음을 없애는 방법은 매일 행사行事에 모르는 것을 발견하여 차차 하나둘씩 알아가기를 공부삼아 하고 또는 선지식을 친근하여 법설·경전·성리 등 연마에 연구를 가하여 사리事理 간에 모르는 것을 없게 하자는 것이요, 자성의 혜를 세운다는 것은 어리석은 마음이 없어지면 곧 근본 성품의 청정한 광명을 나타나게 하자는 것이다."

"심지가 그르다 함은 마음이 사사私邪하고 불의한 데에 끌려서 되는대로 행하는 것을 이름이니, 이 그른 마음을 없애는 방법은 우리의 육근 작용을 할 때 행사의 결과를 반성하여 일기조사법으로써 선악을 대조하고 삼십 계문을 수행하여 정의거든 기어이 행하고 불의거든 기어이 행치 않기로 하자는 것이다. 자성의 계를 세우자는 것은 그른 마음이 없어지면 곧 근본 성품에 공정원만公正圓滿한 길을 얻자는 것이다."

'자성의 정을 세우자는 것'은 요란한 생각이 없어지면 곧 근본 성품이 회복된다는 것이요, '자성의 혜를 세운다는 것'은 어리석은 마음이 없어지면 곧 근본 성품의 청정한 광명을 나타나게 하자는 것이요, '자성의 계를 세우자는 것'은 그른 마음이 없어지면 곧 근본 성품에 공정원만公正圓滿한 길을 얻자는 것이라 귀결하고 있다.

2. 제거하자

일상 수행의 요법 4조는 '신과 분과 의와 성으로써 불신과 탐욕과 나와 우를 제거하자.'이다.

제거除去는 멸절滅絕이 아니라 덜 제, 보낼 거로 덜어내고 보내는 것이다. 관심을 두지 않고 집착하지 않는 것이다. 그러면 힘이 빠져 맥을 못 쓰고 사라지는 것이다.

일상 수행의 요법 4조는 『정전』 교의편 팔조를 실천 강령으로 제시한 것이다. 진행 사조인 신·분·의·성을 진행하여 사연 사조인 불신·탐욕·나·우를 제거하자는 것이다. 신·분·의·성이 활성화되면 불신·탐욕·나·우는 제거되는 것이다.

진행進行 사조인 신·분·의·성은 일원상의 진리에 바탕을 둔 삼학을 촉진하고 운전하는 원동력이라면, 사연捨捐 사조인 불신·탐욕·나·우는 삼학을 방해하는 장애물이요 걸림돌이다. 즉 신·분·의·성은 삼학으로 만사를 이루도록 하는 원동력이다.
또한 삼학 수행할 때 불신이 있으면 삼학으로 삼대력을 나투겠다는 결심 서원을 세울 수 없으며, 과히 취하는 탐욕으로 삼학은 고갈되며, 하기 싫어하는 나태로 삼학은 진행되지 못하며, 사리를 전연 알지 못하여 자행자지自行自止의 어리석은 행위는 삼학을 무력하게 한다.

신·분·의·성으로 불신·탐욕·나·우를 제거할 때 신·분·의·성을 한 덩어리로 삼아 불신·탐욕·나·우를 통째로 제거할 수도 있고,
신으로 불신을, 분으로 탐욕을, 의로 우를, 성으로 나를 제거하며, 또는 분으로 나를, 성으로 탐욕을 각각 대응하여 제거할 수도 있다.

신·분·의·성으로 불신·탐욕·나·우를 제거하는 방법은 첫째, 지혜로 제거하는 것이다. 신분의성의 뜻을 알아서 신·분·의·성만 갖추면 불신·탐욕·나·우를 제거할 수 있는 확신을 갖는 것이다.
둘째, 실천으로 제거하는 것이다. 신·분·의·성 뜻대로 실천하여 불신·탐욕·나·우가 설 수 없도록 하는 것이다.

만사를 이루려 할 때 마음을 정한 신을 내면 불신이 제거되며, 죽기로써 분발하는 분심忿心을 내면 과한 탐욕이 제거되며, 모르는 것을 알고자 하는 의를 내면 대소유무와 시비이해를 전연 알지 못하는 우가 제거되며, 간단없는 정성을 내면 하기 싫어하는 나태심이 제거되는 것이다.

마음을 정한 흔들림 없는 신심 자리가 일원상의 경지요, 분발하는 한마음이 바로 일원상

자리이며, 알고자 하는 한마음이 곧 일원상의 지경이며, 간단間斷이 없는 정성 한마음이 일원상의 심경이다.

또한, 불신하고 있는 줄 아는 그 마음이 일원상 경지이며, 탐욕인 줄 아는 그 마음이 일원상 자리이며, 나태한 줄 아는 그 마음이 일원상 지경이며, 어리석은 우인 줄 아는 그 마음이 일원상 심경이다.

결국 신·분·의·성의 진행으로 불신·탐욕·나·우를 사연捨捐하는 것도 청정한 일원상 자리를 수행의 표본으로 삼아서 제거하는 공부이므로, 만일 '신과 분과 의와 성으로써 불신과 탐욕과 나와 우를 제거하자.'는 일상 수행에 있어 일원상 자리에 근원하지 않으면 기초·기반 없는 공부가 되고 만다.

신·분·의·성으로 진행해 가지 못하는 것은 일원상 자리를 놓친 것이며, 신·분·의·성으로 진행한다는 것은 일원상 자리에 의거한 신·분·의·성이다.

이렇게 일원상 자리에 바탕을 둔 '신과 분과 의와 성'으로 진행해 갈 때 확실하게 불신과 탐욕과 나와 우는 제거되는 것이다.

일원상의 신, 일원상의 분, 일원상의 의, 일원상의 성으로 진행해 가는 것이다.

흔들림 없는 일원상 자리에서 결심이 확고하면 마음이 정하여 고요하며,

용징한 일원상의 분심으로 전진하면 정당한 의욕이 충만하며,

명명한 일원상의 의심이 솟아올라 모르는 것을 알고자 하면 탐구심이 넘치며,

간단없는 일원상의 성심이 이어지어 목적한 바를 추구하면 정성이 지속된다.

그리하여 일원상의 신으로 불신인 줄 알아차려 불신을 제거하고,

일원상의 분으로 탐욕인 줄 자각하여 과한 탐욕을 제거하고,

일원상의 의로 어리석은 줄 자각하여 어리석은 우를 제거하고,

일원상의 성으로 하기 싫어하는 줄 자각하여 하기 싫어하는 나태심을 제거하는 것이다.

《회보》 제53호 '교강약해敎綱略解'에서 신·분·의·성의 진행 과정과 제거할 불신·탐욕·나·우에 대해 밝히고 있다.

"우리가 모든 일을 하려고 할 때 신심이 아니면 할 수 없는 고로 먼저 확실히 믿는 마음으로써 결정을 세우고, 또는 신은 있다 할지라도 꼭 해보려는 분심이 아니면 할 수 없는 고로 용맹스러운 마음으로써 분투 전진을 시키고, 또는 신과 분은 있다 할지라도 사리事理간에 모르는 것이 있고 보면 할 수 없는 고로 의심으로써 일과 이치에 모르는 것을 발견하여 기어이 알자는 것이요, 또는 신과 분과 의는 있다 할지라도 매사에 간단間斷이 있고 보면 또한 성공할 수가 없는 고로 간단없는 성심誠心으로써 기어이 그 목적을 달하자는 것이니, 이 네 가지를 진행해서 결정 못 얻게 방해하는 불신과 상도常道에 넘치는 탐심과 하기 싫어하는 나태심과 아무것도 모르는 우치심을 없애 버리자는 것이다."

결정심인 신과 분투 전진하는 분심과 일과 이치에 모르는 것을 발견하여 기어이 알자는 의와 간단없는 성심을 차례로 진행해서 결정 못 얻게 방해하는 불신과 상도에 넘치는 탐심과 하기 싫어하는 나태심과 아무것도 모르는 우치심을 제거하자는 것이다.
『대종경』 수행품 43장의 "큰 원이 있은 뒤에 큰 신信이 나고, 큰 신이 난 뒤에 큰 분忿이 나고, 큰 분이 난 뒤에 큰 의심이 나고, 큰 의심이 있은 뒤에 큰 정성이 나고, 큰 정성이 난 뒤에 크게 깨달음이 있으며, 깨달아 아는 것도 한 번에 끝나는 것이 아니라 천통 만통이 있나니라."라는 말씀처럼 신·분·의·성은 서로 연동되고 의지하여 진행하는 공부이다.

3. 돌리자

일상 수행의 요법 5~9조는 돌리자로 맺고 있다. 즉 '원망생활을 감사생활로 돌리자' '타력생활을 자력생활로 돌리자' '배울 줄 모르는 사람을 잘 배우는 사람으로 돌리자' '가르칠 줄 모르는 사람을 잘 가르치는 사람으로 돌리자' '공익심 없는 사람을 공익심 있는 사람으로 돌리자'의 조목으로써 사은사요의 교의를 실천 조목으로 제시하고 있다.

돌리는 수행은 일원상의 진리에 근원 한다. 본래 텅 비었으되 두렷한 이 자리에 바탕 하여 돌리는 것이다. 일원상 자리는 원래 분별·주착이 없는 자리이기에 원망도 감사도 없고, 잘 배우고 못 배우고도 없고, 잘 가르치고 못 가르치고도 없고, 공익심 있고 없는 데에도 걸림 없는 자리이다. 이렇게 분별·주착이 없는 일원상 이 자리를 체받으면 원망하는 생활이 두렷하게 자각되며 타력생활을 그대로 직면할 수 있으며 잘 배우지 못하고 잘 가르치지 못하는 실상이 역력하게 나타나며 공익심 없는 실제를 직시할 수 있게 된다.

첫째, 원망심이 일어나는 생활을 할 때 청정한 자리를 놓치지 않으면 원망하는 삶의 실제가 역력하게 드러나게 된다. 원망에 매몰되지 않고 감사생활로 돌릴 수 있고 감사생활 했다는 상에도 빠지지 않게 되는 것이다. 원망이 일어나면 원망함에 물들지 않는 청정한 마음으로 원망의 소종래를 직시하여 좋은 것은 좋은 대로 낮은 것은 낮은 대로 이용하는 안목이 드러나 원망생활을 감사생활로 돌릴 수 있는 것이다.
'원망생활을 감사생활로 돌리자'의 돌리자는 청정한 일원상을 회복하여 배은하는 원망에 끌리지 않고 보은하는 감사생활을 하는 것이다. 즉 사은의 도를 체받아서 사은에 보은하는 것이며, 설사 사은에 배은심이 일어나려 할 때 원망심이 두렷이 드러나서 원망에 끌려가지 않게 된다. 원망생활을 하면 사은의 도가 가리어 보은하는 감사생활을 누릴 수 없게 되는 것이다.

둘째, 일원상 이 자리는 상대가 끊어진 독존의 자리이다. 비교할 것이 없는 이 자리에 근거할 때 진정한 자력이 양성되는 것이다.
이처럼 일원상에 기반한 자력을 양성할 때 남에게 의존하는 타력생활에 빠지지 않고 자기다운 생활을 하고 자기의 권리를 회복하며 타인의 권리도 보호하는 자력생활을 하는 것이다. 상대가 끊어진 일원상 자리에 바탕을 둬야 타력생활을 자력생활로 돌릴 수 있는 것이다.

또한, 잘 배우고 잘 가르치기 위해서도 고하高下도 선후도 없는 일원상 자리에 근원해야 한다. 이 자리는 높고 낮은 것도 없고 선진도 후진도 본래 없는 자리이다. 어떠한 차별에도 끌리지 않기에 배울 때는 잘 배우고 가르칠 때는 성심껏 가르칠 수 있는 것이다.
배울 줄 모르는 사람이란 지도받을 자리에서 정당한 지도를 잘 받지 않는 사람이라면, 가르칠 줄 모르는 사람은 지도할 자리에서 정당한 지도로써 교화할 줄 모르는 사람이다.
잘 배우는 사람이란 공적영지의 일원상 자리에 바탕 하여 일체의 상을 초월하고 어떠한 처시에 있든지 배워서 향상해 가는 자세의 공부인이라면, 잘 가르치는 사람이란 공적영지의 일원상 자리에 기반 하여 일체의 선입견을 놓고 상대와 그 상황에 맞게 가르치는 자세의 지도인이다. 배우는 자리도 청정해야 하며, 가르치는 자리도 청정해야 잘 배우고 잘 가르칠 수 있는 것이다.
또한, 텅 비어 두렷한 일원상 자리는 사사私邪가 없는 자리이며 공익심을 나투었다는 상이 없는 자리이다. 그러므로 사사로움에 직면할지라도 사사에 물들지도 매몰되지도 않는 자리이며 자리이타의 공익심을 발할지라도 그 했다는 상相이 없는 자리이다.
그러므로 공익심 없는 사람을 공익심 있는 사람으로 돌리기 위해서는 지공무사한 일원상 자리를 챙겨야 한다.

정산 종사는 『한울안 한이치에』에서 "원망생활을 감사생활로 돌리는 데에는, 첫째, 지혜로써 돌리고, 둘째, 진리로써 돌리고, 셋째, 실천으로써 돌린다."라고 밝히고 있다.
이를 『정전』 사은四恩 장의 피은-지은-보은과 연결하면 피은은 '진리로써 돌리고', 지은은 '지혜로써 돌리고', 보은은 '실천으로써 돌린다.'는 것과 연결할 수 있다.
원망생활을 감사생활로 돌리려할 때 먼저 은혜를 아는 지혜가 있어야 하며, 지혜가 있을 때 원망생활하고 있는 실제를 직시하여 없어서는 살 수 없는 근원적인 은혜를 깨달아 감사생활을 실천할 안목이 생기는 것이다. 설사 원망할 일이 있더라도 먼저 모든 은혜의 소종래를 발견하여 이 안목으로 원망할 일을 감사함으로써 돌릴 수 있는 것이다.

이처럼 '원망생활을 감사생활로 돌리듯 타력생활을 자력생활로, 배울 줄 모르는 사람을 잘 배우는 사람으로, 가르칠 줄 모르는 사람을 잘 가르치는 사람으로, 공익심 없는 사람을 공익심 있는 사람으로 돌리기 위해서는 첫째, 진리로 돌리고 둘째, 지혜로 돌리고 셋째, 실천으로 돌리자는 것이다.
텅 비어 고요한 일원상의 진리에 근거해서 감사생활로, 자력생활로, 잘 배우고 잘 가르치는 사람으로, 공익심 있는 사람으로 돌리는 것이며, 또는 신령하게 아는 영지의 일원상 지혜로써 이를 돌리자는 것이며, 또는 사사가 없는 공정한 일원상의 실천으로써 이를 돌리자는 것이다.

이렇게 돌리고 돌릴 때 일상을 운영하고 가꾸어갈 힘이 생기는 것이다.

더보기Tip

「일상 수행의 요법」 변천 과정

교강敎綱 9조인 일상 수행의 요법은 크게 3차례의 개정을 통해 현재에 이르게 된다.

첫 번째로, 일상 수행의 요법의 시초는 원기23년(1938) 《회보》 제44호에 등장하여 제51호까지 표지 다음 면에 '本會의 目的'이란 제목으로 '工夫要道 三綱領八條目'에 "1. 雜念을 除去하고 一心을 養成하자. 2. 모르는 것을 除去하고 아는 것을 養成하자. 3. 理論만 하지 말고 實行을 養成하자. 4. 信과 忿과 疑와 誠으로 不信과 貪慾과 懶와 愚를 除去하자."로 기재되며, '人生要道 四恩四要'는 현재의 일상 수행의 요법 5조~9조와 같은 내용이 기재된다.
다만 '가르칠 줄 모르는 사람을 가르칠 줄 아는 사람으로 돌리자'는 현재의 일상 수행의 요법 8조와 비교해서 '잘'이 빠져있다.

두 번째로, 원기24년(1939) 《회보》 제52호~제61호에 '本會의 敎綱'이란 제목하에 '工夫要道 三綱領八條目'을 '工夫이 要道'로 이름이 바꾸고, "1. 心地가 擾亂하지 아니하게 하는 것으로써 自性의 定을 세우자" "2. 心地가 어리석지 아니하게 하는 것으로써 自性의 慧를 세우자" "3. 心地가 그르지 아니하게 하는 것으로써 自性의 戒를 세우자"로 변경되며, 4조는 "신과 분과 의와 성으로써 불신과 탐욕과 나와 우를 제거하자"이며, '人生要道 四恩四要'에는 현재의 일상 수행의 요법 5조~9조와 같은 내용이 제시된다.

세 번째로, 원기24년(1939) 11월 20일 발행된 『불법연구회 근행법』에 '공부의 요도 삼강령 팔조목'과 '인생의 요도 사은사요'라는 제목 아래에 현재의 「일상 수행의 요법」의 내용이 등장하며, 또한 원기25년(1940) 《회보》 제62호 신년호 모두冒頭의 '本會의 敎綱' 제하에 현재의 일상 수행의 요법 1~3조인 "1. 心地는 원래 요란함이 없건마는 境界를 따라 있어지나니, 그 요란함을 없게 하는 것으로써 自性의 定을 세우자. 2. 심지는 원래 어리석음이 없건마는 경계를 따라 있어지나니, 그 어리석음을 없게 하는 것으로써 자성의 慧를 세우자. 3. 심지는 원래 그름이 없건마는 경계를 따라 있어지나니, 그 그름을 없게 하는 것으로써 자성의 戒를 세우자."가 제시된다.

이후 원기28년(1943)에 편찬된 『불교정전』 권1 제3편 제1장에 「일상 수행의 요법」이라는 제목 아래에 9조항으로 총괄 편성하여 현재의 『원불교교전』에 이르게 된다.

원기24년(1939) 1월 22일 총부 예회 시 '본회의 교강'을 제송諸誦하는 데, 이날이 최초로 교강 9조를 외우면서 대조한 날로 여겨진다.

《회보》 첫머리에 등장하는 「일상 수행의 요법」의 원형

1. 본회의 목적

(공부 요도 삼강령팔조목)
1. 잡념을 제거하고 일심을 양성하자.
2. 모르는 것을 제거하고 아는 것을 양성하자.
3. 이론만 하지 말고 실행을 양성하자.
4. 신과 분과 의와 성으로 불신과 탐욕과 나와 우를 제거하자.

(인생 요도 사은사요)
1. 원망생활을 감사생활로 돌리자.
2. 타력생활을 자력생활로 돌리자.
3. 배울 줄 모르는 사람을 잘 배우는 사람으로 돌리자.
4. 가르칠 줄 모르는 사람을 잘 가르칠 줄 아는 사람으로 돌리자.
5. 공익심 없는 사람을 공익심 있는 사람으로 돌리자.

〈회보 제44호, 시창23년 5월호〉

2. 본회의 교강

(공부의 요도)

1. 심지가 요란하지 아니하게 하는 것으로써 자성의 정을 세우자.
2. 심지가 어리석지 아니하게 하는 것으로써 자성의 혜를 세우자.
3. 심지가 그르지 아니하게 하는 것으로써 자성의 계를 세우자.
4. 신과 분과 의와 성으로써 불신과 탐욕과 나와 우를 제거하자.

(인생 요도 사은사요)

1. 원망생활을 감사생활로 돌리자.
2. 타력생활을 자력생활로 돌리자.
3. 배울 줄 모르는 사람을 잘 배우는 사람으로 돌리자.
4. 가르칠 줄 모르는 사람을 잘 가르치는 사람으로 돌리자.
5. 공익심 없는 사람을 공익심 있는 사람으로 돌리자.

〈회보 제52호, 시창24년 2월호〉

3. 본회의 교강

(공부의 요도 삼강령팔조목)

1. 심지는 원래 요란함이 없건마는 경계를 따라 있어지나니, 그 요란함을 없게 하는 것으로써 자성의 정을 세우자.
2. 심지는 원래 어리석음이 없건마는 경계를 따라 있어지나니, 그 어리석음을 없게 하는 것으로써 자성의 혜를 세우자.
3. 심지는 원래 그름이 없건마는 경계를 따라 있어지나니, 그 그름을 없게 하는 것으로써 자성의 계를 세우자.
4. 신과 분과 의와 성으로써 불신과 탐욕과 나와 우를 제거하자.

(인생 요도 사은사요)

1. 원망생활을 감사생활로 돌리자.
2. 타력생활을 자력생활로 돌리자.
3. 배울 줄 모르는 사람을 잘 배우는 사람으로 돌리자.
4. 가르칠 줄 모르는 사람을 잘 가르치는 사람으로 돌리자.
5. 공익심 없는 사람을 공익심 있는 사람으로 돌리자.

〈회보 제62호, 시창25년 1월호〉

「일상 수행의 요법」과 교강 9조

일상 수행의 요법은 교리의 강령을 아홉 조목으로 간략화하여 실천할 수 있도록 한 교강教綱 9조이다.

일상 수행의 요법은 삼학팔조 사은사요의 교리를 9가지 조목으로 수행 강령화한 것이다. 삼학은 '세우자'로, 팔조는 '제거하자'로, 사은사요는 '돌리자'라는 실천 강령으로 끝맺고 있다.
특히 사은은 한 조목으로 뭉쳐 잡고 있으나, 사요는 4조목으로 구체화하여 있다. 이는 일상생활 속에서 사회봉공 요소와 실천을 강조한 것이라 여겨진다. 일상 수행의 요법의 구조는 수행 정진과 보은 봉공의 병행을 요청하고 있다.

일상 수행의 요법의 '수행'은 신앙에 대응되는 좁은 의미의 수행에 한정된 공부가 아니라, 신앙과 수행을 포괄하는 넓은 의미의 수행이다. 즉 일상 수행은 신앙·수행의 실천 적공이다.

일상 수행의 요법도 일원상을 체받는 공부이다. 소태산 대종사는 《회보》 제40호 '일원상을 모본하라'는 법설에서 일상 수행의 요법을 행하여 일원상을 체득하라 한다.
"본회 공부의 요도 3강령 중 정신수양, 즉 일심을 얻는 데 대해서도 항상 마음을 대조하여 보아서 사심 없이 온전하여 무슨 일에든지 그르침이 없다면 곧 일원상을 체받는 것이요, 사리연구 즉 지식을 얻는 데 대해서도 사리 간에 배우고 익혀서 시비와 이해를 원만히 분석할 줄 안다면 또한 일원상을 체받는 것이며, 작업취사 즉 실행에 들어가서도 정의는 죽기로써 행하고 불의는 행치 않았다면 이 또한 일원상을 체받는 것이니라. 그러고 순경이나 역경이나 그 어떠한 경계를 당하든지 원망심을 버리고 감사생활을 하며, 타력심을 버리고 자력생활을 하며, 모르는 것은 배우기를 노력하고, 아는 것은 가르치기에 노력하며, 남은 나에게 어떻게 하든지 나는 남에게 유익을 주며, 이 외에도 사은사요와 솔성요론 등 하여간 자리이타법을 쓸 것 같으면 일원상의 체를 받는 동시에 공부한 효과가 나타나서 한량없는 지자智者 복인福人이 될 것이요, 만약 그 반대로 삼십 계문 등의 나쁜 일을 행한다면 일원상과는 위반되는 동시에 적악積惡이 되어 무궁한 죄고를 받게 될 것은 사실이다."

이처럼 일상 수행은 일상에서 일원상의 진리를 놓치지 않고 일상을 일원상으로 지속하는 수행이다. 즉 연역적으로 일원상을 체받아서 일상 수행을 잘 운영하거나 귀납적으로 일상 수행을 잘 운영해서 일원상을 체득하라는 것이다. 이처럼 일상 수행의 요법은 일원상 자리로 일상 수행을 세우고 제거하고 돌리는 공부이다.

소태산 대종사는 『대종경』 수행품 1장에서 "내가 그대들에게 일상 수행의 요법을 조석으로 외게 하는 것은 그 글만 외라는 것이 아니요, 그 뜻을 새겨서 마음에 대조하라는 것이니, 대체로는 날로 한 번씩 대조하고 세밀히는 경계를 대할 때마다 잘 살피라는 것이라." 하시며 일상 수행의 요법을 조석으로 외워 마음에 대조하라고 당부한다.

원기27년(1942) 겨울, 이성신과 유장순이 서울 교당[돈암동 회관]으로 갈 때 환송 자리에서 '일상 수행의 요법'을 대중들이 같이 염송하였다.
이때 소태산 대종사 말씀하시기를 "그대들이 '일상 수행의 요법'을 소리 높이 외웠다. 매미가 노래하는 것처럼 소리로만 외우지 말고 마음속으로 깊이 외워야 한다. 모든 경전이 마음으로 읽어야 경전이 되지, 소리로만 읽으면 소리일 뿐이다."[선진일화집, 『무엇하러 왔는가』]라고 당부했다.

경계를 대할 때마다 살피는 실제를 소태산 대종사는 부연하여 제시해 주고 있다.

"곧 심지心地에 요란함이 있었는가 없었는가?, 심지에 어리석음이 있었는가 없었는가?, 심지에 그름이 있었는가 없었는가?, 신·분·의·성의 추진이 있었는가 없었는가?, 감사생활을 하였는가 못하였는가?, 자력생활을 하였는가 못하였는가?, 성심으로 배웠는가 못 배웠는가?, 성심으로 가르쳤는가 못 가르쳤는가?, 남에게 유익을 주었는가 못 주었는가를 대조하고 또 대조하며 챙기고 또 챙겨서 필경은 챙기지 아니하여도 저절로 되는 경지에까지 도달하라 함이니라."라고 명시한다.

이처럼 경계마다 일상 수행의 요법을 대조하는 것은 교법을 생활화하는 실천이다.

이어서 일상 수행의 요법을 챙기는 공부와 상시훈련법 그리고 일기법에 대해 그 관계를 밝히고 있다.

"사람의 마음은 지극히 미묘하여 잡으면 있었지고 놓으면 없어진다고 하였나니, 챙기지 아니하고 어찌 그 마음을 닦을 수 있으리오. 그러므로 나는 또한 이 챙기는 마음을 실현하기 위하여 상시 응용 주의사항과 교당 내왕시 주의사항을 정하였고 그것을 조사하기 위하여 일기법을 두어 물 샐 틈 없이 그 수행 방법을 지도하였나니 그대들은 이 법대로 부지런히 공부하여 하루 속히 초범입성超凡入聖의 큰일을 성취할지어다."

소태산 대종사는 일상 수행의 요법을 챙기는 마음을 실현하기 위하여 '상시 응용 주의사항'과 '교당 내왕시 주의사항'을 두었으며 또한 그것이 실행되었는지 여부를 조사하기 위하여 '일기법'을 제시해 주신 것이다.

그러니까 '일상 수행의 요법'과 '상시훈련법' 그리고 '일기법'은 하나로 관통된 수행법이다.

대산 종사[김대거]의 회고에 따르면 대종사님은 이 '일상 수행의 요법'을 1년 가까이 연마하시어 송도성[주산 종사]를 불러 "앞으로는 쉽게 하여 누구나 다 보고 알게 해야 하는 것이다. 앞으로는 이것이 맞다."하시며 9조를 받아쓰게 하셨다.

《월말통신》《월보》《회보》로 「일상 수행의 요법」 독해讀解하기

교강약해教綱略解

《회보》 제53호, 시창24년(1939) 3월호

교강약해는 일상 수행의 요법의 원형인 '교강 9조'의 간략 해석이다. 공부의 요도 삼강령팔조목과 인생의 요도 사은사요로 대별하고 있으며 앞뒤로 '동정 간 공부법'과 '심신에 대하여'가 붙어 있다. 동정 간도 일원상의 원만을 지키고 체받는 공부라는 것이며 심신을 사용하는 것도 일원과 같이 공空한 자리를 작용하는 것이라는 해석이다. 그러므로 공부의 요도 삼강령 팔조목도 인생의 요도 사은사요도 동정 간 일원상의 원만한 자리를 지키고 체받는 공부이며 일원의 공한 자리에 근원한 공부이다.

교강약해는 일상 수행의 요법의 내용을 풀어서 제시한 해석으로써 의미와 가치가 있다.

〈동정 간動靜間 공부법〉

일상삼매一相三昧는 일체 만상萬相을 보고 듣고 생각나는 데에 끌리지 않고 오직 공적空함을 이름이니, 곧 정靜할 때 공부로써 일원상一圓相의 원만圓滿을 지키자는 것이요.

일행삼매一行三昧는 육근六根을 동작할 때 사사邪私하고 망녕된 데에 끌리지 않고 오직 일심一心작용함을 이름이니, 곧 동動할 때 공부로써 일원상의 원만을 체體받자는 것이다.

공부의 요도 삼강령팔조목

1. 심지心地가 요란하지 아니하게 하는 것으로써 자성自性의 정定을 세우자.

◎ '심지가 요란하다' 함은 마음이 오욕삼독五慾三毒에 불려서 시끄럽고 어지러움을 이름

이니, 이 요란한 생각을 없애는 방법은 일 없는 때 염불과 좌선으로써 내정정內定靜 공부를 하여 오직 언어도단言語道斷한 데에 그치기를 주장할 것이요, 일 있는 때에는 이 일을 하면서 저 일에 끌리지 않는 외外정정 공부로써 오로지 사심私心 없이 온전한 생각을 작용하는 것이며, 자성의 정을 세우자는 것은 요란한 생각이 없어지면 곧 근본 성품이 회복된다는 것이다.

效과: 이상과 같이 정정定靜이 잘 되면 희로애락의 천만 경계를 당하여도 자주력이 완전하여 경거망동하는 실패가 없을 것이다.

2. 심지가 어리석지 아니하게 하는 것으로써 자성의 혜慧를 세우자.

◎ '심지가 어리석다' 함은 대소유무와 시비이해를 모르는 것을 이름이니, 이 어리석은 마음을 없애는 방법은 매일 행사行事에 모르는 것을 발견하여 차차 하나둘씩 알아가기를 공부 삼아 하고 또는 선지식을 친근하여 법설·경전·성리 등 연마에 연구를 가하여 사리事理 간에 모르는 것을 없게 하자는 것이요, 자성의 혜를 세운다는 것은 어리석은 마음이 없어지면 곧 근본 성품의 청정한 광명을 나타나게 하자는 것이다.

效과: 이상과 같이 청정한 광명을 얻어 이무애理無碍 사무애事無碍로 생사고락의 이치를 잘 알아서 그 생사고락을 초월하여 무상정각無上正覺을 얻자는 것이다.

3. 심지가 그르지 아니하게 하는 것으로써 자성의 계戒를 세우자.

◎ '심지가 그르다' 함은 마음이 사사私邪하고 불의한 데에 끌려서 되는대로 행하는 것을 이름이니, 이 그른 마음을 없애는 방법은 우리의 육근 작용을 할 때에 행사의 결과를 반성하여 일기조사법으로써 선악을 대조하고 30계문을 수행하여 정의거든 기어이 행하고 불의거든 기어이 행치 않기로 하자는 것이다. 자성의 계를 세우자는 것은 그른 마음이 없어지면 곧 근본 성품에 공정원만公正圓滿한 길을 얻자는 것이다.

效과: 이상과 같이 실행을 잘하면 시비이해의 천만 경계를 당할 때마다 죄는 짓지 않고 복만 지어서 필경 복락 수용만 하게 되는 것이다.

4. 신과 분과 의와 성으로써 불신과 탐욕과 나와 우를 제거하자.

◎ 우리가 모든 일을 하려고 할 때 신심이 아니면 할 수 없는 고로 먼저 확실히 믿는 마음

으로써 결정을 세우고, 또는 신은 있다 할지라도 꼭 해보려는 분심이 아니면 할 수 없는 고로 용맹스러운 마음으로써 분투 전진을 시키고, 또는 신과 분은 있다 할지라도 사리事理 간에 모르는 것이 있고 보면 할 수 없는 고로 의심으로써 일과 이치에 모르는 것을 발견하여 기어이 알자는 것이요, 또는 신과 분과 의는 있다 할지라도 매사에 간단間斷이 있고 보면 또한 성공할 수가 없는 고로 간단없는 성심誠心으로써 기어이 그 목적을 달하자는 것이니, 이 네 가지를 진행하여서 결정 못 얻게 방해하는 불신과 상도常道에 넘치는 탐심과 하기 싫어하는 나태심과 아무것도 모르는 우치심을 없애 버리자는 것이다.

인생의 요도 사은사요

1. 원망생활을 감사생활로 돌리자.

◎ 이 세상은 물욕 생활에 병들어서 제 몸이 사대은四大恩을 입고 살면서도 그 은혜 갚을 본분을 잊어버리고 무슨 일이든지 제 욕심대로 안 되는 경우에는 바로 탐심·진심·치심을 발하여 가족끼리도 원망, 사회 사이에도 원망, 서로서로 원망생활로써 불평 불화를 일으키는 고로 우리는 천지·부모·동포·법률 사대은四大恩을 발견하여 감사생활을 하자는 것이니, 만물 생성의 덕을 베푸시고도 응용무념應用無念하시는 천지의 감사, 나를 낳아주시고 키워주시고 가르쳐 주셔서 호천망극昊天罔極이신 부모의 감사, 사농공상이 서로서로 자리이타로써 살게 되는 동포의 감사, 인도 정의의 공정한 규칙으로써 가르쳐 주시고 다스려 주시는 법률의 감사, 이와 같이 매사에 감사를 느껴서 평화 생활을 하자는 것이다.

2. 타력생활을 자력생활로 돌리자.

◎ 이 세상은 대개 남의 힘을 믿고 살기를 좋아하여 부모는 자녀에게 자녀는 부모에게, 또는 남자는 여자에게 여자는 남자에게 서로서로 의뢰하여 가정이나 사회에서 의뢰생활依賴生活을 하는 사람이 많은 고로 우리는 자력생활을 장려하기 위하여 우선 인간 생활에 대표적 결함 되는 여자가 남자에게 의뢰하는 제도를 버리게 하고 남녀 권리 동일법으로써 여자라도 상당相當한 직업 생활을 하게 하자는 것이다.

3. 배울 줄을 모르는 사람을 잘 배우는 사람으로 돌리자.

◎ 과거 세상에는 무리無理한 차별 제도로 인하여 여자나 상인이나 서자庶子나 설사 배웠더라도 정부나 사회에서 써 주지 아니하기 때문에 배울 성의가 없고, 양반이나 적자嫡子는 설사 안 배웠더라도 선령先靈치리만 했으면 행세하게 되니까 혹은 지위만 믿고 안 배우는 폐단도 있었으니, 이와 같이 안 배우는 자가 많은 고로 우리는 배우는 성의를 장려하기 위하여 여자든지 상인이든지 서자든지 또는 젊은 자라도 배워서 지식만 있다면 대우를 받고, 그와 반대로 남자나 양반이나 적자나 또는 노인이라도 어리석고 무식하면 천대받게 되는 '지우차별법'으로써 과거의 무리한 차별을 버리고 오직 배우기만 주장하자는 것이다.

4. 가르칠 줄 모르는 사람을 잘 가르치는 사람으로 돌리자.

◎ 과거 세상에는 자타의 국한이 막혀서 자기 자녀가 아니면 가르칠 줄을 모르고, 없는 자녀라도 기어이 제 자녀만 구하느라고 별별 미신을 다 부리고, 구하다 안 되면 필경 방탕에 빠져서 패가망신까지 되고 말며 또는 유有자녀자라도 자력資力이 없어서 못 가르치는 자도 있으며 혹은 유식자라도 제 가족 하나도 변변히 가르칠 줄 몰라서 자연 가르치는 자가 적은 고로 우리는 가르치는 성심을 장려하기 위하여 '무자녀자無子女者 타자녀 교양법'으로써 자타의 국한을 터놓고 네 자식 내 자식 할 것 없이 힘 미치는 대로는 남의 자녀라도 가르치기에 힘쓰자는 것이다.

5. 공익심 없는 사람을 공익심 있는 사람으로 돌리자.

◎ 과거 세상에는 내가 남에게 이익 주려고 생각하는 사람은 적고 남보고 나를 좋게 하여 달라고 생각하는 사람이 많아서 가정이나 사회가 서로서로 이기주의를 세우는 고로 누구나 제 가정을 벗어나서 대중을 위하여 이기주의를 놓고 공익사업을 하는 일이 없는 고로, 우리는 공익심을 장려하기 위하여 '공도헌신자公道獻身者 이부사지법以父事之法'으로써 남을 위하여 노력하고 남에게 은혜를 주는 사람을 내 부모와 같이 생전 사후에 영구히 섬기자는 것이다.

〈심신心身에 대하여〉

부증불감자금강不增不減自金剛

신거신래본삼매身去身來本三昧

우리의 마음은 소소영령하여 더하고 덜 하는 것이 분명하나 그 근본에 들어가서는 일원一圓과 같이 공空해서 증감이 없는 자리니라.

우리의 색신色身은 생사가 현저顯著하여 가고 오는 것이 분명하나 그 근본에 들어가서는 일원과 같이 공해서 거래가 없는 자리니라.

감상담(조수원)

『정전』 수행편 첫 장에 일상 수행의 요법이 제시된다. 일상에서 수행하는 요긴한 방법이라는 것이다. 뒤집어서 보면 수행은 일상에서 한다는 의미이기도 하다. 우리는 지금까지 바쁘고 힘든 일상을 벗어나서 한적하고 일이 없는 별도의 장소나 단체에 가서 수행하는 것이라고 알아왔지만, 대종사님은 수행은 일상에서 하는 것이라고 말씀하신다. 이 시대의 수행은 우리의 삶을 벗어나서 초인적인 삶을 추구하는 것이 아니라 지금 여기에서 하는 것임을 분명히 말씀하신다.

『정전』 수행편 제일 앞장에 이렇게 제시해 주셨는데, 우리는 이 사실을 건성으로 받아들인다. 일상에서 수행할 생각을 하지 않는다. 훈련원에 들어가거나 교당에 가서 하는 것을 수행이라 생각한다. 일상에서 내 삶으로 나 스스로 하는 것이 수행임을 받아들이지 못하고 있다.

일상에서 수행하는 중요한 방법이 공부상 측면에서는 삼강령 팔조목이고 삶의 측면에서는 사은에 보은하고 사요를 실천하는 것이라고 정리를 해주셨다. 공부도 일상에서 하고 보은도 일상에서 한다. 보은을 잘하려면 공부가 잘되어야 하고 공부가 잘되면 보은이 잘된다.

요란한 일이 있을 때 요란한 생각에 끌리지 않기 위해 염불과 좌선을 하고 사심 없이 온전한 생각으로 그 일을 대하는 것이 자성의 정을 세우는 공부며, 어떻게 해결해야 할지 모를 때 하나하나 알아가는 공부를 해서 자성의 혜를 세우는 공부를 하며, 나 하고 싶은 대로 마음대로 하려고 할 때 정의를 바로 세워서 행하도록 하는 자성의 계를 세우는 공부를 해야 한다. 이 수행을 해나갈 때 일어나는 여러 감정을 알아차리고 신분의성으로 돌려야 한다.

일상에서 내 뜻대로 일이 진행되지 않을 때, 누군가를 원망하는 마음이 일어나기 일쑤다. 이때마다 은혜의 소종래를 발견하여 감사생활을 놓지 않도록 하며, 변화하는 시대에 발맞추어 나가기 위해 자신의 힘을 키우는 것이 사회구성원은 개인 역량을 강화하는 것이다. 배움이 필요할 때는, 자신의 지위나 상들을 놓고 임해야 온전한 배움을 할 수 있고, 배운 내용들을 타인에게 나눌 수 있을 때, 이 사회는 공공의 힘으로 살만한 세상이 된다. 이렇게 사는 것이 수행이다.

대종사님은 일상에서의 삶이 수행이 되도록 하셨다. 삶 따로 수행 따로가 아니라 삶 자체가 수행이 되도록 하신 것이다. 하지만 정작 살아보면 우리가 은혜에 감사하며 보은행을 하고 공익에 유익 되는 삶을 살게 되는가? 쉽지 않다. 내 이익을 우선하게 되지 공정한 자리에서 자리이타가 되도록 하는 것은 매우 힘들다. 그러니 수행이라 하는 것이다. 일상에서 사람들이 '내가 수행자도 아닌데 그렇게까지 참고 살아야 해'라는 말을 한다. 옳은 일은 하려고 노력하고 하지 말아야 할 일은 참아보는 것이 수행이기에 결코 수행은 쉬운 것이 아니다. 하지만 그 원리를 깨친 사람이라면 원리를 모르는 사람보다는 수궁이 쉬워서 온 힘을 써서 취사를 해보려고 할 것이다.

나는 일상 수행을 하는 사람이다. 그러니 하루를 마감하면서 일상 수행의 요법 9조목으로 대조해 보는 것은 당연하다. 만일 9조목으로 대조하지 않는다면 나는 일상에서 수행하는 사람이 아니다.

법설

일원상一圓相을 모본模本하라

이공주 수필受筆

《회보》 제40호, 시창22년(1937) 12월호

이 법설은 소태산 대종사 47세 때인 정축하선 해제날인 1937년 음 8월 6일(양 9. 10) 익산총부 대각전에서 '일원상을 모본하라'는 해제식 설법 중 한 대목이다. 소태산은 원기20년(1935) 공식적으로 대각전에 법신불 일원상을 봉안한 이후 일원상을 체받는 법에 대해 구체적으로 제시한 법문이다. 특히 「일상 수행의 요법」을 실행하는 것이 일원상을 체받는 공부라고 천명하고 있다. 이처럼 일상에서 「일상 수행의 요법」을 실행하여 일원상을 체득하라는 것이다.

소태산은 일이 잘되고 못 되는 것에 대해 정의하기를 무슨 일을 당해서든지 '일상 수행의 요법'을 실천하면 일이 잘된 것이요 정의로 결국 일원상을 체받는 것이라면, 그 반면에 '일상 수행의 요법'을 실행치 못하면 일이 잘못된 것이요 불의로 일원상을 체받지 못한 것이라고 밝히고 있다.

이날은 익산교당 대각전 내에서 제24회 하선 해제식을 거행하였다. 종사주 법좌에 오르시사 일반 선도禪徒에게 말씀하여 가라사대,

「…… 본회 공부의 요도要道 삼강령 중 정신수양, 즉 일심을 얻는 데 대해서도 항상 마음을 대조하여 보아서 사심 없이 온전하여 무슨 일에든지 그르침이 없다면 곧 일원상을 체받는 것이요, 사리연구 즉 지식을 얻는 데 대해서도 사리 간에 배우고 익혀서 시비와 이해를 원만히 분석할 줄 안다면 또한 일원상을 체받는 것이며, 작업취사 즉 실행에 들어가서도 정의는 죽기로써 행하고 불의는 결코 행치 않았다면 이 또한 일원상을 체받은 것이니라. 그리고 순경이나 역경이나 그 어떠한 경계를 당하든지 원망심을 버리고 감사생활을 하며, 타력심을 버리고 자력생활을 하며, 모르는 것은 배우기에 노력하고, 아는 것은 가르치기에 노력하며, 남은 나에게 어떻게 하든지 나는 남에게 유익을 주며, 이외에도 사은 사요四恩四要와 솔성요론率性要論 등 하여간 자리이타 법을 쓸 것 같으면 일원상의 체를 받

는 동시에 공부한 효과가 나타나서 한량없는 지자智者 복인福人이 될 것이요, 만약 그 반대로 삼십 계문 등의 나쁜 일을 행한다면 일원상과는 위반되는 동시에 적악積惡이 되어 무궁한 죄고를 받게 될 것은 사실이다.

상술한 바를 더욱 간명히 말하자면 무슨 일이나 잘된 것[일상 수행의 요법을 실천하는 것]**은 정의요, 곧 일원상을 체받은 것이며, 그 반면에 잘못된 것**[일상 수행의 요법을 실행치 못하는 것]**은 다 불의요, 곧 일원상을 체받지 못한 것이니, 제군은 명심하여 억천만사億千萬事에 일원상을 모본할지어다.**」 하시더라.

감상담(윤명화)

원불교를 만나서 가장 많이 암송한 문장이 '일원상 서원문'과 '일상 수행의 요법'이 아닐까? '일상 수행의 요법'은 대종사님의 경륜인 공부의 요도 삼학팔조와 인생의 요도 사은 사요를 일상에서 실천해야 할 덕목으로 모아주신 것이다.

입교하여 처음에는 9개 항목을 외우는 데 급급했으나 시간이 지나면서 그 뜻을 나름대로 이해할 수 있게 되었다. 그러나 막상 일상에서 어떻게 해야 할지 잘 알지 못한 채 막연한 마음으로 실천했다. 그렇게 이해되는 만큼 해보았다.

가장 많이 생각하고 대조했던 것은 「일상 수행의 요법」 제5조 '원망생활을 감사생활로 돌리자'는 것이었다. 이 조항을 생활 표준으로 잡고 보니 힘들고 어려운 경계를 대할지라도 마음을 챙기고 견딜 힘이 되었다.

또한 상황에 따라서 배워야 할 때 가르쳐야 할 때 마음에 혹여 다른 생각이 끼어들어 꺼려지면 7조와 8조를 새기며 본래 목적을 돌아보며 취사하였다.

9조는 선택의 기로에 설 때 나의 이익이나 나의 안위를 먼저 생각하는 마음을 바라보며 공익을 위하는 길이 무엇인지 돌이켜 보게 하였고, 그 갈림길에서 다시 바라보는 기준이 되어주었다. 이렇게 「일상 수행의 요법」은 삶 속에서 마음을 확장해 갈 수 있게 해주는 생활의 지침이었다.

무엇보다 어려웠던 것은 1조에서 3조까지의 항목이었다. 이를 일상에서 어떻게 실천해야 할지 막연했다. '1분선'으로 일상에서 마음을 챙겨보기도 하고 경계를 당해 잠깐 호흡이나 염불로 그 상황을 멈추어 바라보는 훈련도 해보았다. 마음먹은 대로 되지 않는 경우가 대부분이었으나 다시 마음을 챙겨 또 해 보았다. 그럴 때일수록 이를 이어가는 원동력이 되어주는 신분의성이 필요함을 절실히 느꼈다.

'일원상을 모본하라'는 법설은 "일상 수행의 요법은 이렇게 하는 것이다."라고 말씀해 주신듯하다. 일원상을 체받는 것이 곧 정신수양이고 사리연구이며 작업취사라고 하신다. '일심을 얻는데 마음에 사심 없이 온전하여 그르침이 없는 것이며, 지식을 얻는데 사리간에 배우고 익혀 시비이해를 원만히 분석할 줄 아는 것이요, 실행에 있어서는 정의는 죽기로써 행하고 불의는 결코 행하지 않는 것이다. 이렇게 남에게 유익을 주는 것, 자리이타의 도를 행하는 것이 일상 수행을 행하는 것이다.'라고 일러 주시고 있다. 그러기에 '일상 수행의 요법'을 실천하는 효과는 일상생활에서 진급이 되고 은혜를 얻는 것으로 나타나야 한다.

텅 비어 고요한 일원상을 체받는 것은 일상에서 사심 없는 그 자리를 챙기고 그 자리에서 경계를 보아 시비이해를 분석하는 것이다. 또 어디에도 편착되지 않고 끌리지도 않는 그 마음으로 행하는 것이다. 즉 일상 수행의 요법을 실천하는 것은 일원상을 체받는 것이며 일원상의 진리를 신앙하고 수행하는 것이다.

불해탐주佛海探珠

직양한인 송도성

《회보》 제52호, 시창24년 2월호

송도성은 직양한인直養閑人이라는 필명으로 《회보》 제52호에 연재된 선화禪話이다. 일상 수행의 요법 1~3조의 '심지는 원래 요란함·어리석음·그름이 없건마는 경계를 따라 있어지나니'와 관련된 선문답이다.

사[법륭 선사] 가로되 "이미 마음 관함을 허락지 않으시면 모든 경계가 일어날 때 어떻게 능히 대치하오리까?" 조[4조 도신] 가라사대 "경계는 좋다 낫다 하는 분별이 없는데 마음이 들어서 그 분별을 내나니 분별 내는 마음의 본원만 밝히면 망정이 다시 어느 곳으로 좇아 일어나리오. 망정이 이미 일어나지 아니하면 이것이 곧 청정원만한 진심이라. 이 진심을 발견하여 그 마음을 따라 자재할 것이요, 다시 대치할 것이 없나니라." 하시니, 융대사 언하에 대오하여 돈교의 묘지를 체득한바 4조를 만나 뵈온 후로부터는 백조百鳥의 꽃 공양이 끊어지고 말았다 한다.

제3 수행편 修行編

제2장 정기훈련定期訓練과 상시훈련常時訓練

훈련법의 시행 및 과제

소태산 대종사 10상 중 '신룡전법상新龍轉法相'은 정기훈련과 상시훈련의 시현이라 해도 타당할 것이다. 익산총부는 신룡전법상의 도량으로 원기9년(1924) 공식적으로 익산에 회상을 열어 법을 굴리신 성지이다. 신룡新龍은 새로운 용으로 새 회상이 펼쳐진 정신개벽의 도량이다.

이러한 신룡벌에서 소태산 대종사는 원기10년(1925) 음 3월에 새 교법을 지도 훈련하기 위하여 정기훈련법과 상시훈련법을 제정 발표한다. 정기훈련법과 상시훈련법으로 매 동하 6개월은 정기훈련을 나머지 6개월은 상시훈련을 시행한 것이다.

『원불교교사』 제2편 제1장 '훈련법의 발표와 실시'에서 "정기 훈련은 매년 정기로 공부를 훈련시키는 방법으로서 동하冬夏 양기兩期의 선禪으로 하되, 하선은 음 5월 6일에 결제하여 8월 6일에 해제하고, 동선은 11월 6일에 결제하여 이듬해 2월 6일에 해제하며, 과정은 염불念佛 좌선坐禪 경전經典 강연講演 회화會話 문목問目 성리性理 정기일기定期日記 주의注意 조행操行 수시설교隨時說教 등 11과로 정하였다."라고 밝히고 있다. 수시설교는 후에 상시일기로 대체된다.

당시는 농경사회였기에 농한기인 음력 5월 6일부터 음력 8월 6일에는 하선을 음력 11월 6일에서 2월 6일까지는 동선을 났던 것이며, 농번기에는 상시훈련을 실시한 것이다. 동·하선은 소태산 대종사 당대에 정기훈련을 달리 불렀던 표현이다.

정기훈련은 원기10년(1925)년 을축하선을 시작으로 소태산 대종사 열반해인 원기28년(1943) 계미년 임오동선까지 19년간, 아무리 어려운 상황 속에서도 36회에 걸쳐 꾸준히 시행된다.

다만 정기훈련 회수回數 표기에 중복이 있다. 예를 들면 을축하선을 조선初禪으로 삼으면 제15회는 하선이며 제16회는 동선이다. 그런데 《월보》 제42호에 '제15회 동선을 마치고'라는 회설과 《회보》 제4호에 '제16회 하선을 마치고'라는 감상이 등장한다. 회기會期에 차이가 발생한 것이다. 그 이유는 무엇일까? 아마도 제1회 정기훈련을 을축하선으로 삼을지? 또는 을축하선과 을축동선을 통합해서 제1회 정기훈련으로 삼을지? 그 기준에 따라 회기의 넘버링numbering이 달라진 듯하다.
'제15회 동선을 마치고'의 회설 중에 "세월은 여류如流하여 어언간 선원禪院 창설 후 제15회의 금일을 맞게 되었다. 이로부터 과거 8년 전 을축 제초회第初回 동선冬禪을 회고하여 지금에 비교하면~"이라는 대목이 등장한다. 정기훈련의 원시[元始, 제1회]를 을축동선으로 삼고 있는 내용이다.

이어서 "상시훈련은, 상시로 공부하는 방법으로서 '상시 응용 주의사항' 6조와 '공부인이 교무부에 와서 하는 책임' 6조를 정하였고, 이 모든 조항을 실질적으로 대조 연습하기 위하여, 유무념 조사와 상시 일기 조사법을 정하였으며, 문자 서식에 능치 못한 사람을 위하여 태조사太調査법을 두어 유무념을 대조하게 하였다. 특히 일기 조사법은 매일 공부의 실행 여부만 조사 기재하는 것이 아니라, 정신 육신 물질 삼방면으로 혜시 혜수한 것도 대조 기재하며, 공부 사업 생활 삼방면의 의견 제출과 삼십 계문의 범과 유무도 대조 기재하되, 이 공부를 달[月]로 검사하기 위하여 매월 단장 조사법을 정하고, 해[年]로 검사하기 위하여 매년 교무부 보고법을 정하였으니, 그 방법이 심히 간명하고 맥락이 또한 서로 관통하여, 유무식 남녀노소를 막론하고 근기를 따라 바로 정법에 들게 하는 훈련의 강령이 되었다."라고 명시한다.

상시훈련은 '상시 응용 주의사항 6조'와 '교당 내왕시 주의사항 6조'를 제정하여 상시에 수행을 훈련시키고 교당 내왕을 통해서 공부를 점검할 수 있도록 한 것이다.
3예회와 단회 그리고 경의문답 및 유무념 대조와 태조사 등의 일기법 등이 대표적인 상시훈련 과정이라 할 것이다. 단회도 3예회의 한 프로그램으로 공부를 위한 방법이었다.

계속 이어서 "원기 10년(1925·乙丑) 5월 6일에, 대종사, 새 훈련법에 의하여 첫 정기 훈련을 실시하실 제, 총부 가옥이 아직 협착하므로 임시로 구내 개인 가옥[전음광全飮光집] 일부를 빌려 교무 송규의 지도 아래 10여 명의 남녀 선원禪員이 하선 훈련을 받게 하시고, 11월에는 교무 이춘풍李春風의 지도 아래 20여 명의 남녀 선원이 동선 훈련을 받게 하시니, 이 양기兩期의 선禪이 새 회상 정기 훈련의 원시元始가 되었다.이 정기훈련은 일반 선원禪員의 공부를 단련하는 중요한 기간이 될 뿐 아니라, 초창기에 교무를 양성하는 유일한 방도로 활용되었으며, 훈련의 장소는 그 후 공회당을 신축하여, 간고한 가운데 선원禪院 훈련의 명맥을 이어 나왔다."라고 기록하고 있다.

원불교 정기훈련의 시원지는, 원기10년(1925) 하선의 시행지인 익산총부의 전음광 집터이다. 또한 공회당은 이러한 정기훈련과 상시훈련의 중심 훈련지이다.
그리고 동·하선의 정기훈련은 초창기 교무 양성 기관이기도 했다. 동·하선을 네 차례 이수하면 교역자 자격을 주었다. 그 대표 인물이 바로 공타원 조전권 교무와 융타원 김영신 교무이다. 당시의 교무는 교당이나 선원禪院을 맡아 지도 할 때의 역할명이었다.

융산 송천은 교무의 『열린시대의 종교사상』에 실린 이야기다.
"총부 건설 초창기에 소태산 대종사의 큰 지지자였으며 신분이 두터웠던 백학명(1867~1929) 선사가 총부에 와서 얼마간 화두선을 지도했음을 의산 조갑종 법사가 증언함. 그러나 화두선만을 강조하는 전통적인 한국선은 소태산 대종사의 11과목 훈련 중심의 지도 원리와 달랐고, 또 대종사에 대한 제자들의 정신적 숭배가 지극함을 간파하고 스스로 선 지도를 포기했다 함."이라 소개하고 있다. 〈『열린시대의 종교사상』, 394쪽〉
소태산 대종사의 정기훈련 11과목은 선불교 전통의 화두선과는 내용이나 분위기가 달랐다.

이처럼 신룡전법상은 소태산 대종사께서 제자들과 함께 정기훈련과 상시훈련을 통해 일원회상의 법을 펴는 전법轉法의 시범을 보여주신 곳이다. 그러므로 우리는 이러한 정기훈련과 상시훈련의 실현지인 신룡전법지를 순례하며 현장에서 느껴지는 훈련의 의미를 되새겨야 할 것이다.

훈련법과 일원상

정기훈련과 상시훈련은 스스로 자력으로 하는 것이면서 또한 공부인들 간에 서로서로 도움을 주고받는 것이며 또한 지도인[스승]의 지도를 받는 것이다. 지도인의 지도를 받지 않는 훈련은 진정한 훈련이라 할 수 없을 것이다. 지도인의 지도는 바로 일원상 성품 자리에 기반한 삼학으로 삼대력을 얻도록 지도받는 것이다. 지도인의 감정과 해오를 받을 때 훈련은 심화하는 것이다.

정기훈련과 상시훈련은 일원상의 진리에 기반하고 있으며, 개교의 동기의 '사실적 도덕의 훈련'이다.

훈련은 공부요 단련이요 수행으로, 반복의 새로움이요 새로운 반복인 단련의 미학이며, 정신수양·사리연구·작업취사의 삼학으로 수양력·연구력·취사력의 삼대력을 발휘하는 공부이다.

정기훈련과 상시훈련에 있어, 정기는 정할 정定, 기간 기期로. 일정한 기간 동안[선기禪期]과 일정한 기간마다[예회例會]를 뜻한다면, 상시는 항상 상常, 때 시時로 평상시를 뜻한다.

그러니까 정기훈련은 일정한 기간 시행되는 훈련이라면 상시훈련은 그 외 평상시 일상의 시기에 시행하는 훈련이다.

『육대요령』에서는 정기훈련과 상시훈련을 '공부의 요도'라고 정의한다. 그러니까 훈련은 공부의 요도의 구체적 적용으로 수행의 새로운 버전이다.

정기훈련은 '공부인에게 정기로 법의 훈련을 받게 하기 위한 것'이라면, 상시훈련은 '공부인에게 상시로 수행을 훈련시키기 위한 것'이다.

'법의 훈련'은 일원상의 진리에 근원한 삼학의 공부법을 전문적으로 단련하는 정기훈련이라면, '수행을 훈련시키는 것'은 일원상의 진리에 근원한 삼학 수행을 일상에서 단련하는 상시훈련이다.

훈련은 일원상 성품 자리에 기반 한다. 일원상의 진리는 외부에서 오는 어떤 기준이 아니다. 우리는 결함이 있어서 훈련하는 존재가 아니다. 우리는 본래 일원상의 본령이기에 온전한 일원상을 드러내기 위해 훈련하는 것이다.
이처럼 훈련은 외부에서 주어지는 어떠한 이상을 우리 내부에 주입하는 것이 아니다. 이러한 이상 추구는 우리를 부족한 존재로 여기게 하여 자기 비하로 몰고 갈 경향이 있다. 이는 본래 구족한 일원상 자리를 망각하게 한다. 그러므로 훈련은 외부에서 주어지는 이상을 학습하는 것이 아니라 자기 각성과 성숙을 통해서 스스로 갖추고 있는 본래 자리를 발현해 내는 과정이다.
이처럼 훈련은 자율과 타력의 협력으로서 일원상 자리에 바탕을 둔 자기 초월이요 자기 심화요 자기 확장을 해 가는 것이다. 이것이 곧 사실적 도덕의 훈련이다.
〈개교의 동기〉의 사실적 도덕의 훈련은 일원상 성품 자리에 근거한 삼학을 단련하는 공부로, 청정한 일원상에 기반 하여 수양하고, 명명한 일원상에 토대 하여 연구하고, 공정한 일원상에 근원 하여 취사하는 것이다.

소태산 대종사는 정기훈련이 법의 훈련을 받게 하는 것이라면 상시훈련은 수행을 훈련시키는 것이라 명시하고 있으므로, 정기훈련의 '법'은 일원상 성품 자리에 바탕을 둔 법이라면 상시훈련의 '수행'은 일원상 성품 자리에 기반 한 수행이다. 그러므로 정기훈련이든 상시훈련이든 다 일원상을 체받아서 삼학을 단련하는 공부이다.
결국 일원상 이 자리로 정할 때인 정기에 11과목을 훈련하는 것이며, 일원상 이 자리로 동할 때인 상시에 상시 응용 주의사항 6조와 교당 내왕시 주의사항 6조를 훈련하는 것이다.

본래 동하다 할 것도 없고 정하다 할 것도 없는 자리에 기반 하여 동할 때 동하면서 동에도 매이지 아니하고 정할 때 정하면서도 정에도 매이지 않는 공부이다.
정기훈련뿐만 아니라 상시훈련도 일원상 자리로 훈련하는 공부이다. 즉 염불·좌선도 '망상 없는 일원상'으로 오롯한[전일專一] 마음이 되게 하는 공부이며, 일기를 하고 유무념을 대조하는 것도 일원상에 반조하는 실행 과정이며, 응용하기 전에 응용의 형세를 보아서 미리 연마하기를 주의하는 것도, 응용할 때 온전한 생각으로 취사하기를 주의하는 것도, 응용한 후에 즉시 대조하기를 주의하는 것도 다 '대도大道'인 일원상을 대중하는 공부이다. 또한 경전 법규 연습도 의두 연마도 일원대도에 근거한 공부이다. [회보 제38호 '일원상에

대하여']

교당 내왕시 주의사항에 있어 문답이 되었든 감정·해오가 되었든 모든 공부가 일원상에 기반한 삼학의 문답·감정·해오가 되어야 그 공부는 정로正路가 된다. 만일 일원상이 없는 문답·감정·해오라면 기반 없는 공부가 될 것이다.

결국 훈련법은 법신불 일원상을 수행의 표본으로 하여 삼학을 수행의 강령으로 삼는 공부이다. 일원상 자리를 체받아서 정신수양·사리연구·작업취사를 단련하는 것이 정기훈련과 상시훈련의 골격이다. 그러므로 정기훈련 11과목도 일원상 자리에 바탕 한 삼학을 단련하는 공부이며, 상시훈련 12조목도 일원상 자리에 근원한 삼학을 단련하는 공부이다.

〈불법연구회 창건사〉 제18장 훈련법의 실시

정산 송규

《회보》 제47호, 시창23년(1938) 9월호

〈불법연구회 창건사〉는 정산 송규에 의해 집필된 원불교창립기인 1회 12년사史이다. 원기22년(1937) 8월호인 《회보》 제37호부터 원기23년(1938) 11월호인 《회보》 제49호까지에 소태산 대종사의 탄생에서부터 창립 제1회인 원기12년(1927)까지의 원불교 초기교단사에 대한 연재물이다. '제1편 1회 12년'이라는 제목 아래 머리말과 28장으로 이루어져 있으며, 일화逸話를 소개하고 있어 당시의 상황을 구체적으로 알 수 있다.

제18장에 훈련법의 내용과 실시 과정이 구체적으로 밝혀져 있으며, 정기훈련 시행의 시초始初를 을축하선 및 을축동선으로 삼고 있다. 그러므로 최초의 하선이 시행된 전음광 집터와 동선이 시행된 공회당은 '훈련법' 제정에 따라 시행된 '최초의 정기훈련지'로 기념되어야 한다. 처음 제정된 정기훈련 11과목 중에는 수시설교가 있으며 이후 상시일기로 대체된다.

시창 10년(을축乙丑) 3월에 대종사께서 모든 제자에게 혁신교리와 제도를 지도하시시기 위하여 정기훈련법과 상시훈련법을 발표하시니,

〈정기 훈련〉은 매년 동하 양기로써 정하되 재래 불교의 정기훈련 일자는 농촌 생활에 맞지 아니한 점이 있음으로써 하夏 일기一期는 음력 5월 6일에 결제하여 동년 8월 6일에 해제하고, 당년 동재기冬再期는 11월 6일에 결제하여 익년 2월 6일에 해제한바 그 과정은 염불 좌선 경전 강연 회화 문목 성리 정기일기 주의 조행 수시 설교의 11과로 정하였으

니, 염불 좌선은 수양을 단련키 위함이요, 강연 회화 문목 성리는 연구를 단련키 위함이요, 정기일기 주의 조행은 취사를 단련키 위함이요, 수시설교는 당시 법사가 때를 따라서 모든 학자[공부인]에게 공부 방식을 고루 단련시키기 위함이니, 이는 곧 정기 전문 훈련하는 과정이 되고,

〈상시 훈련〉은 '상시 응용 주의사항 6조'로서 정하였으니
1. 응용하는데 온전한 생각으로 취사하기를 주의할 것
2. 응용하기 전에 응용의 형세를 보아서 미리 연마하기를 주의할 것
3. 공간시空間時 경전 연습하기를 주의할 것
4. 공간시 의두 연마하기를 주의할 것
5. 공간시 좌선 혹 염불하기를 주의할 것
6. 응용 후 대조하기를 주의할 것 등이니,
이는 곧 하시何時를 물론 하고 일체 동정動靜에 항상 이 삼강령[1조 취사, 2·3·4조 연구, 5조 수양, 6조 삼강령의 행부行否 대조] 공부를 수기隨機 응용하는 교법이 되며,

또는 '공부인이 교무부에 와서 하는 책임 6조'를 정하였으니
1. 우기右記 응용 주의사항을 지낸 후 경과 보고하기를 주의할 것
2. 혹 감각이 있을 시는 제출하기를 주의할 것
3. 특별히 의심된 사항이 있을 시는 양해諒解 얻기를 주의할 것
4. 정기 공부는 기회를 따라 실행하기를 주의할 것
5. 매월 예회에는 반드시 참예하기를 주의할 것
6. 교무부를 다녀갈 시는 그 득실 대조를 주의할 것 등이니,
이는 곧 상시 응용 주의사항 6조의 앞길을 인도하는 교법이 된바,

이상 각 조항을 실질적 연습하기 위하여 또한 유무념 조사와 일기 조사법이 있으니,
'유무념 조사'는 일용 행사의 모든 경계를 지낼 때 온전한 생각으로 취사의 정신을 놓지 아니하여 그 일을 바르게 처리한 건은 유념 처리라 칭하고, 온전한 생각으로 취사의 정신이 없이 그 일을 그릇 처리한 건은 무념 처리라 칭하고, 매일 석후夕後에는 반드시 유념

처리가 몇 건 무념 처리가 몇 건을 스스로 조사 기재하여 일일간 공부 잘하고 못한 것과 죄 짓고 복 짓는 것을 자각하게 하는 법이요[무식無識한 사람은 태太로써 조사하는 법이 있고 유식한 사람은 용지用紙로써 조사하는 법이 있음],

또 '일기 조사법'은 이상에 말한바 상시 응용 주의사항 6조와 공부인이 교무부에 와서 하는 책임 6조를 대조하여 매일 그 실행 여부를 기재하며, 그 외에도 정신 육신 물질 삼방면을 통하여 남에게 혜시한 것과 남으로부터 혜수한 것을 대조하여 매일 그 대차貸借 여부를 기재하며, 또는 공부 사업 생활 3방면의 의견제출을 대조하여 매일 그 연구의 시간 유무를 기재하며, 또는 30계문을 대조하여 매일 그 범과犯過 유무를 기재하여 이 여러 가지 방법으로 1일간 공부 잘하고 못한 것과 죄 짓고 복 짓는 것을 더욱 상세 계산케 하는 법이 되는바, 이 공부를 또한 달[月]로 검사하기 위하여 공부인으로 하여금 단을 조직하여 매월 그 단장이 조사하는 법을 정하시고 해[年]로 검사하기 위하여 그 단장이 매년 교무부에 보고하는 법을 정하셨으니, 그 방법이 심히 간명하고 맥락이 또한 관통하여 유무식 남녀노소를 물론 하고 근기를 따라 만권 서적을 보지 않을지라도 바로 정법을 믿게 하는 훈련의 강령이 되었다. 〈내역은 『육대요령』 급及 《단규團規》에서 참조〉

(시창10년) 5월 6일에 대종사께서는 이상 규정에 의하여 정기훈련법을 실시하실 새 당시 총부의 가옥이 아직 협착함으로 임시 총부 구내에 전음광 씨의 사가私家 신축한 가옥 일부를 차借하여 교무 송규 씨의 지도하에 남녀 선원禪員 10여 인이 전문 훈련을 받게 하시고 당년 재회[再回, 2회]는 교무 이춘풍 씨의 지도하에 남녀 선원 20여 인이 전문 훈련을 받게 하시니 본회 공부의 정기 입선은 차 양기此兩期로써 원시元始가 되다.

을해乙亥 동선冬禪 결제시結制時 훈사

이공주 수필受筆

《회보》 제21호, 시창21년(1936) 12·1월호

제21회 동선 결제식[시창20년 음 11월 6일]의 소태산 대종사 법설로, 그 전반부가 윤문 되어 『대종경』 수행품 56장에 실린다. "전문 입선入禪을 하러 온 사람들로 말하면 병원에 입원 치료하는 사람과 같고, 예회 참예하는 사람들로 말하면 통원 치료하는 사람과 같다."는 말씀에서 정기훈련의 선원 입선과 상시 응용 주의사항으로 공부하는 중 교당 내왕하는 예회 참석은 마음병 환자가 병원에 입원하거나 내왕하는 것과 같다는 것이다. 또한 "제군들로 말하면 마음병 환자들이요, 이곳은 그러한 병을 치료하는 병원이며, 나는 그 병을 낫게 해주는 의사요, 교무들은 조수助手 의사며, 본회의 모든 교리·제도는 의술이요, 약재이다."라고 훈련생과 훈련처 그리고 지도인과 교과서의 관계를 밝히고 있다.

이날은 익산교당[익산 총부]에서 제21회 동선 결제식[시창20년 음 11월 6일]을 거행하던바, 종사님 법좌에 출석하시사 대중을 향하여 말씀하여 가라사대, 「오늘 이 자리에 모인 여러 사람으로 말하면 전문으로 공부하러 온 사람도 있고 혹은 예회나 보고 가려고 온 사람도 있을 것이다. **비컨대 여러 가지 병을 가진 환자들이 각자의 병을 치료하기 위하여 병원을 찾아온 것과 같으니, 즉 전문 입선入禪을 하러 온 사람들로 말하면 병원에 입원 치료하는 사람과 같고, 예회 참예參詣나 하는 사람들로 말하면 통원 치료하는 사람과 같다고 하노라.**
그러면 혹자는 '왜 공부하러 온 사람들을 보고 환자라고 하며, 공부하는 선방을 병원이라고 하는고?' 할는지도 모른다. 그러나 만일 이 가운데 그러한 생각을 가진 사람이 있다면 그 사람은 참으로 중병重病 환자라고 나는 인증하나니, 보라! 누구든지 감기나 몸살 같은 경輕한 병은 제 몸에 병이 든 줄을 잘 알지마는 저 무서운 폐병이나 늑막염 같은 생명에 관계되는 중한 병은 전문 의사의 진찰을 받기 전[초기]에는 누구나 자신에 병이 든 지도 모르는 것이 아닌가? 그러면 나는 제군 등을 본즉 마음병 안 든 자가 하나도 없는데,

만일 제군들은 각자 마음에 병이 든 지도 모른다면 그것은 반드시 중병 환자라고 아니 할 수 없다 하노라.

그러면 그와 같은 중병을 가진 환자들로서 만일 치료를 아니 하고 내버려 둔다면 그 어떻게 될 것인가? 자고로 누구든지 육신에 병이 들면 병든 것을 잘 알고 병이 든 줄을 아는 머리에 나으려고 서두르며, 나으려고 서두는 머리에 의약과 병원도 찾게 되며, 의약과 병원을 찾는 사람이 많은 머리에 자연히 이 세상에는 의약과 병원의 설비도 충분히 되어 가지고 있는 것이다. 그러나 그 반면에 마음병이 든 것은 병인지도 모르고, 병이 든 지도 모르는 머리에 나으려고 서두는 사람도 없으며, 따라서 그 병을 나을 만한 의약과 병원도 없게 된 것이다.

그러므로 나는 20년 전부터 그 병원[마음병원]을 설치하려고 여러 가지로 연구하고 노력하였나니, 그것은 다름이 아니라 오랫동안 어둡던 우리 조선에 저 서양문명[물질문명]이 자꾸 들어오고 보면, 물론 우리 조선 사람들은 생전에 보도 듣도 못하던 화려하고 편리한 기구 집물什物과 의복 음식 등을 보게 될 것이니, 그런다면 견물생심見物生心으로 그 모든 물건에 욕심이 날 것이요, 욕심만 나고 본즉 마음이 시끄러워서 온전한 정신은 없어질 것이니, 온전한 정신이 없어지고 마음이 시끄러워진즉 그 마음은 병이 드는 마음이라. 그 병든 마음을 치료하기로 말하면 반드시 마음병에 적절한 의술과 병원이 필요하겠으므로 나는 그와 같은 생각을 가졌던 것이다.

대저, 우리 육신의 병으로 말하면 아무리 중병이라도 명의를 만나서 치료시키는 대로 약만 잘 쓰면 완치할 수도 있고, 설사 못 낫고 죽는다 하더라도 그 육신만 죽으면 그 병은 그만이지마는 마음병이라 하는 것은 한번 들어만 놓으면 나을 만한 의약과 병원이 없는 만큼 점점 병근病根이 깊이 박혀서 일평생을 그 병으로 고통을 받다가 내생에까지 그 여독이 미치게 되나니, 알고 보면 마음병이란 것은 육신병 보다도 훨씬 무서운 병이며 반드시 나아야 할 병이니라.

그러면 마음병이란 어떻게 생겼으며, 종류는 몇 가지나 되는가? 그의 증세는 마치 간질병이나 미친병 같고 종류는 수천만 가지나 되나니, 우선 간질병을 가진 환자를 들어보자! 물 지랄하는 사람은 물을 보면 생사를 불계不計하고 물로 뛰어들고, 불 지랄하는 사람은 불을 보면 타서 죽을지라도 그 불 속으로 뛰어들며, 인人 지랄하는 사람은 사람만 보면 별별 지랄을 다 하지 않는가? 또 미친병 있는 사람은 그 병기病氣가 발작되면 안 먹을 것을 함부로 먹고, 아니할 말을 함부로 하며, 아니 갈 데를 함부로 가고, 아니할 짓을 함부로 하여 제 신세를 제가 그르치지 않는가?
그러면 우리의 마음병도 그와 같나니, 마음 병든 자를 대개 보면 아니 먹어야 할 불의不義한 음식을 먹어서 재앙을 스스로 불러들이고, 아니 입어야 할 불의한 의복이나 아니 살아야 할 불의한 주택이나 아니 써야 할 불의한 돈을 써서 모든 재앙을 불러들이며, 그 외에도 천만 가지로 제가 저를 고생도 시키고, 제가 제 뺨을 맞게 하며, 제가 저를 묶어서 징역을 살리며, 제가 제 살림을 망쳐 놓으며, 제가 저에게 온갖 죄벌이 떨어지게 하여 제 일신을 망치고 점차로 가정·사회·국가를 망치며 일보를 나아가 전 세계를 망치게 하나니, 그것이 지랄병이 아니고 무엇이며, 미친병이 아니고 무엇인가? 즉 각자의 처지와 분수를 지키지 못하고 불의不義의 욕심을 채우려는 마음은 다 큰 병이니, 그러면 누가 그러한 병이 하나도 들지 않은 사람이 있는가?
과연 제군들로 말하면 그와 같은 마음병의 환자들이요, 이곳은 그러한 병을 치료하는 병원이며, 나는 그 병을 낫게 해주는 의사요, 교무들은 조수助手 의사며, 본회의 모든 교리·제도는 의술이요, 약재이다. 〈『대종경』 수행품 56장〉

감상담(조수원)

종교를 찾을 때는 대부분 마음의 고통이 심하거나 삶의 가치를 드러내고 싶어질 때이다. 삶을 구원하기 위해서는 성현들의 도움이 필요하다. 결국 구체적으로 자신이 무엇 때문에 마음이 아픈지 아는 사람도 있고 모르는 사람도 있다. 결국 마음의 문제를 해결하기 위해 종교를 찾는다.
대종사님께서는 이런 이들을 위하여 마음병원을 개원하시고 스스로 마음병을 치유하는 의사를 자처하셨다. 이 병원을 찾아온 환자들은 의사의 지시를 잘 따라서 병을 치유하길 당부하셨다. 이 시대 사람들의 마음병은 대체로 편리하고 고급화된 물질에 정신을 빼앗겨 각자의 처지와 분수를 생각지 않고 불의의 욕심을 채우려다 보니 스스로 죄를 짓게 하고 살림을 망하게도 한다고 진단하셨다. 사실이다. 우리는 이렇게 살면서 이것이 마음병이라고 생각하지 못한다. 다른 사람들도 다 이렇게 살고 있으니 병으로 보이지 않는 것이다. 하지만 자신에게 죄를 짓게 하고 마음의 고통을 주니 병이 아닐 수 없다. 그러니 마음에 어떤 병을 가졌는지 찾아볼 필요가 있다.

진단이 이루어진 후에는 병을 고치기 위하여 의사의 지시를 따라야 한다. 대종사님은 도덕의 훈련으로 물질을 잘 선용할 방법을 제시하셨다. 도덕의 훈련이 없는 상태에서 발달한 물질을 남용할 시는 자신을 타락시키거나 세상에 해를 입힐 수 있다는 것이다. 그러므로 마음을 잘 사용하는 훈련을 받아서 자신의 병도 낫게 하고 다른 사람의 병도 치료할 능력까지 얻으라 하신다.

세상에 유익을 주는 많은 방법이 있다. 의식주를 얻는 방법, 의식주를 효과적으로 사용하는 방법, 인간관계를 잘 맺는 방법, 돈을 잘 버는 방법 등 참으로 많은 기술이 있고 이를 나누려는 사람들이 많다. 그중에서 우리는 대종사님의 교법으로 세상 사람들이 마음을 잘 사용할 수 있도록 도움을 주려는 사람들이다. 그러기 위해서는 전문훈련 기관에 입선하여 훈련받고 일상에서 상시훈련을 해야 한다.

정신과 육체를 정의에 질박아
훈련받은 인생으로써 활동하라

회설반會說班 기자記者 전음광

《월말통신》 제18호, 시창14년(1929) 음 8월호

회설자 전음광은 쇠도 단련하면 가치 있는 쇠가 되어 각종 물품이 되고, 소도 길을 들이면 밭을 갈 수 있는 소가 되듯이 사람도 훈련받으면 쓸모 있는 사람이 된다고 역설한다. 이러한 훈련의 필요성을 강조하면서 "종사주께옵서 불 속에 넣거나 물속에 넣거나 마치질을 하시거나 쇠와 같이 아무 말 말고 시키는 대로만 하라."며 소태산 대종사가 제시하는 훈련법대로 실행하자고 결론짓고 있다.

1.

적막한 광산에 침묵을 지키던 한 뭉치의 쇠[鐵]도 쇠 자체가 발로發露된 이상 그대로 이 세상의 쓰임은 되지 못한다. 열화熱火의 단련을 거쳐 철공의 마치를 지나 찬물[寒水]의 세례를 많이 받은 후에야 견강堅强한 쇠, 값있는 쇠가 되어 그릇[器]으로, 기계로, 각종 물품으로 쓰임 있는 쇠가 된다. 갓[涯] 없는 벌판에서 자행자지로 놀고 눕고 뛰고 하는 소의 무리도 그것이 가치 있고 쓰임 있는 소[牛]가 된다면 코를 뚫고 굴레를 짜고 멍에를 씌우는 부자유한 역경을 지내서 안정한 모양과 질[길]들인 태도가 있어야만 한다. 쇠로써 단련을 받지 못하면 케케묵은 무쇠로 무가치한 물건이 되고 말며, 소로써 규칙에 길들이지 못하면 백정白丁의 도끼 아래 놀란 구각軀殼이 식료 외에는 더 안 될 것이다. 미천한 소와 쇠도 그러하거든 황[況, 하물며] 쇠보다도 우수하고 소보다도 영장靈長인 사람에 있어서야 규칙에 훈련받지 않고 어찌 가치 있는 사람으로 쓰임 있는 사람으로 되기를 바랄 바이랴?

2.

적어도 사람은 전지전능한 최령의 분자分子로서 근본정신은 가없이 맑고 한限없이 조촐하여 만사만리를 능히 해석할 힘이 있고 육체는 심히 주밀하고 기민하다. 그리하여 우주의 대권을 흉중에 촌탁忖度할 수도 있으며 삼라만상을 용이하게 지배할 수 있는 요소의 역力을 품부稟賦하였나니 옛글에 '사람은 만물의 도적이라' 함도 사람이 만물을 주장하여 사용함으로 도적盜賊이라는 명사名詞를 붙여 주권자라는 지위를 암시한 것이다. 사람은 과연 우주만상의 주인이라 하더라도 과언은 아닐 것이다. 보라. 세계의 흥망도 모두가 사람으로부터 나나니, 현대는 문명이다, 과거는 암흑이라고 하여 시대의 변천이 운運이니 자연이니 부르짖는 자 많으나, 그것도 곧 그 시대의 인류에서 나왔다. 인류의 정신이 명철明哲할 때는 시대도 따라서 문명하였고 암흑할 때는 시대도 따라서 암흑하였다. 불시不啻라. 일 국가 일 사회 일 가정의 흥망성쇠도 모두 그 안에 있는 인류의 작용으로부터 되었나니 우월한 정신과 구비한 육체의 소유자인 사람은 여사히[如斯, 이와 같이] 높고 귀貴한 것이다.

3.

희타[噫, 슬프다]. 사람은 이같이 최고권위最高權威를 가진 자이요, 사람의 정신과 육체는 사람에게 그같이 소중한 것인 반면에 사람은 도리어 자체의 고귀함과 자신의 귀중함은 모르고 정신과 육체를 어떻게 하면 잘 가질까, 어떻게 하면 손상할까, 어떻게 하면 고귀한 자신의 지위를 더 이상 승격할까 하난 데는 도시都是 맹목적이요 등한시할 뿐이니, 어찌 애달프지 아니하랴? 사람이 단련치 못한 한 뭉치의 쇠를 얻거나, 질[길]들지 못한 한 마리의 소를 가질 때 그 마음은 심히 바쁘고 그 행동은 심히 부지런하다. 그 쇠를 불려 참 쇠로 쓰기 위하여 풀무간[단야소鍛冶所, 대장간]도 가야 하겠다, 또는 그 소를 길들여 논[畓]과 밭[田]도 갈아야 하겠다, 길을 들인다면 굴레도 있어야 하겠고 쟁기도 있어야 하겠고 사람도 있어야 하겠다. 이것을 모두 준비한다면 힘도 과연 많이 들고 바쁘기도 적잖이 바쁠 것이다. 경우에 따라서는 부모 형제 처자까지도 총동원되어 역力하여 끌고 밀고 하나니 사람은 대개 이러하다. 불시不啻라[뿐만 아니라], 하찮은 닭 한 마리만 공으로 생기더라도 장태를 산다, 둥구리[둥우리. 닭이 알을 낳거나 품을 수 있도록 짚 따위로 만든 그릇 모양의 물건]를 만든다 하여 닭이 제집으로 길들기를 바라고 원願한다. 그것은 다 어떠한 연고일까? 쇠나 소나 닭이 자기에게 이익이 되리라는 희망과 심산心算이 있어 하는 일이다. 그럼으로써 괴로움도 잊어진다. 그러나 이익을 취取한다면 한 마리의 소의 이利가 그 얼마이랴? 기십원幾十圓에 불과할 것이며, 한 마리 닭이 그 얼마이랴? 기원幾圓에 불과不過할 것이다. 사람은 오직 이와 같은 적은 물건, 적은 이利끗에는 부지런히 온갖 힘을 다하여 길들이려 하나, 쇠나 소나 닭으로써 비比하고 말할 수 없는 유일무이有一無二한 자기의 정신과 육체는 길들이지 않나니, 아니 길들일 줄까지 모르나니, 인생이여 어찌 이다지 우치한가? 내의 몸과 마음이 쇠나 소나 닭만치 귀하고 중하지 못하여서 그러한가? 내의 몸과 마음을 잘 길들이면 소 한 마리, 닭 한 마리 잘 길들이는 것만한 이利가 없어서 그다지 등한시하는가? 아무리 좋은 금金과 옥玉이 있더라도 쫓[啄]고 갈[磨]지 않으면 토석과 같나니, 인생의 정신과 육체가 근본 아무리 명철하고 기민한 요소로써 되었다 할지라도 정의로써 길들이고 훈련치 않으면 어찌 진정한 사람을 이를 수 있으랴? 사람은 그 정신과 육체를 그 정의로써 훈련하기는커녕 자행자지로 보는 대로 듣는 대로 생각난 대로 함부로 지내올 때 그 정신은 만 가지로 부수고 그 육체는 천 가지로 갈라서 도리어 품부稟賦한 본성까지 파손키로써 일삼나니, 그 정신이 어찌 본연의 혜광을 발發하며 그 육체로부터 짓는 행동이 어찌 나에게 이익을 끼치게 될 것이랴? 좋은 금옥을 니토泥土에 침몰함과 같다 할 것이다.

4.

우주의 주인이요 만물의 지배자인 인생으로서 이같이 자기를 잃고 자기를 버려 왔을 때 그 인류를 모아 된 그 사회와 가정과 국가와 세계야 오죽하랴. 길들지 못한 소와 양羊의 무리를 한 풀밭(草原)에 놓을 때 무질서 무도덕할 것은 그들의 정定한 일이니, 선善이 있다 해도 믿을 수 없는 선善이요, 악惡이 있다 해도 괴이怪異찮은 일이다. 그러나 소와 양의 무리야 사람에게 비하면 오히려 솔직한 순실성이 더하다 할 것이다. 악惡을 하면 악을 극구 변명하여 선善으로 만들려고 안 할 것이다. 그러나 길들지 못한 사람의 무리는 그것도 영장靈長의 한 표미表微이라 할지 악惡을 할 때는 반드시 위선의 간판과 방패를 세우고 그 밑에서 준동蠢動하려 하나니, 어찌 더 가증可憎치 안으랴. 단련치 못한 쇠는 무쇠로나 쓰고 길들지 못한 소는 고기[肉]나 쓰려마는 길들지 못한 사람은 그 무엇에 쓰랴.

5.

현하, 동서 각국을 통通하여 과학교육은 성盛히 진전되어 가위 만능의 정頂에 달達했다 할 것이다. 그러다 인류의 심지心志를 근본적으로 다스려 악惡의 습관을 제거케 하고 인人의 육체를 정의에 질박아 불의의 곳으로 나서지 못하게 하는 것은 과학의 교육만은 외려 불충분할 것이요. 반드시 도덕교육이 필요할 것은 불무不誣할 사실이다. 그러나 안목이 편협하여 널리 보지 못한 나로서는 전 세계를 통하여 그만한 기관을 많이 발견치 못하게 되니, 사회제도의 불안이라 할까? 유아惟我 안목의 착견錯見이라 할까? 하여간 통탄불이痛嘆不已 하는 바이다. 도덕적 훈련과 과학적 지식은 사람으로서 떠나지 못할 바이니, 사람은 과학지식의 체體가 되고 과학지식은 사람의 용用이 되므로 도덕으로써 정의에 질박은 사람의 체體에 과학지식의 용법用法을 합한 사람이라야 내외가 구비한 거짓 없는 참사람이 될 것이다.

악惡은 대부분 하기가 쉽고 달며, 선善은 대부분 하기가 어렵고 쓰나니, 정의 도덕에 질박지 못한 범상한 인생이야 어찌 그 어렵고 씬[苦] 선善을 좋아하랴? 하기 쉽고 맛[味]있는 악惡의 곳으로 나설 자가 십중팔구일 것이다. 이같이 악惡을 좋아하는 인생에 그 근본 몸과 마음을 정의로써 질박지 아니하고 과학지식만 넣어주는 것은 악惡을 행行할 재주才操를 늘여주는 것과 같다. 지식 없는 무식한 자야 큰 악은 범하고 싶어도 재주가 없고 엄두가 없어 못 한다. 그러나 이것이 있으므로 수완手腕과 기능을 마음대로 발휘하여 계획할 수 있나니, 이와 무엇이 다르랴? 사람이 슬퍼서 울려 할 때 슬픔을 돕는 것과 같고 악의惡意를 품은 도적에게 총검의 무기를 자뢰資賂하는 것과 같다. 그러므로 도덕적 훈련기관이 없고 과학교육만 주장하는 것은 인류상잔술人類相殘術을 조장할 뿐이요, 세계를 퇴보화 할 뿐이다. 세계로써 거짓 없고 평화하고 문명한 참 세계가 되려 한다면 현대과학기관의 충실함과 같이 도덕기관이 방방곡곡에 벌려있어 두 수레바퀴가 같이 굴러야 할 것이다. 진실한 정의 도덕적 기관이 오랫동안 쉬어있는 현대를 보는 유지사有志士여. 이 세계를 어찌 평화한 안전세계로 볼 수 있으랴.

6.

천행天幸으로 유아惟我 종사주 삼강대도법[三綱大道法, 삼학]을 들으사 불의에 타락되는 우리 인생을 정의의 곳으로 갱생시키려 하실 때 30계문 등의 함정을 가리키시고 솔성요론 등의 생로生路를 지적하사 재가출가 양선법兩禪法으로 간단없이 훈련하시고 1초 1분 1시라도 길들임을 놓지 않기 위하여 유심 무심 대조법과 매일 일기대조법을 여행勵行하여서 조금도 해이함과 허루함이 없이 지도하시나니, 우리는 죽는 자로서 생명수를 얻음과 같고 천척千尺의 지함地陷에 빠지다가 갱생의 동아줄을 더위잡아 광명한 참 인간을 이제야 비로소 보고 살게 되었도다. 자행자지로 커온 폐물인 이 정신 이 육체가 이제부터는 길들인 쓰임 있는, 가치 있는 물건으로 된다면 이 오죽이나 천행天幸이요, 신기하랴? 우리는 이즈음에 견강堅强한 신성을 가일층加一層 발發하여 이 기회를 잃지 말고 참사람이 되는 머리에 아주 되어버려라. 그런다면 우리는 길들지 못한 사람으로 빤질거리지 말고 한 뭉치의 쇠가 되어 가르침을 순順이 받으라. **종사주께옵서 불 속에 넣거나 물속에 넣거나 마치 질을 하시거나 쇠와 같이 아무 말 말고 시키는 대로만 하라. 또는 한 마리의 소가 돼라. 굴레를 짜거나 코를 뚫거나 끌거나 밀거나 꾹 참고 오직 하라는 대로만 하라. 그래야만 우리는 길들인 사람이 될 것이다. 쇠같이 무능하고 소같이 무식한 물건이라도 사람의 훈련[단련]을 받으면 결국 쓰임 있는 쇠, 길들인 소가 되거든 사람같이 영장한 그 물건이야 아무리 길들기가 어렵다고 하지마는 가르치심과 배움을 오래오래 잊지 않으면 길 안 들게 무엇이랴? 우리 먼저 정신과 육체를 정의에 질박아 도덕기관이 불충분한 이 시대에 방방곡곡에 이 기관을 세워 전全 인류의 정신과 육신을 질박아 정의인족正義人族을 만들기로 하자. 그리하여 우리의 일생은 훈련받는 인생으로 영원히 활동하고 가정과 사회와 국가와 세계를 구救하는 구세救世의 영관榮冠을 우리 머리에 이도록 하라.**

감상담(윤명화)

우리는 모두가 부처라 한다. 그러나 스스로 부처라고 말하는 이는 흔치 않다. 자신이 부처임을 인정하지 못하는 이도 있다. 부처의 성품을 품고 있으나 부처가 아닌 중생으로 살아가고 있다.

《회설》에서 쇠가 단련의 과정을 통해 쓰임새 있는 쇠가 되고, 소는 코를 뚫고 굴레와 멍에를 씌워 가치 있고 쓰임 있는 소가 되는 비유에서 왜 훈련이 필요한지 느끼고 알 수 있다.

대종사님은 우리에게 인간이 살아가야 하는 법을 일러주셨다. 그리고 훈련을 통해 그 법을 익히게 하셨다.

쇠가 뜨거운 열에 달궈지고 망치질로 다져지며 찬물에 식혀가는 과정을 반복하여 쇠의 성질을 드러내어 세상에 유익한 물건으로 새롭게 만들어지는 것을 보면, 우리에게 훈련의 의미는 어렵지 않게 다가온다. 그렇지만 막상 실천하기는 쉽지 않다.

대종사님 교법으로 단련하는 훈련을 통해 스스로 변화하겠다는 굳은 의지가 있다고 하여도 쉽지 않을 것이다. 그런데도 불구하고 해야 한다는 것을 공부인들은 잘 알고 있다.

정기훈련은 그런 공부인에게 꼭 필요하다, 정기로 법의 훈련을 받아야 가치 있고 유용한 사람이 될 수 있기 때문이다. 법의 훈련은 대종사님의 법, 즉 공부의 요도 삼학을 훈련의 과목으로 삼아 지도인의 지도에 따라 훈련하는 것이다. 삼학은 일원상 자리에 근거하여 정신수양, 사리연구, 작업취사의 훈련 과목으로 나누어 단련해 가는 과정이다.

대종사님 당대는 정기훈련을 동하선으로 3개월씩 하였다. 왜 그렇게 오랜 시간 훈련하였을까 생각해 보면 잠깐 해서는 변화가 쉽지 않기 때문이리라. 지금 우리의 현실은 출가교도인 전무출신의 경우는 1년에 한 번 7~10일 정도 하고 재가교도들은 2일 정도 하고 있다. 당대에 비하면 훈련의 시간과 열정이 한참 부족하다 할 것이다. 입선할 때마다 훈련기간이 짧아 늘 아쉬움을 안은 채 해제식을 맞이하곤 했다.

훈련을 통해 얻어지는 소득을 생각해 보면 정기훈련이 더욱더 필요하다고 여겨진다. 하지만 바쁜 일상에 시간을 내기가 쉽지 않다. 그러기에 어떻게 하면 정기훈련을 할 수 있을지 그 방법을 모색해 봐야 할 것이다.

《회설》에서 대종사께서 쇠를 불 속에 넣거나 물속에 넣거나 망치질하거나 쇠는 아무 말이 없듯이, 우리도 쇠같이 아무 말 말고 시키는 대로만 해야 하리라. 그래야만 가치 있는 사람이 될 것이다. 그래야 개인 가정 사회 국가 세계를 구하는 영광을 이룰 수 있는 것이다. 얼마나 어려운 일일까? 과연 가능한 일일까? 이런 의문도 들겠지만, 대종사님께서 펼쳐주신 교법이 있고 하고자 하는 굳은 신념이 있으니 불가능한 일만은 아니리라. 공부의 요도인 정신수양 사리연구 작업취사를 훈련하여 삼대력을 키워 스스로 중생이 아닌 부처임을 확인하는 훈련인이 되기를 서원한다.

우리는 한번 변합시다

송도성

《월말통신》 제32호, 시창15년(1930) 9월호

———— 과목果木 접붙이듯 마음 접붙이는 심접心接으로 훈련하라는 소태산 대종사의 법설을 인용한 회설이다. 심접 붙이기는 제불제성의 심인心印을 체받는 것이요 소태산 대종사의 교법으로 마음을 단련하는 훈련이라 할 것이다.

1.

우리는 한번 변합시다. 굼벵이도 변해서 매미가 되고, 배암[뱀]도 변해서 신룡神龍으로 화합니다. 그러한 미물 곤충도 오히려 변함이 있거든 하물며 최령最靈하다는 사람으로서 변하지 않아서야 되겠습니까? 만약 사람이 변하지 못하면 화化하지 못한 굼벵이가 진애塵埃 속에 묻힌 것과 같고 용龍 못된 이무기가 개천을 벗어나지 못함과 같아서 이 세상에 아무 소용이 없는 한 버린 물건이 되고 말 것입니다. 옛날에 성현 군자나 위인 달사들이 오늘날까지 모든 사람의 경앙 존모를 받으며 그 불후의 방명[芳名, 꽃다운 이름]을 떨치게 된 것은 오직 한번 잘 변하였던 까닭이며 따라서 그 변하는 방법을 일반 민중과 후세 인류에게까지 전하여 모든 인생을 행복의 길로 인도하였던 까닭입니다. 그 반면 변하지 못한 사람들을 볼작시면 세계가 판判 된 후 한없는 세월을 지내는 동안에 또한 한없는 생명이 나타났다가 사그라지고 생겼다가 사그라졌건만 오늘날에 그들의 흔적이 어디 있으며 그들의 이름을 뉘 앎니까. 그야말로 고인古人의 이른바 살아도 세상에 유익함이 없고 죽어도 후세에 드러날 것이 없는 초로草露같이 무가치한 생명들입니다. 그런 고로 우리는 이렇듯 무가치한 생명이 안 되기 위해서는 반드시 한번 잘 변해야 합니다. 즉 굼벵이가 변해서 매암이[매미]가 되듯이, 배암[뱀]이 변해서 신룡神龍이 되듯이 우리 범부도 변해서 한번 부처와 성현이 되어야 하겠습니다.

2.

아! 시기는 돌아왔습니다. 우리의 변할 시기가. 장야건곤長夜乾坤이 넘어가고 광명시대光明時代가 닥쳐왔습니다. 대세를 탄 문명의 사조는 동으로 서로 홍수같이 밀려오고 우주를 휩쓰는 온화한 바람은 이곳저곳에서 꽃을 피우게 합니다. 세계의 국면은 나날이 변천되고 인심의 상태는 각각刻刻으로 추이推移됩니다. 아! 이때를 당한 우리여. 우리는 시대에 따라 변하여야 합니다. 시대에 따라 변한다는 것보다 차라리 시대에 한 걸음 앞서 변하는 것이 자각각타自覺覺他의 거대한 사명을 두 어깨에 가득 진 우리로서의 당연히 할 바의 의무일 것이니, 만약 조금이라도 이때 방황 주저하다가는 반드시 후일의 뉘우침이 있을 지며 영원히 낙오자의 비애悲哀를 느끼게 될 것은 다시 의심할 여지가 없습니다.

3.

또는 우리는 변할 수 있는 시기에 처한 것뿐 아니라 겸하여 변하는 방법을 지도하여 주시는 우리 종사주를 모시게 되었사오니 어찌 기쁘지 않겠습니까?

종사주께옵서 일찍이 어떠한 사람의 물음에 대하여 이렇게 답하신 일이 있었습니다.

혹인或人 "선생께서는 어떠한 방법으로써 중인을 지도하십니까?"

종사宗師 "나는 별 재주 없다. 다만 사람의 마음 접붙일 줄은 안다."

혹인 "사람의 마음을 접붙이시다니요. 어떻게 접을 부치십니까?"

종사 "그대는 왜 과목果木 접붙일 줄을 모르나. 재래 세상에 있어서는 과목 재배법이 서툴러서 무슨 과목을 물론 하고 논둑에 나거나 밭둑에 나거나 산비탈에 나거나 어디든지 천연적 나는 그대로 키워서 과실을 따 먹었었고, 그것을 다른 좋은 땅으로 옮겨 심으며 다른 좋은 나무로 접을 붙여서 좋은 과실을 만들 줄은 알지 못했었다. 그러던 것이 현대에 와서는 인지人智가 점점 발달함에 따라 그런 것까지라도 지질地質을 택하여 재배

할 줄을 알며 좋은 나무를 떼어다가 접목할 줄도 안다. 그런고로 과실도 현대의 과실은 더 크고 맛이 아름답지 않은가. 그와 같이 사람의 마음도 좋은 마음으로 접을 붙이면 좋은 사람이 되나니라."

혹인 "과목이야 물론 접을 붙여서 낮은 것을 좋은 것으로 만드는 것이 사실이지마는 사람의 마음을 접붙인다는 말씀에 대해서는 아직도 자상히 이해치 못하겠나이다."

종사 "그것이 그렇게 알기 어려운 말이 아니다. 범상한 사람의 마음 가운데에는 아니 일어나는 생각이 없나니, 때로는 도적질할 생각도, 때로는 간음을 생각도, 때로는 남을 모해媒害할 생각도 일어나듯이 탐심과 진심嗔心과 치심의 모든 악념惡念이 수없이 일어나나니, 이러한 마음들을 가지고 저 성현 군자들의 도불습유道不拾遺하는 청렴한 마음과 목불시사색目不視邪色하는 조촐한 마음과 헌신 봉공하는 박애한 마음에다가 비교해 본다면 물론 그 마음은 나쁘고 이 마음은 좋지 않은가? 그런고로 그 천연으로 발생하는 모든 나쁜 마음의 싹을 싹 비어버리고 이 좋은 성현 군자의 마음을 접붙이자는 것이다. 그러기 위하여 나는 고금의 모든 성현 군자의 마음 가지를 한 쪽씩 떼어다 놓고 여러 사람의 마음 접붙이기를 착수했다."

혹인 "그러면 접붙이는 방법은 어떠합니까?"

종사 "붙이는 방법은 극히 간단하니, 아까 말한 바의 모든 중생심을 싹 잘라버리고, 성현 군자의 좋은 마음을 그 자리에 붙인 후 구라무를 바르고 붕대로 창창 감아서 한 3, 4년만 그대로 지내면 심접心接이 완전히 되나니라." 하심에[물론 이 말씀은 그자가 너무도 어의語義를 알지 못함으로 종사주께서 그에게 대한 농담弄談이시다. 그러나 이 농담弄談 가운데에도 실로 위대한 진리가 들어있는 것을 우리는 깨달아야 합니다.] 그 사람은 무슨 뜻인지를 알지 못하고 어안이 벙벙하여 물러가 버렸습니다.

4.

우리는 이 문답을 듣고 생각해 볼 때 과연 그 얼마나 인격 개조를 고조高調하셨으며 우리의 기질 변화를 촉진하심 인가를 알 수 있습니다. 우리는 이 말씀을 들을 때에 퍽 기뻤습니다. "아! 우리는 행복자이다. 우리는 변화할 시기를 얻었고 또 변화시켜주실 종사주를 모시었으니 우리는 변화의 신인新人이 될 것이 의심 없다."라고 부르짖었습니다. 그러나 과목果木을 접붙이기와 우리의 심접心接을 붙이기는 한 가지 현수懸殊한 차이가 있으니 과목果木이라 하는 것은 무정지물無情之物인지라 사람이 접을 부치는 대로 그대로 가만히 있습니다. 그저 톱으로 썰거나 끌로 파거나 어떻게 하거나 아무 반항이 없으며 또는 접을 붙인 후 무엇으로나 얽어매두면 그것이 연구세심年久歲深해서 썩어 없어지기 전에는 제가 스스로 풀어 없애는 법은 도무지 없습니다. 그러므로 이러한 과목果木들은 백이면 백, 천이면 천이 다 접목接木이 될 수 있습니다. 그러나 우리 사람은 동물이라는 특징을 발휘하여 접붙이는 이의 톱과 끌에 항의하기 일쑤이며 감아주는 붕대도 풀어 없애기를 잘합니다. 그러므로 자고급금自古及今으로 도인道人의 수효가 그다지 많지 못한 것입니다. 그런즉 우리 회우會友 여러분께옵서는 이 점에 대하여 깊이 주의하시와 개조의 톱과 끌에 진심眞心으로써 감사하며 결속의 붕대를 성의誠意로써 인내하여 결코 우리는 한번 변합시다. 그리하여 우리는 우리의 손으로 이상理想의 신천지新天地를 건설하고 한없이 즐겨하며 영원토록 살아갑시다.

제1절 정기훈련법定期訓練法

공부인에게 정기定期로 법의 훈련을 받게 하기 위하여 정기훈련과목으로 염불念佛·좌선坐禪·경전經典·강연講演·회화會話·의두疑頭·성리性理·정기일기定期日記·상시일기常時日記·주의注意·조행操行 등의 과목을 정하였나니, 염불·좌선은 정신수양 훈련과목이요, 경전·강연·회화·의두·성리·정기일기는 사리연구 훈련과목이요, 상시일기·주의·조행은 작업취사 훈련과목이니라.

염불은 우리의 지정한 주문呪文 한 귀를 연하여 부르게 함이니, 이는 천지만엽으로 흩어진 정신을 주문 한 귀에 집주하되 천념만념을 오직 일념으로 만들기 위함이요,

좌선은 기운을 바르게 하고 마음을 지키기 위하여 마음과 기운을 단전丹田에 주住하되 한 생각이라는 주착도 없이 하여, 오직 원적무별圓寂無別한 진경에 그쳐 있도록 함이니, 이는 사람의 순연한 근본정신을 양성하는 방법이요,

경전은 우리의 지정 교서와 참고 경전 등을 이름이니, 이는 공부인으로 하여금 그 공부하는 방향로를 알게 하기 위함이요,

강연은 사리 간에 어떠한 문제를 정하고 그 의지를 해석시킴이니, 이는 공부인으로 하여금 대중의 앞에서 격格을 갖추어 그 지견을 교환하며 혜두慧頭를 단련시키기 위함이요,

회화는 각자의 보고 들은 가운데 스스로 느낀 바를 자유로이 말하게 함이니, 이는 공부인에게 구속 없고 활발하게 의견을 교환하며 혜두를 단련시키기 위함이요,

의두는 대소유무의 이치와 시비이해의 일이며 과거 불조의 화두話頭 중에서 의심나는 제목을 연구하여 감정을 얻게 하는 것이니, 이는 연구의 깊은 경지를 밟는 공부

인에게 사리 간 명확한 분석을 얻도록 함이요,

성리는 우주만유의 본래 이치와 우리의 자성 원리를 해결하여 알자 함이요,

정기일기는 당일의 작업시간 수와 수입·지출과 심신작용의 처리 건과 감각·감상感覺感想을 기재시킴이요,

상시일기는 당일의 유무념 처리와 학습 상황과 계문에 범과 유무를 기재시킴이요,

주의는 사람의 육근을 동작할 때에 하기로 한 일과 안 하기로 한 일을 경우에 따라 잊어버리지 아니하고 실행하는 마음을 이름이요,

조행은 사람으로서 사람다운 행실 가짐을 이름이니, 이는 다 공부인으로 하여금 그 공부를 무시로 대조하여 실행에 옮김으로써 공부의 실효과를 얻게 하기 위함이니라.

정기훈련 정신수양 훈련과목 : 염불·좌선

정기훈련과목은 공부인에게 정기로 법의 훈련을 받게 하기 위한 과목이다.

정기훈련의 정신수양 훈련과목은 염불과 좌선 두 과목이라면, 사리연구 훈련과목은 경전·강연·회화·의두·성리·정기일기 6과목이며, 작업취사 훈련과목으로는 상시일기·주의·조행 3과목으로, 이를 '정기훈련 11과목'이라 통칭한다.

정기훈련은 법의 훈련을 받게 하는 공부로, 법은 곧 일원상 자리에 근원 한 삼학 훈련법이다.

그러므로 정기훈련은 삼학을 훈련하는 것으로, 염불과 좌선은 정신수양 훈련과목이다.

첫째, 정신수양 훈련과목으로써 염불이다.

『정전』「염불법의 요지」에서 "대범, 염불이라 함은 천만 가지로 흩어진 정신을 일념一念으로 만들기 위한 공부법이요, 순역順逆 경계에 흔들리는 마음을 안정시키는 공부법"이라 정의하고 있다. 그러니까 염불은 일념을 만드는 공부법이요 마음을 안정시키는 공부법이다.

「정기훈련법」의 염불은 "우리의 지정한 주문呪文 한 귀를 연하여 부르게 함이니, 이는 천지만엽으로 흩어진 정신을 주문 한 귀에 집주하되 천념 만념을 오직 일념으로 만들기 위함이요"라고 정의하고 있다.

「정기훈련법」의 수양 과목으로써의 염불은 「염불법」에서 일념에 드는 공부법과 마음을 안정시키는 공부법 중에서 일념으로 만드는 데 중점을 둔 훈련법이다.

왜냐하면 정기훈련법의 염불은 정할 때의 훈련이기에 「염불법」 중에서 일념 양성을 위주한 것이다. 순역 경계에 흔들리는 마음을 안정시키는 염불 공부는 상시의 방법이기 때문이다.

정기훈련의 염불은 지정한 주문인 '나무아미타불'의 문구를 이어 불러 일념을 만드는 훈련법이다. 즉 '나무아미타불'을 조용히 외거나 마음에 품는 것이다.

염불의 염念은 '읊을' 염, '염송念誦할' 염으로, 어떻게 읊느냐 하면 과거도 붙지 않고 미래도 당겨오지 않는 지금 여기에 머무는 것이다.
현재는 과거와 미래가 관여된, 즉 과거와 미래 선상의 지금이 아니다. 염念은 과거와 미래가 단절된 지금[今] 마음[心]이다. 그렇다고 현재에 연연한 그런 마음도 아니다. 과거심 불가득, 현재심 불가득, 미래심 불가득의 일념이다.

주문에 마음을 모아서 집주集注하여 분별이 뚝 끊어진 일념에 머무르는 것이다. 생각이 일어나면 생각인 줄 알아차리고 관심을 주지 말고 없애려고도 말고 다만 주문 집주에 주의하는 것이다. 집주는 논에 물을 대듯 주문에 집중하여 의식을 대는 격이다.
정신이 이 생각 저 생각으로 흩어지는 것이 아니라, 주송 일념에 집주하는 당처에 드는 것이다. 정신이 흩어지면 주문 한 귀에 집주하여 주문 염송하는 당처인 분별이 떨어진 청정 일념처에 머무르는 것이다. 일체의 분별이 붙을 수 없는 청정 일념인 텅 비어 두렷한 일원상 자리에 들게 된다.
설사 분별이 일어나도 그 분별이 청징 일념에서 일어나는 것임을 확연히 자각하는 것이다.
생각이 일어나면 주문 일 귀에 집주하여 청정 일념처인 일원상으로 돌이키면 그만이다.

둘째, 정신수양 훈련과목으로써 좌선이다.
「정기훈련법」에서 좌선은 "기운을 바르게 하고 마음을 지키기 위하여 마음과 기운을 단전丹田에 주住하되 한 생각이라는 주착도 없이 하여, 오직 원적무별圓寂無別한 진경에 그쳐 있도록 함이니, 이는 사람의 순연한 근본정신을 양성하는 방법"이라 명시하고 있다.
결국 좌선은 순수하여 망상 잡념이 없는 순연純然한 근본정신을 드러내는 방법이다. 이 '망상이 없는 순연한 지리'를 정산 종사는 일원상이라 밝히고 있다.

좌선은 기운을 바르게 하고 마음을 지키는 수심정기守心正氣의 훈련이다.
'좌선의 요지'에 따르면 '마음을 지키는 것'은 '마음에 있어 망념을 쉬고 진여眞如의 본성을 나타내는 공부'라면, '기운을 바르게 하는 것'은 '몸에 있어 화기를 내리게 하고 수기를 오르게 하는 공부'이다.
그 방법으론 전신의 힘을 단전에 툭 부리어 일념의 주착도 없이 다만 단전에 기운 주해 있는 것만 대중 잡되, 방심放心이 되면 그 기운이 풀어지니 곧 다시 기운 주하기를 잊지 말라는 것이다. [좌선의 방법 2조]

마음과 기운을 단전에 주하여, 단전 주처住處 외에 다른 곳으로 생각이 흘러가지 않도록 일념 집중하는 것이다. 마치 고양이가 쥐를 잡기 위해 몰두할수록 도리어 고양이가 두렷해지는 격이다.
단전주는 '대상 의식'이 아니라 '각성[깨어있음]'의 드러남이다. 처음에는 단전 대상에 의식을 집중하되 그 집중하는 의식 자체를 드러내는 것이다. 이 자리는 두렷하되 한 생각이라는 주착도 없는 고요한 자리로, 원적무별한 진경이요 순연한 근본정신이다.
즉 잡념雜念을 일념一念으로, 일념을 무념無念으로 인도하여 잡념에 물들지 않는 순연한 근본정신을 드러낸 경지이다.

단전은 주처로 마음이 머무는 주거지이다. 마음을 단전에 주하고 단전에 호흡이 들락거리는 대중을 잡는 것이다. 고양이처럼 쥐를 잡을 때 쥐에 몰입하여 고양이를 까맣게 잊는 것이 아니라, 쥐를 잡기 위해 몰두하고 있는 고양이도 드러내는 격이다.
단전에 임하고 있는 주인공을 만나야 한다. 단전이란 주처의 주인공을 친견해야 한다. 이 주인공이 바로 순연한 근본정신으로 적적성성한 본래면목이요 진여의 본성眞性인 것이다.

소태산 대종사는 시창20년 2·3월 《회보》 제15호에 이공주 수필의 '좌선에 대한 법문' 중 좌선에 대해 제자들에게 부연한다.
"좌선이라 하는 것은 모든 번뇌를 떼이고 오직 무심적적無心寂寂한 지경에 그쳐 사람의 순연한 근본정신을 찾아 양성시킴이니, 곧 언어言語가 도단道斷하고 심행처心行處가 멸滅한 곳으로 들여보내는 것으로써, 비유 들어 말하자면 달이 그믐에 아주 어두워 버려야 초승달이 다시 나오듯이 사람의 마음도 그와 같이 온전하고 적적한 자리를 찾아 그쳐야만 성리性理의 진면목을 본 것이며, 따라서 밝은 지혜 광명을 얻게 되나니라."

좌선을 통해 순연한 근본정신인 언어도단하고 심행처가 멸한 입정처를 찾아 양성하도록 한 것이다.

결국 정신수양 훈련과목인 염불과 좌선은 망념 경계에 끌려서 그에 동일시되는 것이 아니라 경계에 물들지 않는 경지이다. 경계에 흔들리지도 물들지도 않는 자리에 그치는 공부다.

망상 잡념에 물들지 않는 청정 일념과 순연한 근본정신에 드는 것으로, 이 자리가 일원상 자리이다. 결국 염불·좌선은 청정 일원상 자리에 드는 수양 공부이다.

정산 종사의 '일원상에 대하여'라는 논설의 '일원상 체받는 법' 중 한 대목이다.

"일원상은 어떠한 법으로 체받는 것인가? 이것은 곧 내의 성품을 스스로 회광반조하자는 것이니 전기前記에 말씀한 바와 같이 우리의 마음은 원래 생멸이 없고 거래가 없고 분별 주착이 없는 오직 일원한 참 성품이건마는 안이비설신의 육근이 육식[육근이 각각 분별력이 있음]으로 화하고 육식이 색성향미촉법 육진을 응하여 그 가운데에서 자연 무수한 망상 번뇌가 일어나서 드디어 그 진성眞性을 잃어버리게 되는바, 공부인은 먼저 각자에게 그러한 성품이 근본적으로 품부稟賦해 있음을 각오覺悟하여 이것[일원상]으로써 수양의 최상 표본을 삼고 항상 그 육근을 조복하며 망심妄心을 제멸하여 다시 일원의 진경에 회복되기를 노력하는 것이니, 우리가 매일 염불을 하고 좌선을 하며 기타 모든 시간에도 오직 전일專一을 연마하는 것이 다 이에 대한 실행적 과정이 아닙니까."

염불, 좌선하여 오롯한 한마음이 되자는 것도 다 망상 없는 일원의 진경을 회복하는 실행적 과정이다. 일원의 참 성품을 수양의 최상 표본으로 삼아 육근을 조복하며 망심妄心을 제멸하여 일원의 진경을 회복하자는 것이다. 염불 좌선을 하는 것도 일원상을 체받는 실행적 과정이다.

초기교단의 정기훈련은 새벽에 좌선 두 시간, 오전에 경전 두 시간, 오후에 실습 두 시간,

저녁에 회화나 강연 또는 염불을 두 시간씩 했다.

좌선은 한 시간하고 10분간 경행을 하고서 다시 한 시간을 했으며, 저녁 시간은 한 달 중 초순에는 강연, 중순에는 회화, 하순에는 염불을 실시하였으며, 염불할 때 나무아미타불의 운곡을 맞추기 위해 '타불'에서 죽비를 쳐 운곡을 맞추었다. [이후 북을 쳐 운곡을 맞춤]

정기훈련 사리연구 훈련과목 : 경전·강연·회화·의두·성리·정기일기

사리연구 훈련과목인 경전·강연·회화·의두·성리·정기일기는 상호 밀접하게 관련되어 있다.

서로서로 기반하고 있고 서로를 필요로 하는 관계이다. 특히 강연과 회화, 의두와 성리는 상호 모시는 대대待對의 관계이다.

「정기훈련법」의 '경전'은 "우리의 지정 교서와 참고 경전 등을 이름이니, 이는 공부인으로 하여금 그 공부하는 방향로를 알게 하기 위함이요."라고 정의한다.

지정 교서는 교과서로 7대교서·9대교서[원불교교전(정전·대종경), 불조요경, 예전, 정산종사법어(세전·법어), 교사, 교헌, 성가]를 칭한다면, 참고 경전은 통합 활용하는 참고서라 할 것이다.

『대종경』 수행품 22장에서 "간단한 교리와 편리한 방법으로 공부하여 뛰어난 역량을 얻은 후 옛 경전과 모든 학술을 참고하라."라고 제시한다. 간단한 교리와 편리한 방법이 곧 우리의 지정 교서라면 옛 경전과 모든 학술은 참고 경전 격이다.

『대종경』 수행품 23장에서 "경전이라 하는 것은 일과 이치의 두 가지를 밝혀 놓은 것이니, 일에는 시비이해를 분석하고 이치에는 대소유무를 밝히어, 우리 인생으로 하여금 방향을 정하고 인도를 밟도록 인도하는 것"이라 밝히고 있다. 즉, 경전은 '공부의 방향로'이다.

'강연'은 "사리 간에 어떠한 문제를 정하고 그 의지를 해석시킴이니, 이는 공부인으로 하여금 대중의 앞에서 격格을 갖추어 그 지견을 교환하며 혜두慧頭를 단련시키기 위함이요,"라면,

'회화'는 "각자의 보고 들은 가운데 스스로 느낀 바를 자유로이 말하게 함이니, 이는 공부인에게 구속 없고 활발하게 의견을 교환하며 혜두를 단련시키기 위함이요."라고 정의한다.

즉 강연은 파격이 아니라 대중 앞에서 격식을 갖추어 조리와 강령에 맞게 발표토록 하여 지견을 교환하고 지혜를 단련시키는 공부이다. 이처럼 강연은 정기훈련의 과목이면서 또한 예회의 한 프로그램이기도 하다. 초기교단에서 강연에 대한 에피소드가 다수 있을 정도이다.

회화는 구속 없이 활발하게 의견 교환하여 지혜를 단련시키는 공부로 교당 내왕시 주의사항의 문답과 상통된다. 정기훈련 시에는 회화하고 상시훈련 시에는 문답하라는 것이다.

『육대요령』에서 강연과 회화는 구속과 자유의 관계 속에서 혜광을 얻게 하는 공부라고 밝히고 있다.

"강연과 회화의 대의를 말하자면 사람의 혜두를 단련시킴에 있나니, 혜두라 하는 것은 너무나 자유를 주어도 거만하고 누그러져서 참다운 밝음을 얻지 못하는 것이요, 너무나 구속을 주어도 눌리고 소졸小拙하여져서 또한 참다운 밝음을 얻지 못하는 것이니, 그러므로 강연의 일정한 문제로는 그 혜두에 구속을 주어 단련시키며 회화로써는 그 혜두에 자유를 주어 단련시켜, 이 구속과 자유 두 사이에서 사람의 혜두로 하여금 과불급이 없이 진정眞正한 혜광慧光을 얻도록 함이니라."

강연은 구속 중에 지혜를 단련시킨다면 회회는 자유로운 중에 지혜를 단련시키는 공부이다.

초기교단의 정기훈련 시에 경전은 아주 기초적인 단계부터 가르쳤다. 삼학 가운데 정신수양을 가르쳤는데 '정精' 자는 어떠한 뜻이며 '신神' 자는 어떠한 뜻인지 가르쳐 그에 대해 연마를 하여 적어오게 하였으며, 그 연마한 것은 반드시 감정을 받도록 하였다.

초기교단 당시는 생활이 워낙 어려워 강연을 하는 것도 무엇 하나 갖춰 놓은 것 없이 사람만 모아놓고 연단도 없이 갈 자리에 둘러앉아 발표하기도 하고 사과 궤짝을 탁자로 놓고 강연하였다. 정기훈련에 입선한 공부인이면 빠짐없이 남녀노소 누구나 강연을 하도록 했다. 소태산 대종사는 꼬부랑 노인도 당신의 부인 양하운도 다 시켰다.
재미있는 일화로 여자들이 그 당시는 대중 앞에 나서서 강연하는 것이 풍속에 맞지도 않고 남자 앞에 서는 것도 떨리어 자신도 없기에, 양쪽 미닫이문만 조금 열어 놓고 입만 보이도록 하여 강연했고, 초기교단의 강연장 모습은 연단 앞에 발을 치고 강연하는 경우도 있었다. 부끄러워 옷고름을 입에 물고 강연 도중 중단하는 등 웃지 않을 수 없는 일이 많았다.
소태산 대종사는 강연을 평가할 때 갑에서 정丁까지 매겼는데 아무리 유식한 소리를 하더라도 알맹이가 없으면 "꼭 송정리 밥상 같다. 아무리 반찬 가지 수가 많아도 젓가락이 갈 데가 없으니 먹잘 것 없는 실속 없는 강연은 정丁이다."라고 평가하였고, 시골 논두렁의 무식한 소리라도 실천성이 있는 강연은 "갑 중에서 12갑이다."라고 감정하셨다. 강연을 하게 되면 법좌에 앉아 계시던 대종사께서 "잘한다. 은쟁반에 옥구슬 굴러가는 소리가 난다."하며 용기를 북돋아 주시곤 하시었다. 강연은 성음聲音, 언체言體, 조리, 강령 등을 살펴보았다.
초기교단의 회화 풍경은 죽비를 돌리며 회화를 했는데 차례가 오면 얼마나 떨었던지 옆 사람까지 떨 지경이었다 한다.

'의두'는 "대소유무의 이치와 시비이해의 일이며 과거 불조의 화두話頭 중에서 의심나는 제목을 연구하여 감정을 얻게 하는 것이니, 이는 연구의 깊은 경지를 밟는 공부인에게 사리 간 명확한 분석을 얻도록 함이요."라면,
'성리'는 "우주 만유의 본래 이치와 우리의 자성 원리를 해결하여 알자 함이요."라고 정의한다.

의두는 경전 공부에 깊이가 있는 공부인이 사리 간에 연구의 명확한 분석을 얻기 위한 공부라면, 성리는 우주만유의 본래 이치와 우리의 자성 원리를 해결하는 견성 공부다.
의두는 감정을 얻게 하는 공부로 상시의 교당 내왕시 주의사항의 감각된 바를 보고하여 지도인에게 감정을 얻는 공부와 의심된 바를 제출하여 지도인에게 해오를 얻는 공부와 상통한다.
감정은 법에 맞는지 점검받는 것으로 법은 소태산 대종사의 교법으로 교법에 줄 맞도록 하는 것이다. 지도인과 더불어 법에 맞는지 여부를 확인하는 것이다.

또한 '정기일기'는 "당일의 작업시간 수와 수입·지출과 심신작용의 처리 건과 감각感覺 감상感想을 기재시킴이요."라고 정의한다.

당일의 일을 기재하라는 것으로 작업시간은 수양·연구 시간과 혜시惠施·혜수惠受를 기재하여 가치 있게 시간을 보내라는 것이며, 수입·지출을 기재하여 수지대조收支對照하라는 것이며, 심신작용 처리는 시비이해의 일과 관련된다면 감각·감상은 대소유무의 이치와 관련된다.

그러므로 정기일기는 일과 이치의 방향을 가리켜주는 경전과 관련되며 사리 간의 의두 연마와 성리 관조를 기재하는 것이다.

사리연구 훈련과목은 서로 밀접한 관계가 있다. 경전 공부는 격을 갖추어 대중 앞에서 강연으로 발표할 수도 있고 또는 자유롭게 서로 회화할 수도 있으며, 경전 공부를 의두 연마로 심화시켜 연구의 깊은 경지를 밟을 수도 있으며 감각·감상과 심신작용 처리 건의 정기일기로 기재하여 이러한 일련의 과정을 돌이켜 살피는 반성 공부를 할 수 있다.

또한 강연·회화·의두·성리·정기일기도 상호 연결되어 영향을 주고받는 정기훈련의 사리 연구 훈련과목이다.

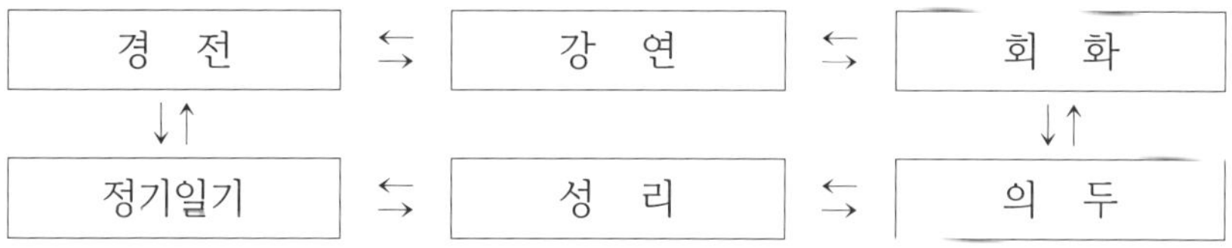

더보기Tip

분석하는 의두와 해결하는 성리

의두는 "대소유무의 이치와 시비이해의 일이며 과거 불조의 화두話頭 중에서 의심나는 제목을 연구하여 감정을 얻게 하는 것이니, 이는 연구의 깊은 경지를 밟는 공부인에게 사리 간 명확한 분석을 얻도록 함"이라면, 성리는 "우주만유의 본래 이치와 우리의 자성 원리를 해결하여 알자 함"이라고 정의하고 있다.

성리는 해결하는 관조 공부로 언어문자의 격에서 벗어나는 성격이라면, 의두는 사리 간에 명확한 분석을 요하는 공부로 개념을 동원하는 성격이 있다.
의두는 개념과 의리적 공부를 동원하여 대소유무와 시비이해를 분명하게 분석하는 공부라면, 성리는 관조하는 견성 공부로 『대종경』 성리품 21장 말씀처럼 "우주만물의 본래 이치를 알게 되고 목수가 잣대와 먹줄을 얻은 것"과 같다.

종합하면 의두는 분석 공부라면 성리는 해결하는 관조 공부이기에, 분석하는 의두는 관조하는 성리 공부에 기반 해야 하며 성리는 사리 간 명확한 분석을 하는 의두 공부로 드러나야 한다. 우주만유의 본래 이치와 자성의 원리를 체득하는 성리를 관조한 뒤, 이제 사리 간에 적용하여 분석으로 나투어야 하는 것이다. 이처럼 진정한 성리 공부는 『대종경』 성리품 6장 말씀처럼 말로 능사를 삼아서는 안 되지만 또한 능히 말할 수도 있어야 하는 것이다.

한 마디로 의두는 성리의 창구이면서 또한 성리의 출구이다.
그러므로 의두의 바탕은 성리요, 성리의 출구는 의두인 것이다.
성리는 의두의 체體가 되며 의두는 성리의 용用이 되는 것이다.
이처럼 의두요목은 의두 연마의 문목問目일 뿐만 아니라 성리 관조까지 포괄하는 문목이다.

교리강연대회

원기25년(1940·庚辰) 4월은 창립 제1대 제2회의 결산 총회기에 해당하였으나, 시국 관계로 기념행사는 일절 갖지 못하고 정례 총회에 지방 회원의 교리 강연회를 처음 겸행하여 성황을 이루었다. 〈『원불교교사』〉

• 제1회 교리강연대회

원기25년(1940) 4월 총회를 치르고 제1회 교리강연대회가 열렸다. 4월 27일 오전 9시부터 익산 총부 대각전은 지방에서 모여든 교도들로 입추의 여지가 없이 꽉 찼다.

《회보》 제65호 '지방 소식' 익산총부란에 당시의 상황이 기술되어 있다.

"익翌[다음 날] 27일에는 오전 9시부터 용쟁호투龍爭虎鬪의 30여 명 남녀 연사들이 등석登席해 지방회원 시합 강화회講話會가 시작되었는데 천여 명 박수갈채 중에서 본회 교강 9조를 새기고 또 새기고 풀이하고 되풀이해서 각양 각종으로 나오는 열변과 웅담雄譚은 백 번 들어도 새롭고 천 번 들어도 참되어서 실로 귀신이 울고 봉황이 춤출 만큼 한 사람도 열등낙오자가 없이 상상외의 호성적을 이루어서 청강자로 하여금 절절탄상節節嘆賞[말 한마디 한마디에 탄복하여 몹시 칭찬함]치 아니한 자 없었다. 종사주께서는 엄정하신 고점考點으로써 그 중 최우수한 자를 선발하시니 1등 1인에 이병오, 2등 2인에 이세옥 김응섭, 3등 3인에 최상옥 황정신행 유형복, 등외에 김정용 등이 원기 좋게 월계관을 쓰고, 등 따라서 거룩한 상품과 영화스러운 상장과 아울러 종사주의 훈사 하에 회순을 마쳤으니 본회의 경종 소리는 이 투사들을 선두로 하여 시방세계에 유량嚠喨하게 울리고 있다." 〈《회보》 제65호〉

이처럼 30여 명의 연사가 차례로 연단에 올라 열변을 토하였고, 대종사는 직접 강평하면서 즉석에서 채점까지 하였다.

"초량 교당의 임칠보화, 연제는 타력 생활을 자력 생활로 돌리자, 점수는 삼갑三甲."

당시 소태산 대종사는 강연 점수를 갑·을·병·정 이외에 1갑에서 12갑까지 평가하였다. 자신의 체험과는 상관없이 어려운 말이나 남의 말을 지나치게 많이 인용하면 을·병·정을 주었으나 비록 말이 약간 서투르다 할지라도 자신의 체험을 바탕으로 하면 1갑에서 12

갑까지 높은 점수를 주었다.
이 강연대회에서는 영광[영산] 지부의 이병오가 1등, 남부민 지부의 김응섭과 이리 지부의 이세옥이 2등, 경성 지부의 황정신행과 총부의 최상옥, 유형복이 각각 3등으로 입상했다.
한편 이때 겨우 15세 소년 김정용이 10갑으로 특상을 차지했다. 김정용은 연사 중에서 가장 어린 나이였으나 야무진 열변을 토했다.
김정용은 아직 교리를 잘 모르기 때문에 주산 송도성이 대신 써준 '원망 생활을 감사 생활로 돌리자.'는 연제의 원고를 대중 앞에서 적당한 몸짓과 손짓을 섞어가면서 열변을 토한 것이다.
여기저기서 칭찬의 소리와 박수가 터져 나왔다. 대종사도 마음이 흐뭇해서 칭찬을 아끼지 않았다.
"10갑이다. 아주 잘했다. 장래에 큰 연사가 되겠다."

한편 연사 중에서 황정신행과 성성원은 약간 섭섭한 생각이 들었다. 자기들이 1등 할 줄로 알았는데 시골 사람들이 1, 2등을 차지했기 때문이었다. 서울에서 현대교육을 받은 지식 여성인 자기들이 무식한 시골 사람들에게 1, 2등을 빼앗겨 자존심이 약간 상했던 것이다. 그들은 서울로 돌아가자 육타원 이동진화 교무에게 1등 하지 못한 아쉬움을 털어놓았다.
"이번 강연대회에서 대종사님이 잘못 판정하신 것 같습니다. 1, 2등을 한 시골 사람들은 교무가 원고를 대신 써줬다고 합니다. 그건 부정이 아니고 뭡니까? 대종사님께서는 그런 줄을 아시고도 그렇게 판정하셨으니 이건 분명 편파적인 판정입니다. 당연히 우리가 일등을 해야 옳다고 생각합니다."
황정신행과 성성원은 1, 2등 하지 못한 부끄러움을 변명한다는 것이 마치 대종사님에 대해 섭섭한 생각을 늘어놓은 것처럼 되고 말았다.
얼마 후 대종사님께서 서울에 왔을 때 이동진화가 말했다.
"대종사님, 지난번 교리강연대회에 대해서 황정신행과 성성원이가 약간 섭섭한 마음이 있는 것 같습니다. 교무가 원고를 대신 써준 사람들에게 1, 2등을 주었다면서요?"
대종사님께서는 황정신행과 성성원을 불러 말했다.
"너희들 마음속에 섭섭한 생각이 있었다면서? 설사 교무가 대신 써줬다고 하자. 그런데 너희들이 듣기에 잘하더냐? 못 하더냐? 대중들이 박수와 감동은 또 어느 정도더냐? 장내의 분위기와 대중의 감동에 따라 판정했다. 대중 앞에서 교무가 대신 써줬다고 깎아내리고, 너희들은 자신의 실력대로니 더 올려준다고 말할 수 있겠느냐? 그 사람들은 그만큼이라도 배우기 위하여 교무에게 열심히 쫓아다니지 않았더냐. 너희들은 배우기 위하여 교무에게 얼마나 정성을 다해 쫓아다녔느냐. 교무란 집이나 지키라고 그냥 갖다 놓은 것이 아니다. 교무는 바로 나 대신이다. 너희들은 그만큼 배웠다고 하면서 그만한 이해심과 아량심도 없단 말이냐. 알 만한 사람들이 그렇게 속이 좁아서야 어떻게 수행하고 도를 이룬단 말이냐. 내가 조금 배웠네, 지식 여성이네 하면서 마음속에 꽉 차 있는 아상을 버려야 하지 않겠느냐."

황정신행과 성성원은 추상같은 대종사님의 꾸지람에 얼마나 부끄러웠던지 쥐구멍이라도 있으면 들어가고 싶은 심경이었다. 〈『원각성존 소태산대종사 일화집』〉

• 제2회 교리강연대회와 전이창

해마다 총회를 기해 총부에서는 각 교당과 기관에서 대표를 선발, 대종사를 모신 가운데 교리 강연대회를 열었다.

원기26년(1941) 전이창은 영산학원 대표로 총부에서 열리는 제2회 교리강연대회에 참가하게 되었다. 강연원고는 영산지부장으로 학원생들을 지도하는 정산 종사가 정리해 주었고 발표 방법까지 상세히 가르쳐 주었다.

"세상에서 인간대사가 결혼해서 가정 이루고 사는 것인 줄로 알았는데, 그보다 더 큰 생사 대사가 있다는 사실을 알게 해주신 대종사님의 은혜는 한량이 없습니다."

전이창은 이렇게 결론을 내리고 대종사께 큰절을 올렸다.

대종사 강평하며 "내가 처음 영산에서 나를 잘 아는 제자들 또는 나보다 나이가 많은 제자들과 이 회상을 창립하기로 할 때 스승인 내 앞에서도 발을 괴고 앉거나 담뱃대를 피우는 저 사람들에게 어떻게 해야만 내 법이 잘 전달될까? 언제나 제자다운 제자를 만들 수 있을까 싶었다. 그런데 오늘 저 조그마한 아이의 입에서 생사 대사의 진리를 듣게 되니 감회가 새롭다. 전이창에게 특등을 주어야겠다."고 하였다.

이튿날 전이창이 영산으로 돌아가려고 대종사께 인사드리러 갔더니 "꼬리 날까 싶구나!" 하면서 경계의 말씀을 해 주었다. 〈『원각성존 소태산대종사 일화집』〉

정기훈련 작업취사 과목 : 상시일기·주의·조행

정기훈련법 중에서 작업취사 훈련과목은 상시일기·주의·조행이다. 상시일기는 정기일기와 상호 모시는 대대의 관계이며, 주의와 조행도 대대의 관계이다.

정기훈련법에서 "주의는 사람의 육근을 동작할 때에 하기로 한 일과 안 하기로 한 일을 경우에 따라 잊어버리지 아니하고 실행하는 마음을 이름이요."라면,
"조행은 사람으로서 사람다운 행실 가짐을 이름이니, 이는 다 공부인으로 하여금 그 공부를 무시로 대조하여 실행에 옮김으로써 공부의 실효과를 얻게 하기 위함"이라 정의하고 있다.

소태산 대종사의 마음공부를 대별하면 '경우境遇에 따라' 즉 경계를 대하여 '주의심'을 챙겨 실행하는 유념 공부와 이를 사후事後에 유념했는지 무념했는지를 대조하는 조행 공부라 할 수 있다.
즉 먼저 경계를 당해서 당처에 유념하는 심신작용 공부는 주의라면, 사후에 유념했는지 무념했는지를 대조하는 심신작용 처리는 조행이며, 이를 조사하여 기재하는 것은 일기법이다.
주의가 유념할 당처에 유념을 챙기고 무념할 당처에 무념을 챙기는 공부라면, 조행은 사후에 유념할 자리에 유념했는지 무념할 자리에 무념했는지 여부를 대조·반조하는 공부이다.
주의 공부의 유념은 유념할 자리에 유념을 챙기고 무념할 자리에 무념을 챙기는 마음이라면, 조행의 무념은 챙기는 마음을 놓친 방심放心을 뜻한다. 즉 무념은 성품의 텅 빈 실상 자리로써의 무념과 챙기는 마음을 놓친 방심의 뜻이 있다.
보통 유무념 대조는 주의와 조행 그리고 일기가 혼재된 복합개념으로 사용하고 있으나,

엄밀하게 구분하면 주의는 당처에 마음을 챙기는 유념 자체라면, 사후에 마음을 챙겼는지 놓쳤는지의 유무를 대조하는 유무념 대조는 조행이며, 이를 점검하는 것은 상시일기이다.

당처의 공부가 주의라면 당후의 대조 공부는 조행으로, 이처럼 주의와 조행은 대경對境 전후의 공부 방법이다.
소태산 대종사는 사물에 밝아질 수 있는 방법을 제시하면서 당처當處 처리의 '주의'와 당후에 복기復棋하는 '조행'인 당처·당후의 공부 방법을 제시한다.

『대종경』 수행품 24장에서 "일을 당하기 전에는 미리 연마하고, 일을 당하여서는 잘 취사하고, 일을 지낸 뒤에는 다시 대조하는 공부를 부지런히 하며, 비록 다른 사람의 일이라도 마음 가운데 매양 반조하는 공부를 잘하면 점점 사물에 능숙하여져서 모든 응용에 걸리고 막히지 아니하리라."고 촉구한다.

일을 당하기 전에 미리 연마하여, 일을 당해서는 잘 취사하는 것이 주의 공부라면,
일을 지낸 뒤에는 이를 대조하고, 비록 다른 사람의 일이라도 실행 여부를 마음 가운데에 매양 반조하는 것은 조행 공부다.
이 주의-조행은 서로 영향을 주고받는 공부법으로, 정기훈련법의 작업취사 훈련과목이면서 또한 상시훈련법을 관통하는 실제적인 방법이다.

이처럼 대경對境 전후의 주의-조행의 공부는 간단없이 연계된 공부이다. 주의한 것을 당후에 대조하여 '공부인으로 하여금 그 공부를 무시로 대조하여 실행'에 옮기도록 한 것이다.

주의와 조행의 관계에 있어 주의는 실행하는 마음을 챙기는 공부라면 조행은 사람다운 행실 가짐이므로 주의를 조행의 전 단계로 보는 견해가 있다. 이는 주의보다 조행이 더 깊은 단계로 보는 것이다. 그러나 주의와 조행은 훈련의 방법이지 수준에 차이가 있는 게 아니다. 염불과 좌선이 수행 방법의 특징은 있어도 경지에 차이가 없듯이 주의와 조행도 마찬가지이다. 정기훈련 작업취사 훈련과목으로 경계의 전후인 당처·당후에 따른

공부 방법이다.

주의는 '하기로 한 일과 안 하기로 한 일'은 주의 공부의 센서로써. 이 공부심의 센서를 통해서 이 일이 드러나는 이전 자리에 바탕 하여 하기로 한 일도 안 하기로 한 일을 경우에 따라 잊어버리지 않고 실행하는 마음공부이다.
주의는 하자는 조목인 하기로 한 일과 말자는 조목인 안 하기로 한 일에 주의하는 공부심의 센서를 장착하여, 이러한 조목에 신령하게 깨어있는 일원상 마음을 놓치지 않고 실행하는 공부다. 하기로 한 일 뿐만 아니라 안 하기로 한 탐심·진심·치심이나 요란함·어리석음·그름을 있는 그대로 드러내어 챙기는 공부이다.
이렇게 경계를 당하여 주의하고, 경계를 마친 사후에는 주의했는지 여부를 대조하는 조행을 갖추라는 것이다. 주의가 당처의 유념 공부라면 조행은 사후의 심신작용 처리 여부를 대조하는 유무념 대조 공부이다.

정기훈련법에서 **"상시일기는 당일의 유무념 처리와 학습 상황과 계문에 범과 유무를 기재시킴이요."라고 정의하고 있다.** 상시일기는 정기일기와 연관된다.
정기일기는 학원이나 선원에서 훈련받는 공부인이 기재하는 훈련 방법으로,
상시일기를 일정한 기간마다 복기해 보아 결산하는 공부이다.
상시의 당일에 있었던 감각감상과 심신작용을 전문적으로 기재하여 점검해 보고
일정한 기간의 유무념과 학습 상황과 계문 등의 작업을 결산해 보는 것이다.
일기법의 당일은 매일이 아니라 일이 있는 그 당시를 뜻한다.

이 상시일기는 주의·조행과 연동되어 있다.
주의가 일 당하기 전 일의 기미가 발생할 때부터 일을 대하는 당처로 이어지는 공부라면, 조행은 일을 당한 이후의 대조와 다른 사람의 일이라도 반조하고 참조하는 사후의 공부이다.
즉 주의는 유념 공부로 당처의 심신작용 처리라면, 조행은 당후에 심신작용 처리 여부를 대조하는 공부로, 이를 조사하여 기재하는 것은 상시일기요, 이를 결산하는 것은 정기일기이다.

'주의'는 경우에 따라 당처當處에 하기로 한 일과 안 하기로 한 일에 유념하는 공부라면, '조행'은 사후事後에 그 공부를 무시로, 수시로, 상시로 대조對照하여 실행에 옮겨 공부의 실효과를 얻게 하여 사람으로서 사람다운 행실을 가지도록 하는 공부라 할 것이다.
대조對照는 모든 일을 처리한 사후事後에 그 처리 건을 맞대어 비추어 보아 실행이 되었는가 못되었는가의 여부를 반조하여 실생활에 활용되도록 하는 '유무념 대조 공부'로 볼 수 있다. 그리고 이 유무념 대조를 체크[조사 기재]하는 것이 '상시일기'인 것이다.

이처럼 주의–조행–상시일기는 독자적인 공부법이면서 서로 밀접한 연관이 있는 공부법이다.
대경對境 전후의 공부 즉 사전事前과 당처當處 공부인 주의와 사후事後 공부인 조행과 이를 조사 기재하는 상시일기로 대별하는 공부 방식은 정기훈련의 작업취사 과목으로 소태산의 독특한 공부법이다.

입선入禪공부는 순우馴牛하는 것과 같다

이공주 수필受筆

《회보》 제42호, 시창23년(1938) 2·3월호

정기훈련에 입선하는 것을 소 길들이기에 비유한 법설로, 윤문 되어 『대종경』 수행품 55장에 수록된다. 소태산 대종사는 정기훈련의 전문 공부를 시키는 뜻은 인류 사회로 나아가 활동할 때 잘 써먹으라는 것이니, 해제 후 세상에 나가거든 경계를 따라 이용하고 만일 부족한 점이 있거든 다시 입선하여 배워가기를 바란다고 당부하고 있다. 정기훈련 11과목 중 매일 염불, 좌선, 경전, 강연, 회화, 일기의 6과정을 중시하고 있다. 앞으로 소 길들이는 비유는 반려동물 훈련하는 방법으로 대치하여 이해해야 할 듯하다.

한때에 종사주 법좌에 오르시사 일반 선도禪徒에게 말씀하여 가라사대,

"제군이 입선하여 매일 이와 같이 공부를 하는 것은 비컨대 소 길박기[순우馴牛]와 같다 하노라. 대저 소[牛]로 말하면 어려서 어미젖 떨어지기 전에는 자행자지自行自止하여 논이나 밭에도 뛰어 들어가고 혹은 곡식도 잘라 먹으며 그 외에도 모든 행동을 제 생각대로 하되 그대로 보지마는, 차차 커서 젖만 떨어지게 된다면 그때에는 비로소 사람이 들어 길박기를 시작하나니, 같은 소에도 그 성질이 얌전한 것은 곧 길들기가 쉽고 불량한 것은 사람의 애를 많이 먹이는 것이다.

이에 그 경로를 대강 들어 말하자면, 맨 처음에는 목을 옭아서 말뚝에다가 잡아 매어두면 불의不意에 구속을 받게 된 송아지는 그만 죽는소리를 치고 어미를 연속해 부르며 먹지도 않고 눈이 벌겋게 되어 몸살을 치나니, 그럴 때 같으면 곧 못살 것 같지마는 그대로 여러

날이 지나고 또 지나면 점진적으로 안심을 하게 되는 것이다. 그다음은 목에다가 끄나풀을 달아서 끌고 다니며 풀도 뜯기고, "이라[오너라], 자라[가거라], 워[서라]." 등도 가르쳐 단련시키는 가운데 나날이 커가는 것이다. 그래 그 송아지에게 구루마 질도 시켜 보고 논밭도 갈려보는 등 점차로 버릇을 가르치게 되는 것이다. 그런데 처음으로 쟁기질을 시켜 보면 해보지 못하던 일이라 정처 없이 뺑뺑이 질[일정 공간을 요리조리 돌아다니는 모습]만 하게 되므로 한 사람은 앞에서 잡아당기고 또 한 사람은 뒤에서 인도하여 이리저리 고苦를 받을 때, 생각에는 길을 박지 못할 것 같으나 한 번 두 번, 한 달 두 달, 한 해 두 해, 이와 같이 꾸준히 연습시켜 숙熟이 드는 날에는 그 멍청하던 것이 말귀도 척척 다 알아듣고 전답도 많이 갈게 되며 사방에 곡식이 있으되 본체도 않고 저는 풀이나 뜯어 먹나니, 그렇게만 되고 보면 길 잘든 소라 하여 가치가 오르며 누구나 사다가 귀중히 여기게 되는 것이다.

이와 같이 사람도 세상에서 도덕의 훈련이 없이 보는 대로 듣는 대로 생각나는 대로 자행자지하여 인도 정의의 탈선적 행동을 감행하는 자는 어미젖 떨어지기 전 어린 송아지가 자행자지로 뛰어다닐 때와 같다 할 것이요, 사가私家를 떠나 선방에 입선하여 전문 훈련을 받으며 모든 규칙과 계명戒命을 지켜나갈 때 과거의 모든 악습이 떨어지지 않아서 지도인의 뇌수를 뜨겁게 하며, 각자 심중에도 사심邪心 잡념이 더욱 치성하여 이 공부 이 사업에 입각을 완전히 하지 못하고 자행자지의 생각이 나는 것은 송아지가 말뚝에 매달리어 어미 소를 생각하고 울고 야단칠 때와 같다 할 것이며, 매일 6과정[염불, 좌선, 경전, 강연, 회화, 일기]을 지켜나갈 때 말귀도 차차 알아듣고 사심과 잡념도 자연히 조금씩 가라앉으며 사리事理 간에 모르던 것이 한 가지 두 가지 알아지는 것에 재미가 붙을 때로 말하면 그 소가 완전한 길은 들지 못하였다 할지라도 모든 역사役事를 하여 나갈 때 안심安心을 얻어가는 것과 같다 할 것이며, 또 수양력과 연구력과 취사력을 얻어가고 사은四恩과 사요四要를 확실히 알아서 실천궁행實踐躬行을 하며, 그 외에도 솔성요론·최초법어 등을 행하여 인도 정의에 탈선의 행동이 없으며 그 반면에 불의한 삼십 계문 등은 죽기로써 지켜서 어떠한 역경·난경을 당한다 하더라도 백절불굴百折不屈하여 비열한 행동을 아니 하고 도리어 자기의 정신이나 육신이나 물질을 희사喜捨하여 가는 곳마다 공중에 유익만 끼치게 된다면 길 잘든 소가 무슨 일이나 시키면 잘하여 가는 곳마다 그 주인에게 유익을 끼치게 되는 것과 같다 하리라.

이와 같이 농촌에서 농부가 소를 길 박는 뜻은 전답을 갈 때 써먹자는 것이요, 선방에서

제군에게 전문 훈련을 시키는 뜻은 인류 사회에 나아가서 활동할 때 잘 써먹으라는 것이니, 제군은 이런 기회를 만났을 때 낭유시일[浪遊時日, 시일을 하는 일 없이 빈둥거림] **하지 말고 부지런히 공부하여 만단**[萬端, 여러 가지]**으로 준비하였다가 해제 후 세상에 나가거든 경계를 따라 이용하고, 만일 부족한 점이 있거든 다시 와서 배워가기를 바라노라."**고 하시더라.

감상담(윤명화)

어린 송아지가 밭을 가는 소가 되도록 하는 방법은 오랜 기간 단계별로 길들였기 때문이다. 우리도 변화를 갖기 위해서는 오랜 시간 그에 합당한 과정을 거쳐야 한다. 그것이 바로 훈련이리라.

〈법설〉의 내용을 보면 사람도 세상에서 도덕의 훈련이 없이 보는 대로 듣는 대로 생각나는 대로 맘대로 행하다가 그만두는 인도 정의의 탈선적 행동을 감행하는 자는 어미젖 떨어지기 전 어린 송아지가 밭인지 길인지 구분 못하고 날 뛰어다닐 때와 같다. '사가를 떠나 선원에 입선하여 훈련으로 사심 잡념을 제거해 가고, 사리 간에 모르는 것을 조금씩 알아가는 재미로 훈련하라. 그리하여 수양력, 연구력, 취사력을 얻어 사은사요를 실천하라. 쓸모 있는 사람이 되어 인류 사회에 나아가서 활동할 때 잘 써먹으라' 하신다. 누구라도 몸에 익은 습관대로 행하기는 쉽다. 습관대로 자행자지自行自止하다 보면 자신은 물론이고 타인에게도 해를 끼치는 결과를 낳게 된다. 그러니 훈련을 통해 습관을 변화시켜 인류 사회에 도움 되는 유용한 사람이 되어야 하리라. 그런데 이 습관을 바꾸는 방법이 곧 훈련이다.

우리가 사는 이 시대는 마음을 빼앗아 가는 물질의 세력이 너무 드세다. 마음공부가 더 필요해진 것이다. 그러나 현실은 바쁜 일상에서 마음을 챙기는 것이 쉽지 않다. 마음공부가 더욱 필요해졌지만, 더 하기 힘든 상황이 되는 악순환으로 세상은 돌아간다.

대종사님께서는 물질의 세력이 날로 융성해지니 진리적 종교의 신앙과 사실적 도덕의 훈련으로써 정신의 세력을 확장하고 물질의 세력을 항복 받아 파란고해의 일체생령을 광대무량한 낙원으로 인도하자 하셨다.

물질이 급변하여 우리의 정신을 흔들고 있고, 우리는 그런 현실을 놓치며 지내고 있다.

어쩌면 대종사님의 제자로 인연이 된 우리에게 개교의 동기는 과제이다. 그 과제를 풀기 위해 우리에게 정기훈련이 요구된다. 상황이 어렵다고 포기할 순 없다. 그 속에서 할 수 있는 방법을 찾아야 한다. 각자의 상황에서 정기훈련을 받을 수 있도록 노력해야 한다.

어린 송아지가 쓸모 있는 소로 변해가듯 우리도 정신수양, 사리연구, 작업취사로 삼대력을 키워 세상에 나가 힘을 발휘하고 부족하면 다시 훈련을 통해 힘 얻기를 반복해야 한다. 그렇게 삼학으로 사은에 보은하고 사요를 실천하는 훈련의 실제적 효과를 내야 하리라.

재래 사원과 본회 선방의 훈련방식

이공주 수필受筆

원각성존 소태산 대종사 수필 법문집

──── 《회보》 제41호, 시창23년 신년호, 각지상황 '익산총부' 란에 "대망의 선기禪期는 마침내 닥쳐오고야 말았다. 12월 8일은 음 11월 6일이므로 총부 대각전에서는 제25회 동선 결제식을 거행할새 종사님 임석 하 유허일 교무의 정중한 개식사가 있었으며 각항 순서를 진행 중 종사주로부터 장시간에 긍亘하도록[걸쳐] 의미심장한 설법이 계옵시고 전前 회장 조송광 씨의 격려적 축사가 있은 후 박창기 군의 간단한 답사가 있고 폐회하다."라는 기록이 보인다. 소태산 대종사는 정축丁丑동선 결제식 설법으로 정기훈련 방식을 재래 불교와 비교해서 그 차이를 밝히고 있다. 훈련 일과로 아침 2시간은 좌선, 오전 2시간은 경전 강의, 오후 2시간은 정기일기나 혹은 한문, 밤 2시간은 염불이나 회화나 강연 등 6과정을 제시하고 있다.

이날은 익산교당 대각전 내에서 제25회 동선 결제식[정축동선. 시창22년 음 11월 6일]을 거행할 새, 종사님 법좌에 오르시사 일반 선도에게 말씀하여 가라사대, 내 오늘은 재래 사원의 훈련방식과 본회 선방의 훈련방식에 대하여 대강을 말하여 주리라. 즉 재래 사원의 제도로 말하면 염불당에서는 언제든지 염불만을 전문으로 시켰고, 강원講院에서는 언제든지 경전만을 전문으로 가르쳤으며, 선원에서는 주야에 화두를 들고 좌선만을 전문으로 하게 하였다. 그런데 현재 본회 선방의 제도로 말하면 그와는 아주 달라서 여러 가지 과목을 아울러 가지고 훈련을 시켜 나가나니, 하루를 놓고 말하더라도 매조每朝 청신淸晨 2시간은 좌선, 오전 2시간은 경전 강의, 오후 2시간은 정기일기나 혹은 한문, 밤 2시간은 염불이나 회화나 강연 등을 시킨다. 그러면 혹자는 재래 사원 제도에 비하여 본회의 훈련 과목은 너무나 그 가지 수가 많아서 번거하다고 할는지도 모르겠다. 그러나 그 내용에 들어가서는 심히 간명하고 질서가 정연하게 골라 맞았나니, **염불과 좌선으로 말하면 정신의 수양력을 얻게 하는 과목이요, 경전·강연·회화·문목問目·성리 등으로 말하면 사리事理에 연구력을 얻게 하는 과목이며, 정기일기·주의·조행 등으로 말하면 작업의 취사력을 얻게 하는 과목이다. 그리고 이 외에도 수시설교隨時說敎라는 과목을 두어서 무시간단無時間斷으로 삼대력을 아울러 배워 나가게 하였나니, 누구나 이 방식대로만 꼭 공부한다면 한 달만 하여도 이전에 5년이나 10년 할 공부는 될 것이고, 만약 10년만 전문적으로 한다면 100년 할 공부는 닦아서 될 줄 아노라.**

그리고 진수성찬도 늘 먹으면 별미를 느끼지 못하는 것과 같이 우리 사람의 뇌수腦髓란 아무리 좋은 법이라도 한 가지로만 항상 되풀이한다면 별 재미가 없는 것이며, 또는 다른 동무가 없이 나 혼자만 한다면 새로운 정신과 이상의 지견智見이 나지 않는 법이다. 그러므로 이 시간에는 좌선이나 염불하여 일심一心을 얻게 하고, 저 시간에는 경전이나 혹은 회화, 강연 등으로 써서 그 지혜를 단련시켜 알음알이를 얻게 하며 혹은 문목이나 처리 건 등을 저술케 하여 실행력도 익히게 하였다. 뿐만 아니라 남녀 대중을 한곳에 모아서 각자의 의견을 교환케 함으로 지혜가 나보다 훨씬 솟은 이의 말도 듣게 되고, 나보다 훨씬 떨어진 이의 말도 듣게 되며 혹은 나와 비등한 사람의 말도 듣게 되나니, 그런 때에 자연히 우리의 혜두는 단련되어 새로운 지견智見이 생겨나는 것이건마는 아직도 이 묘리妙理를 절실히 느끼는 자 적으니, 내 답답하노라.

선원禪院규칙을 엄수하라

이공주 수필受筆

원각성존 소태산 대종사 수필 법문집

제17회 계유癸酉 동선 중인 시창19년(1934) 1월 29일에 선원규칙 준수를 촉구하신 소태산 대종사의 법설이다. 선원은 공회당으로 여겨진다.

시창始創19년(1934) 1월 29일, 종사주 익산총부 선원에 출석하시사 일반 선도에게 말씀하여 가라사대,

"제군이 요사이 선禪 공부하는 것을 본즉 정성을 다하여 하루 8시간의 과정을 잘 지키는 사람도 있고, 개중個中에는 자행자지自行自止하여 새벽 좌선 시간에 일어나기 싫으면 잠자버리는 사람도 있으며, 혹은 종소리를 듣고도 느릿느릿 늦게 와서 지참[遲參, 지각]하는 자, 또는 경전 시간에도 정신 들여 잘 듣지 않고 공연히 드나드는 자 등, 마치 유치원 아동 같은 행을 하는 자도 있으니, 이래 가지고야 어찌 성불하기를 바라리오.

저 인륜 도덕에 탈선된 도적 떼도 단체생활을 하게 되면 거기에 맞은 규칙을 만들어 반드시 지켜야 하고, 개미나 벌 같은 미물 곤충도 엄중한 규칙이 있어서 그 범위 내에서 움직인다 하거늘, 하물며 만물지중萬物之中 최령最靈하다는 사람들로서, 더구나 성불제중成佛濟衆이라는 원대한 포부를 가진 수도인의 입장에서 만일 규칙을 무시하고 제멋대로 한다는 것은 대단 잘못일 뿐만 아니라 후래인後來人들에게는 어떻게 무엇이라고 지도하려 하는가.

그도 혹 몸에 병이 났다거나, 부득이한 사고로 결석하게 되었다면 모르지마는 만일 나태심이나 우치심愚痴心으로 규칙을 위반하고 귀중한 시간을 허송한다면 그런 인물을 무엇에 쓰겠는가.

그러므로 나는 진작부터 제군에게 성불을 목적으로 입선入禪하였거든 첫째 신성信誠, 둘째 부지런히 시간을 엄수해야 한다고 누차 부탁하였었다. 그럼에도 불구하고 무성의, 불규칙한 일이 생겨난다는 것은 크게 유감스러운 일이니, 이 앞으로는 과정 점수보다 시간 출석 성의를 중요시하려 하노라. 오늘부터 교무는 서기를 시켜 매일 출석부에 병

고·사고·무고·결석 등을 철저히 조사 기입하게 하여 풍기숙청風紀肅淸을 시킬지며, 선방 교무의 허가 없이는 쉬거나 외출도 못 하게 엄금하여 보라. 만일 이렇게 규칙을 세워도 문란히 하는 자 있다면 그는 비非인간이요, 악질惡疾이라 하리라.

매일, 이와 같이 백여 대중이 살고 있는 집에서 그와 같은 엄격한 규칙이 없이 되는대로 산다면 필경 수라장이 되는 동시에 선원이라는 존재도 부지중 자멸 될 것은 필연의 사실이니, 어찌 범연히 할 바이랴." 하시더라.

제16회 하선夏禪을 마치고(감상 제29호)

김대형군(16세)

《회보》 제4호, 시창18년(1933) 11월호

어언간 해제일은 닥쳐왔습니다. 해제일이 닥쳐오니 참으로 섭섭한 생각이 나는 동시에 두어 가지 감상이 났었습니다. 제가 입선을 하기 전에도 불법연구회가 있다는 말은 잘 들었습니다마는 불법연구회에서 무엇을 가르치고 배우는 것인 줄은 알지 못하였습니다. 그래서 금년 여름에 입선하고 배우기 시작하였사온바 배워갈수록 캄캄한 제의 속에도 깨움이 조금씩 생겨납니다. 그것은 저 진세에서 못쓰게 길들인 습관이 점점 고쳐지고 선한 마음이 날로 생겨나는 것이며 또한 종사님의 법설과 여러 선생님의 법설을 들을 때마다 날로 알게 되는 것이 많고 길거운[즐거운] 마음이 나는 것이며 또는 사은사요와 삼강령 팔조목과 계문의 해설을 들을 때마다 사람이 되어서는 이것을 꼭 배워야 하겠다는 생각이 들어가는 것입니다. 그러나 세월의 흐름을 따라 할 수 없이 해제일이 돌아옴을 맞는 동시에어서 동선이 돌아와서 종사님과 여러 선생님에 나와 절하여 뵈옵고 또 이 좋은 법설을 들어 마음을 연마하여 참사람이 되려고 결심합니다. 이번 선에 이 좋은 법을 배워 참 길을 찾게 된 것은 도시 사은의 덕택으로 알고 다음 선에 또 와서 이 공부를 잘해 볼 것을 서약하는 의미로 사은 전에 기도를 드립니다.

감상

입선의 공덕(감상 제38호)

박길선

《회보》 제8호, 시창19년(1934) 3월호

3, 4차 선 공부를 하면서 제의 마음 되어 가는 진경을 보고 이제야 정기 선 공부의 공덕을 깨달았습니다. 과연 우리의 정기 선 공부는 사람을 다시 개조하는 풀무간[대장간]이올시다. 지금 앉아서 선 나기 전에 지내던 마음과 한두 선 날 때 지내던 마음과 지금 내의 마음 된 것을 비교해 보면 내가 벌써 공부가 이렇게 되었는가 싶습니다. 제가 선 나기 전인들 어찌 사은 사요와 삼강령 팔조목과 솔성요론과 계문 등이 없었으리오만은 그때는 본회에서 하지 말라는 계문을 유일한 내의 친우로 알던 때라, 때아닌 때라도 편히 누워서 잠 한 소금을 하고 나면 그것같이 맛있는 것이 없고 또 비단옷 한 벌이나 해 입고 나면 마음에 별수나 난 것 같이 마음에 시원한 것이 없었으니 삼십 계문이 다 이처럼 사랑스럽고 내의 세정을 알아주었습니다.

유시有時 혹 모든 것을 잘해보려는 마음도 나는 때가 있었으나 그때는 전문 공부가 없어서 아무것도 모르는 고로 제일 그 뜻을 몰라서 실행을 못 하였으며 또는 무슨 해가 돌아오는지도 알지 못하고 또는 공부의 요도나 인생의 요도가 없어도 사람이 능히 사는 것인 줄 알았습니다.

그러나 네[四] 선째 나는 오늘에 생각한즉 한번 사람의 형각을 무릅쓴 이상 인생의 요도나 공부의 요도가 아니면 도무지 사람의 갈 길이 없고 사람의 가치가 없으며 천하에 대죄인인 줄로 알았습니다. 따라서 선도 안 나고 인생의 요도나 공부의 요도를 모를 때는 어떻게 살아왔던고 하는 생각이 늘 납니다.

그리고 또 정기 전문 공부의 육과정[六科程, 염불·좌선·강연·회화·경전·일기] 짜놓으신 것이 참으로 묘하다는 것을 이제야 깨달았습니다. 왜 그러냐 하면 제가 선방에 들어 전문적으로 6과정 공부를 하기 전에는 이상과 여如히[같이] 삼십 계문이 그다지 나에게 죽을 해害를 주는 것인지도 알지 못하였고 계문을 떼야 하겠다는 생각도 없었으나 한두 선을 나면서부터는 이 계문을 반드시 떼야 하겠다는 각성이 생기며, 이 맛있는 계문을 다 떼면 심심해서 어떻게 살으리, 제 하기 싫은 솔성요론을 어떻게 실행하랴, 이런 걱정이 생겼습니다.

불시不啻라 그전에는 우리 집 공부도 옛날 아해[아이]들 한문 배우듯이 자주 책을 떼야 할 터인데 우리는 석 달이 다 가도록 그 문제 몇 가지를 가지고 이 사람도 그 말, 저 사람도 그 말, 후선[後禪]에 와도 그 말이니, 이렇게 해서 무슨 공부가 될까 하여 아무 재미가 없고 여간한 사람이 말해서는 잘 듣지도 않았습니다. 그러나 네 선 때 나는 오늘에는 그 하고 또 하는 가운데 철석이라도 녹을 만치 묘한 방법이 들어 있는 줄 알았습니다. 아무리 무식하고 늙고 멍청하기 몽둥이 같은 사람일지라도 안 될 수 없을 줄 알았습니다. 과연 자행자지로 철석같이 굳은 우리의 악습을 그 하고 또 하는 이 방법이 아니면 어떻게 이 정법으로써 우리의 뇌수를 바꾸며 육근으로 행하는 병이 다 사라지겠습니까. 그 하고 또 하는 방법이 참으로 묘하다는 것을 이제야 깨달았습니다.

보십시오. 저 삼십 계문을 가지고도 이 사람도 하면 못쓴다, 저 사람도 하면 못쓴다, 나는 그 계를 범하고 이러이러한 해를 보았다, 나는 그 계를 범하고 직접 이러이러한 해害보는 사람을 보았다, 이렇게 여러 사람이 서로 그 해점害點을 발견하여서 해가 되고 못쓴다는 말을 밤낮으로 번番을 갈아 하는 머리에 저의 뇌수에 남은 것은 오직 삼십 계문이란 그다지 무서운 것이다, 계문이란 웃으면서 사람을 치는 것이다, 이런 생각뿐입니다. 그러므로 실 경계를 대하여도 마음이 전前과 달라서 자연 안 할 생각이 나며 어쩌다가 그르치면 자연 걱정이 놓이지 않고 양심에 쫄려서 여간 괴롭지 않습니다. 따라서 경계를 당할 때마다 이것은 계문에 범과다, 이것을 하면 이러이러한 나에게 해가 있다, 이렇게 반사가 척척 되는 머리에 어쩔 수 없이 해될 일은 자연 덜 하게 됩니다.

그리고 사은의 은혜가 지중하다는 말을 종사님 이하 여러 선생님이 많이 말씀하시나 전에는 다만 종사님을 신信 하는 소치로 그저 그러니까 보다 하였더니 이제는 어떻게 여러 분에게 말씀을 많이 들었던지 과연 사은이 없어서는 도저히 살 수 없다는 생각이 나며 또는 여러 사람이 사실로 그 은혜 입은 연유를 자기 재주껏 발견해 말하는 머리에 저의 뇌수에 남는 것은 오직 보은할 생각뿐입니다. 어떠한 일에 배은이 되다가도 아, 너는 보은을 하자는 사람이 아니냐? 그 같이 피은을 하고도 어찌 각성을 못 하느냐, 이렇게 저의 마음을 스스로 꾸짖는 동시에 어떠한 일이든지 경계를 당하면 이처럼 척척 반사되고 실행이 됩니다. 따라서 저의 마음이 이렇게 된 것은 스스로 짐작할 때 다만 과거에 허송세월한 것을 한탄하며 또다시 우리의 전문 6과정 짜놓으신 것을 탄복할 뿐입니다.

불과 이십 원의 금액을 가지고 삼동三冬 먹으면서 이런 좋은 방법을 어데 가서 구하겠습니까? 과연 우리의 공부는 같은 말을 가지고도 이 사람 저 사람이 하고 또 하는 가운데 묘한 방법이 들어 있나니, 이로써 보면 우리 공부는 다만 자기 공부만 하는 것이 아니라 다른 사람의 공부까지 시켜주는 묘한 방법입니다. 이에 대해서는 여러 말 할 것도 없이 우리의 6과정 공부가 곧 그렇게 되지 않았습니까. 말씀 안 해도 잘 아실 것이지만 우리의 6과정은 저 사람 아는 것이 곧 내가 아는 것이요, 내가 아는 것이 곧 저 사람이 아는 것이라 골똘히 생각을 안 해도 자연 모르는 것이 알게 되고 죽을 애를 쓰지 아니해도 자연 실행이 되도록 묘하게 법을 짜 놓으셨습니다. 그러나 여러분이나 내가 불과 이십 원의 금액으로 내 공부는 내 공부대로 하지 않았습니까. 이에 따라 매일 우리를 위하여 말씀하여 주시는 종사님의 은혜와 여러 선생님의 은혜가 이제야 새삼스레 느껴지며 어떻게 하든지 입선은 꼭 해야 쓸 줄로 각오하였습니다.

해제解制의 이별

이완철

《회보》 제12호, 시창19년(1934) 10월호

'해제의 이별'이란 시는 하선 해제식 풍경과 헤어짐의 아쉬움을 그리고 있다. 그러면서 당부하길 '3개월간 얻은 보물, 수양력·연구력·취사력'을 가정과 사회에 잘 사용하자고 독려하고 있다.

5월 류화榴花꽃 필적에 결제 날을 맞았더니
팔월금풍八月金風 내달으니 어느덧 해제런가.
수양 연구 과정 삼아 정진하는 진진락津津樂은
혹서酷暑 삼하三夏 긴 세월이 일조一朝같이 달아났네
우리 선우禪友 대도大道 신념 태산같이 중해지고
동지지정同志之情 동문애同門愛는 하해河海같이 깊어졌다.

섭섭하고 추창惆愴하다 해제가解制歌 일회성一回聲에
동서남북 분산하니 만단회포萬端懷抱 어이하리.
푸른 산 맑은 물은 내의 혼자 주장이요
흰 구름 밝은 달은 모두 내의 차지로다.

귀가하신 여러분께 부디 한 말 부탁하노니
3개월간 얻은 보물 수양 연구 취사력을
각자 심중 깊이 갈마 막힘 없이 수용하사.
자가정自家庭에 드실 때에 가정 평화 건설하며
일반 사회 나설 적에 사회 환영 받으시와
자기 인격 완성 후에 본회 광명 내옵소서

입선入禪 감상

김인철

《회보》 제22호, 시창21년(1936) 2월호

불법연구회에 입회한 지가 얼마나 못될 뿐 외라. 형편상 매 6일 참예도 별로 못한 만큼 진리는 그만두고 겉으로 나타난 규칙도 잘 알 수 없었습니다. 본래 기독교인의 가정에서 자란 만큼 저의 의식이 고정될 그때까지는 기독교를 신앙했으나 그도 어느 시기까지요, 종교라면 어떤 종교를 물론 하고 반대했습니다. 더구나 재래의 조선에 있는 구불교라면 산중에서 염불이나 하고 동냥이나 할려면 인가人家에 찾아 내려오는 줄로만 알기 때문에 이 사회와는 아주 관계없는 딴 세상 사람으로 알 뿐 외다. 혹세무민하는 미신 종교로만 생각하던 저로서 이 회상에 입회하게 된 것은 우연한 일이 아닙니다.
과거 나의 생활이 순경이었다면 오늘날 이 공부를 할 기회가 없었을 줄 압니다. 세상 풍파에 시달리어 헤맬 대로 헤매어 보았으나 갈 곳이 없어 이 사회를 떠나 깊은 산중에서 지내보았으나 그곳 역시 인간 사회라 더한층 심한 고통이 따라와 어느 순간에는 인생으로서 제일 착이 크다는 생의 애착까지도 잃게 되어 밤이 되어 자리에 누울 때면 신명이여 나로 하여금 내일 아침에 다시 이 괴로운 세상에 깨우지를 않게 하여 주소서 하고 빌기를 몇 번이나 하였던지요. 억지로 죽는 것도 죄가 된다니 후생에 다시 이 고를 받을까 무서워 그도 못 하고 이중 삼중으로 받는 고통 물질만이 나에게 안정을 못 주는 것으로 아는 이상 번화한 도회지로도 갈 수 없고 광활한 천지에 나의 머리를 두를 곳이 없더이다.

이러한 나에게도 한 점의 서광이 비치게 되었으니 곧 이 세상의 대세를 살피고 시대에 적절한 인생의 요도와 공부의 요도를 내어놓으사 고해에서 헤매는 악도 중생을 유루 없이 선도로 올리시려는 대성 종사주의 대법하大法下에 발길을 돌리고 머리를 숙이게 되었습니다. 병든 자는 의사의 지도를 받고 약을 먹어야 그 병을 치료하는 거와 같이 이제부터는 종사주의 밝혀 놓으신 법으로서 훈련받아 자신부터 제도하는 동시에 고해에 헤매는 중생을 위하여 남은 세상은 헌신 노력하려고 결심했습니다.

감상

입선 소감入禪所感

박인춘

《회보》 제27호, 시창21년(1936) 8월호

내가 본회에 입회하기는 작년 9월경이었다. 종사주의 숭고한 대도에 심열성복心悅誠服하여 도문도제道門徒弟가 되어보겠다는 생각으로 입회는 하였으나 환경의 사정에 얽매인바 되어 삭삭數數히[자주] 회문에 출입지 못하고 혹 2개월에 1차 혹 3개월에 1차씩 예회에 겨우 참석하게 되므로 하룻밤 비 기운에 약간 자란 싹이 이튿날 우양牛羊에게 짓밟힌 바와 같이 법석에서 약간의 들은 바가 도문을 나서면 세루世累에 빼앗기어 항상 일폭십한一曝十寒을 면치 못함으로 금년 하선에는 만난萬難을 배제하고 입선하리라 자맹自盟하였다.

그때 생각에는 결제 전에 제반 사무를 전부 완료하여 진념塵念을 잊어버리고 3개월간 전심으로 공부하리라 하였던 것이 결제일을 당하고 본즉 제반 사무를 전부 완료하기는 고사하고 일 층 더 복잡다단한 일이 만하였다. 그러나 한번 굳게 생각하던 바를 아니할 수는 없음으로 자유선自由禪에 지원하여 입선하게 되었다. 자유선이 되어 교무로부터 자유를 용서할 뿐 아니라 또한 자기의 사정이 다난함으로 혹 3일 1차, 혹 4일 1차 출석하게 된다.

공부를 전무로 하고 사이사이 사무를 본다고 하여도 공부에는 도저히 전심 되지 아니할 것이거늘 사무를 전무로 하고 여가가 있으면 선방에 들어오게 되니 그 어찌 벌제위명伐齊爲名[겉으로는 어떤 일을 하는 체하고 속으로는 딴 짓을 함]이 아닐 것이냐. 나의 입선 후 성적을 자고自顧하건데 출석 시간은 으레 한 시간이나 한 시간 반이나 지각이 되고 경전은 간일間日 출석하는 관계로 노루글을 배울 뿐 아니라 일반 선원들은 전심으로 경전 해석에 열중되어 질의 문답이 분분할 때 나는 홀로 신재선방심재타[身在禪房心在他, 몸은 선방에 있으나 마음은 타지에 있는]하여 딴생각을 하고 있을 때가 많았다.

그러고야 어찌 입선한 효력을 조금이라도 얻을 것이냐? 그러면 혹염酷炎을 무릅쓰고 1리 이상 노정路程[一里以上路程]을 왕래함에 고로苦勞를 불고하는 것은 장차 무엇을 얻고자 함인가 하는 자의심自疑心도 불무不無하다. 아 알았다. 그 원인을 추구하건대 어떤 주린 자가 진수성찬을 만나 취하여 먹고 싶은 마음이 간절하지마는 어떠한 사정으로 취하여 먹지는 못하고 차마 그 진수성찬을 잊을 수가 없어 그 옆을 방황하는 거와 같이 나도 역시 제세대도濟世大道를 발견하고 좋은 줄은 알았으나 주위에 끌리어 마음으로 학득學得치 못하나 차마 잊을 수가 없어 그러는 것이 사실이다.

이것은 내가 비단 우리 총부뿐 아니라 전국 각 지부에서 공부하는 형제자매들에게까지라도 숨김없이 고백하여 나의 사정을 하소연하는 동시에 보고서도 먹지 못하는 자를 생각하여 보았거든 마음대로 먹기를 권장하고자 하는 바이다.

제2절 상시훈련법常時訓練法

공부인에게 상시로 수행을 훈련시키기 위하여 '상시 응용 주의사항常時應用注意事項' 육조六條와 '교당 내왕시 주의사항敎堂來往時注意事項' 육조를 정하였나니라.

1. 상시 응용 주의사항

1. 응용應用하는 데 온전한 생각으로 취사하기를 주의할 것이요,
2. 응용하기 전에 응용의 형세를 보아 미리 연마하기를 주의할 것이요,
3. 노는 시간이 있고 보면 경전·법규 연습하기를 주의할 것이요,
4. 경전·법규 연습하기를 대강 마친 사람은 의두 연마하기를 주의할 것이요,
5. 석반 후 살림에 대한 일이 있으면 다 마치고 잠자기 전 남은 시간이나 또는 새벽에 정신을 수양하기 위하여 염불과 좌선하기를 주의할 것이요,
6. 모든 일을 처리한 뒤에 그 처리 건을 생각하여 보되, 하자는 조목과 말자는 조목에 실행이 되었는가 못 되었는가 대조하기를 주의할 것이니라.

상시 응용 주의사항의 구성

상시훈련법은 공부인에게 상시로 '수행'을 훈련시키는 법으로, '상시 응용 주의사항常時應用注意事項' 6조와 '교당 내왕시 주의사항敎堂來往時注意事項' 6조로 구성되어 있다.

상시훈련은 정기훈련과 상호 의지하는 대대待對의 관계다.
정기훈련이 일정한 기간인 정기에 '법'의 훈련을 받게 하는 것이라면, 상시훈련은 평상시에 '수행'을 훈련시키는 공부이다.
상시훈련법은 일상생활 속에서 정신수양·사리연구·작업취사의 삼학을 수행하는 방법으로, 정기훈련에서 양성한 삼학의 힘을 상시에 활용하는 공부법이요 상시의 삼학 수행을 정기훈련의 자료로 삼는 공부법이다.
초기교단에서 정기훈련을 출가 공부법이라 하였고 상시훈련을 재가 공부법이라 하였다. 선원에 입선하여 정기훈련 받을 때를 출가라 했다면 평상시 상시훈련을 할 때는 재가라 했다. 소태산 대종사는 재가와 출가를 공부하는 시기로 구분하여 사용한 것이다.

상시 응용 주의사항은 여섯 조목으로 구성되어 있다.

1. 응용應用하는 데 온전한 생각으로 취사하기를 주의할 것이요,
2. 응용하기 전에 응용의 형세를 보아 미리 연마하기를 주의할 것이요,
3. 노는 시간이 있고 보면 경전·법규 연습하기를 주의할 것이요,
4. 경전·법규 연습하기를 대강 마친 사람은 의두 연마하기를 주의할 것이요,
5. 석반 후 살림에 대한 일이 있으면 다 마치고 잠자기 전 남은 시간이나 또는 새벽에 정신을 수양하기 위해 염불과 좌선하기를 주의할 것이요,

> 6. 모든 일을 처리한 뒤에 그 처리 건을 생각하여 보되, 하자는 조목과 말자는 조목에 실행이 되었는가 못 되었는가 대조하기를 주의할 것이니라.

『대종경』 변의품 26장에서 "상시 응용 주의사항은 삼학을 분해하여 제정한 것"이라 해의한다. 그러므로 상시 응용 주의사항 여섯 조목은 일상의 상황과 때에 따라 그에 적합한 삼학을 수행토록 한 공부법이다.

상시훈련법은 '주의할 것이니라'로 맺고 있다. 정기훈련법에서 주의는 "사람의 육근을 동작할 때에 하기로 한 일과 안 하기로 한 일을 경우에 따라 잊어버리지 아니하고 실행하는 마음"이라고 정의한다.
상시훈련법은 상시에 삼학 수행의 조목을 경우에 따라 잊어버리지 아니하고 실행하기를 주의하는 마음공부이다.

상시는 일정한 기간인 정기 이외의 시기로 동動과 정靜이 있다. 이를 상시 응용 주의사항에서는 응용하는 데, 응용하기 전, 노는 시간, 경전·법규 연습하기를 대강 마친 경우의 여가 시간, 잠자기 전 또는 새벽, 모든 일을 처리한 뒤 등으로 구체적으로 나열한다.

『대종경』 변의품 26장에서 "동정의 관계에 있어서는 상시 응용 주의사항 삼조·사조·오조는 정할 때 공부로서 동할 때 공부의 자료를 준비하는 길이 되고, 일조·이조·육조는 동할 때 공부로서 정할 때 공부의 자료를 준비하는 길이 된다."라고 밝히고 있다.
3조의 노는 시간과 4조의 경전·법규 연습하기를 대강 마친 사람이 여가가 있을 때와 5조의 석반 후 살림에 대한 일을 마치고 잠자기 전 남은 시간 또는 새벽은 정할 때라면, 1조의 응용하는 데와 2조의 응용하기 전, 그리고 3조의 모든 일을 처리한 뒤는 동할 때라는 것이다.

사실 일정한 기간인 정기에도 동과 정이 있다. 정기라 하여 전체가 정靜한 때가 아니라 정이 중심이라는 것이다. 정기는 시비이해에 긴밀하지 않은 때라면, 이에 비해 상시는 시비이해에 직면해 있는 시기다.
그렇다고 상시기간 전체가 다 시비이해에 직면해 있는 것은 아니다. 이러한 상시에도 시비이해와 거리를 둔 초연한 시간도 있는 것이다. 상시에도 동할 때뿐만 아니라 정한 때도 있다.
그러므로 노는 시간이나 석반 후 잠자기 전이나 새벽 등은 상시의 정할 때이다.

또한 상시에는 일정한 기간마다의 예회일이 포함되어 있다. 예회는 정기훈련의 성격이 내포된 상시 속의 정기로, 예회는 상시의 정기훈련일이라 해도 타당하다.

또한 『대종경』 변의품 26장에서 "상시 응용 주의사항은 곧 삼학을 분해하여 제정한 것이니 오조는 정신수양을 진행시키는 길이요, 이조·삼조·사조는 사리연구를 진행시키는 길이요, 일조는 작업취사를 진행시키는 길이요, 육조는 삼학 공부 실행하고 아니 한 것을 살피고 대조하는 길이니라."라고 상시 응용 주의사항과 삼학의 관계에 대해서는 명시하고 있다.

상시 응용 주의사항은 상황과 시기에 따라 삼학 수행을 제시한 것이다.
응용하는 데에는 작업취사를, 응용하기 전과 노는 시간에는 사리연구를, 잠자기 전 이나 새벽에는 정신수양을, 그 일 그 일을 마친 당후에는 삼학 유무를 반성하라는 것이다. 상시 응용 주의사항은 동정 간 상시의 상황에 삼학을 적용하여 실행하는 공부법이다.

『대종경』 변의품 26장에서 "상시 응용 주의사항은 유무식 남녀노소 선악귀천을 막론하고 인간 생활을 하여 가면서도 상시로 공부할 수 있는 빠른 법이다."라고 강조하고 있다.
『육대요령』에서 "상시 응용 주의사항' 6조는 남녀노소 선악귀천의 사람과 사농공상 간 어느 직업을 물론 하고 인간 생활을 하여 가면서도 일동일정과 일 분 일각을 허비함이 없이 공부할 수 있는 빠른 법으로써 상시로 훈련하는 공부의 길이 된다."라고 부연 설명한다.
이처럼 상시 응용 주의사항은 삼학 수행을 동정의 일상생활 속에서 누구를 막론하고 실행할 수 있는 빠른 공부법이다.

대산 종사의 『정전대의』에 의하면 상시 응용 주의사항은 "대종사님께서 평생을 통해서 하신 공부길"이요 "영생의 공부 표준"이며 "누구나 스스로 성불하여 영겁에 불퇴전이 되도록 하신 법이다."라고 밝히고 있다.

상시 응용 주의사항 1조·2조·6조

상시 응용 주의사항 1조, 2조, 6조는 서로 연관되어 있다.

1. 응용應用하는 데 온전한 생각으로 취사하기를 주의할 것이요,
2. 응용하기 전에 응용의 형세를 보아 미리 연마하기를 주의할 것이요,
6. 모든 일을 처리한 뒤에 그 처리 건을 생각하여 보되, 하자는 조목과 말자는 조목에 실행이 되었는가 못 되었는가 대조하기를 주의할 것이니라.

소태산 대종사는 『대종경』 변의품 26장에서 상시 응용 주의사항 2조 '응용하기 전'과 1조 '응용하는 데' 그리고 6조 '모든 일을 처리한 뒤'의 상황을 동할 때라고 밝히고 있다. 그러니까 상시 응용 주의사항 1조·2조·6조는 육근이 유사한 동할 때의 공부이다. 시비이해에 직면하여 시비이해를 풀어가야 하는 시간이라는 것이다.

또한 『대종경』 변의품 26장에서 1조는 동시삼학이면서 취사로 귀결되는 작업취사 공부라면, 2조는 사리연구 공부이며, 6조는 일을 처리한 뒤 삼학 유무를 반성해 보는 공부라고 밝히고 있다.

소태산 대종사는 상시 응용 주의사항 1조·2조·6조를 『대종경』 수행품 24장에서 "일을 당하기 전에는 미리 연마하고, 일을 당하여서는 잘 취사하고, 일을 지낸 뒤에는 다시 대조하는 공부를 부지런히 하며, 비록 다른 사람의 일이라도 마음 가운데 매양 반조하는 공부를 잘하면 점점 사물에 능숙하여져서 모든 응용에 걸리고 막히지 아니하리라."라고 풀이한다.

'일을 당하기 전'은 상시 응용 주의사항 2조의 '응용하기 전'이라면, '일을 당하여서'는 상시 응용 주의사항 1조의 '응용하는 데'이며, '일을 지낸 뒤'는 상시 응용 주의사항 6조의 '모든 일을 처리한 뒤'와 상통된다.

즉, 상시 응용 주의사항 1조 "응용應用하는 데 온전한 생각으로 취사하기를 주의할 것이요."는 『대종경』 수행품 24장의 "일을 당하여서는 잘 취사하고"와 상통되며,

상시 응용 주의사항 2조 "응용하기 전에 응용의 형세를 보아 미리 연마하기를 주의할 것이요."는 "일을 당하기 전에는 미리 연마하고"와 상통되며,

상시 응용 주의사항 6조 "모든 일을 처리한 뒤에 그 처리 건을 생각하여 보되, 하자는 조목과 말자는 조목에 실행이 되었는가 못 되었는가 대조하기를 주의할 것이니라."는 "일을 지낸 뒤에는 다시 대조하는 공부를 부지런히 하며, 비록 다른 사람의 일이라도 마음 가운데 매양 반조하는 공부"와 상통한다.

『대종경』 수행품 24장은 상시 응용 주의사항 1조·2조·6조의 부연이다.

응용應用은 경계를 응해서 심신을 작용하는 것으로, 모든 일을 당하여 육근을 작용하는 때이다. 응용하기 전이나 응용할 때나 응용한 후에는 일원상 이 자리를 수행의 표본으로 삼아야 한다. 일원상에 기반 하지 않는 응용은 근원을 망각한 방법론에 빠진 수행이기 때문이다.

정산 종사는 《회보》 제38호 '일원상에 대하여'라는 논설에서 수행의 표본인 일원상에 근원 하는 수행의 과제 상황을 제시한다.

"응용하기 전에 응용의 형세를 보아서 미리 연마하는 것은 이 대도에 어기지 않기를 연마하는 것이요, 응용할 때에 온전한 생각으로 취사하기를 주의하는 것은 이 대도에 어기지 않기를 취사하는 것이요, 응용한 후에 즉시 대조하기를 주의하는 것은 또한 이 대도에 어기지 아니하기를 조사한 것이니"라고 실제의 경지를 보여주고 있다.

이 말씀은 상시 응용 주의사항 1조·2조·6조 공부할 때 이 대도인 일원상 자리를 놓치면 안 된다는 것이다. 일원상에 반조하는 대중을 놓치지 말라는 것이다.

응용하기 전 일원상 성품 자리를 잃지 말고 응용의 형세를 보아 미리 연마하도록 하라는 것이며, 응용하는데 원래 경계에 오염될 것이 없는 온전한 일원상을 체받아서 온전한 자리로 생각하여 온전한 자리로 취사하기를 주의하라는 것이다.
결국 상시 응용 주의사항도 온전한 일원상을 수행의 표본으로 삼아 삼학 수행하라는 것이다.

상시 응용 주의사항 1조 2조 6조를 조목별로 살펴보면,

1. 응용應用하는 데 온전한 생각으로 취사하기를 주의할 것이요,

소태산 대종사는 《회보》 제25호에서 "사람의 마음이 정定한 즉 심행처가 없어지고 정신이 온전하여진다."라고 말씀하신다. 온전穩全은 평온할 온, 온전할 전으로 '본바탕 그대로 고요한 경지'이다. 즉 온전한 자리는 일원상 성품 자리이다.
먼저 응용하는 데에 경계에 끌리는 것이 아니라 멈추어 온전한 자리에 그치어 그 자리에서 생각하여 취사하는 것이다.
온전한 생각으로 취사하는 공부에 있어 '온전'은 텅 비어 고요한 일원상 자리다. 텅 비어 고요한 일원상 자리에 접속하여 생각을 내도 온전한 일원상 자리에서 생각하고, 취사를 해도 온전한 일원상 자리에서 취사하는 것이다. 온전한 일원상 자리에 바탕 하여 생각하며 온전한 생각에 기반 하여 취사하는 것이다.
그리하여 인간 만사를 작용할 때 망념 되게 움직이며 가벼이 처리하여 실패를 당할 것이 아니라, 반드시 번저 뜻을 온전히 머물러 그 일의 시비이해를 분석하여 불의는 사하고 정의는 취하도록 하라는 것이다. 〈『육대요령』〉
《회보》 제31호의 '삼독심을 박멸하여 평화 세계를 건설하라.'라는 회설에서 혜산 전음광은 "본회 상시 응용 주의사항 제1조 '응용하는데 온전한 생각으로 취사하기를 주의할 일'이라 하는 그 공부법에 힘써서 대소사 간 경계를 당할 때 속으로 정신을 멈추어서 한 번 궁굴려 보는 그 능력을 얻어야 한다."라며 '정신을 멈추어 궁굴리는 공부법'을 제시하고 있다.

2. 응용하기 전에 응용의 형세를 보아 미리 연마하기를 주의할 것이요,

응용하기 전은 경계에 대하여 육근을 작용하기 전이라면, 응용의 형세는 대소유무의 이

치에 따라 시비이해를 운영할 판세와 기로이다. '사리연구의 목적'에서처럼 이 세상은 대소유무의 이치로써 건설되고 시비이해의 일로써 운전해 가기에 상황에 따라 있어지는 기미나 전조나 계기를 통해 대소유무의 이치에 따라 시비이해의 판세 및 선택의 기로를 미리 연마하라는 것이다.

즉 유무 변화의 이치와 형형색색의 현상과 이러한 현상과 변화의 바탕인 우주만유의 본체 자리에 근거하여 시비이해의 조짐을 미리 파악하는 것이다. 응용하기 전에 응용의 형세를 보아 대소유무와 시비이해를 미리 연마하라는 것이다.

모든 일을 당하기 전에 장차 당할 기틀을 살펴서 미리 준비하여 일을 당한 후에 군색窘塞함이 없도록 하는 것이다. 〈『육대요령』〉

6. 모든 일을 처리한 뒤에 그 처리 건을 생각하여 보되, 하자는 조목과 말자는 조목에 실행이 되었는가 못 되었는가 대조하기를 주의할 것이니라.

하자는 조목과 말자는 조목에 주의하는 센서를 달아서 일을 당해서 실행했는지의 유무를 사후에 대조해 보라는 것이며, 반성 대조한 것을 일기日記로 기재하라는 것이다.

모든 일을 지낸 후에는 범연히 지낼 것이 아니라 반드시 그 일의 과거를 보아 잘 되고 못된 것을 분석하여 잘된 일은 이를 미루어 뒷날의 전감前鑑을 삼게 하고 설사 잘못된 일이라도 또한 이를 징계하여 뒷날의 선생을 삼자는 것이다. 〈『육대요령』〉

정산 종사는 《회보》 제38호 '일원상에 대하여'의 '일원상 이용하는 법'에서 일기 하는 본의를 제시한다.

"일원상 이용은 어떻게 하는 것인가? 이것은 곧 일원상을 잘 체득하는 공부인으로서 모든 경계를 응용할 때 또한 일원적 실행을 하자는 것이니, … 공부인이 만약 이것[일원상]을 이용하기로 하면 일체 시중에 항상 성성불매하야 천만 경계를 응용할 때 오직 자주의 정신 하에 무루의 취사를 하여야 할지니, 우리가 매일 일기를 하고 유무념을 대조하는 것이 다 이에 대한 실행과정이 되는바~"

이처럼 하자는 조목과 말자는 조목의 실행 유무를 대조하는 것도 깨어있는 일원상 자리에 바탕을 둔 일원상의 실행이며, 이를 반성 대조하여 일기 하는 것도 일원상에 근거하는 실행과정이다.

상시 응용 주의사항 3조·4조·5조

『대종경』 변의품 26장에서 상시 응용 주의사항 3조 '노는 시간'과 4조의두 연마할 때 그리고 5조의 '잠자기 전과 새벽'은 정할 때의 공부 시간이라고 밝히고 있다.

3. 노는 시간이 있고 보면 경전·법규 연습하기를 주의할 것이요,

노는 시간은 허송세월과 여가를 포괄한다. 놀고먹는 것과 쉬는 여가는 차이가 있다. 놀고먹는 것은 다른 사람에게 기생하는 것이라면 한가함은 자기 삶을 윤택하게 하는 인간다운 여유를 누리는 삶의 시간이다.

놀고먹는 것은 정기일기법의 작업시간 중 허망하게 보내는 시간으로, 솔성요론 5조 '주색 낭유하지 말고 그 시간에 진리를 연구할 것이요'에 그 뜻이 명료하게 드러난다. 즉 주색 등으로 낭유세월하고 무료도일無聊度日하지 말라는 것이다. 허송세월은 자기 가치를 마비시키고 피폐 시키기 때문이다.

다만 쉬는 시간의 뜻으로 사용하는 노는 시간은 인간의 권리이다. 쉬는 것은 인간다움이기 때문이다. 결국 노는 시간에는 무료한 허송세월과 함께 여가 있는 대로 '시간을 내어서'의 뜻이 포함되어 있다. 노는 시간이 있으면 '시간을 내어서' 공부의 방향로인 경전·법규를 연습하라는 것이다.

『대종경』 수행품 23장에서 "무릇 경전이라 하는 것은 일과 이치의 두 가지를 밝혀 놓은 것이니, 일에는 시비이해를 분석하고 이치에는 대소유무를 밝히어, 우리 인생으로 하여금 방향을 정하고 인도를 밟도록 인도하는 것"이라 정의하고 있다. 이처럼 공부의 방향로인 경전·법규 연습하기를 시간을 내어서 하라는 것이다.

경전은 『원불교교전』의 정전·대종경을 위시한 『정산종사법어』, 『교사』, 『불조요경』, 기타 참고 경전을 뜻할 것이며, 법규는 『교헌』과 『예전』이 기본이 될 것이다.

연습練習은 되풀이하여 익히고 단련시키는 것으로 몸과 마음에 숙달시키는 것이다. 연습경기처럼 익혀서 실전경기에서 잘하도록 준비하는 것이다.

4. 경전·법규 연습하기를 대강 마친 사람은 의두 연마하기를 주의할 것이요,

'대강'은 대충이 아니라 대체의 흐름 및 핵심은 파악한다는 뜻이다. 가지와 잎까지 세세하지는 않지만 큰 줄기는 파악한 것이다. 대강은 대체의 강령이다.

이렇게 공부의 방향로인 경전·법규를 익혔다면 이제는 연구의 깊은 경지를 밟아가라는 것이다. 경전·법규 연습은 저 길로 가라는 안내를 받는 것이라면 의두 연마는 이 안내를 익히는 차원을 넘어서 체득도록 하는 것이다.

의두 연마는 연구의 깊은 경지를 밟는 공부인이 대소유무의 이치와 시비이해의 일에 명확한 분석을 얻도록 하는 공부이다. 연습한 경전·법규를 의두 연마로 갈고 갈아 광채를 낼 때 실지로 체득되기 때문이다.

이처럼 의두 연마를 해야 경전·법규 공부가 일과 이치의 현실 경전으로[『대종경』 수행품 23장] 확장되고 마음 경전으로[의두요목 20조] 심화하는 것이다.

『대종경』 수행품 23장의 "사람이 만일 참된 정신을 가지고 본다면 이 세상 모든 것이 하나도 경전 아님이 없나니, 눈을 뜨면 곧 경전을 볼 것이요, 귀를 기울이면 곧 경전을 들을 것이요, 말을 하면 곧 경전을 읽을 것이요, 동하면 곧 경전을 활용하여 언제 어디서나 조금도 끊임없이 경전이 전개되나니라."는 말씀은 의두 연마에 의한 현실 경전의 확장이라면, 『정전』 의두요목 20조 "나에게 한 권의 경전이 있으니 지묵으로 된 것이 아니라, 한 글자도 없으나 항상 광명을 나툰다 하였으니 그것이 무슨 뜻인가."라는 의두 연마에 의한 마음 경전의 체득을 뜻한다.

경전·법규 연습은 의두 연마로 깊어져야 한다. 경전·법규 연습은 의두 연마로 심화하는 영역이기 때문이다. 경전 연습 다음에 의두 연마가 되는 것이다. 또한 의두 연마가 심화되면 경전 공부도 넓어지고 깊어지는 것이다.

5. 석반 후 살림에 대한 일이 있으면 다 마치고 잠자기 전 남은 시간이나 또는 새벽에 정신을 수양하기 위하여 염불과 좌선하기를 주의할 것이요,

소태산 대종사는 저녁에 일을 다 마무리하시고 이제 당신 시간이라며 취침 전까지 적공하였다. 소태산 대종사도 염불·좌선으로 하루를 시작하고 마무리했다.

한 사례로 소태산 대종사는 경성 돈암동 회관을 신축공사 할 때 하루 일을 마치면 저녁 공양을 하시고 제자들과 뒷산에 올라 산이 쩌렁쩌렁 울리도록 염불로 하루를 마쳤다.
애착·탐착의 경계에 정신을 흩어 소모를 많이 하였으므로 그 정신을 온전히 양성하여 확보하라는 것이다. [『육대요령』]
저녁 식사 이후 하루 살림을 다 마무리하여 번뇌 망상이 본래 없는 그 근원에 들라는 것으로, 염불·좌선으로 하루 중 자고 깨는 그때를 공부처로 통찰하라는 것이다. 번뇌 망상이 본래 없는 일원상 자리를 챙기어 하루를 시작하고 이 자리를 반조하며 하루를 마무리하는 것이다.

《회보》 제38호 '일원상에 대하여'라는 정산 종사의 논설 한 대목이다.
"우리가 매일 염불을 하고 좌선을 하며 기타 모든 시간에도 오직 전일專一을 연마하는 것이 다 이에 대한 실행적 과정이 아닙니까. 그러한 중에 이 공부를 긴밀히 하기로 하면 그 마음 가운데에 항상 일원상[망상 없는 곳]을 깊이 인상하여 잠깐도 잊어버리지 아니하여야 할지니,"라고 염불·좌선과 일원상의 실행에 대해 밝히고 있다.
이처럼 염불·좌선도 망상妄想 없는 일원상 자리를 수행의 표본으로 삼아야 한다. 염불하여 망상이 없는 일원상 자리를 드러내고 좌선하여 망상 없는 곳인 일원상 자리를 나타내야 한다. 망상 없는 일원상 자리를 반조하고 대중하여 염불도 하고 좌선도 해야 하는 것이다.
만일 일원상 자리를 망각한 염불·좌선이라면 방법론에만 함몰된 수행에 떨어지고 말 것이다.

상시 응용 주의사항 3조·4조·5조는 정기훈련법과 상통해 있다.
상시 응용 주의사항 3조 경전·법규 연습은 정기훈련법의 사리연구 훈련과목인 경전과 상통하며,
상시 응용 주의사항 4조 의두 연마는 정기훈련법의 사리연구 훈련과목인 의두와 상통하며,
상시 응용 주의사항 5조 염불과 좌선은 정기훈련법의 정신수양 과목인 염불·좌선과 상통한다.

이는 정기훈련 과목인 염불, 좌선, 경전, 의두를 상시에 적용하여 시행하라는 것이다.

상시 응용 주의사항의 3조·4조·5조를 일과로 이어가는 생활은 자력 있는 생활이다. 하루를 염불·좌선으로 시작하여 경전·법규 연습, 의두 연마 등으로 전개하여, 다시 염불·좌선으로 마무리하는 삶의 리듬을 지켜가는, 이러한 일상생활의 루틴routine은 자력 있는 삶이라 할 것이다.

매일 성적조사법 이행履行에 대하여

이공주

《월말통신》 제19호, 시창14년(1929) 9월분

소태산 대종사는 이공주에게 처음으로 일기조사법을 제공하며 실행토록 한다. 이후 이공주는 《월말통신》 제19호에 그동안 시행해본 일기법에 대한 설명과 사용법을 기술한다. 이 중에 '재가공부인이 응용할 때 주의사항' 즉 '상시 응용 주의사항'을 밝히고 있다.

…전략… 재가공부인이 응용할 때 주의사항 중 제1조, 6조로 말하면 곧 현재 미래 과거의 3세를 밝히는 법입니다. 대저 범부란 무슨 일을 당하든지 어떠한 처리를 하게 되든지, 공부심이 없는 고로 따라서 아무 취사가 없이 일을 지내놓고야 나중에 '후회를 한다', '분忿을 낸다' 합니다. 그러나 1조를 이행하는 사람으로 말하면 매조每朝 잠사고 기침할 때로부터 다시 취침하도록까지 행주좌와어묵동정 간에 응용하는데 반듯이 먼저 온전한 생각으로 취사하여본 후라야 무슨 일을 착수하기로 합니다. 아직 취사법에 익지 못한 우리로서는 반수 이상을 이행치 못할 때가 있으나, 그러나 다만 한 가지만 이행하였다 하드래도 전부 아무 생각과 요량料量이 없을 때의 다는 비할 수 없겠습니다. 날이 가고 달이 지낼수록 조심調心이 더욱 되며 온전한 생각을 챙기는 머리에 무슨 일을 당하면 먼저 취사를 하게 됩니다. 그러면 이 1조를 모를 때에는 모든 일을 취사 없이 하여 그르치고 심하면 그르쳤는지 어찌하였는지 도무지 모르다가 이 1조를 실행하여 나아가는 머리에 가령, 1일에 열 가지 일을 처리하는 중 두 가지만 온전한 생각으로 취사하여 처리한다 하여도 10일만 계속한다면 스무 가지의 그르침이 덜 것이니[그르침이 없은즉 복福이 될 것이다] 만일 한

달, 1년, 10년, 일생을 계산하여 보십시오. 아무 생각 없을 때와 이 1조를 이행履行하는 때와는 그 차이差異가 실實로 현수懸殊하여 범부 중생과 성현부터로 구분될 것이올시다.

제2조도 그렇습니다. 범부란 배우지는 아니하고 무식함을 한탄하며, 벌지는[일을 하여 돈 따위를 얻거나 모으다] 아니하고 간난함을 걱정하며, 번연히 자기의 한 일도 간과看過하고 있다가 경계에 박두迫頭한 후에는 먼저 아니하였음을 후회합니다. 그러나 2조를 이행하는 사람으로 말하면 있다 할 일이나 내일 할 일이나 내월 할 일이나 내년來年 할 일이나 심지어甚至於 일평생一平生 할 일이라도 공부 삼아 발견發見하여 될 수 있는 대로 미리미리 연마해 전로前路를 개척하려 합니다. 그러면 아무 생각 없을 때와 모든 응용의 형세를 보아 미리 연마하기를 공부 삼는 때와는 우자愚者에게 물어도 대차大差가 있다 할 줄 압니다.

또 제6조도 그렇습니다. 범부란 무슨 일이든지 지난 후에 그에 대해 철저한 반성을 하여 보는 사람이 적습니다. 그래서 무슨 일이든지 금번今番에 그르치고 후번後番에 또 그르치며 일평생을 한 모양으로 진행하되 그 그르치는 원인도 모르고 허덕이다가 마는 것은 곧 반성할 줄을 모르는 까닭인 줄 압니다. 그러나 6조를 이행하는 사람으로 말하면 어떠한 일을 처리하였던지 그 일을 다시금 생각하여 여러 가지로 대조하여 봅니다. 그래서 잘된 일은 더욱 잘하기로 주의하고 못된 일은 고치기로 주의합니다. 고성古聖 증자曾子께서도 날마다 세 가지 살피는 것으로써 공부를 삼으셨거니와[세 가지 살피는 것은 위인모이불충호爲人謀而不忠乎, 여붕우교이불신호與朋友交而不信乎, 전불습호傳不習乎〈견논어見論語〉] 우리 역시 경계境界마다 반성하여본다면 성현 군자 되기에 무엇이 어려우리오. 이곳 보은경축가報恩慶祝歌에 "과거사를 보아내어 현재사를 밝혀내니 미래사의 경사로다. 삼세 이치 알고 보니 자유자재하여 있고 무체무애되었더라." 한 말씀이 3개 조의 공부에 대해 가르치심이라고 생각합니다.

또 제3조로 말하면 노는 시간이라도 낭유浪遊하지 말고 본회의 취지규약 경전을 연습하여 공부심을 놓지 말라 하심이요,

제4조는 모든 의심다운 문목을 연마하여 만사만리에 연구심을 가지라 하심이요,

제5조는 잠자기 전후에 혹 조용從容한 시간이 있거든 염불과 좌선을 하여 정신을 수양하라 하신 말씀이니, **우리가 이 6개조六個條를 이행하는 것은 곧 우리의 대강령인 정신수양 사리연구 작업취사를 공부해 나아가는 빠른 법法입니다. 그러면 우리는 이 6조만 이행한다 하여도 곧 부처라 아니할 수 없겠습니다. 삼세사三世事 밝히는 법法을 연마하는 한**

편 삼강령을 공부하여 나아가니, 이것이 곧 혜족慧足의 길을 열어나가는 것이겠습니다.

감상담(윤명화)

공부인에게 상시로 수행을 훈련시키기 위한 상시훈련법은 상시 응용 주의사항과 교당 내왕시 주의사항으로 나누어져 있다.

상시 응용 주의사항은 처음에는 '재가공부인이 응용할 때 주의사항'이라 하였다. 이것은 일상에서 생활하면서 어떻게 공부해야 하는지를 세밀하게 알려주신 법이다.

1조는 아무렇게나 생각 없이 일을 처리하지 말고 눈떠서 잠잘 때까지 반드시 먼저 온전한 생각으로 취사하라는 것이다. 온전한 생각을 챙긴 후에 무슨 일이든 착수하라는 것이다. 상황과 경계에서 습관대로 행동할 때가 많다. 그리고 그때 '그러지 말았어야 했는데' 하는 말을 하곤 한다. 마음을 챙겨서 일심으로 그 일을 바라보면 어떻게 하는 것이 옳은지 알 수 있게 된다. 물론 모든 것이 다 원활하게 되는 것은 아니지만 하나라도 더 온전하게 바라보고 원만하게 처리할 수 있게 된다. 이렇게 하나씩 하나씩 온전한 생각으로 취사하는 처리가 쌓이게 되는 것이다. 2조는 1조를 잘 실행하기 위해 꼭 필요하다. 온전한 마음으로 그 일을 바라봐도 미리 연마해 놓지 않으면 어떤 것이 옳은지 어떻게 하는 것이 이롭게 하는 것인지 알 수 없을 때가 많다. 복잡하고 세분화된 오늘날은 더욱 그러하다. 그러기에 미리미리 준비해야 하는 것이다.

우리에게 공부의 방향로가 되어주는 경전을 늘 가까이해야 한다. 의심나는 일들은 늘 연마하는 공부의 깊이를 가져야 한다. 이렇게 하루를 보내며 새벽에는 좌선으로 저녁에는 염불로 마음의 힘을 키워가야 한다. 마지막으로 하루를 돌아보며 대조하여 나아갈 때 우리의 공부는 날로 살아날 것이다.

상시 공부하는 과정을 교당에 와서 공부인들과 문답하고, 감각된 바를 보고하여 지도인에게 감정을 얻고, 특별히 의심나는 일은 지도인에게 해오를 얻어간다면 공부는 날로 향상될 것이다. 또한 예회를 통해 법문을 듣고 지혜를 얻어가면서 소득 유무를 반조하여 실생활에 활용하면 일취월장하리라.

그렇게 상시훈련에 정진하다가 부족한 부분을 점검해서 정기훈련에 참여하여 적공하고 다시 상시훈련으로 나아가라는 것이다. 대종사님 법대로 정기훈련과 상시훈련을 이어간다면 안 될 것이 없을 것이다. 정말 완벽하다. 이렇게 완벽하게 갖추어진 법을 앞에 두고도 그 말씀대로 따르지 못하니 죄송할 따름이다.

상시 응용 주의사항은 스스로 훈련이라면 교당 내왕시 주의사항은 동지와 지도인의 도움을 받는 서로서로 훈련이다. 상시 응용 주의사항은 자력이 요구되는 공부이다. 정기훈련 기간에는 짜인 시간에 도반들과 함께하는 시간이 많기에 더불어 할 수 있는 부분이 많다. 하지만 상시공부는 자기 힘으로 자신의 시간을 자신의 공부로 채워가야 하는 수행이다. 잘 안된다는 것은 그만큼 훈련이 더 필요하다는 방증이다. 그러기에 꾸준히 해야 한다. 처음부터 잘할 수 없다는 것을 알 때 또다시 시작할 수 있게 된다. 작심삼일일 때가 많지만 해 보고 또 흔들리다 다시 마음잡고 또 챙기고 다시 놓치기를 반복하며 지낸다. 그래도 공부하는 재미가 있다. 변화가 더디게 되더라도 멈출 수 없다. 말씀대로만 하면 된다는 굳은 믿음이 있기 때문이다.

일원상에 대하여

정산 송규

《회보》 제38호. 시창22년(1937) 9·10월호

염불·좌선도 일원상의 발현이요, 일기도 유무념 대조도 일원상을 실행하는 과정을 점검하는 공부요, 상시 용응 주의사항도 일원대도一圓大道를 떠나지 않는 공부임을 밝히고 있다.

… 우리가 매일 염불을 하고 좌선을 하며 기타 모든 시간에도 오직 전일專一을 연마하는 것이 다 **이[일원상]에 대한 실행적 과정**이 아닙니까. 〈'일원상 체받는 법' 중에서〉

… 우리가 매일 일기를 하고 유무념을 대조하는 것이 다 이에 대한 실행 과정이 되는바, 그 일부의 실경을 들어 말하자면 **응용하기 전에 응용의 형세를 보아서 미리 연마하는 것은 이 대도[일원대도]에 어기지 아니하기를 연마하는 것이요, 응용할 때에 온전한 생각**

으로 취사하기를 주의하는 것은 이 대도에 어기지 아니하기를 취사하는 것이요, 응용한 후에 즉시 대조하기를 주의하는 것은 또한 이 대도를 어기지 아니하였는가를 조사한 것이니, 그와 같은 주밀한 공부로써 시종이 여일하면 자연 중 모든 일이 점점 골라 맞아서 사사처처에 항상 일원을 떠나지 아니하고 필경 만선萬善이 겸비하는 성공聖功을 성취할 것입니다. ['일원상 이용하는 법' 중에서]

종소리

김영신

《회보》 제6호, 시창19년(1934) 정월호

———— 익산 총부의 일과를 종소리에 따라 그리고 있는 시이다. 기침종, 식종, 공부종, 공사종, 취침종, 임시종이 등장한다. 기침종 따라 새벽에 염불 좌선 수양하고, 식종 따라 사무를 보다가 하루 삼시 공양하고, 공부종 따라 선객들은 훈련받고, 석반 후 공사종 따라 저녁 공사하고, 취침종 따라 지낸 일을 일기하고 사은 전에 심고한 후 침실에 드는 일과를 그리고 있다. 종소리를 따라 '상시 응용 주의사항'을 시행하는 모습을 보여주고 있다.

1.

야반청신 꿈을 깨는 **기침종 소리**
오늘 하루 선악 간에 초보의 길
일어나서 종사님 전 예배드린 후
염불 좌선 수양하여 심불心佛 관하네.

2.

하루 삼시 울려오는 **식종 소리**

남녀 대중 각자 사무 중지해 두고
단란하게 성현 도리 이야기하며
식당으로 모여앉아 공양을 하네.

3.

사이사이 울려오는 **공부종 소리**
남녀 선객 학당으로 모여 앉아서
사은사요 삼강팔조 훈련받으니
우자들이 변하여서 불보살 되네.

4.

석반 후에 울려오는 **공사종 소리**
각부 임원 사무실로 모여 앉아서
오늘 일은 보고 하고 내일 일 결정
삼계 대중 우리 가족 살림하는 길.

5.

삼경 후에 울려오는 **취침종 소리**
정신 육신 다 쉬라는 소식이로다
지낸 일을 일기하고 지은 죄상을
사은 전에 심고하고 침실에 드네.

6.

이외에도 울려오는 **임시종 소리**
사이사이 우리 생활 도움 많도다
장하도다 종소리여 공덕 많으니
영원 동무하리로다 이 내의 생활.

2. 교당 내왕시 주의사항

1. 상시 응용 주의사항으로 공부하는 중 어느 때든지 교당에 오고 보면 그 지낸 일을 일일이 문답하는 데 주의할 것이요,
2. 어떠한 사항에 감각된 일이 있고 보면 그 감각된 바를 보고하여 지도인의 감정 얻기를 주의할 것이요,
3. 어떠한 사항에 특별히 의심나는 일이 있고 보면 그 의심된 바를 제출하여 지도인에게 해오解悟 얻기를 주의할 것이요,
4. 매년 선기禪期에는 선비禪費를 미리 준비하여 가지고 선원禪院에 입선하여 전문 공부하기를 주의할 것이요,
5. 매 예회例會날에는 모든 일을 미리 처결하여 놓고 그날은 교당에 와서 공부에만 전심하기를 주의할 것이요,
6. 교당에 다녀갈 때에는 어떠한 감각이 되었는지 어떠한 의심이 밝아졌는지 소득 유무를 반조返照하여 본 후에 반드시 실생활에 활용하기를 주의할 것이니라.

'교당 내왕시 주의사항'의 해의

상시훈련의 상시 응용 주의사항은 스스로 훈련하는 공부요 교당 내왕시 주의사항은 서로서로 훈련하면서 지도인의 도움을 받는 공부이다.
훈련은 지도인의 감정과 해오를 필요로 한다. 만일 지도인의 지도가 없다면 진정한 훈련이 될 수 없는 것이다. 지도인의 지도는 바로 일원상 자리에 근원한 사은사요의 인생길이요 일원상 자리에 바탕을 둔 삼학팔조 공부길이다.

상시 응용 주의사항 6조는 자력에 주체하여 스스로 훈련하는 공부법이라면, 교당 내왕시 주의사항 6조는 공부인[도반]들과 문답하고 지도인[스승]에게 감정을 받고 해오를 얻으며, 정기훈련 준비, 예회 참석, 소득 반조 등의 자력과 타력의 도움에 힘입어 삼학 공부를 증진하는 공부법이다.
이처럼 상시 응용 주의사항과 교당 내왕시 주의사항은 자력과 타력을 병행하여 효과적으로 삼대력을 양성케 하는 공부법이다.

소태산 대종사는 『대종경』 변의품 26장에서 상시 응용 주의사항과 교당 내왕시 주의사항의 관계를 묻는 질문에 "상시 응용 주의사항은 유무식 남녀노소 선악귀천을 막론하고 인간 생활을 하여 가면서도 상시로 공부할 수 있는 빠른 법이 되고, 교당 내왕시 주의사항은 상시 응용 주의사항의 길을 도와주고 알려 주는 법이 되나니라."라고 밝히고 있다.

교당 내왕시 주의사항은 상시 응용 주의사항의 길을 도와주고 알려주는 법이다. 즉 일상생활에서 상시로 수행할 때 혹여 공부에 미비한 점이 있거나 또는 공부의 방향이 어긋날 경우에 교당 내왕을 통해 공부인의 도움과 스승의 지도를 받아 공부길을 잡아가는 것이다. 또한 해이한 마음이 있으면 새로운 정신을 일깨우며, 설사 수행이 잘 되었다 하더라도 퇴전하지 않도록 수행을 권면하는 것이다.

교당 내왕시 주의사항은 일상생활 속에서 상시 응용 주의사항의 공부를 하는 가운데 일정한 기간마다 또는 수시로 교당을 내왕하여 자신의 수행 정도와 공부 방향을 지도인에게 지도를 받아 정로正路를 밟아가도록 하는 훈련법이다.

1. 상시 응용 주의사항으로 공부하는 중 어느 때든지 교당에 오고 보면 그 지낸 일을 일일이 문답하는 데 주의할 것이요,

상시 응용 주의사항으로 공부한 사항을 공부인들 간에 문답하라는 것이다.

문답은 정기훈련 시의 회화와 상통한다. 정기훈련 시에는 회화하고 상시훈련 시에는 문답하라는 것이다.

2. 어떠한 사항에 감각된 일이 있고 보면 그 감각된 바를 보고하여 지도인의 감정 얻기를 주의할 것이요,

정기훈련법의 의두는 감정을 얻게 하는 공부로, 이는 교당 내왕시 주의사항의 감각된 바를 보고하여 지도인에게 감정을 얻는 공부와 상통한다. 감각된 바는 느낌의 감상만이 아니라 깨달음이 있는 감각까지를 포괄한다. 이러한 감각감상을 감각된 바라 한 것이다.

어떠한 사항은 상시 응용 주의사항 중 감각된 계기로, 응용하기 전, 응용할 때, 모든 일을 처리한 후의 사항과 노는 시간의 경전·법규 할 때와 의두 연마할 때, 새벽이나 저녁 등 염불 좌선 등의 상황을 대하여 감각된 일이 있으면 그 감각된 바를 나누어 감정을 받으라는 것이다.

감정鑑定은 감별하여 결정하는 것이다. 다만 교당 내왕시 주의사항의 감정은 교감하라는 것으로, 일방적인 판정이 아니라 지도인과 교감을 통해 판별하는 것이다.

3. 어떠한 사항에 특별히 의심나는 일이 있고 보면 그 의심된 바를 제출하여 지도인에게 해오解悟 얻기를 주의할 것이요,

해오는 초기교서인 『육대요령』에서는 헤아릴 양, 풀 해 양해諒解라 표기하고 있다. 그러므로 해오는 의심을 헤아려서 풀어내라는 뜻이다.

이처럼 해오는 의심 중 특별히 의심된 바를 지도인에게 제출하여 의심된 바를 해소하라는 것이다. 지도인의 도움으로 의심 걸린 것을 헤아리어 풀어내는 공부다.
어떠한 사항은 상시 응용 주의사항으로, 특별히 의심나는 일이란 충분히 자기 스스로 해결하려고 노력하는 중에도 해결되지 않는 사항이다. 이러한 노력 없이 단순한 궁금증을 물으라는 것은 아니다.
예회 프로그램 중 법의문답이나 경의문답은 감정과 해오를 얻는 한 방법이다. 지도인에게 감정과 해오 얻기를 주의하라는 것은 스스로 공부하는 중 지도인의 도움을 받아 공부의 방향을 바르게 잡아가라는 것이다.

원기22년(1937) 7월 1일 이공주 수필의 '공부인 교무부 와서 하는 책임'이다. 1~3조에 해당하는 법설이다.

공부인 교무부 와서 하는 책임

1. 우리 공부에 대해서는 이상 지식을 가진 이에게 보통 지낸 중 의심된 것을 물어서 시비是非의 감정鑑定받는 것.
농사법은 농사 잘하는 이에게, 바느질은 고모姑母에게, 상업은 장사법 잘 아는 이에게 감정받아라.
2. 우리 교무부에 와서 진가眞假의 감정받아라. 바로 깼는가, 잘못 깼는가?
3. 특별히 의심되는 일=아무리 생각해도 모르겠고, 물을 데도 없는 것.
예를 들면 처음 살이 아릴 때는 어디가 고름 든 줄 모르나, 내후 자리를 잡으면 톡 드러나듯, 꼭 모르고 꼭 알아야 할 것은 별지別紙 등서하여 물으라.

4. 매년 선기禪期에는 선비禪費를 미리 준비하여 가지고 선원禪院에 입선하여 전문 공부하기를 주의할 것이요,

교당을 내왕할 때면 선기禪期에 선원에 입선하여 정기훈련을 받을 비용 마련을 미리 준비하라는 것이다. 교당을 내왕할 때 헌공하는 이유의 첫째는 전문공부인 정기훈련을 받도록 하기 위해서이다.
선원은 정기훈련장이다. 선원도 넓은 의미에서 교당의 범주에 든다고 할 것이다. 교당은 또 다른 선원이 될 수 있다. 즉 교당에서 정기훈련을 시행하면 교당은 선원이 되는 것이다. 선원입선은 『예전』에 따르면 월례법회에 속한다. 즉 『예전』의 법규상 법회는 '정례법회'와 '수시법회'로 있으며, 정례법회는 예회와 야회의 월례법회와 동선·하선과 특별강습회의 연례법회로 구분하고 있다. 그러므로 선기의 선원 입선은 연례법회에 속한다. 『예전』의 규정으로 보면 정기훈련과 예회는 정례법회에 속한다.

소태산 대종사는 선원은 마음 소 길들이는 곳[『대종경』 수행품 54장]이요, 마음 치료의 병원[『대종경』 수행품 56장]이요, 선은 마음 난리를 정난하는 병법이며[『대종경』 수행품 58장], 심전농사와 심전계발[『대종경』 수행품 59장]이라 비유하고 있다. 이처럼 선원은 일정한 기간인 정기에 정신수양과 사리연구에 주체를 둔 전문공부처로, 이곳에 참예하여 전문공부에 매진하라는 것이다.

5. 매 예회例會날에는 모든 일을 미리 처결하여 놓고 그날은 교당에 와서 공부에만 전심하기를 주의할 것이요,

예회는 일정한 기간마다 법으로 만나는 법의 모임[법회]이다. 이러한 예회는 상시 중 정기훈련 날로 상시에 실시하는 정기훈련의 성격이 있다. 혜산 전음광은 「회설」 '예회를 존중히 하라.'[월보 제40호]에서 예회 날은 정기훈련을 받는 격이라고 주장한다.

『대종경』 수행품 7장에서 대종사, 선원 대중에게 말씀하시기를 "영광靈光의 교도 한 사람은 품삯 얼마를 벌기 위하여 예회例會 날 교당 근처에서 일을 하고 있더라 하니 그대들은 그 사람을 어떻게 생각하는가." 한 제자 사뢰기를 "그 사람이 돈만 알고 공부에 등한한 것은 잘못이오니 만일 그날 하루의 먹을 것이 없어서 부모 처자가 주리게 되었다고 하오면, 하루의 예회에 빠지고라도 식구들의 기한飢寒을 면하게 하는 것이 옳지 아니하오리까." 대종사 말씀하시기를 "그대의 말이 그럴듯하나 예회는 날마다 있는 것이 아니니 만일 공부에 참 발심이 있고 법의 가치를 중히 아는 사람이라면 그동안에 무엇을 하여서라도 예회 날 하루 먹을 것은 준비하여 둘 것이거늘, 예회 날을 당하여 비로소 먹을 것을 찾는 것은 벌써 공부에 등한하고 법에 성의 없는 것이라, 그러므로 '교당 내왕시 주의사항'에도 미리 말하여 둔 바가 있는 것이며, 또는 혹 미리 노력하였으되 먹을 것이 넉넉지 못하더라도 그 사람의 마음 가운데 일호의 사심이 없이 공부한다면 자연 먹을 것이 생기는 이치도 있나니, 예를 들어 말하자면 어린아이가 그 어머니의 배 밖에만 나오면 안 나던 젖이 나와져서 그 천록天祿을 먹고 자라나는 것과 같나니라."라고 예회 출석과 법의 중요성을 강조하고 있다.

법을 소중히 한다면 일생에 있어 법을 훈련하는 예회 날은 미리 확보할 것이며, 이렇게 하면 자연 일원상의 진리에 근원 한 사은사요 삼학팔조의 교법에 발심이 생겨 이 법대로 훈련하는 과정에서 자연 천록이 생기기도 한다는 것이다.

소태산 대종사 재세 시의 예회는 강연, 경강, 질의문답[법의문답, 경의문답, 의지문답], 의두 문목, 감상담 그리고 법설 등을 통해 서로서로 혜두를 단련토록 하는 연구 모임의 성격이 강했다.

6. 교당에 다녀갈 때에는 어떠한 감각이 되었는지 어떠한 의심이 밝아졌는지 소득 유무를 반조返照하여 본 후에 반드시 실생활에 활용하기를 주의할 것이니라.

『대종경』 부촉품 14장에서 "우리가 이와 같이 예회를 보는 것은 마치 장꾼이 장을 보러 온 것과도 같나니, 이왕 장을 보러 왔으면 내 물건을 팔기도 하고 남의 물건을 소용대로 사기도 하여 생활에 도움을 얻어야 장에 온 보람이 있으리라. 그런즉, 각자의 지견에 따라 유익될 말은 대중에게 알려도 주고 의심나는 점은 제출하여 배워도 가며 남의 말을 들어다가 보감도 삼아서 공왕공래空往空來가 없도록 각별히 주의하라."고 부촉한다.

이 말씀은 계미癸未년(1943) 5월 16일 익산 총부 대각전에서 소태산 대종사의 예회 마무리 설법이다. 이 법설 후 6월 1일 2시 30분에 열반하시기에, 이 법설은 소태산 대종사의 최후설법이 된다. 이공주에 의해 받아써진 법설에는 교당 내왕시 주의사항을 총괄해 당부하는 내용이 담겨있다.

"여러분이 이와 같이 예회에 내참來參하는 것은 마치 장꾼이 장 보러 온 것과 같나니, 기왕에 장을 보러 왔으면 내 물건을 팔기도 하고 남의 물건을 소용대로 사기도 하여야 장에 온 효력이 있을 것인데, 만일 내 물건을 내놓지도 않고 남의 물건을 사 가지도 않으면 장에 온 목적이 무엇인가? 그러면 제군이 열흘 동안[10일 마다의 예회] 집에서 모든 경계를 지내는 가운데 처리處理 잘한 일이 있다거나 혹은 인간 생활에 필요한 법을 알았다거나 또는 교과서 보다가 의심나는 곳이 있다면 잘 기억해 두었다가 예회 날이 되거든 와서 유익될 말은 대중에게 알려도 주고 의심 건은 제출하여 한 가지 한 가지씩 배워도 가며 또는 연사들의 말을 잘 들어 두었다가 일상생활에 보감을 삼는다면 공부가 자연히 잘 되어서 견성도인見性道人도 무려[無慮, 그 수가 예상보다 상당히 많음]히 될 수 있을 것이거늘, 그 쉬운 길을 알지 못하고 예회 날이면 바쁜 가운데 좇아와서는 이렇게 우두커니 앉아서 졸기나 한다면 그 무슨 소용이 있을 것인가? 그래서 나는 예회 날 건성으로 다니는 사람을 '건달장꾼'이라 하나니, 여러분은 지금 나의 한 말을 범연히 듣지 말고 각골명심하였다가 매 예회 날마다 공왕공래空往空來가 없도록 주의하는 동시에 막대한 효과를 나타내기를 재삼 부탁하노라."

예회 참여 등 교당 내왕시 주의사항을 잘 실행하면 견성도인이 많이 날 것이라고 격려하고 있다.
상시 응용 주의사항으로 공부하는 중 교당 내왕을 통해서 서로 문답하고 감각된 바와 의심된 바의 공부 소득 유무를 살펴보아 이를 실생활에 활용하라는 것이다. 이처럼 교당 내왕시 주의사항 공부는 상시 응용 주의사항 공부의 디딤돌이요 발판이요 동력인 것이다.

더보기Tip

교당과 단회 및 회상

교당은 가르치는 데 힘쓰는 곳으로 교무부(중앙, 지방)와 관련 있다.

1. 「교당 내왕시 주의사항」은 「교무부에 와서 하는 책임」 사항이었다.

원기12년에 발행된 『불법연구회규약』 '본회의 취지 설명'에 "취지·규약·경전을 연습하기 위하여 교무부를 설립한다." 하였고, 이 불법연구회 7부 중 '교무부의 직무'는 "본회의 취지·규약·경전을 가르쳐 연습시키며, 동하 6개월에 공부인의 일기를 감정勘定하며, 연설과 산술을 가르치며, 필요한 역사를 강습하기로 함."이라 규정하고 있다.

이로 보아 교무부는 곧 경전 등을 가르치는데 힘쓰는 기관이라 할 것이다. 교무부는 총부 교무부와 각 지방의 지부 교무부가 있었다.

이처럼 교무부는 가르치는 곳인 교당의 다른 표현이며, 교무는 가르치기에 힘쓰는 역할을 하는 지도인이다.

'교당'은 가르치는 면을 중심한 개념이라면 정기일기법의 '학원'은 배우는 관점을 중심한 표현이다. 교무와 지도인이 가르치는 입장이라면 공부인과 학인은 배우는 입장의 표현이라 할 것이다. 결국 교당은 배우고 가르치는 곳이다. 가르침은 배움과 불가분으로 연동되어 있기 때문이다. 그러므로 '교당 내왕시 주의사항'의 교당이란 공부인들이 지도인과 함께 수행하는 훈련장이다.

2. 교당은 하드웨어이면서 법을 중심으로 하는 소프트웨어이다.

소태산 대종사는 옥녀봉 아래에 최초의 교당인 구간도실을 신축하시고, 도실 이름을 '대명국영성소大明局靈性巢 좌우통달만물건판양생소左右通達萬物建判養生所'라 걸었다.

교당은 도실이요 교실로 원래 크고 밝은 영성이 깃든 자리를 길러내는 양생소다. 이처럼 교당은 영성을 양생하는 곳이라 할 것이다.

『금강경』에서 경전이 있는 곳이 바로 부처와 존중 제자가 있는 곳이라 한다.[『불조요경』의 금강경 12장] 이 논지로 보면 교당은 건물과 제도 같은 실체보다는 경전과 지도인을 중심으로 수행하는 인연체로 어떤 조직과 건물만을 뜻하지는 않는다 할 것이다.

교당은 하드웨어이면서 소프트웨어이다. 교당의 정수는 일원상의 진리에 근원 한 사은사요 삼학팔조를 신앙·수행하는 장으로, 법의 적공이 있는 곳이요, 법의 품에 참예하는 법열의 장이다. 또한 교당 내왕에 있어 지도인은 신앙·수행을 훈련하는 중심이요 인도자이다.

3. 단회는 예회의 한 방식이다.

소태산 대종사는 처음 교화를 시작하실 때 진실하고 신심 굳은 아홉 사람을 먼저 고르시어 표준 제자로 삼으신다. 열 사람을 한 단으로 하는 십인일단十人一團의 단 조직 방법을 제정하시고 앞서 고른 9인 제자로 최초의 단을 조직한다.

이 십인일단을 통해 방언공사 법인성사를 비롯한 창립의 역사를 이루시니, 십인일단은 방언공사 법인성사를 실현한 뼈대로 창립정신의 축이라 할 것이다.

소태산 대종사는 『대종경』 서품 6장에서 "이 단은 동서남북 상하사유上下四維의 시방세계十方世界를 응하여 조직한 것이니, 단장은 하늘을 응하고 중앙은 땅을 응하였으며 팔인 단원은 팔방을 응한 것이라, 펴서 말하면 이 단이 시방을 대표하고 거두어 말하면 시방을 한 몸에 합한 이치니라."라고 천명하신다.

이러한 십인일단의 구성은 외형의 조직만이 아닌 10인이 1단인 원리를 보아야 한다.

천지 팔방의 시방은 공간적인 방위만이 아니라 자기가 처한 상황을 상징하는 삶의 방위로, 단은 펼치면 각 방위이 주인공으로 교법을 실행하는 대표선수이며, 합하면 이러한 각 방위의 대표선수들이 한마음으로 하나가 되는 구조이다.

그러므로 십인일단의 단원이 된다는 것은 진리의 소속이 되는 것이며, 자신의 처한 자리에서 진리의 대표선수가 되는 것이다. 처처의 자기 삶에서 진리를 대표하는 주인공이며, 진리의 소속으로서 진리의 품에 안긴 진리의 멤버라는 뜻이다.

가정에서도 직장에서도 맡은 바 역할과 위치에서 소태산 대종사의 법을 가슴에 담아 간직하는 주체자요 실현하는 주인공이다.

10인 1단의 모임인 단회는 예회의 또 다른 모습이기에, 결국 교화단은 교당 내왕의 하나이다. 소태산 대종사 재세 시의 단회는 삼예회 중의 하나로, 결국 단회는 예회의 한 방식이었다.

4. 교당은 법을 중심으로 공부인들이 함께하는 깨달음의 모임이요, 마음공부 하는 공공公共의 장이다.

교당은 공부인과 지도인이 계신 공공처로, 지도인과 구전심수口傳心授하는 마음공부의 교감처이다. 이처럼 교당은 마음공부의 장이면서 스승과 동지 간의 인연체로써 회상會上이다.

회상會上은 깨달음의 장이요 법의 모임이다. 회상에 입회하는 것은 깨달음의 가르침에 참예하는 보람이요 기쁨이다. 이러한 공부의 장이요 깨달음의 장인 회상에 참예함으로써 스스로 공부길에 드는 공부인이 되고 서로서로 공부인으로 만나는 것이다. 교당은 깨달음의 장인 회상이다. 성가 126장의 '새 회상 만난 기쁨'처럼, 교당은 깨달음의 회상에 근거해야 굳건할 것이다.

이처럼 교당은 깨달음의 모임인 회상이며, 단회는 교당의 한 활동으로 예회의 한 방식이다.

교당은 상시 응용 주의사항으로 공부하는 중 교당 내왕을 통해 동지와 함께 지도인의 도움을 받아 서로 문답하고 감정 해오를 하는 곳이며, 또한 정기훈련의 전문공부를 준비하며, 매 예회 날에는 공부에만 전심하며, 소득 유무를 반조하여 실생활에 활용하기를 주의하는 곳이다.

『대종경』 수행품 49장의 "기술을 배우는 사람은 그 스승에게 기술의 감정을 받아야 할 것이요, 도학을 배우는 사람은 그 스승에게 시비의 감정을 받아야 하나니, 기술을 배우는 사람이 기술의 감정을 받지 아니하면 그 기술은 줄 맞은 기술이 되지 못할 것이요, 도학을 배우는 사람이 시비의 감정을 받지 아니하면 그 공부는 요령 있는 공부가 되지 못 하리라."라는 말씀처럼 교당은 공부인들이 지도인의 도움으로 시비의 감정을 받아 법의 훈련을 받는 신앙수행의 장인 것이다.

선기禪期와 선비禪費

교당은 어떠한 곳인가? 그 답은 '교당 내왕시 주의사항'에 제시되어 있다. 교당은 상시 응용 주의사항으로 공부하는 중 어느 때든지 교당에 오고 보면 그 지낸 일을 문답하고, 어떠한 사항에 감각된 일이 있고 보면 이를 보고하여 지도인의 감정을 얻고, 어떠한 사항에 특별히 의심나는 일이 있고 보면 이를 제출하여 지도인에게 해오를 얻기를 주의하는 곳이라 명시하고 있다.

또한 교당은 예회를 보는 곳으로, 일정한 기간마다 공부인들이 모여서 이날은 공부에만 전심하는 날이며, 이렇게 정례[예회] 또는 수시로 교당에 다녀갈 때면 어떠한 감각이 되었는지 어떠한 의심이 밝아졌는지 소득 유무를 반조하여 본 후 실생활에 활용토록 주의하는 곳이다.

그리고 또한 교당은 매년 선기禪期에 선원에 입선하여 전문 공부하도록 선비禪費를 미리 준비토록 하는 곳이다. 이처럼 교당 내왕을 할 때는 일정한 기간 정기훈련을 받을 수 있도록 선비를 미리 장만토록 한다. 교당에 헌공하는 첫째 이유는 전문 공부인 정기훈련을 받도록 하기 위해서다.

교당을 내왕하는 공부인은 모두 훈련받을 권리가 있다. 교당에 발을 들이면 공부인이 되는 것이다. 공부인은 상시훈련과 정기훈련을 받는 사람이다. 이렇게 훈련받아서 복과 혜를 장만하는 것이다.

상시에는 수행을 훈련받고 정기에는 법의 전문 훈련을 받을 수 있도록 헌공하는 것이다. 돈이 많든 적든 교당에 발을 들이면 훈련을 받을 수 있도록 하는 것이 교당의 첫째 역할이다.

공부인이 정기훈련을 일생 몇 회 이상 받고 싶은 원력을 발하면 교당은 이를 뒷받침해야 하며, 일상의 삶을 영위하면서 일정한 기간 전문 훈련을 받고 싶은 마음을 발하면 교당은 이를 구체적으로 지원해야 할 것이다.

교당은 상시와 정기로 공부인의 훈련을 지원해야 한다. 이러한 정기훈련과 상시훈련의 시스템을 원활하게 운영하기 위해 교당이 존재하는 것이다. 이것이 교당 존재 이유의 첫째이다.

특히 선원에 입선하여 정기훈련을 원활하게 받도록 지원해야 한다. 교무는 교당뿐만 아니라 선원에서 가르치는 일에 힘쓰는 역할자이다. 교무는 항시적 직책이 아니라 가르치는 교역에 힘쓸 때 지도자를 부르는 직명이었다.

교당은 공부인이 교법을 훈련받도록 힘쓰는 곳이 되어야 한다. 선원뿐만 아니라 예회도 단회도 상시 속의 정기훈련 역할이다.

초기교단 당시 정기 공부의 책임에 대한 사항이다.

『불법연구회규약』에서는 정기훈련자를 출가공부인이라 칭한다. 출가는 정기훈련 입선을 말하고 있다.

출가공부인의 책임

1. 공부할 때에 비용금이 염려 없는 사람은 매년 동하 6개월은 선원에 와서 각항 공부 진행하기를 주의할 일.
2. 춘추 6개월은 회중會中 사업은 대강 안보安保하며 사가私家도 대강 안보하며, 한가한 때가 있고 보면 강산을 구경하여 정신을 소창하며 모든 교회 선지식으로 좇아 의견 교환하기를 주의할 일.
3. 공부할 때에 비용금이 없는 사람은 춘추 6개월에 비용금을 장만하여 가지고 동하 6개월은 선원에 와서 각항 공부 진행하기를 주의할 일.

단, 회중에서는 비용금이 없는 공부인의 정도를 보아서 모든 사람의 모범이 되고 모든 일에 표준이 될 만한 사람이 있고 보면, 회중 공의를 얻어 공부하는데 곤란함이 없게 하여 주기로 함. 〈『불법연구회규약』〉

소태산 대종사 당대의 정기훈련 입선 비용에 대한 태도는 비용금을 미리 준비하도록 하되 비용금이 없는 공부인의 경우에 모범이 되는 사람의 경우는 정기훈련 입선에 곤란함이 없도록 지원하고 있다.

『불법연구회규약』 '본회취지설명' 중 저축조합부[상조조합부]를 둔 이유로 회원의 자녀교육비, 본회 창립 비용을 충용하기 위한 것이며 또한 공부인의 공부하는 비용을 마련하기 위해 설립한다고 규정하고 있다. 정기훈련 선비 등을 마련하기 위해 저축조합부[상조조합부]를 둔 것이다.

정기훈련은 전문 입선 공부이다. 『대종경』 수행품 4장에서 소태산 대종사는 전문 입선의 과정을 잘 수행하여 정기훈련의 힘을 얻도록 당부한다.
소태산 대종사, 선원 대중에게 말씀하시기를 "전문 입선하는 것이 초학자에 있어서는 그 규칙 생활에 혹 괴로운 감도 있고 혹 부자유한 생각도 있을 것이나, 공부가 점점 익어 가고 심신이 차차 단련되는 때에는 이보다 편안하고 재미있는 생활이 더 없을 것이니, 그대들은 매일 과정을 지킬 때 괴로운 생활을 하는가 편안한 생활을 하는가 늘 그 마음을 대조하여 보라. 괴로운 생활을 하는 사람은 아직 진세의 업연이 남아 있는 것이요, 편안한 생활을 하는 사람은 점점 성불의 문이 열리는 것이니라."
이와 같은 전문 입선 공부의 원숙은 성불의 과정이다.

한 가지 고려할 사항은 향후 미래의 정기훈련이다. 즉 정기훈련의 미래적 적용이다.
미래사회는 전문 수행을 위한 일정한 기간을 확보하기가 곤란하다는 것이다. 과거처럼 동하 3개월씩 6개월을 정기훈련 기간으로 삼기가 어려운 시대이다. 즉 매년 정기훈련 기간을 확보하는 게 쉽지 않다는 것이다.
향후 다가오는 시대는 일생에 있어 스스로 정기훈련 기간을 확보하는 정신·육신·물질의 노력이 요청된다. 전문 입선은 일생의 큰 계획이어야 한다. 일생을 통해 정기훈련 기간을 확보하는 것이다.
소태산 대종사 당대의 정기훈련인 동하선은 '정식 선객禪客'과 일부 기간만 참여하는 '기한 선객'과 내왕하는 '자유 선객'이 있었다. 이러한 참여 방식 등을 활용할 때 정기훈련법은 사문화되지 않을 것이다. 미래 시대에 적용되는 정기훈련으로 응용하고 활용해야 하는 것이다.
갈수록 '일정 기간'의 정기 시간을 내기가 쉽지 않은 시대이다. 그러므로 의식적으로 직장 등 일상생활을 하면서도 '자기 스스로 자기만의 일정한 기간'을 확보해야 한다.
또한 대면과 아울러 비대면의 공간에서 시행하는 정기훈련으로 나가야 할 것이다. 향후 정기훈련은 온-오프라인on off line을 겸해야 할 것이다.
정기는 상시와 근본적인 차이가 있는 게 아니라, 다만 수양과 연구를 중심으로 삼고 적공하면 그때가 정기이다. 일상생활 속에서 수양과 연구를 좀 더 전문적으로 수행하면 정기훈련이다. 일상에서의 정기훈련은 아침과 저녁에 수양을 심도 있게 하고 오전 오후에 시간을 내어 연구과목에 집중하는 것이다.

전문 공부를 1박 2일, 2박 3일 등 몇 차례 연이어서 연중年中 30일 이상 정기훈련하는 시스템을 가꾸어가야 할 것이다. 대면을 중심으로 비대면 방식도 병행해서 정기훈련에 뜻을 함께하는 사람들이 동아리처럼 모여서 함께 훈련하는 방식을 시행해 가야 할 것이다.

이처럼 미래는 '내 삶의 정기훈련 기간'을 확보해야 할 것이다. 자기 삶의 선기禪期를 정해 정기훈련을 하자는 것이다. 그러기 위해 선비禪費를 미리 준비하자는 것이다.

교당 내왕과 문답·감정·해오

소태산 대종사 당대에 경의문답 또는 법의문답[법의 담론, 법의 수문수답]을 예회의 프로그램으로 시행한다. 또한 강연에 대한 보설과 교법에 대한 의두 문목을 주고 그 숙제에 대한 해답안을 제출토록 한다. 이는 교당 내왕시 주의사항의 문답·감정·해오의 실행 방법이라 할 것이다.

* 익산본관 삼예회의 약록 〈월말통신 제14호〉

음陰 4월 6일(5월 14일) 화요火曜

본일은 본회창립 제2회 내內 제37의 예회였다.[자自 무진戊辰 4월 6일 순계順計] 김광선 씨의 사회로 오전 10시에 개회하여 동同 12시까지 강도講道하였으며 오후 2시에 남녀 대중이 다시 제2호 강당에 모여 경의문답經義問答으로 동同 5시까지 계속하니 당일 회요會要는 여좌如左.

* 영광 길룡리 지회 삼예회 약록 〈월말통신 제18호, 시창14년〉

8월 26일

본일 예회는 오전 10시 송규 씨의 사회로 각항 회순을 진행할 새 금일은 특히 1년간이나 두고 굴지고대屈指苦待하든 종사주의 성안이 법좌法座에 나타나심에 일반의 환희는 비길 데 없었으며 여러 가지 법의문답으로 동同 12시까지 계속하고 화기애애리和氣靄靄裡에 폐회하니 당일 회요會要는 여좌如左.

1. 출석원 59인.

2. 법의문답.

종사주 문問 「재산성취법책財産成就法册과 현금전現金錢 다수를 양자간兩者間 하택何擇」

답인答人 급及 등수等數 △ 김동일 갑甲 △ 김순천 갑甲 △ 김홍철 갑甲 △ 신윤석 갑甲.

종사주 문問 「재가선법과 교무부에 와서 하는 공부와 동하冬夏 6개월 입선入禪 공부등工夫等의 방식을 말하라.」

답인答人 급及 등수等數 △ 신윤석 병丙 △ 김동일 을乙 △ 한규철 정丁 △ 최남경 무戊. 종사주 문問 「인생과 금수禽獸의 차별差別」 답안급등수별答案及等數 △ 김홍철 정丁 △ 김동일 병丙 △ 김로식 정丁 △ 오철수 정丁 △ 신윤석 정丁 △ 이원화 정丁.

*원기14년(1929) 8월 26일

영광지부 예회 시 법의문답: 대종사 問 "재산성취법책가 현금전 다수를 양자간 하택" "재가선법과 교무부에 와서 하는 공부와 동하 6개월 입선 공부 등의 방식을 말하라" "인생과 금수의 차이"

*원기14년(1929) 10월 6일

경성지부 예회 시 질문: "오늘은 내가 있으니 전례는 그만두고 누구든지 모르는 것과 알고 싶은 것을 물어라. 그리고 내가 묻는 말에 응답도 해라. 이 좌석에는 나를 만난 자가 6년 혹은 3년 혹은 당년當年된 사람도 있으니, 그간에 얼마만 한 법을 배워 갔으며 무엇을 얼마나 얻어간 것이 있는지 생각하여 보라."하시다

*원기15년(1930) 6월 26일

익산 본관 예회 시 질의문답에 대한 보설

*원기15년(1930) 7월 6일

경성지부 예회 시 경의문답의 내역과 '공부를 하기로 할진대 배워 갈 줄을 알라' 법설

*원기15년(1930) 7월 26일

익산본관 예회 시 '취지서'에 대한 질의문답에 관하여 보설

*원기17년(1932) 11월 26일

경성지부 예회 시 '심고'에 대한 법설 이후 문답. 종사님 말씀하시되 "여러분이 극한을 무릅쓰고 원로에서 내임하심은 누구를 물론 하고 성불하기가 원일 줄로 믿으오. 그러나 성

불의 목적을 달하자면 공부를 해야 할 것이요, 공부를 하자면 자연 의심처와 물을 말이 있을 것이니, 누구든지 그 의심난 바를 물어라."하시니, 김영신 이하 제씨의 문답이 있었다. 〈월보 42호〉

*원기18년(1933) 3월 6일

익산총부 예회 시 가강 의두 문답에 대한 보설

*원기19년(1934) 8월 15일

익산총부 예회 시 법의문답. 종사주 가라사대 "오늘은 심고를 드리기 전에 사은의 내역을 말들 하여보라. 그리고 사은에 대하여 의심나는 일이 있거든 자세히 가르쳐 주리니, 마음대로 물어라."

*원기21년(1936) 2월 16일

익산총부 예회 시 강연['시기심을 두지 말라.' 조갑종, '공명 정직은 입신의 자본' 이공주, '대국의 변천가 시대적 교법' 송규, '나는 낙생활' 임상권]에 대한 보설

*원기21년(1936) 4월 26일

익산총부 예회 시 강연['재가의 요법' 전음광, '대도' 서대원]에 대한 보설

*원기23년(1938) 7월 24일

익산총부 예회 시 일반 회원의 공부에 대한 신성과 연구성을 더해 주기 위하여 문제['죄와 복이 나오는 궁기는 어느 곳이며, 그 출구를 이용하여 죄와 복이 나오게 하는 자는 누구인가?']를 숙제로 내주심

▶ 의두 문목과 그 해답안

소태산 대종사는 의두 문목, 문목 또는 숙제라 하여 이 문제를 연구하여 제출토록 하여 감정을 한다. 이 문목問目 연구 및 감정은 '연구부'에서 수행한다.

•《회보》제5호, 시창18년 12월호

「문목 해결안」

거去 7월 4일부로 발송한 문목 건에 대하여 각위의 명답으로써 원만히 해결되었습니다. 다만 유감 되는 바는 지면 관계로 여러분의 해답 전부를 다 발표치 못하고 그 중 종법원

감정에 우수한 작 1, 2건을 발표하는 것입니다. 끝으로 판결안 일통을 종법원의 감정을 득하여 첨부하오니 첨위[여러분]는 이것을 표준 삼아 보옵소서. 또는 동시에 발송한 종사님 및 임원 사가 생활비 해결에 대하여도 여러분의 좋은 의견이 많이 왔사오나 이것은 문제가 좀 호대하므로 명춘 총회 시에 심의 발표하기로 하였사오니 이같이 아시기를 바라며 회가에 대하여도 여러분의 많은 투고로써 적당한 것을 택하였삽기에 이번에 발표하나이다.

문목답안

◇ 영광지부 송도성 답

문: 사람들은 누구나 다 자기가 높이 되기를 원합니다. 그러나 그 원하는 바를 구하는 방식은 우자와 지자가 각각 판이하니 우자는 남 깎아내리는 것으로써 자기를 높이는 방식을 삼고 또는 남을 해롭게 하는 것으로써 자기가 도움받는 방식을 삼으며 지자는 이와 반대로 남을 높여주는 것으로써 자기를 높이는 방식을 삼고 또는 남을 이롭게 하는 것으로써 자기가 도움받는 방식을 삼으니 어찌하여 같은 원을 가지고도 지자와 우자가 구하는 방식이 각각 다른지요. 운운.

답: 물으신 말씀과 같이 원이야 누구를 물론 하고 다 좋게 될 원이겠지요. 다만 그 원을 구하는 방식에 있어서 현賢하고 우愚하며 능能하고 졸拙함이 있으므로 성공 실패가 여기에서 분기되며 존비귀천尊卑貴賤이 천차만별로 나타나게 되는 것입니다. 그러면 왜 사람마다 최선의 방법으로써 최대한 성공을 하지 못하고 열악한 수단을 쓰다가 결국 패자의 비명을 발하게 되는 지경에 이르는고? 그것은 즉 각자의 식견 문제며 역량 문제입니다. 즉 식견이 광활하고 역량이 심중하여 모든 사리를 정확하게 판단하고 명석하게 관찰하는 자는 자연히 모든 일하는 그 방법도 따라서 선량할 것이며 능란할 것이며 성공의 월계관을 자기의 머리에 올려놓을 것입니다. 그러나 그 반면 식견이 편협하고 역량이 천박하여 모든 사리에 정확한 판단과 명석한 관찰이 없는 자로서는 아무리 좋은 방법을 구하고자 한들 어찌 얻을까 보냐.

옛적 중국에 9년의 홍수 있어 전토에 범람하여 생민이 도탄에 들거늘 곤으로 하여금 다스리라 한데 곤이 용문산의 어구를 더욱 굳게 막으니 대개 후일의 이적夷狄이 중국에 침입함을 예방한다는 뜻이어라.

그러나 그때 실정을 볼 것 같으면 후일의 이적지환夷狄之患은 만년의 몽외지사夢外之事요, 당장 만민의 생명이 풍전등화 같이 되었으니 곤에게 산이 크게 틀린 바가 아닌가? 그러므로 결국 성공도 하지 못하고 죽음으로써 만민에 사赦하는 비참한 최후를 지었으며, 우禹로 하여금 다스리라 한데 우는 드디어 용문산의 중요를 자르고 강회하한[河漢, 황하]의 배수를 깊이 하여 생민을 도탄에서 구출함에 성공하셨나니, 그 한 가지 일만 예를 삼아 본다 할지라도 만사가 다 각자의 식견 문제이며 역량 문제일 것입니다. 본 문제에 직접 물으신 「우자愚者는 남을 깎아내리는 것으로써 자기를 높이는 방식을 삼고 또는 남을 해롭게 하는 것으로써 자기가 도움받는 방식을 삼으며, 지자智者는 이와 반대로 남을 높여주는 것으로써 자기를 높이는 방식을 삼고 또는 남을 이롭게 해 주는 것으로써 자기가 도움받는 방식을 삼는다」 하였으니 이것도 곧 식견 문제며 역량 문제일 것입니다. 왜 그럴까 하니 우자도 제가 높이 되고 제게 이利 됨을 기막히게 바라고 구하는 바이지만 그 구하는 것이 길을 모르고 구하지 않습니까. 내가 남을 높이면 남이 나를 높여주는 것과 내가 남을 이롭게 하면 남이 나를 이롭게 하는 것은 곧 움직일 수 없는 진리인데, 그 진리를 알지 못하고 도리어 남을 깎아야만 내가 높은 줄 알고 남을 해롭게 하여야만 내가 이로운 줄 알아서 권세 닿는 대로 재능 미치는 대로 남을 깎고 해롭게 하기로만 위주하니, 이렇게 하여 비록 일시적인 지위와 이권을 얻는다 한들 그것이 얼마나 길리요. 결국은 세상에서 타매唾罵[경멸하여 욕함]하고 배척받는 물건이 되고 말 것입니다. 그러나 지자로 말하면 첫째 남을 높이면 내가 높아지는 것과 남을 이롭게 하면 내가 이로와지는 그 진리를 아는지라 사은의 전체를 자기의 복전으로 알고 아무쪼록 거기에 좋은 종자를 지어서 좋은 수확을 희망하는 터인즉, 남에게 말 한마디라도 예 아닌 말이 없을 것이며 행동 한 번이라도 예 아닌 행동이 없기로 노력할지니, 일생을 이와 같이 '굴기존인屈己尊人하고 뇌신이세釐身利世'하는데 봉사 희생하고 본다면 그가 자비하다고 결코 다른 사람이 그를 멸시 천대하지 아니할 것이며, 또 그가 사회를 위하여 자아를 희생한다고 결코 세상에 그를 영영 희생시키고 마는 것이 아니라, 자비할 때에 자비할수록 세상에서 도리어 크게 살려 주나니, 이 진리를 알아서 이대로 나아가는 이가 과연 몇이나 될꼬. 그런고로 이 세상에는 영리한 듯싶으면서도 극히 어리석은 자가 있고 어리석은 듯싶으면서도 극히 영리한 자가 있다 하나니, 전자는 이기주의자요 후자는 공도주의자이외다. 그런즉 이기주의자가 되고 공도주의자가 되는 분기점도 결국은 식견 문제이며 역량 문제가 아닙니까? 그런고로 나는 같은 원을 가지고 구하는 방식 다른 것이 모두 각자의 식견 문제이며 역량 문제라고 싶습니다.」

우右 감정 등급「갑」

△ 영광지부 송벽조 답

문제와 같이 누구를 물론 하고 자기가 높이 되고 자기가 도움을 받고자 하는 것은 다 같습니다. 그러나 그 원을 구하는 방식이 우자와 지자가 천양으로 판이한 것은 우자는 식견이 편협하고 심술이 용잔하며 자타의 범위에 구속되어 그 보는 바가 일시의 사와 목전의 이에 그친 고로 남을 깎는 것이 제가 깎이고 남을 해롭게 하는 것이 제가 해되는 줄을 모르며 지자는 식견이 광활하고 심지가 정대하며 자타의 범위에 초월하여 보는 바가 멀고 밝은 고로 남을 높여주는 것이 자기가 높아지고 남을 이롭게 하는 것이 자기가 도움 받는 이치를 아는 바입니다. 주역에 이르되 "가득하면 더는 것을 부르고 겸손하면 유익을 받는다" 하고 증자 가라사대 "네게서 난 자녀에게로 돌아간다." 하시니 과거를 보더라도 옛날 송나라 시대에 모든 소인의 무리가 일시 명현을 깎아서 간당이라 지목하고 간당의 비를 세웠지마는 그 뒤에 명현은 명현이요 소인은 소인으로 사기에 나타나서 세상의 공론을 어기지 못하고, 조선 이조에도 여러 번 사화가 일어나서 소인이 군자를 깎고 배척하여 찬축[竄逐, 귀양 보내고 좇아내는 것]과 형륙[刑戮, 죽이는 것]을 싸고 일시적 권세를 취하였건마는 후일에 와서는 그때 찬축과 형륙을 당한 군자는 영원히 자손의 명조와 유림의 존모하는 바가 되었고 소인은 영원히 소인이 되어 중인의 배척을 받았으며, 상고 요순은 어진 이를 높이고 능한 이를 내우하사 진실로 공경하고 능히 사양하는 덕으로 비방의 나무를 세워서 자기의 덕을 겸양하시고 아홉 관원을 명하시매 제제히 서로 사양하는 덕성이 숭상되어 겸양으로 천하를 다스리매 그 지위가 더욱 높아지고 후인의 존모가 더욱 높았으니, 과거의 실증을 대강 본다 할지라도 남을 높이고 겸양의 덕을 가져야 영원히 자기가 높아지고 결코 남을 깎아서 자기의 높음을 구하는 것은 곧 나무를 인연하여 고기를 구하는 것과 같습니다. 또는 남을 해롭게 하여 내가 이로움을 하는 것은 나에게 해를 당한 사람이 그 누군가가 나를 도와줄 생각이 있으리오. 그러므로 탐관오리들이 만민의 고혈을 짜서 자기의 일신 일가를 생각하였건마는 마침내 직위를 잃고 신망가패하는 자가 허다하며, 대인 군자가 자기의 몸과 가정을 불고하고 세계의 민중을 위하여 희생하였건마는 종경에는 몸이 한량없는 도움 받고 가정에 영광이 미치는 것입니다. 옛날 진시황은 육국을 아울러 삼키고 사해 생민의 자산을 긁어다가 아방궁을 짓고 만리장성을 쌓아 만세무궁이 자기의 욕심을 채우려 하였건마는 중심이 복종하지 아니하고 국조가 길지 못하여 이세에 망하고, 대우는 천하 민중을 위하여 홍수를 다스리매 수족이 옴두꺼비 같이 되시고 밖에 거한 팔 년에 가뭄을 지내도 들어가지 아니하사 이같이 민중의 이익을 생각하시고 자기의 이익을 불고하셨건마는 종경에 천하 사람이 다 그 성덕을 노래하고 좋아함이 돌아오매 몸이 천자 위에 오르시고 후세에 성현의 존모를 받으시니, 이러한 대강의 실증을 본다 하더라도 남을 해롭게 하면 나에게 해가 돌아오고 남을 이롭게 하여야 영원한 도움이 돌아오는 바입니다. 사람이 인생의 요도를 밟아서 사은을 갚기로 하면 마땅히 자타의 국한을 벗어나서 먼저 남을 높여주고 이롭게 하는 것으로 위주하여 굴기하심하고 사람을 이롭게 하고 세상을 이롭게 하는 정신을 세워서 육근을 동작하고 심지를 운용하여 할 말을 하고 한 일을 처리할 때 반드시 신중히 하여 박애제중을 하기로 하면 자기가 높음과 도움을 구하지 아니하여도 자연히 높음과 도움을 받을 것이오, 우자는 이와 반대 하는 고로 자기 구하는 바가 모두 실패에 돌아가고 자기의 지혜와 자기의 밝음이 도리어 우치가 되는 것입니다.

우右 감정등급 「갑」

△ 우右 판결안

이번 문목에 대하여 여러분의 답안이 다 옳다고 생각합니다. 대저 항상 남을 깎아내리고 남을 해롭게 하는 자는 얼른 보면 자기의 원을 속히 구할 것 같고 잘난 것 같지마는 몇 바퀴만 궁굴려 놓으면 원을 달성하지도 못하고 도리어 자기만 비천한 사람이 되고 해를 받게 되며 이와 반면에 항상 자비 존인을 주장하고 남을 이롭게 하는 자는 처음 보기에는 비록 못난 것 같고 자기의 원도 달성치 못할 것 같지마는 몇 바퀴만 궁굴려 놓으면 원도 구하는 대로 달성할 것이요 세상에 제일 높고 도움받는 사람이 될 것입니다. 그러나 어리석은 사람들이 자기를 높이기 위하여 남을 깎고 자리를 얻기 위하여 남을 해치는 것은 순연히 궁굴려 들어오는 이치를 알지 못하고 우선 급속한 데에 끌려서 목전의 일밖에 못 보는 연고이요, 지혜 있는 사람들이 자기를 높이기 위하여 남을 높이고 자리를 얻기 위하여 남을 이롭게 하는 것은 마음이 급속한 데에 끌리지 않고 궁굴려 들어오는 이치를 잘 알고 있는 연고이니, 이로써 본다면 지자와 우자의 원 구하는 방식이 판이한 원인이 도시 궁굴려 들어오는 이치를 알고 모름에 있으며 설사 안다 할지라도 급속한 데에 끌려서 뒤 이해를 생각하지 않고 작은 이익이라도 우선 속한 것을 취하는 까닭이라 하겠습니다. 〈연구부〉

·《회보》 제49호, 시창23년 11월호

제4회 의두 문목 해답안 / 연구부

> 제4회 의두 문목이므로 그 앞에 세 차례의 의두 문목이 있는 것이다. 천지와 부모로 인하여 받는 복과 죄에 대한 의두 문목이 있었던 것이다.

금번 제4회 의두 문목을 제출하여 그 해답을 모집한바 응답자 사십팔인 중 좌左와 여如히 일등 일인이 선출되었기에 그 논문을 게재하오니 참고하시압. 단 일등 기사는 회보에 게재하고 이등 기사는 총부 예회 석상에만 소개하고 삼등 기사인은 예회 석상에 그 씨명만 광고하며 등외인은 예회 석상에 다만 등외가 합 기인幾人이라고만 광고할 뿐입니다.

제4회 문제

1. 동포로 인하여 받는 복은 무엇인데 어떠한 이유로 그 복을 받으며
1. 동포로 인하여 받는 죄는 무엇인데 어떠한 이유로 그 죄를 받는가?

1등 총부 이명훈

동포에게서 복 받는 형상과 그 이유

1. 우리가 직접 목전지사目前之事로만 볼지라도 과거 일개월간에 긍亘하여 양잠을 할 때 풍우와 주야를 불고하고 뽕을 딴다, 똥을 가린다, 섭에 올린다, 꼬치를 딴다 하는 등의 일은 다 동포에게 복을 짓는 형상이요, 그러한 결과에 누에 꼬치를 따서 팔아서 물질의 여유를 얻게 되는 것은 곧 동포에게 복을 받는 증거입니다.
2. 년 전에 저의 사는 동리 앞 하천이 대홍수로 인하여 크게 범람이 되었는데 저의 4세 된 남동생이 잘못하여 그 물에 휩쓸려 들어갔습니다. 좌우 양 간에 모였던 사람들은 대단 놀랬으나 어찌할 방도가 없어서 주저하던 차에 한 청년이 용감히 뛰어들어 그 아이를 건져 냈습니다. 그 청년의 가정은 대단 빈한하여 생활 곤란이 극도에 달하였던바 우리

집에서는 저의 동생을 살려준 그 은혜를 감사히 생각하고 그 청년을 우리 집에 데려다 두고 성년기에 결혼시켜 주었으며 직업의 자본금까지 대줘서 지금은 남부럽지 않은 생활을 하고 있습니다. 또는 그 구조를 받은 저의 동생도 지금은 연소하나 저의 자력이 생겨나면 장래 제힘으로 큰 보은을 하겠다고 결심하고 있습니다.

3. 우연히 저 동포로 인하여 빈한한 자가 부자가 되는 것도 동포로 인하여 받는 복인데 그 이유는 과거에 내가 그 동포에게 물질로써 많은 보조를 한 연고이요 또는 죽을 경우를 당하여 우연히 저 동포에게 구제받는 것도 동포로 인하여 받는 복인데 그 이유는 과거에 내가 저 동포의 사경을 구제하여 주었던 연고입니다.

동포에게 죄 받는 형상과 그 이유

1. 자기가 말을 잘못하여 저 동포에게 뺨을 맞는다든지 악설을 듣게 된다든지 하는 것도 동포에게 죄지어 죄 받는 형상이요
2. 다른 동포의 물건을 빌려다 쓰고 그것을 기한 안에 반환치 아니하여 신용 없는 사람이 되어 모든 동포에게 배척받는 것도 동포에게 죄지어 죄 받는 형상이요
3. 우연히 저 동포로 인하여 부자가 빈한한 자가 되는 것도 동포로 인하여 받는 죄인데 그 이유는 과거에 내가 저 동포에게 물질적으로 큰 손해를 끼친 연고이요, 또는 우연히 저 동포로 인하여 불구자가 되는 것도 죄인데 그 이유는 과거에 내가 저 동포의 육체를 손상했던 연고입니다. 이 외에도 복 받고 죄 받는 형상이 무수하나 간단히 몇 가지 조건만 제재하였습니다.

•《회보》제50호, 시창23년 12월호

제5회 의두 문목 해답안 / 연구부

제5회 의두 문목을 제출하여 그 해답을 모집한바 응답자 27인 중 일등 2인 2등 12인 3등 10인 등외가 3인이 되었는데 그중 1등 2인의 기사를 좌에 게재 발표하오니 참고하시기 바라나이다.

제5회 문제

1. 법률로 인해서 받는 복은 무엇인데 어떠한 이유로 그 복을 받으며

2. 법률로 인해서 받는 죄는 무엇인데 어떠한 이유로 그 죄를 받는가?

1등 총부 전음광

법률로 인해서 받는 복과 그 이유

대범 법률이라 하는 것은 현행 국가의 법률만을 이름이 아니라 인도 정의人道正義의 공정한 규칙을 이름이니 인도 정의의 공정한 규칙이라 하는 것은 개인 가정 사회 국가에 다 있는 것이다. 그러므로

1. 나를 대하여 세상 사람이 현량賢良한 사람이다, 혹은 도덕이 있는 사람이라고 하여 추존 앙모 하는 것은 법률로 인해서 받는 복인데 그 이유는 내가 수신하는 법률을 알아 실행을 잘한 연고이요,
2. 한 가정에서도 모든 가족이 하자는 일과 말자는 일에 일률로 복종하여 탈선의 행동이 없으며 각자의 직업에 근실하여 안락한 가정이 되는 것은 법률로 인해서 받는 복인데 그 이유는 그 가정에서 가정 다스리는 규칙이 엄정하며 그 가족들이 그 법률을 잘 실행한 연고이요,
3. 한 사회에 있어서도 그 사회의 목적한 바 사업이 일취월장하여 성공하게 되는 것은 법률로 인해서 받는 복인데 그 이유는 그 사회원들이 그 사회 내의 하자는 규칙과 말자는 규칙에 잘 복종하여 매사를 이러자면 이리하고 저러자면 저리해서 그 사회의 법률을 잘 실행한 연고이요,
4. 한 국가에서도 국태민안하고 가급인족家給人足하며 산무도적山無盜賊하고 도불습유道不拾遺하여 태평성대가 되는 것은 법률로 인해서 받는 복인데 그 이유는 그 국가 법률이 원체 공정하며 운용이 공징하며 그 국민이 하자는 법률과 말자는 법률에 잘 복종하여 실행을 잘한 연고이요,
5. 개인에 있어서나 가정에 있어서나 사회에 있어서나 국가에 있어서나 우연히 좋은 법률을 만나며 그 법률로 인하여 우연히 편리와 이익을 얻게 되는 것은 복인데 그 이유는 과거에 법률 보은을 잘한 연고입니다.

법률로 인해서 받는 죄와 그 이유

1. 나를 대하여 세상 사람이 불량한 놈이다, 무도無道한 놈이라고 하여 공격과 배척을 하

는 것은 법률로 인해서 받는 죄인데 그 이유는 수신하는 법률을 알았거나 몰랐거나 수신을 잘못한 연고이요,

2. 한 가정에서도 살림이 차서와 법도가 없으며 가족의 심리와 행동이 통제되지 못하여 하자는 일을 아니 하고 말자는 일을 하여서 곤란을 받게 되는 것은 법률로 인해서 받는 죄인데 그 이유는 그 가정에 가규家規가 없거나 있다 하드래도 가족들이 실행치 아니한 연고이요,
3. 한 사회에서도 그 목적한 사업이 실패에 돌아가는 것은 법률로 인해서 받는 죄인데 그 이유는 그 사회원들이 하자는 규약과 말자는 규약에 복종하지 아니하여 매사가 단체적 통제적으로 되지 아니하고 각자 대장이 되어서 그 사회의 법률을 잘 실행치 아니한 연고이요,
4. 한 국가에서도 백성의 원망이 충천하며 혹은 내우외환內憂外患이 일어나서 그 나라가 망하게 되는 것은 법률로 인해서 받는 죄인데 그 이유는 그 국법의 자체가 공정치 못하거나 운용이 공정치 못하거나 그 국민이 하자는 법률과 말자는 법률에 실행이 없는 연고이요,
5. 개인에 있어서나 가정에 있어서나 사회에 있어서나 우연히 낮은 법률을 만나며 그 법률로 인하여 우연히 손해와 고통을 당하는 것은 죄인데 그 이유는 과거에 법률 배은을 많이 한 연고입니다.

1등 총부 양도신

문: 법률로 인해서 받는 죄와 복은 무엇인데 어떠한 이유로 그 죄와 복을 받는가 하는 문제입니다.

답: 법률로 인해서 받는 죄와 복은 다수하여 천단한 제 생각으로서 다 기록할 수는 없사오나 기중其中에 몇 가지만 기재하고자 하나이다.

법률로 인해서 받는 복과 그 이유

1. 지식이 우월하여 매사를 당는 대로 걸림 없이 밝게 처리하며 남을 가르침에도 막힘없이 잘 가르쳐서 여러 사람의 환영 인물이 되는 것은 법률로 인한 복인데 그 이유는 내가 배우는 법률과 가르치는 법률에 게으르지 아니하고 일 분 일각도 학과 교의 두 생각

을 뇌수에 떠나지 아니하여 염념불망念念不忘 한 연고이요,

2. 가정이 부하여 의식주가 완전하며 가족이 서로 화락하고 질서 있고 여러 사람의 모범이 될 만한 이상적 가정을 이루게 되는 것은 법률로 인한 복인데 그 이유는 수입·지출을 대조하여 근검저축의 법을 세우며 상봉하솔上奉下率의 법을 분명하게 밝혀서 아래 사람은 윗사람을 잘 존대하며 지도 명령에도 절대복종하고 윗사람은 아래 사람을 사랑하며 잘 지도하여 가정 규칙을 엄중히 실행한 연고이요,
3. 같은 토지일지라도 개량 농사법으로써 작농하여 다대한 수확을 얻게 되며 겸하여 칭찬과 상급賞給 등을 받게 되는 것은 법률로 인한 복인데 그 이유는 법률에서 금지하는 조건에는 소호小毫라도 행치 않고 권장하는 조건에만 절대 순응한 연고이요,
4. 이상은 다 현재에 복 지어서 현재에 복 받는 것이나 전생에 복 지어서 현재에 복 받는 것은 우연히 부처님 회상을 만나 인도상 요긴한 길을 밟게 되며 죄는 짓지 아니하고 복만 지어 세세생생을 악도에 떨어지지 아니하고 선도에만 태어나서 참다운 사람 노릇을 하게 되는 것은 법률로 인한 복인데 그 이유는 전생에 부처님을 공경하며 부처님의 법을 찬성 존대한 연고입니다. 이외에도 법률로 인해서 좋은 일을 당하는 것은 다 법률로 인한 복입니다.

법률로 인해서 받은 죄와 그 이유

1. 무식해서 매매 사사를 어둡게 처리하며 남을 가르칠 줄 모르고 가히 금수에 가깝게 되는 것은 법률로 인한 죄인데 그 이유는 내가 매사를 배우는 법률에 게으르게 한 연고이요,
2. 가정이 빈한하여 의식주가 불완전하며 가권이 서로 불목하여 여러 사람의 비평을 받게 되는 가정이 되는 것은 법률로 인한 죄인데 그 이유는 수입은 없이 지출만 많이 하며 상봉하솔의 법이 분명치 못하여 아래 사람은 윗사람의 지도 명령에 복종치 아니하고 닿는 대로 대항이나 하며 윗사람은 아래 사람을 잘 가르치지 아니하고 자행자지로 둔 연고이다.
3. 같은 토지일지라도 개량 농사법은 그만두고 자기 생각대로만 작농하다가 법률에 금지를 받게 되며 그 결과 수확이 적게 되는 것은 법률로 인해서 받는 죄인데 그 이유는 법률에서 권장하는 조건은 행치 아니하고 금지하는 조건만 행한 연고입니다.

4. 이상은 현재에 죄 지어서 현재에 죄 받는 것이나 전생에 죄 지어서 차생에 죄 받는 것은 부한 가정에 우연히 도적을 당하여 일야一夜에 빈궁한 가정이 되는 것은 법률로 인한 죄인데 그 이유는 내가 전생에 남의 부한 가정을 망쳐주었거나 혹은 남의 재물을 도적질하여 빈궁한 가정을 만들어 준 연고입니다. 이 외에도 법률로 인해서 낮은 일을 당하는 것은 다 법률로 인해서 받는 죄라고 생각합니다.

•《회보》제47호, 시창23년 9월호

예회 숙제 해답안

종사님께옵서 거去 7월 24일 총부 예회에 출석하시사 일반 회원의 공부에 대한 신성과 연구성을 더 해주시기 위하여 좌기左記와 여如한 문제를 하명하셨던바 총부 회원만 그간 69인의 답안자가 있었으므로 동월 31일 예회에 종사님께서 또 출석하시어 그 답안을 일일이 감정하신바 좌左와 여如히 1, 2, 3등이 있고 또는 다수의 등외자가 있었는데 앞으로도 간간이 이와 같은 문제 해답이 있을 것이며 또 금번 문제 답안도 독자 제위의 지견을 넓히시는 데 자료를 삼아드리기 위하여 좌左의 등等에 참예한 1, 2, 3등의 씨명과 답안을 수정함이 없이 원문 그대로 발표하오니 양존諒存하시압.

「문제」

죄와 복이 나오는 궁기[구멍, 출처, 출구]는 어느 곳이며, 그 궁기를 이용하여 죄와 복이 나오게 하는 자는 누구인가.

「해답인」

1등 류허일「죄복의 출구는 일원상이요, 주재자는 허일 육근이외다.」

1등 송도성「죄복지원罪福之源은 일원상 즉 사은이요, 운용자는 도성 자신이올시다.」

1등 전음광「죄복의 출구는 일원상이요, 주재자는 각각 자기입니다.」

1등 박명성「죄복 나오는 데는 일원상이요, 나오게 하는 자는 나의 심신이외다.」

1등 권동화「죄복의 출구는 사은이요, 기관의 주재자는 동화입니다.」

1등 서공남「죄복의 출처는 일정한 처소가 없고 오직 우주만물 허공법계 즉 사은이 다 죄복의 장소이오며, 그 운전자는 자아올시다.」

2등 조갑종 「죄복의 출구는 나의 육신, 주재자는 나의 마음」

2등 양하운 「죄복의 출구는 나에게 있고, 주재자도 역시 나입니다.」

3등 박수권 「죄복은 출어신出於身, 주재자는 일체유심조」

3등 류성열 「죄복의 출소는 색신, 주재자는 심」

3등 김대거 「복의 출구는 삼강령으로써 육근을 운용하는 데 있고, 죄의 출구는 삼강령으로 육근을 운용치 못하는 데 있으며, 책임자는 각자의 마음에 있습니다.」

3등 김형오 「죄복의 장소는 육신이요, 기관의 운전자는 오직 마음입니다.」

3등 전의선 「죄복의 출구는 사은 작용 여하에 있고, 주재자는 육근이외다.」

3등 이영훈 「죄복의 근원은 사은사요, 주재자는 육근입니다.」

3등 정세월 「죄복의 장소는 물건 즉 일체 만상이요, 주재자는 마음입니다.」

• 《회보》 제11호. 시창19년(1934) 8·9월호

「문목해답안問目解答案」 공심公心이란?

거년[시창18년] 12월분 회보[제5호] 광고란에 발송된 문목 건에 대하여는 진즉[趁卽, 진작]부터 몇 건이 들어왔었고 추후에도 또 두어 건이 들어왔습니다. 그래서 종법원의 감정勘定을 받은바 여러분 답안 가운데에는 명철하고 좋은 말씀이 많이 있었으나 물은 데에 대하여는 조금 상위 되는 점이 있으므로 완전한 입격入格이 되지 못하고 근근 일 건이 입격이 되었기에 이에 발표하오니 양지하옵소서. 끝으로 한 말씀 드릴 것은 문목에 대하여 답안을 쓰실 때는 조건별로 적당한 해답을 하되 강령 요지난을 들어서 간단히 하라 하십니다.

「문목 해결 건 모집」

여러 사람이 모여 사는 공가公家에서는 무엇보다도 참다운 공심公心을 제일 귀하게 일고 요구하나니, 이번에는 이 공심公心의 원리를 철저히 해부하여 알뜰한 우리 동지에게 널리 알리려 하나이다. 그런즉 여러분께서 이를 해답 주실 때

첫째는 이 공심의 원리 즉 어떠한 것이 공심이라는 것을 자세히 밝혀주시고,

둘째는 공심 있는 자의 밖으로 나타나는 행동과 공심 없는 자의 밖으로 나타나는 행동이 어떻다는 것을 조건을 들어서 여실히 밝혀주시고,

셋째는 이 공심을 영원히 보존할 방법을 자세히 밝혀주시고,

넷째는 공심 있는 자의 말로末路와 공심 없는 자의 말로가 어떻게 된다는 것을 자세히 밝혀주옵소서. 공부 삼아 해답해주시기를 바라나이다. 〈연구부〉

「문목 답안」 - 답안인 이공주

참 그렇습니다. 과연 중인衆人이 모여 사는 공가公家에서는 무엇보다도 참다운 공심公心을 가져야지요. 그러면 물으신 순서대로 대답하여 보겠습니다.

1. 공심이란 무엇인가?

공심이란 공변된 마음이니, 즉 다시 말하자면 자타의 극한을 벗어나서 원근친소와 희로애락에 끌리지 아니하고 불편불의不便不倚하는 마음을 공심이라 합니다.

2. 공심 있는 자의 밖으로 나타나는 행동은

공심 있는 자는 정신적으로나 육신적으로나 물질적으로나 항상 자리이타自利利他를 쓰나니, 그러하므로 그의 행동이 오직 공정하고 원만하여 중인[衆人, 뭇사람] 생각하기를 자신과 다름없으며 어떠한 경우에는 도리어 공익을 위하여 자신을 희생하는 수도 있으며, 사농공상 간 어느 직업을 하든지 청백겸정淸白兼貞하여 부정한 처사가 없고, 남의 일을 할 때도 정성과 공경을 다 하여 조금도 가식이 없어서, 힘에 미치는 대로 당하는 곳마다 공중에게 해를 주지 아니하고 유익할 일만 할 것입니다.

3. 공심 없는 자의 밖으로 나타나는 행동은

공심 없는 자는 공심 있는 자의 반대로, 어느 방면으로든지 공중을 해害하여다가 자기의 이익만 도모하여 어떠한 일이나 자리타해법自利他害法을 주장하나니, 그러하므로 그의 행동은 항상 편벽되고 비열하며 사농공상 간 어떠한 직업이든지 자기에게 있는 권리와 기능을 다 하여 당하는 곳마다 오직 공중에게 해독만 줄 것입니다.

3. 공심을 영원히 보존할 방법은

첫째는 공심의 근본적 원리를 철저히 연구하여 공심은 무엇인데 공심을 쓰면 어떠한 이익이 있고 공심을 쓰지 않으면 어떠한 해가 있다는 것을 꼭 알며, 다음에는 공심의 근원인 사은사요는 우리 인도적人道的 원리이며 누구든지 지켜야 할 의무임을 잊지 말며, 그다음은 항상 공심 있는 자와 친근하고 세속의 이기주의자와는 친밀한 교제를 두지 말며, 그다음은 공부심을 놓지 말고 국한 없는 법설을 많이 들어서 공익의 정신을 더욱 배양하며, 동정 간에는 삼강령 공부를 잘하여 삼대력을 얻고 보면 이것이 대 공심을 영원히 보전할 방법이라 하겠습니다.

4. 공심 있는 자의 말로末路는

공심 있는 자의 말로는 가장 행복할 줄 압니다. 선인善因을 지으면 선과善果를 받는 것이 자연의 이치라 무슨 일에든지 공중의 이익을 준 사람에게는 우연한 복이 많을 것이니, 혹 어떠한 경우에 일시적 고액이 있다 할지라도 필경은 자연 완전의 길을 얻을 것이요, 어느 곳에 있던지 항상 공중의 옹호와 존앙을 받을 것이니, 과거 현재를 물론 하고 세계적 숭배를 받는 제불제성이시며 국가적 숭배를 받은 충신열사이시며 사회적 숭배를 받은 일반 인사의 만년 향락과 찬란한 역사가 모두 공심 있는 자의 말로를 나타낸 것이라 하겠습니다.

5. 공심 없는 자의 말로는

공심 없는 자의 말로는 가장 불행할 줄 압니다. 어떠한 일에든지 자리타해법을 쓰는 머리에 사방에 원수를 지었으리니 인과보응 이치에 따라 우연한 고가 많을 것이며, 혹 어떠한 경우에 일시적 욕망을 채운다 할지라도 필경은 자연 고액으로 변할 것이요, 어느 곳에 있던지 항상 중인의 미움과 배척을 당할 것이요, 과거와 현재를 물론 하고 사회배척을 당하는 자나 국가적 배척을 당하는 자나 세계적 배척을 당하는 자들의 고독한 신세와 누추한 이름은 모두 공심 없는 자의 말로를 나타낸 것이라고 하겠습니다.

매일 성적조사법 이행履行에 대하여

이공주

《월말통신》 제19호, 시창14년(1929) 9월분

구타원 이공주는 《월말통신》 제19호에 일기법 시행하는 방식을 발표한다. 이 중에 교당 내왕시 주의사항[재가 공부인이 교무부에 하는 책임]의 내용을 기술하고 있다. 교당 내왕시 주의사항을 일기조사의 조목으로 삼고 있다.

…전략… 그다음 장에 「재가 공부인이 교무부에 와서 하는 책임」 6조로 말하여도 또한 그렇습니다. 제1조는 재가 공부인이 재가하여 공부를 한다 하나 삼강령의 힘을 완전히 얻지 못한 소치로 물론 공부의 방식을 잘 알지 못합니다. 그러니까 교무부에 오거든 재가 공부할 때에 경과한 사항을 일일이 문답하여 알지 못하던 것을 배워가라 하심이요, 제2조는 견문 간에 감각된 일이 있거든 해교무부該教務部에 와서 감정을 받아 그의 지식을 넓히라 하심이요, 제3조는 우리 교과서인 취지 규약 경전이나 종사주의 법설이나 특별히 의심된 바가 있으면 교무부의 양해諒解를 얻으라 하심이요, 제4조는 매년에 양도兩度 입선入禪을 못 하겠거든 다만 2개월이나 3개월이라도 전문적 훈련을 받으라 하심이요, 제5조는 매월 삼예회에는 반드시 교무부에 와서 공부에 주력하라 하심이요, 제6조는 교무부에 오거든 형식으로만 왔다 갔다 하지 말고 다녀간 효력의 유무를 대조하여 교무부에 온 가치를 드러내라 하심이니 공부하는 우리로는 또 이 6조를 이행하지 아니하면 아니 되겠습니다.

교무부에 와서 하는 책임 6조 실행 방법[공부 방면]

제안인 조전권[제4회 실행단 감방원坎方員]
《월말통신》 제31호, 시창15년(1930) 8월 16일

공타원 조전권은 재가 응용 주의사항 6조로 마음 길들이는 고삐를 얻고 교무부에 와서 하는 책임 사항 6조로 마음 길들이는 방법을 배우자고 역설하며, 이 중 교무부에 와서 하는 책임 즉 교당 내왕시 주의사항을 잘 실행하기 위해 매월 초 6일 오후는 교무부에 와서 하는 책임 6조의 문답問答 예회 일로 삼자는 의견을 제시한다. 그리고 소태산 대종사의 보설을 첨부하여 16일 오후는 의견안 제출의 예회 일로, 26일 오후는 의견 심의의 예회 일로 삼자는 제안이다.

본안은 지난 7월 16일 단회 석상에서 본인이 구두 제의로 변변치 못한 의견 1건을 발표하였던 것인데 외람히 종사주의 하허下許하심과 아울러 대중 첨위[僉位, 여러분]의 찬동을 얻어 수[遂, 드디어] 채용採用의 영광榮光을 몽[蒙, 입다]하였음은 실로 흔희불이[欣喜不已, 기쁘기 그지없는] 하옵는 바올시다. 금자[今玆, 지금 이에] 정식으로 그 시[時, 때] 구술口述하던 취지와 또 겸하여 종사주의 말씀으로 약간 증보增補된 의견을 삼가 기록하여서 중앙연구부의 보존 건으로 제공하나이다.

당초 본인의 의취[意趣, 뜻과 취지]는 다름이 아니라 우리 남녀 대중은 모두가 공부할 발심과 부처 될 소원으로 이 자리에 그치온바 공부를 잘하여 부처가 되기로 하자면 무엇보다도 우리의 공부 강령인 재가 응용 주의사항[상시 응용 주의사항] 6조와 교무부에 와서 하는 책임 사항[교당 내왕시 주의사항] 6조를 성실히 이행하여, **재가 응용 주의사항 6조에서는 마음 길들이는 고삐를 얻고 교무부에 와서 하는 책임 사항 6조에서는 마음 길들이는 방법을 배워서 진세에 들어가 6근을 동용動用할 때에는 그 고삐를 단단히 잡고 교무부에 돌아와 여유餘裕한 시간을 얻으면 그 방법을 철저히 강마[講磨, 강론하고 연마]하여 항상 일념의 공부심을 놓지 아니하고 진진불식進進不息해야 할 것입니다.**

그런데 본회 공부계의 현하現下 상세狀勢를 살펴보면 재가 응용 주의사항 6조에 대한 연습과 실천에는 많은 주력注力들을 하시는 모양이오나 교무부에 와서 하는 책임 6조 이행에 대해서는 아직도 용의用意가 적은 것이 사실입니다. 일반적으로 용의가 적다는 것은 너무나 외람한 말씀 같사옵고 우선 이 말을 하는 본인부터도 그 6조를 철저히 이행치 못한 것이 매우 부끄럽습니다. 그러나 그것은 전혀 무성의하여서만 그리되는 것이 아니라 설혹 이행코자 하는 생각이 있다 할지라도 여러 가지 사정에 의하여 이행되지 못하는 일이 허다하니, 즉 공부인이 한가한 틈을 얻어 문답하고자 하면 교무부의 사무 분망[奔忙, 매우 바쁨]으로 인하여 뜻을 달치 못하는 경우가 있고 또는 문답할 말이 사소세밀些少細密하여 당자當者 스스로 변변치 못한 것으로 간주看做하고 마는 수도 있어 그럭저럭 이행되지 못하고 만 것 같습니다.

그래서 본인의 우견愚見으로서는 문답 시간問答時間 특설特設의 필요를 감感하였사온 바 시일時日로는 매월 6일 중 초 6일 오후 시간이 여유가 있사오니 우리는 그 시간을 이용하여 교무부에 와서 하는 책임 6조를 정식으로 문답하였으면 좋을 듯합니다. 그리하여 인인개개人人個個이 자기의 10일 동안 경과한 중에서 다만 1건씩이라도 규칙적으로 이행케 하고 보면 이행하는 당자의 공부상 방향로를 용이容易히 잡을 것은 물론이거니와 방청傍聽하는 대중에게도 그 모든 감각감상 건感覺感想件이며 처리處理 문목 건問目件 등의 제출에 많은 유익이 될 줄 믿습니다.

이와 같이 구술하여 마침에 종사주께옵서 일일이 청취하옵시고 그렇게 하는 것이 필요하겠다고 하허下許하시며 인因하여 말씀하시기를 매월 16일 단회는 회무가 너무나 복잡複雜하여 매우 곤란하니 당일 회무의 1인 의견 제출 급及 심의에 대하여 제출은 16일에 하더라도 심의만은 26일 오후로 결정함이 가합可合하겠다고 하셨습니다. 그리고 본즉 매월 초 6일 오후는 교무부에 와서 하는 책임 6조의 문답 예일問答例日로 되고 또 16일 오후는 의견안 제출의 예일例日로 되고 26일 오후는 의견 심의의 예일例日로 된 셈입니다.

감상담(조수원)

본 내용은 교무부에 제출한 의견 중 하나로 '교당 내왕시 주의사항 6조'를 실행하기 위한 의견 안을 대종사님과 대중이 모인 자리에서 발표한 것이다. 이 내용을 통해 대종사님 당대에는 교단의 발전을 위한 의견을 제안받아 공론화하였음을 알 수 있다. 대종사님의 열린 회상 운영을 읽을 수 있다. 원불교의 공사[공적인 일을 회의를 통해 결정함] 문화다. 종교가에게서 보기 어려운 운영 방식이다.

본 의견을 제출한 분은 '교당 내왕시 주의사항 6조'가 잘 지켜지지 않음에 따라 이를 실행할 방법으로 월 첫째 예회[법회] 후 오후 시간을 제안한다. 실제 우리도 교당에 와서 예회를 보고 나면 지도인과 문답 감정을 할 마음과 시간을 내기가 쉽지 않다. 그 어려움은 예나 지금이나 있었으나 어떻게 해서든지 할 수 있는 방법을 마련하자는 의지가 보인다. 지금의 교당은 법회 보는 곳으로만 고착되어 있고 문답 감정받는 이들은 일부다. 이 문답 감정받는 문화가 희미해졌을 수도 있고 그만큼 공부에 대한 열의가 없다고도 볼 수 있다. 사라져 가는 이 훈련법을 다시 살릴 방도를 대종사님 당대처럼 종법사님과 대중이 함께 적극적으로 모색해보는 장면을 상상해 본다.

선원禪院 일일일면一日一面

기자

《월보》 제42호, 시창17년(1932) 음 11월

——————— 교당 내왕시 주의사항 제5조인 예회 참석의 중요성과 법을 소중히 하는 자세에 대해 예시를 들어 부연해 주신 법설이다. 공부에 발원이 있고 법의 가치를 존중히 한다면 예회 날은 공부에 전심하기 위해 모든 일을 미리 처결하여 예회 시간을 확보해 두며, 만일 그렇지 못한다면 공부에 등한하고 법에 무성의한 태도라는 것이다. 이 법설은 『대종경』 수행품 7장에 정선되어 있다.

11월 17일 오전 10시 반.

종사주宗師主 익산 남男선원에 출석하사 말씀하시되, 「내가 영광에 있을 때 본즉 어떠한 이해理解 없는 회원 하나는 우리의 예회 날임에도 불구하고, 밥 두 그릇과 돈 15전을 벌기 위하여 바로 지부 그 집에 와서 다른 사람의 공부하는 것은 들은 체 만 체하고 일에만 전력하고 있더라. 이로 보면 사람은 우스운 물건이며 공부는 성취하기 어려운 것임을 알았노라.」 하시니, 문정규 즉석에서 「그에 대하여 제가 한 말씀 올리겠습니다. 그 사람이 돈에만 욕심내고 공부에 등한한 것은 실로 잘못하는 일이오나, 만일 사실로 그날 하루 먹을 것이 없어서 부모 처자가 이 추운 겨울에 주리고 떨게 되면 어찌하오리까? 그때에도 공부에만 전력하여 예회를 보는 것이 가하겠습니까? 또 예회는 뒤에도 볼 수 있는 것이니, 설사 그날 하루는 빠진다고 하여도 벌어서 부모 처자가 기한을 면케 하는 것이 옳습니까?」 하니, 종사주 들옵시고 웃으시며 「제군 중에 누구든지 정규 말에 대답하여 보라.」 하시니, 이공주 고왈 「우리의 목적한바 공부는 영원한 사업이며 더욱이 하루의 고통은 능히 견딜 수 있으니, 하루의 고통을 잊기 위하여 밥 두 그릇과 돈 15전에 끌리어 영원한 공부를 놓아버리는 것은 목적상으로나 이해利害상으로나 타당 타 할 수 없는 일이요, 또는 법보다도 돈 15전을 더 존중히 아는 것이 아니겠습니까? 고로 제 생각에는 참으로 법을 존중히 하는 사람이라면 하루는 말고 이틀을 굶는다 하더라도, 15전은 말고 몇십 원이 생긴다 하더라도 예회는 꼭 참예하여야만 될 줄 압니다.」

종사주, 정규를 향하사 공주 말의 가부를 물으시니, 정규 감탄한 어조로 창안[蒼顔, 늙어서 여윈 얼굴]에 백발을 휘날리며 「참으로 그 말이 옳습니다.」 하고 공주에게 절을 하였다. 그리고 「참, 제 생각과 같습니다.」 한즉, 종사주 또 웃으시며 가라사대 「정규가 공주의 말을 듣고 절을 하며 옳다 하는 것을 본즉, 참으로 법을 존중히 아는 거동이 나타난다.」 하시고 「내가 또 말하여 줄 것이니, 들어 보라.」 하신 후 가라사대, **「근본적으로 이 일의 본체를 들어서 말한다면 우리의 예회가 날마다 있는 바가 아니요, 10일 만에 1차씩 당하는 날이니, 만일 공부의 참 발원이 있고 법의 가치를 존중히 아는 자라면 그 열흘 동안에 무엇을 하여서라도 예회 날 하루 먹을 것은 준비하여 둘 것이다. 그러하거늘 그 열흘 동안에는 아무 준비 없이 놀다가 예회 날을 딱 당하여서 먹을 것을 찾는 것은 벌써 공부에 등한하고 법에 무성의한 표징[表徵, 겉에 드러나는 상징이나 특징]이 드러나지 않았는가? 고로 이러한 폐단을 방지하기 위하여 '공부인이 교무부에 와서 하는 책임' 제5조에 미리 말하여 둔 것이다.**

이로 보면 정규의 묻는 말의 본의가 근본적으로 문제 될 것이 없나니 길게 언론 할 필요가 없거니와, 다시 말하면 그 사람이 죽도록 열흘 동안 노력은 하였으나 그날을 당하여

먹을 것이 없다 하더라도 그 사람의 마음 가운데 일호一毫의 사심私心이 없이 공부에만 전력할 생각이 있으면 자연 먹을 것이 생기는 이치가 없지 않나니, 그것은 예를 들면 저 철모르는 어린아이가 그 어머니의 배 밖에만 나오고 보면 우연히 안 나던 젖이 철철 쏟아져서 그 천록을 먹고 장양 되는 것과 같나니라.」 하시더라.

감상담(조수원)

원기17년 법설 당시인 1932년의 상황을 2022년 오늘에 펼쳐 놓으면 이야기의 전개가 어떻게 될까? 매주 보는 법회는 둘째 치고 일 년에 한 번 나는 교도 정기훈련도 직장에 일이 있으면 일을 먼저 하고 오는 것이 허용되는 분위기다. 그러니 법회 출석도 출근했다고 하면 도리어 일요일에도 일해서 힘들겠다는 심정으로 이해해준다. 문정규 선진의 말에 힘이 더 실린다. 만일 누군가가 이공주 선진처럼 말을 한다면 그는 세상모르는 사람으로 취급될 수 있다. 대종사님이 이곳에 계신다면 어떻게 말씀하실까? 너희들은 공부상 참 발원이 없고 법의 가치를 모르는 자들이라 할 것이다.

현대인들의 종교 생활하는 것을 보면 정신의 휴식과 마음의 편안을 위하여 종교를 찾는다. 물적 생활과 정신적 생활의 균형을 맞추기 위함이다. 그러기에 이들에게 공부를 통하여 낙원 세상 건설의 발원을 얘기하는 것은 무리일 수 있고 부담을 주는 일이다. 그러므로 교당에서도 교당 내왕시 주의사항을 훈련으로 요구할 수 없는 실정이다. 교당은 그저 마음의 안정을 주는 휴식의 공간으로 요구된다.

이들 중에서도 법의 가치를 알고 참 공부하고자 하는 사람이 있다면 이공주 선진의 말에 가슴이 철렁할 것이며 대종사님께 죄송한 마음이 날 것이다. 의식주와 관련된 일에서 주객이 전도되는 일이 빈번히 일어나는데 이때마다 자신의 발원에 반조해보아야 한다.

이 말은 나에게도 해당한다. 매주 돌아오는 법회 날을 어떻게 대하고 있는지 돌아보면 가볍기 그지없다. 그러한 이유가 여러 가지 떠오른다. 이러하다면 이미 나는 이 공부로 보은자가 되고자 하는 사람이 아니다. 서원이 분명한 사람은 가는 길이 선명하다.

물질이 발달한 이 세상에서 마음공부에만 전력하기가 쉽지 않다. 물질이 주는 편안함과 소유욕이 옆에서 늘 속삭인다. 그 달콤함을 뿌려치기가 어렵기에 이 공부 이 사업에 전일하기가 어렵다. 대종사님이 말씀하시는 저절로 천록이 나오는 삶은 이 물질의 향유에서는 거리가 있는 것으로 보인다. 자본주의 사회에서는 물질의 풍요와 법위 향상, 이 두 가지를 다 가져가기가 쉽지 않다. 그러함에도 이 길을 갈 사람은 누구인가. 이 두 가지를 다 얻을 수 있는 사람은 몇 명이나 될까.

돈 버는 방식

이공주 수필受筆

《회보》 제18호, 시창20년(1935) 7월

교무부에 와서 하는 책임[교당 내왕시 주의사항] 제5조 '매월 예회에는 반드시 참예하기를 주의할 것'과 제6조 '교무부[교당]를 다녀갈 시는 그 득실 대조를 주의할 것'처럼 예회 참석과 법에 대한 소득 반조의 중요성을 강조하고 있다. 이처럼 예회에서 인생에 필요한 법을 가르쳐 주는 것은 곧 돈을 주는 셈이요, 그러한 법을 많이 듣고 알아서 그대로 행하는 사람은 곧 돈을 버는 셈으로 여기라는 것이다. 예회에 법을 들으러 오거든 돈을 벌기 위해 온다고 생각하라는 것이다.

그리고 예회에 출석하여 법을 들을 때는 기계사람[경성박람회에 출품되었던 기계로 움직이는 거짓 사람] 같이 건성으로 앉아있지 말고, 정신을 차려서 선악 간에 반드시 보감을 삼아 매사에 활용하라고 당부하고 있다. 이 법설은 『대종경』 수행품 8장에 정선되어 수록되어 있다.

한때에 익산교당[익산 총부]에서 종사님 법좌에 출석하시사 대중을 향하여 말씀하여 가라사대, 「이제 나는 제군에게 돈을 주려 하나니, 제군은 각자의 재주와 기국대로 이 돈을 받아다가 밥도 하여 먹고 옷도 하여 입고 집도 지어 살고 그 외 어디든지 쓰고 싶은 데가 있거든 마음대로 쓸지어다. 내가 이러한 말을 하면 혹 어떤 사람은 '돈은 한 푼도 주지 않으면서 무슨 돈을 마음대로 쓰라고 하는고?' 하여 거짓말 같이 혹은 부황하게 알는지도 모르겠다.

그러나 지각知覺 있는 사람이 한번 곰곰이 생각하여 본다면 이 말이 조금도 거짓말이 아님을 이해할 것이니, 즉 알기 쉽게 한 예를 들어 말한다면 술을 1년이면 50원어치나 먹고 살던 사람이 오늘 이 예회에 와서 술 먹지 말라는 계문 해석을 듣고 크게 깨달음이 있어 먹던 술을 아주 참았다고 하여보자. 그런다면 1년을 참으면 50원이 모이고, 10년을 참으면 500원이 모이며, 일평생을 참는다면 몇백 원 혹은 몇천 원도 모일 수가 있을 것이니, 곧 그 계문을 설한 사람이 그 사람에게 그만한 돈을 준 셈이 되지 않는가? 또는 잡기[雜技, 노름 등]를 하여 부모의 유산을 낭비하던 사람이 오늘 이곳에 와서 잡기 말라는 계문 해석을 듣고 또한 깨달음이 있어 항상 하던 잡기를 참기로 결심하고 얌전한 사람이 되었다고 하여보자. 그런다면 전답을 팔아먹던 사람이 도리어 전답을 장만하게 될 것이며, 남의 빚을 쓰던 사람이 도리어 저금하게 될 것이니, 그 법을 설하여 준 사람이 또한 그만한 돈을 준 것이 아니고 그 무엇인가?

만일 위에 말한 바와 같이 술 잘 먹고 잡기 잘하는 사람들이 일평생에 그와 같은 필요한 법설을 듣지 못하고 자행자지로 지내어 보라. 그 말로末老의 기구할 것은 의심할 것도 없는 사실이니, 실로 위태한 세상이라고 아니할 수 없나니라. 그뿐만 아니라 또 가령 농촌에서 농사 지어먹는 사람이 본래 재주는 한 두락에 한 섬밖에 못 내어 먹었는데, 어떠한 농사법 잘 아는 선생에게서 개량 농사법을 배워서 같은 한 두락에 두 섬씩을 내어 먹는다고 하여보자. 그런다면 그 선생은 법만 일러주었건마는 그 실은 논 한 마지기 더 사준 것과 똑같은 일을 하지 아니하였는가?

그러면 우리 인생 생활에 필요한 법을 가르쳐 주는 것은 곧 돈을 주는 셈이요, 그러한 법을 많이 듣고 알아서 그대로 행하는 사람은 곧 돈을 버는 셈이라고 아니할 수 없을 것이다. 그러면 제군도 이후부터 예회에 법을 들으러 오거든 돈을 벌러 온다고 생각하고, 또 사회는 연사를 소개할 때 "이참에는 어느 분이 무슨 말을 한다."라고 하지 말고, "이참에는 어느 분이 나오셔서 돈을 줄 터이니 받을 그릇을 준비하였다가 많이 담아가게 하라."고 하라.

또 저세상에서 과학 학교에 다니는 것도 곧 그 선생의 가르치는 법을 들으려고 다니는 것이니, 그 가르침을 많이 잘 듣고 그대로 행하는 사람은 가치 있는 사람이 되어 월급 생활을 한다 하더라도 1개월에 수십 원 수백 원이라는 고급[高給, 높은 등급의 봉급]을 받게 되는 것이요, 만일 듣고 보고 배운 것이 없이 마구잡이로 산 사람은 가치 없는 사람이 되고 마나니, 저 무식한 농촌 부녀들을 본다면 종일 가서 죽도록 남의 일을 하여 주어도 그 품삯이 15전 혹은 20전에 불과하고, 남자는 기운이나 상식이 부녀보다 조금 낫다 하여 45전을 받게 되며, 대목이나 토수 같은 사람은 전문 기술이 있다 하여 하루에 1원 내지 2, 3원씩 받는 사람도 있지 아니한가? 그러면 같은 사람 가운데에도 인생 생활에 필요한 법을 많이 들어서 아는 것이 있는 사람은 귀대를 받게 되고, 그와 반대로 필요한 법을 듣지 못하여 아는 것이 없는 사람은 천대받게 되나니, 그러므로 나는 이 세상에서 천대받는 모든 사람에게 인도 정의人道正義를 가르쳐 귀대를 받게 하기 위하여 이 회상문會上門을 열고 모든 법을 설하여 주게 된 것이다.

그런데 이 세상 사람들은 그 뜻을 알지 못하고, 도리어 심한 자는 비방을 하며 가난한 자는 돈이 없어 못 한다, 빚 있는 자는 빚 때문에 못 한다, 부모 있는 자는 부모 때문에 못 한다 하니 그 어찌 애달프지 아니하랴? **그 실은 돈이 없으니까 이 법을 배워야 하고, 빚이 있으니까 이 법을 배워야 하며, 부모가 계시니까 이 법을 부지런히 배워야 할 것이다. 그런데 도리어 그것 때문에 못 한다 하니 그것이 될 말인가?** 다른 것은 다 그만두고 신용 없지 말라는 계문 하나만 배워서 지킨다 하더라도 천만 원의 가치가 있는 것이며 일평생을 두고 써도 유익 되고 남음이 있겠거늘, 그런 것은 심상히 알고 배우려는 생각도 아니 내며 우선 눈에 보이는 돈에만 욕심이 나서 소위 회원이 되어서도 15전이나 20전 품삯에 팔리어 예회에 번번이 불참하는 자도 그 수가 많지 아니한가?

보라! 지금이라도 이 근동 사람들에게 말하기를 "오늘은 우리 인간 생활에 필요한 법을 말하여 줄 터이니, 모두 들으러 오라."고 한다면 몇 사람이 안 올 것이다. 그러나 "오늘 오는 자에게는 아무 일도 시키지 않고 남자는 15전, 여자는 20전씩을 개개個個히 줄 터이니 오라."고 한다면 우치한 사람들은 아마 이 대각전이 미어지게 모여들 것이다. 그러면 모든 사람의 정도가 무가無價의 가치를 가진 좋은 법설을 저 하下치 않은 돈 몇십 전만도 못하게 인증하는 모양이니, 그것을 생각할 때는 실로 한심할 일이라고 아니 할 수 없나니라. **그리고 끝으로 또한 말하여 줄 것이 있으니 그것은 다름이 아니라, 설사 예회에는 빠지지 않고 꼭 참예하는 사람이라도 그 마음을 정돈할 줄 모르고 건성으로 앉아서 존다든지, 펄렁거리고 밖에나 드나든다든지 하면 그러한 사람들에게는 아무리 좋은 소리를 하여 준다고 하여도 소용이 없을 것이니, 실로 그런 사람들은 연전年前 경성박람회에 출품되었던 기계로 움직이는 거짓 사람과 같다고 아니할 수 없을 것이다.**

그러한즉 제군은 또한 이 점에 주의하여 어떠한 법설을 듣게 되든지 기계사람 같이 건성으로 앉아있지 말고, 정신을 차려서 선악 간에 반드시 나의 보감을 삼으며 매사에 활용하도록 하라. 그런다면 아무리 멍청하던 사람이라도 슬기로운 사람이 될 것이요, 빈한하던 사람이라도 부자가 될 것이며, 무식하던 사람이라도 유식한 사람이 되어 고는 적고 낙이 많아지리라.」 하시더라.

감상담(윤명화)

'돈 버는 방식' 법설 제목이 요즘 사람들의 호기심을 자극할 수 있겠다는 생각과 함께 의문도 든다.

어떠한 법설을 듣게 되든지 건성으로 듣지 말고 정신을 차려서 선악 간에 보감을 삼으며 매사에 활용하면 멍청한 사람도 슬기로운 사람이 되고, 빈곤한 사람도 부자가 될 것이라며 법설을 마무리하신다.

예회를 통해 슬기로워지고 부자가 될 수 있다는 말씀이다. 정말 그렇겠다고 하는 각성이 절로 생긴다. 법회에 가면 돈을 벌 수 있다는 생각은 해 보질 못했다. 예회를 나가는 가장 큰 이유는 왠지 마음이 안정되고 편안함을 느끼기 때문일 것이다. 법설을 통해 지혜를 얻고 깨달음을 얻기 위함이리라. 그렇게 생각하니 법설의 내용과 다를 바가 없다. 그러한 깨달음이 삶을 변화시켜 결국 돈을 벌 수도 있으리라 여겨진다.

법회에 나가는 이유가 무엇인가. 4종 의무 중 하나이기에 의무적으로 다니지는 않는가 놀아본나. 어릴 때는 교무님의 설교 듣는 것도 좋았지만 그것보다 또래들과 함께하는 활동들이 재미있어 다녔다. 또 한때는 예회를 마음 날 때만 다닌 적도 있다. 이제는 마음을 챙겨 다닌다. 예회가 주는 기쁨과 소득이 있기 때문이다. 예회를 잘 다니기 위해서는 예회의 목적과 예회에서 얻어가는 것이 무엇인지 두렷이 알아야 한다.

교법을 알면 예회의 가치를 알게 되고 그 속에서 얻는 재미를 외부에서 찾지 않게 된다. 그런데도 예회를 보고 난 후 아쉬움이 남는 날이 왕왕 있다.

상시훈련법 중 교당 내왕시 주의사항은 예회를 중심으로 이루어진다. 상시기간의 일들을 문답하고 감각된 일을 보고하여 감정을 얻고, 의심된 바의 해오를 얻는 일은 교당에 와서 한다. 함께 공부하는 공부인들과 지도인이 있어 할 수 있다. 상시훈련 중 부족한 부분을 스스로 찾아 교당에 와서 문답하고 감정받는 활동을 예회에서 한다. 상시의 수행 길을 잡아가는 것이다.

정기훈련 시간이 예전과 달라진 지금 어쩌면 매주 예회를 통해 정기훈련을 할 수도 있겠다 여겨진다. 상시기간 훈련한 상시 응용 주의사항 6조 실천 거리를 통해 예회에 참석하여 공부인들과 함께 나누며, 필요한 부분들은 정기훈련 과목을 통해 채워간다면, 정기훈련의 부족한 시간을 보충할 방법이 될 수 있겠다. 예회를 보고 난 후 부족한 아쉬움도 채워지리라는 감상이 든다.

예회를 존중히 하라

전음광

《월보》 제40호. 시창17년(1932) 9월

교무부에 와서 하는 책임[교당 내왕시 주의사항] 제5조 '매월 예회에는 반드시 참예하기를 주의할 것'에 대한 구구절절한 회설이다. 특히 정기훈련에 입선 못 한 사람에게는 예회 날이 정기훈련 날이 된다고 강조하고 있다. 동하 양기兩期의 전문 공부를 하지 못 한 사람에게는 예회가 매년 36일의 정기 입선일과 같이 훈련을 더 하게 되는 격이며, 비록 입선하여 전문 공부를 한 사람이라도 6개월간을 아무 대조도 없이 쉬게 되면 사마邪魔에 흔들려서 공부에 게으르게 될지 모르므로 예회는 전문 공부를 한 사람에게도 없어서는 안 될 필요한 날이라고 강조하고 있다.

〈1〉

우리가 보아오는 예회는 본회 창건의 갑자甲子 4월 이후부터 비롯하여 우금于今 약 10개 성상星霜을 지내오매 그 수數 근近 200회에 달達한다. 그러나 예회는 뒤로[지난] 보아온 횟수가 많이 쌓여가는 만큼 앞으로 볼 예회도 또한 본회의 영원한 운명과 아울러 무진장으로 남아있다. 그러면 우리는 이미 무수한 예회를 경과하여 왔고 앞으로 무한한 예회를 맞을 입장에 있으니 이미 다 아는 바이라 할 수 있지만은 예회의 필요를 다시 한번 고려할 필요가 있다고 생각한다.

〈2〉

예회는 우리 회에만 있는 규정이 아니요, 집단적 대중 생활에서 불가결한 집회인 만큼 현하 각 종교가에서도 행하지 않은 곳이 없다. 그러나 그 본의를 탐구하면 거의 대동소이한 공통성을 발견할 수 있으리라고 신信하나니 그것은 다름이 아니라 각기 신도로 하여금 1개월 내 복잡한 진세塵世의 육적생활肉的生活에서 기분幾分이라도 정신상 혜복로慧福路를 개척할 영적생활靈的生活을 하게 하는 까닭이다. 그러면 우리 회의 예회에 대한 관념도 대부분은 이상과 여如히 정신적 위안을 주고자 하는 데에 있다.

그러나 그보다도 더 가장 주로 하는 본의는 예회 그날만큼은 오로지 공부에 주력하여 성의를 권장하고 지행知行을 촉진함에 있나니 **예를 들면 기회나 비용이 미급하여 동하 양기兩期의 전문 공부를 하지 못 한 사람에게는 예회가 매년 36일의 정기 입선일처럼 되어서 훈련을 더 하게 되었으며 비록 전문 공부를 한 사람이라도 6개월간을 아무 대조도 없이 쉬게 하면 인심은 변하기 쉽고 세상은 험악한 것인지라 어떠한 사마邪魔에 흔들려서 공부에 해태하게 될지 모를 것이다. 고로 10일마다 일차식 참례하여 기간其間 경과를 보고하며 성적을 대조하게 하나니 예회는 전문 공부를 한 사람에게도 없어서는 안 될 필요한 기일期日이다.**

그뿐 아니라 그날만큼은 복잡한 진루塵累를 떠나 신선한 회당會堂에 와서 친절한 동지노 상면相面하며 법사의 법설이나 연사의 강도講道를 들을 때 더럽힌 뇌수를 시원한 호해수浩海水로 세탁하여 초인간적 청정미를 맛볼 수 있을 것이다. 그러고 참된 마음으로 사실다운 예회를 본 사람일진대 남의 말도 듣고 내의 의견도 교환할 때 상당한 얻은 바가 있으리니 정신이 한가하고 마음이 밝을 때면 법사의 일언一言 하에 인간 고해와 생로병사를 초월할 능력도 얻을 수 있을 것이다. 설사 이러한 큰 얻음은 얻지 못한다고 할지라도 그 사람의 정도를 따라 약간 약간의 얻음은 있을 것이며 그 공부에 주력하는 시간만큼은 다른 사심이 침노치 못할 것이니 은연자연 중 공부 진행상 이익 됨이 실로 많을 것이다. 고로 이 예회만큼은 전문 공부를 한 사람이나 안 한 사람이나 연구자로서는 반드시 지켜야 할 필요한 날이다.

〈3〉

사람이 무슨 일이나 성공하기로 하면 그 일에 대하여 무한한 노력과 불굴의 열성이 있어야 할 것은 오배吾輩의 공통 승인하는 사실이나 우리도 이미 이 공부를 성취하기 위하여 착수하는 이상에 전문 공부야 하였건 아니하였건 그날 하루의 예회를 보고 와서 당장 이익 나는 것이야 있건 없건 소위 우리의 공부를 위하여 제정된 예회를 등한시하여야 할 바이랴. 이 거대한 공부의 성취할 일을 생각하면 매일每日 매시每時 이곳에만 전문하여 한평생 한다 하더라도 성공할 가망이 박약하다. 그러나 그것은 우리의 사정이 허락지 아니하여 못한다 하더라도 1개월 내 많지도 않은 그 3차의 공부기일[삼예회]도 참례치 않거나 무연고無緣故히 간혹 결석을 고告하게 되는 것은 성의가 없다는 것보다도, 공부에 등한 한다는 것보다도, 당초에 공부를 발원하여 하기로 한 그 본의를 의심치 않을 수 없다.

〈4〉

더욱이 재래의 예회는 오전에만 한하여 법사의 법설이나 연사演士의 강도講道만 듣게 되었으므로 그 신信과 성誠을 촉진하였을 뿐이요, 실제 공부 진행상의 계통적 차례도법次第道法을 얻을 수 없다 할지 모르나 현재는 그와 식式을 변경하여 오전부와 오후부로 나누어 가지고 오전에는 법사 혹은 연사演士의 설법이 있어 청중의 혜두慧頭를 개척시켜 주며 오후에는 2, 3인씩 반을 정하여 경전의 자음통음字音通音과 의지 해석을 실습시키고 남은 시간을 이용하여 각 연구자의 10일간의 경과보고와 의두 문답疑頭問答과 감각·감상, 처리處理한 바를 제출하여 호상互相 의견을 교환케 하나니 형식과 사실을 아울러 공부상 실익됨이 무수할 것이며 참다운 생각으로 오는 자라면 일취월장의 공부는 되지 못한다 하더라도 점차 그 소연昭然한 길을 알게 될 것이다. 그러하거늘 이 예회를 무연고 혹은 무성의로 결석하였어야 할 것인가.

〈5〉

고로 야소교耶蘇敎에서는 주일에 참례치 않고 다른 일을 하는 자에게는 하나님 날을 도적질한 자이라 칭하여 가장 엄숙히 경계하였으며 우리의 공부인이 교무부에 와서 하는 책임 6조 내에 예회의 참례를 긴절緊切히 말씀하심도 이상과 여如한 중대한 관계가 있는 까닭이다. 이로 볼진댄 어찌 공부자로서 예회를 등한히 하여서 될 것인가? 삼가 우리 동지는 이 예회의 필요를 각성하여 갱일층更一層 예회에 충성忠誠하기를 비노라.

구전심수口傳心授의 효력效力

송도성 수필受筆

《월보》 제47호, 시창18년(1933) 음 5월

경전만 읽는 것과 이 경전을 지도인과 구전심수口傳心授하는 것이 마치 기성복과 맞춤복의 차이와 같다는 법설이다. 교당 내왕시 주의사항의 문답 감정 해오의 중요성을 부연한 말씀으로 볼 수 있다. 이 법설은 정선되어 『대종경』 교의품 24장에 수록된다.

한때에 종사주宗師主 봉래정사에 계시옵시니, 모든 제자 모셔서 앉았더라. 때에 송도성이 나서서 고왈 「종사님을 뵈옵기 전에도 고성古聖의 경전도 혹 보았으며 구전口傳으로 더러 들어 배웠사오나, 그날에는 어찌하여 도덕이 무엇인지, 시비이해是非利害가 무엇인지, 선악 귀전이 무엇인지 도무지 모르고 다만 글 읽는 것으로만 사람의 직업인 줄 알았더니, 종사님을 뵈온 후로는 이 여러 가지 이치가 차차 밝아짐이 있사오나 알고 보니 전에 보던 그 글이요, 전에 듣던 그 말씀인데 어찌하여 모든 것이 새로이 알게 되는 것 같습니까?」

종사주 : 「그러하리라.」 하시고 의장[衣欌, 옷장]에서 옷 한 벌을 내어 드시며 가라사대, 「이 옷 한 벌을 가지고 여기 있는 여러 사람이 다 한 번씩 입어 보라. 사람 사람의 몸에 꼭 맞겠느냐?」

도성 : 「사람의 몸이 대소大小와 장단長短이 있어 천차만별로 다르거늘, 어찌 옷 한 벌이 사람 사람의 몸에 다 맞겠습니까. 몸이 큰 자에게는 물론 의복이 작을 것이요, 몸이 작은 자에게는 의복이 반드시 크겠습니다.」

종사주 : 「그러면 어찌하여야 사람 사람에게 다 맞겠느냐?」

도성 : 「그 사람의 대소 장단을 맞추어서 의복을 제조하면 각각 맞겠습니다.」

종사주 : 이에 말씀하시되, 「**자고로 유래遺來하여 오는 경전과 모든 규칙이라 하는 것은 이 의복 한 벌로써 여러 사람을 입히는 것과 같아서 방편을 따라서 임시로 변통變通하지 못하는 법이라. 그런고로 깨치는 사람이 적으며, 직접 구전심수하여 가르치는 법은 사람의 대소 장단을 따라 의복을 제조하는 것과 같으니, 그런고로 깨치기가 쉽나니라.**」 하시고, 이어 말씀하시되 「성인의 흉胸중에는 억 천만 법이 포함하여 있다가 일의 형편과 사람의 근기를 보아서 응해 쓰나니, 천 사람을 대하면 천 가지 법으로써 하고 만 사람을 대하면 만 가지 법으로써 하나니, 그 제도하는 수단과 방편은 범상한 사람의 측량치 못할 바이니라.」 하시더라.

감상담(윤명화)

일원상의 진리가 대종사님을 통해 우리에게 전해졌고 그 내용이 우리의 경전에 담겨있다. 경전은 일과 이치를 밝혀주는 공부의 방향로이다. 사람이 살아가는 데 꼭 필요한 사람의 길人道을 밝혀 인도해 준 것이다. 삶에서 부딪치게 되는 문제들의 답은 경전을 통해 얻게 되는 경우가 종종 있다. 그러기에 경전 공부를 놓을 수 없다.

법설에서는 경전에서 찾지 못한 답을 문답을 통해 해결하라 한다. 대종사님은 옷에 비유하여 설명해 주신다. 각각의 사람에게 그에 맞는 옷을 맞추어 짓듯이 구전심수로 가르치는 것이 그와 같다고 하신다. 교당 내왕시 주의사항을 보면 감각된바, 의심나는 바가 있거든 지도인의 감정을 얻고 해오를 얻으라 하셨다. 상시에서 공부하며 해결되지 않는 의문을 풀 방법을 일러 주신 것이다. 하지만 그 방법대로 우리가 공부를 잘하고 있는지 돌아보게 된다. 마음을 열고 문답하려 해도 여건이 어렵다. 상시 응용 주의사항을 문답하는 훈련임을 놓치고 있다.

교당은 지도인이 있는 곳으로 법회가 이루어지는 곳이다. 비대면으로 법회가 이루어지고 있는 요즘 교당의 개념도 확대돼야 할 것이다. 그에 따라 교당 내왕시 주의사항 또한 변화되어야 하겠다고 생각된다.

대종사님은 지금 그대들 백 명 안에 든 사람은 물론이요, 제1대 창립 한도 안에 참례한 사람들까지도 한없이 부러워하고 숭배함을 받을 것이라 하셨다. 지금 심정이 그러하다. 대종사님을 만나 공부길을 잘 잡아가는지 문답하고 싶다. 그 뜻에 맞게 공부길을 가고 싶다.

을해乙亥 동선冬禪 결제시結制時 훈사

이공주 수필受筆

《회보》 제21호, 시창21년(1936) 12·1월호

______ 선원에 입선하든 예회 참석 등으로 교당을 내왕하든 지도인에게 마음병을 사실대로 직고하라는 것이다. 교당 내왕 시 지도인에게 문답 감정 해오를 통해 자신의 마음공부를 직고하여 공부에 실효과를 얻으라는 것이다.
그렇지 않고 자각적自覺的 신성信誠이 없이 건성으로 있는 사람은 트집이나 잡고 규칙을 문란히 하여 다른 사람의 공부까지 방해하고 끝내는 떠나게 된다는 것이다. 신성이 필요하되 스스로 각성하는 신성이 있어야 공부에 발심이 있고 지도인에게 자신의 공부 상황을 문답하고 감정받고 해오를 얻게 된다는 것이다. 이 법설은 윤문하여 『대종경』 수행품 57장에 정선된다.

이날은 익산교당[익산 총부]에서 제21회 동선 결제식[원기20년 음 11월 6일]을 거행하던바, 종사님 법좌에 출석하시사 대중을 향하여 말씀하여 가라사대, 「… 그런데 제군들은 요행히도 각자의 병든 것을 발견하였고 그 병에 마땅한 병원을 찾아왔으니, 이제는 이 병원에서 시키는 대로만 치료를 잘하게 되면 그 병은 낫고야 말 것이다. 그러나 하나 알아 눌 것은 각자의 병 경중輕重과 정성 다소多少에 따라서 쉽게 나을 병도 있고 혹은 3개월 후에 떨어질 병도 있으며 혹은 10년까지 갈 병도 있고 혹은 평생을 치료하여야 떨어질 병도 있나니라.
그러면 저 육신의 병도 그 병을 나으려면 그 병난 동기를 의사에게는 속임 없이 말하고, 아무리 쓴 약도 먹으라면 먹으며, 아무리 아파도 주사를 맞으라면 맞고 수술을 하자면 하며 미음을 먹으라면 먹고 하여튼 의사의 말을 잘 들어야 그 병이 낫듯이, 제군도 마음병을 고치고자 하거든 나에게는 모든 일을 속이지 말지며 나의 이르는 말을 잘 듣고 나의 내놓은 법과 규칙을 준수하여 보라. 그런다면 모든 마음의 악질 고질이라도 다 나아서 완인完人이 될 것이요, 만일 자각적自覺的 신성信誠이 없이 건성으로 있는 사람들은 트

집이나 생겨나고 규칙을 문란히 하여 다른 사람에게까지 방해나 부리다가 도망하고 말 것이다. 그러하니 제군들도 각자의 병을 낫게 하고 꼭 완인完人이 한번 되고 싶거든 오늘 결제를 하고, 만일 고장故障이나 붙이고 성가시려거든 차라리 입선을 마는 것이 가할 줄로 안다.

그런데 이 마음 병원에서는 또 한 가지 특색이 있나니, 그것은 다름이 아니라 각기 자심自心의 병을 낫게 하는 동시에 남의 병을 치료시키는 의약까지 얻게 되는 것이다. 그러면 제군도 공부를 잘하면 자기의 병을 낫게 하는 동시에 다른 사람의 병을 치료할[부처님의 지혜와 능력] 능력까지 얻게 할 것은 내 장담하노라.」 하시더라. 〈대종경 수행품 57장〉

심병心病 직고直告에 대하여

제안인 김광선

《월말통신》 제21호, 시창14년(1929) 기사己巳 음 11월

'심병 직고'는 팔산 김광선이 시창14년 기사己巳 11월 16일에 제출한 의견안이다. 정기훈련과 상시훈련은 지도자를 필요로 한다. 상시훈련에 있어 상시응용 주의사항은 스스로 훈련이라면 교당 내왕시 주의사항은 서로서로 훈련이다. 이 가운데 스승인 지도자가 있어야 한다. 만일 자신과 동지 사이에 스승의 지도가 없으면 공부가 제대로 되기 어렵다. 그러므로 공부인에게 자신의 마음을 사실 그대로 고하는 과정은 반드시 선재先在되어야 한다. 자신의 마음병을 직고할 수 있는 스승이 있다는 것은 도가의 행복인 것이다.

망망한 우주에 인생의 일존재一存在는 태창太蒼에 일속一粟을 투投함과 여如히 지소탕연至小蕩然하지만 반反하여 그 대성大性의 본처本處를 일고一顧하면 정신은 위로 허공을 통通하고 육체는 아래로 지구를 응應하여 천지를 통응通應한 결정結晶이요 만리萬理를 겸존兼存한 본처本處로서 그 동력動力은 가장 위대하여 우주를 능能히 흔동掀動할 수 있으며 만사

흥망萬事興亡을 지배할 수 있다. 그러나 사람은 거주풍토居住風土의 습관과 천연자연天然自然으로 발동發動하는 오욕삼독五慾三毒에 인因하여 본능本能의 정신과 자유를 박탈하고 파란리波瀾裡에 방황합니다. 다행히 오등吾等은 종사주의 대법大法을 봉奉하여 오욕五慾의 악습을 세척하고 육근六根을 정의로써 개조하려 하나니, 예를 들면 어떠한 인간이 근본은 건강한 육체의 소유자로 매사에 충실히 활동할 요소와 역량을 가졌지만, 그 정신과 육체를 난잡亂雜히 사용하다가 국부局部에 독한 병균이 침입하여 가위可謂 사선死線에 지至할 때 천행天幸으로 양의良醫를 만나 재생再生의 일로一路를 더위잡으려고 치료를 받는 자와 같나니, 우리의 병명病名을 열거하면 곧 탐貪, 진嗔, 치痴로부터 나는 삼십 계문 등입니다. 이로 인하여 우리의 정신과 육체를 망하게 하며 불시不啻라 전 인류의 타락, 부패가 다 이에 유래하나니 그러므로 차此를 운云하여 병이라 하며 고치려고 합니다.

종사주는 이 병을 치료키 위하여 사은사요四恩四要의 간판을 걸으시고 삼강팔조三綱八條의 치료 방方을 제정하사 환자들로 하여금 매월 삼차三次의 통원치료[예회 참예]와 6개월 입원치료[정기훈련 입선]를 시키시며 또는 재가 환자에게 육봉六封의 약[상시 응용 주의사항 6조]을 주시사 동정 간動靜間 증세를 보아 자치自治케 하시고 그 위에도 때때로 별증別症과 기온氣溫 기상氣狀을 조사하여 법法의 주사注射를 간간이 주시여 중독환자重毒患者의 우리를 소생甦生 시키십니다. 그러나 우리는 우리 양의良醫 종사주께 병의 치료는 원願하고도 병명病名만은 직고直告치 아니하며 나아가 병을 숨기는 일까지 있게 되나니 어찌 우치遇痴한 일이 아니겠습니까? 곧 중병환자로 의사의 치료를 원願하고 입원까지 한 자가 정말 의사가 치료하려는 때는 환부患部와 병명病名을 은닉隱匿함과 같나이다. 그러므로 우리는 병을 먼저 직고하기로 합시다. 자아自我의 심신心身을 조사하여 30조 병목[病目, 30계문] 중 일개一個라도 걸린 자 있으면 용서 없이 모조리 적발하여 그 감사하신 치료를 받읍시다. 인간이란 본시 그러한 것인지 자기를 해害하는 병을 말할 때 좁쌀 같은 한 존재로부터 일어나는 명예의 부끄러움에 인因하여 차마 직고치 못하나니 교무부에서는 이 어린 인간들을 위하여 신고함申告函이란 목상[木箱, 나무상자]을 조실[祖室, 종법실]에 괘치[掛置, 걸어 매어 놓음]하고 각자 육근 동작상 천연적天然的 또는 견문간 생生하는 불의不義한 생각과 자기로서 처리할 수 없는 난경難境을 고납[考納, 헤아려 보고 내다] 키로 합니다. 우리는 일일一一 적기摘記 투입投入하여 종사주의 주도면밀하신 치료 하에 광명정대한 인생으로 살아봅시다. 단, 타인의 행동이라도 불의不義한 점이 있어 장차 중인衆人에게 파급될 염려가 유有한 시時라도 여사如斯이 고백하여 그 사람을 정의 방면으로 인도합시다.

숙제 답안 발표에 제하여

이공주 수필受筆

《회보》 제48호, 시창23년(1938) 10월

__________ 교당 내왕시 주의사항의 문답 감정 해오의 한 방법으로, 문제를 내주고 이에 대한 답안을 내도록 한 방식이다. 소태산은 "나는 제군에게 우선 급히 알 필요가 있는 것을 한 가지씩 제출하여 물어서 철저히 알게 하자는 심산이다."라 하시며, 문제를 내주어 숙제를 준 의도를 밝히고 있다. 즉 수다數多한 용심법 가운데에서 가장 알만한 문제를 내어 그 답안을 곰곰이 생각하는 중에 그 해법을 알게 하고 또는 '잘했다', '못했다'는 판정을 받을 때 그 법이 뇌수에 박히게 하고, 뇌수에 박히도록까지 안 법은 실생활에 이용하기 쉽게 되니 절실히 필요한 방법이라는 것이다.

한때에 익산교당[익산 총부] 대각전에서는 예회 날을 이용하여 전번 숙제의 답안을 대중에게 발표하게 되었다. 전음광 씨 등단하여 제출인의 씨명과 등별과 2등 이상인의 원문 등을 개개箇箇히 낭독 소개하니, 종사주 일일이 청취하옵시고 말씀하여 가라사대, 「지금 음광이 여러 사람의 답안을 고성 낭독하였으니, 응당 잘 들었을 줄 안다. 그러나 어쩌면 1등이나 2등이 되고, 어쩌면 3등이 되며 또 어쩌면 등외가 되는지 그 내역을 자상히 아는 사람은 적으리니, 내 이제 알기 쉽게 가르쳐 주리라.

즉 별것이 아니니, 그 답안 쓴 것이 문제에 적절하고 명확하여 결함 처가 하나도 없이 잘 되었으면 1등이요, 혹 알기는 알았으나 해석이나 말 만든 것이 조금 서투르게 되었으면 2등이요, 그보다도 좀 더 잘못되었으면 3등이요, 만일 문제에 적절치 못하여 외제外題한 것은 등외로 잡은 것이다. 그런데 금번 답안은 썩 잘된 것이 하나도 없으므로 1등에 합격한 자는 없고 2등이 최고위를 점령하게 된 것이다.

이와 같이 문제를 내어주며 그 답안을 써 오라 하면 혹자는 괴롭게 생각할지 모르나, 그

실은 오히려 제군을 지극히 생각하여 사리事理 간에 한 가지라도 어서 속히 알려주려 함이니, 답안을 쓸 만한 사람들에 있어서는 정성껏 써오는 것이 옳을 줄 안다. 보라! 아무리 제군이 예회에는 잘 다닌다고 하더라도[물론 안 다니는 회원보다는 어느 방면으로든지 낫지마는] **만일 건성으로 남의 말이나 듣고 각자의 의견 발표 한번을 못 하여 본다면 그 얼마나 큰 효과가 날 것인가? 그리고 또 교과서를 주며 익히고 그대로 행하라 하지마는 그 허다한 법 가운데에서 어떤 것을 먼저 익히고 행할지 알 수가 있을 것인가? 그러므로 나는 제군에게 우선 급히 알 필요가 있는 것을 한 가지씩 제출하여 물어서 철저히 알게 하자는 심산心算이다.**

가령 한 가정의 살림살이를 차리려 하여도 반드시 선후 차서가 있어 첫째는 거처할 집과 밥 차려 먹고 의복 넣어 입을 도구 등을 장만한 연후에 각자의 정도를 따라 문방구도 사들이는 것이요, 그러고도 여유가 있다면 몇 달에 한 번이나 몇 해에 한 번씩 쓰는 물건까지라도 준비하여 두게 되는 것이다. 그러나 간난한 사람은 우선 쓸 것 몇 가지만 장만하게 되는 것과 같이 우리가 지식을 구하는 데에도 일시에 모든 사리를 다 알기로 말하면 도저히 불가능한 일임에 우선에 아쉽고 필요한 것부터 시작하여 점진적으로 알아 들어가라는 뜻이다.

그러면 우리가 어서 속히 알아야 할 것은 과연 그 무엇인가? 간단히 말하자면 용심법用心法이니, 행주좌와行住坐臥에 우리 마음을 잘 쓴즉 좋은 일이 돌아오고 그 반면에 까딱 잘못 쓴즉 낮은 일이 돌아오는 것이 마치 실과實果나무에 열매 열린 듯 하나니라. 그러나 용심 공부를 하지 못한 사람은 복이나 죄나 자기가 지었건마는 지은 줄도 모르나니, 그 어찌 답답지 아니하랴?

그래 나는 수다數多한 용심법 가운데에서 가장 알만한 문제를 택하여, 예를 들면 '부모에게 어떠한 일을 하면 복을 받고, 어떠한 일을 하면 죄를 받는가?' 하고 물었나니, 그런 때에 제군은 그 답안을 곰곰이 생각하고 생각하다가 그 법을 알게도 되며 또는 '잘했다', '못했다' 판정받을 때 그 법이 뇌수에 박히게 되고, 뇌수에 박히도록 까지 안 법은 실생활에 이용하기도 쉽나니, 그 얼마나 필요한 일인가.

그러나 정신이 혼미한 노인들과 문자로 의사 발표를 하지 못할 사람들에 있어서는 물론 그 답안 써오기가 심히 곤란할 것이니, 그런 사람들은 그만두고 다른 사람의 한 것을 잘 듣기나 하라. 그리고 먼저는 장려 촉진하기 위하여 잘한 사람들에게 잘못한 사람들이 절을 하게 하였으나, 그 역시 길게 나가면 도리어 어떠한 폐단이 생길 것 같아서 중지하고 절대 자유에 맡기나니, 자차自此 이후는 지원志願 있는 사람들만 각자의 아는 대로 성의껏 써서 제출하도록 하라. 그런다면 처음은 설사 잘못하여 등외가 되었던 사람이라도 그대로 오랜 시일이 지나고 보면 훌륭한 학자도 될 수가 있으리라.」 하시더라.

감상담(조수원)

대종사님께서는 당대 교도들에게 직접 용심법을 아는 공부부터 시키셨다. 마음 작용하는 법과 관련된 문제를 내어 집에서 연마해 답안에 적어서 오면 일일이 성적을 내고 그 답을 해석해 주셨다. 이러한 과정에서 서로 배우게 하자는 의도셨다. 물론 그때도 숙제를 해오지 않는 사람도 있고 어려워하는 사람도 있어 자유 선택에 맡기셨다. 예나 지금이나 하고자 하는 의지가 있는 사람이 하는 것 같다. 숙제 답안 발표 장면을 보면 대종사님이 적극적으로 공부를 시키셨음이 보인다.

우리도 교당에 와서 어떻게 공부하고 있는가 돌아보아야 한다. 그때나 지금이나 숙제하기 싫어하는 사람은 있기 마련이니 듣기라도 하여 사리를 아는 공부를 하라고 하신다. 지도하는 사람이나 배우는 사람이나 이런 열의가 있어야 문답 감정의 장을 마련할 수 있을 것이다.

주식을 열심히 공부하고 있는 지인에게 물어보았다. 주식으로 성공한 사람의 영상과 책을 보면서 그대로 하면 돈을 벌 것 같은데 왜 그렇게 되지 않느냐고 하니, 성공한 사람의 방식을 배울 수 있어도 실전에서 자기 방식으로 만들지 않으면 돈은 벌 수 없다고 한다.

용심법 공부 또한 이러하리라. 이 방법으로 공부해 보고 시대와 대중의 상황에 맞게 바꾸어도 보면서 자신에게 맞는 공부법을 찾아서 해보는 노력이 필요하다. 돈을 벌기 위한 방법은 열심히 공부하면서 실제 그 돈을 사용할 정신을 양성하는 방법은 뒤로 미루니, 그 어찌 용심법 공부에 발심이 있는 사람이라고 할 수 있겠는가. 좀 더 적극적으로 이 공부 이 사업에 발심을 내어야 하리라.

성인재세聖人在世를 만난 자의 행복

《회보》 제32호, 시창22년(1937) 2월호

성인은 지도인이요 스승이다. 지도인에게 간단한 교리와 편리한 방법으로 문답 감정 해오의 구전심수의 훈련을 받을 때 성인인 지도인의 지도를 받아 도가 밝아질 것이며 이때가 참으로 행복한 것이다. 그러므로 교당 내왕시 스승님에게 지도를 받는 것은 필수이다.

성인이 나시기 전에는 도가 천지에 있고 성인이 이미 나신 때에는 도가 성인에게 있고, 성인이 이미 몰歿하신 후에는 도가 경전에 있나니, 도가 천지에 있을 때는 아득한 창공에 사다리[梯]가 없는지라 근기가 옅은 사람으로서 용이하게 저 현묘한 진리를 더위잡기 어려울 것이요, 도가 경전에 있을 때는 광막한 교해[教海, 가르침이 바다와 같이 넓고 깊음]에 향할 바를 모르는지라, 힘 약한 사람으로서 좀처럼 희망하는 저 언덕에 도달하지 못할 것이요, **오직 도가 성인에게 있을 때라야만 가장 간단한 교법, 편리한 방침으로써 진리의 앞길을 열어주시고 어두운 정신을 깨워주시나니, 어느 시대를 물론 하고 성인재세를 만나서 직접 구전심수口傳心授로써 대도의 훈련을 받게 된 그 사람들은 참으로 행복이라 하리로다.**

상점의 수지收支

송도성 수필受筆

《회보》 제30호, 시창21년(1936) 11·12월호

———————— '상점의 수지收支'는 교당 내왕시 주의사항 제6조를 부연한 법설이다. 교당을 다녀갈 때에는 소득 유무의 반조와 실생활에 활용하기를 주의하라는 것이다. 실생활에 활용하는 것은 법을 포교하는 것까지다. 이 법설은 『대종경』 교단품 24장에 정선된다.

종사주 한때에 모든 제자에게 일러 가라사대, 「내가 근래 상점을 벌이고 영업을 개시한 지 수년이 되었으되, 조금도 이익을 보지 못하였노라. 왜 이익을 보지 못하였느냐? 하면, 여러 사람에게 모든 물품을 외상으로 주었더니, 어떠한 사람은 그 물품을 가져다가 착실히 팔아서 대금을 가져오고 저도 상당한 이익을 보았으나 그러한 사람은 가장 적고, 대개는 물품을 가져간 후 팔지도 아니하고 그대로 제집에 유치留置하여 두었다가 얼마 지낸 후에 도로 그 물품을 그대로 가져오는 사람도 있으며, 혹은 그 물품을 가져다가 물품도 잃어버리고 겸하여 물품값도 주지 아니하니, 이러므로 손실이 났다 하노라.

그러나 이후부터는 물품을 잘 팔아서 자기도 이익을 보고 대금도 잘 가져오는 자도 내 상당히 치하하고 물품도 잘 줄 것이며, 물품으로 도로 반환하는 자에게는 내 마땅히 책망하여 줄 것이요, 물품도 잃어버리고 값도 주지 않는 자는 반드시 법관에게 고발하여 상당히 처치處置하리라.」 하시더라.

단, 이상의 말씀을 번역해 말하자면, 상점을 개시하였다는 말씀은 도덕 회상을 열었다는 말씀이요, 상품은 법을 이름이요, 물건값도 잘 가져오고 저도 상당한 이익을 본다는 말씀은 종사님에게 법문을 들은 후 남에게 선전도 잘하고 자기도 꼭 그대로 실행하여 많은 유익을 얻음을 이름이요, 물품을 그대로 가져온다는 말씀은 법문을 들은 후 남에게 선전도 아니 하고 제가 실행도 아니 하되 그 들은 법문만은 잊어버리지 아니하고 가지고 있는 자를 이름이요, 물품도 잃어버리고 물품값도 주지 않는다는 말씀은 법문을

들은 후 남에게 선전도 아니 하고 자기가 실행도 아니 하며 그 들은 법문조차 잊어버리는 자를 이름이요, 법관에게 고발하여 처벌한다는 말씀은 좋은 법문을 듣고도 자기가 실행도 아니 하고 남을 가르치지도 아니하며 그 들은 법문조차 잊어버리고 다니는 자는 반드시 악행을 많이 할 것이므로 이러한 사람은 자연 많은 죄를 받게 된다는 말씀이니라.

감상담(조수원)

교당에 와서 법회를 보면서 골몰하던 문제의 해답을 찾은 경험이 있다. 이런 날은 법회 온 보람을 느끼며 가슴이 벅차다. 법회 때 청정한 마음을 챙겨서 독경하고 법어봉독을 하며 법문을 들으면 하나라도 알게 되는 것이 있고 실천을 다짐하게 된다. 그런데 법회에 전일하지 못하고 다른 생각에 끌려가 있으면 몸만 교당에 온 꼴이 되고 만다. 이러할 때 우리는 꼭 법회 말미에 오늘의 소득 유무를 반조하는 시간을 가져서 법회에 참여한 효과를 내도록 해야 상시훈련이 될 것이다.

법회를 볼 때는 사은의 은혜를 발견하고 사리를 밝히며 정의행을 할 수 있도록 삼대력 양성에 힘써야 한다. 재테크를 위해 밤낮으로 책과 영상을 보면서 공부하는 것처럼 은혜를 생산하는 공부를 법회 때와 일상에서 한다면 재테크하는 데도 이득을 낼 수 있고 번 돈을 지키는 데도 도움이 될 수 있다. 우리가 하는 모든 일에 마음이 주가 된다. 이 마음을 잘 사용하는 공부를 해 놓아야 모든 일을 운용할 때 실효과를 낼 수 있다. 교당에 와서 공부하는 것이 몇억 원의 가치를 지니는 것임을 실로 안다면 아니 올 사람이 없을 것이다.

이 공부가 되지 않을 때는 대종사님 말씀처럼 악행을 하게 되어 죄를 짓게 된다. 물질의 돈 버는 것에 들이는 노력만큼 선행을 하는 삼대력 양성에도 시간을 할애한다면 양 방면으로 이득을 보게 될 것이다.

제3절 정기훈련법과 상시훈련법의 관계

정기훈련법과 상시훈련법의 관계를 말하자면, 정기훈련법은 정할 때 공부로서 수양·연구를 주체 삼아 상시공부의 자료를 준비하는 공부법이 되며, 상시훈련법은 동할 때 공부로서 작업취사를 주체 삼아 정기공부의 자료를 준비하는 공부법이 되나니, 이 두 훈련법은 서로서로 도움이 되고 바탕이 되어 재세 출세의 공부인에게 일분 일각도 공부를 떠나지 않게 하는 길이 되나니라.

정기훈련법과 상시훈련법의 관계

정기훈련법과 상시훈련법의 관계에서 동정의 관계와 수양과 연구를 주체하는 것과 취사를 주체 삼는 것의 관계를 밝히고 있다.

"정기훈련법은 정할 때 공부로서 수양·연구를 주체 삼아 상시공부의 자료를 준비하는 공부법이 되며, 상시훈련법은 동할 때 공부로서 작업취사를 주체 삼아 정기공부의 자료를 준비하는 공부법이 되나니, 이 두 훈련법은 서로서로 도움이 되고 바탕이 되어 재세 출세의 공부인에게 일 분 일각도 공부를 떠나지 않게 하는 길이 되나니라."

정기훈련법과 상시훈련법은 동정 간에 서로서로 도움이 되고 바탕이 되는 동정일여의 공부법이다. 즉 본래 동이라 할 것도 정이라 할 것도 없는 자리에 근원 하여 동할 때 동하면서 동에도 매이지 아니하고 정할 때 정하면서도 정에도 매이지 않는 동정일여의 공부이다.

정기훈련법과 상시훈련법의 관계는 재세인 상시와 출세인 정기의 공부인에게 동정 간 일 분 일각도 공부를 떠나지 않게 하는 길이다.
정기훈련법은 정할 때 수양과 연구를 주체 삼아 상시공부의 자료를 준비하고, 상시훈련법은 동할 때 작업취사를 주체 삼아 정기공부의 자료를 준비하는 공부로 서로 바탕이 되고 도움이 되게 하여 상시훈련 때인 재세나 정기훈련 때인 출세의 공부인에게 일 분 일각도 공부를 떠나지 않게 하는 길이다.

재세와 출세는 정기와 상시를 뜻한다. 출세 공부인은 정기훈련에 참여한 공부인이라면 재세 공부인은 상시훈련 중인 공부인이다.

초창기에는 출세 공부인을 출가라 하였는데 출가는 정기훈련에 입선한 선원禪員을 뜻하며, 재세의 재가 공부인은 상시훈련 중인 공부인을 뜻한다.

사실 정기훈련법이 정할 때의 공부라 하지만 정기훈련 시에도 동할 때가 있으며, 상시훈련 시에도 정할 때가 있는 것이다. 다만 대체로 정기훈련 시는 정할 때를 위주로 하고 상시훈련 시는 동할 때를 대세로 하는 것이다.
또한 정기훈련 시에 수양과 연구를 주체 삼는다는 것은 수양과 연구에 중심을 둔다는 것이지 취사 공부가 없다는 것이 아니다. 정기훈련과목 중 상시일기·주의·조행은 취사 과목이듯 정기훈련은 수양과 연구를 중심으로 하되 취사도 합력해 있는 것이다.
상시훈련 시에는 취사를 주체 삼아 수양 연구를 포섭하는 것이다. 취사를 중심으로 수양과 연구를 섭렵하는 것이다. 수양과 연구도 취사를 잘하기 위한 것이다.

소태산 대종사는《회보》제13호에 이공주 수필의 "대개 재가 공부할 때는 실행 공부를 주체 삼고 한가한 시간을 이용하여 염불·좌선이나 경전 연습 등 수양·연구 공부를 하는 것이요, 전문 입선을 할 때는 수양·연구를 주체 삼고 실행 공부의 재료를 준비하게 되나니, 제군은 오늘부터 세상에 나가거든 모든 경계를 따라 육근을 동작할 때마다 실행 공부를 잘하여 그동안 전문 훈련받은 효과를 나타내는 동시에 알 수 없는 일과 부족한 점이 있거든 명념하였다가 다음 선에 또 와서 배워가기를 부탁하노라."라고 정기훈련과 상시훈련을 당부하고 있다.
또한 『대종경』 수행품 62장에서 "대종사 선원 해제식에서 대중에게 말씀하시기를 「오늘의 이 해제식은 작은 선원에는 해제하는 것이나, 큰 선원에는 다시 결제하는 것이니, 만일 이 식을 오직 해제식으로만 아는 사람은 아직 큰 공부의 법을 알지 못함이니라.」"고 말씀하신다.

정기훈련의 해제가 상시훈련의 결제로 이어지고 상시훈련의 해제가 정기훈련의 결제로 이어지는 것이다. 이처럼 정기훈련은 상시훈련으로 전개되어야 하고 상시훈련은 정기훈련으로 수렴되어야 한다.
상시훈련의 자료와 경험을 통해서 정기훈련으로 심화하여야 하고, 정기훈련의 동력으로 상시훈련이 활성화되어야 하는 것이다.

소태산의 정기훈련은 상시훈련의 연장선상에서 수양과 연구를 특화해서 진행하는 훈련이다. 즉 정기훈련은 상시훈련의 단절이 아니라 상시훈련의 연장이며, 상시훈련은 정기훈련에서 체득된 수양과 연구를 취사로 활용하는 것이다. 그러므로 정기훈련은 상시를 철저히 단절하는 시공간을 요구하는 게 아니라 적절한 단절을 필요할 뿐이다. 시비이해가 휘몰아치는 경계를 단절해야 하지만 그렇다고 시비이해의 경계를 벗어난 시공간을 절대적으로 요구하는 것도 아니다. 왜냐하면 정기훈련은 상시훈련의 작업취사 감각과 문제의식을 전제하기 때문이다.
안거安居와 정기훈련은 운영방법에 차이가 있다. 안거가 철저한 출세간이라면 정기훈련은 상시훈련의 적절한 차단일 뿐이다. 정기훈련과 상시훈련은 단절이 아니라 서로 바탕이 되고 도움이 되는 연동 관계이다.

정기훈련법 11과목과 상시훈련법인 상시 응용 주의사항[상·응으로 약칭]과 교당 내왕시 주의사항[교·내로 약칭]의 관계를 연결할 수 있다.

정기 훈련법	염불	좌선	경전	강연	회화	의두	성리	정기 일기	상시 일기	주의	조행
상시 훈련법	상·응 5	상·응 5	상·응 3	교·내 2	교·내 1	상·응 4	상·응 4	교·내 2,3	상·응 6	상·응 1	상·응 6, 교·내 6

정기훈련의 염불과 좌선은 상시 응용 주의사항 5조와 관련 있고, 경전은 상시 응용 주의사항 3조와 관련이 있으며, 의두는 상시 응용 주의사항 4조와 관련된다. 또한 회화는 교당 내왕시 주의사항 1조와 관련되며, 주의는 상시훈련법 전체가 '주의할 것이요'로 맺고 있기에 상시훈련법은 주의 공부라 할 것이며, 특히 상시 응용 주의사항 1조는 주의 공부의 핵심 사항이 되며, 조행은 상시 응용 주의사항 6조와 교당 내왕시 주의사항 6조와 관련되어 있다.
즉 정기훈련법과 상시훈련법은 하나로 통해 있는 둘이 아닌 관계이다.

소태산 대종사 10상 중 신룡전법상은 상시훈련과 정기훈련의 과정이요 시현의 모습이다. 정기훈련 11과목과 상시훈련인 상시 응용 주의사항 6조와 교당 내왕시 주의사항 6조를 실행하는 과정이라 할 수 있다.

훈련법과 주의·조행

상시훈련법은 주의하는 공부이다.

『정전』 '상시훈련법'의 '상시 응용 주의사항'과 '교당 내왕시 주의사항'은 각각 "주의할 것이요"로 마무리한다. 즉 상시훈련의 실행 방법은 '주의'인 것이다.

『정전』「정기훈련법」에서 '주의'는 "사람의 육근을 동작할 때에 하기로 한 일과 안 하기로 한 일을 경우에 따라 잊어버리지 아니하고 실행하는 마음을 이름이요."라고 정의하고 있다.

주의는 '경우에 따라 잊어버리지 아니하고 실행하는 마음'으로, 경우境遇는 경계를 당하는 그때 그 당처當處이다.

그리고 주의와 같은 선상의 '주의심'은 『정전』 '상시일기법'의 유념·무념에서 "하자는 조목과 말자는 조목에 취사하는 주의심을 가지고 한 것은 유념이라 하고, 취사하는 주의심이 없이 한 것은 무념"이라 정의된다.

즉 주의-주의심-유념은 같은 계통의 수행 방법이요 공부 방식으로, 주의는 '잊어버리지 아니하고 실행하는 마음'이니 이를 '주의심'이라 달리 표현한 것이다.

'주의'의 주注는 논에 물을 대듯이 경계를 대할 때마다 취사하는 대중을 잊어버리지 아니하고 챙기는 마음이다.

이 '챙기는 마음'을 '유념有念'이라 달리 말하며, 유념은 "하자는 조목과 말자는 조목에 취사하는 주의심을 가지고 한 것"[『정전』 상시일기법]으로, 즉 『정산종사법어』 경의편 22장의 "착심 없는 곳에 신령하게 알고 바르게 행하여, 생각이 없는 가운데 대중 있는 마음"이다.

즉, 주의는 취사하는 마음 대중을 놓치지 않는 공부로, 유념할 자리에 유념을 챙기고 무념할 자리에 무념을 챙기는 공부로, 마음을 챙긴다는 뜻에서 유념 공부라고 한다.
이상의 전거를 통해볼 때 '주의'는 '모든 일을 당하여'의 당처 공부로, 일을 당해서 마음을 챙기는 유념 공부이다.

주의는 조행과 연동된 공부법이다. 당처의 유념 공부는 '주의'라면, 유무념 대조는 주의 후의 사후事後 공부다.
정기훈련의 작업취사 훈련과목인 주의와 조행이 상시훈련법에서 당처와 당후의 공부법으로 제시되어 있다.
『정전』 정기훈련법에서 '조행'은 "사람으로서 사람다운 행실 가짐을 이름이니, 이는 다 공부인으로 하여금 그 공부를 무시로 대조하여 실행에 옮김으로써 공부의 실효과를 얻게 하기 위함이니라." 정의하고 있다.

여기서 핵심 키워드는 '대조對照'이다. 대조는 경계에 대하여 주의했는지 여부를 사후事後에 맞대어서 살펴보는 것으로 심신작용을 결산 처리하는 공부이다.

상시훈련에 있어 조행 공부는 '상시 응용 주의사항' 제6조 "모든 일을 처리한 뒤에 그 처리 건을 생각하여 보되, 하자는 조목과 말자는 조목에 실행이 되었는가 못 되었는가 대조하기를 주의할 것이니라."와 '교당 내왕시 주의사항' 제6조 "교당에 다녀간 때에는 어떠한 감각이 되었는지 어떠한 의심이 밝아졌는지 소득 유무를 반조하여 본 후에 반드시 실생활에 활용하기를 주의할 것이니라."에 있다.
'상시 응용 주의사항' 제6조와 '교당 내왕시 주의사항' 제6조는 조행하기를 주의하라는 것으로, 당처當處에는 주의하고 사후事後에는 당처에 주의한 여부를 대조·반조하는 조행 공부를 하라는 것이다.
'모든 일을 처리한 뒤'와 '교당에 다녀간 때'가 포인트이다. '대조'와 '반조'가 핵심으로, 대조하고 반조한다는 것은 사후·당후의 공부법이다.
이처럼 사후에 반조하고 대조하는 것이 조행 공부로, 조행의 조操는 '잡을' 조로 심신작용을 대조하고 반조하여 행실[行]을 바로잡는 것[操]이다.

주의와 조행은 정기훈련법의 작업취사 훈련과목이면서 상시훈련법의 그 당처에 '주의할 것'이면서 사후에 실행 여부를 대조하는 조행 공부이다. 원기12년(1927) 제정된 신분검사법도 조행을 조사하는 한 방법이다.

해제시解制時 훈사

이공주 수필受筆

《회보》 제13호, 시창19년(1934) 11·12월호

소태산 대종사는 제18회 총부 하선 해제식 훈사 법설로서, 정기훈련 이후 상시훈련에 매진하고 상시훈련을 하던 중 미진한 점이 있으면 다시 입선하여 정기훈련에 적공하도록 당부하고 있다. 즉 재가在家 공부할 때인 상시훈련은 실행 공부를 주체 삼고 한가한 시간에는 염불 좌선이나 경전 연습 등 수양·연구 공부를 하라는 것이며, 전문 입선 공부인 정기훈련 할 때는 수양·연구를 주체 삼아 실행 공부의 재료를 준비하라는 것이다. 그리고 정기훈련을 마친 후 세상에 나가거든 모든 경계에 따라 육근을 동작할 때마다 실행 공부를 잘하여 전문 훈련받은 효과를 나타내며 상시훈련 중 알 수 없는 일과 부족한 점이 있거든 명념銘念해 두었다가 다음 선禪에 또 와서 배워가기를 당부하고 있다.

또한 정기훈련 기간은 상시 기간 동안의 분주하고 잡다한 생각을 다 놓아버리고 정기훈련 11과목으로 쌓였던 피로를 풀고 원기를 재충전하는 휴식의 성격도 있다.

익산교당[익산 총부]에서 해제식을 거행한바 그때 종사님 법좌에 출석하시사 말씀하여 가라사대 「입선 중入禪中 3개월 동안에 날마다 말을 하였으니 무슨 말을 또다시 하리오. 그러나 이 해제 날에 특별히 하여 줄 말이 또한 따로 있나니 그것은 다름이 아니라 지난 3개월 동안에 안거생활安居生活하였다는 일과 오늘부터 해제하면 각각 가정으로 돌아가서 번거한 생활할 때 행할 일을 말하여 주려 하노니, 제군은 이 나의 말을 건성으로 듣지 말고 각골명심刻骨銘心하였다가 그대로 실행 있기를 바라노라. 그런데 저세상 사람들이 우리 입선 공부하는 것을 보면 어떻게 생각하는지 알 수 없거니와 혹자는 고생스럽다고도 할 것이요, 혹자는 부자유하다고도 할 것이다. 왜 그러냐 하면 아무 방향과 질서 없이 자행자지하던 사람들에게 모든 일을 규칙적으로 하라 하며, 매일 8시간씩 공부 과정을 엄수케 하고 타처他處 출입과 서신 내왕書信來往에도 어느 정도까지는 구속을 주는 편이니 누구나 그렇게 생각할 듯도 한 일이다. 그러나 이 공부에 취미 있고 안심을 할 줄 아는 사람에게는 도리어 실로 자미滋味스러운 생활이요 편안한 생활이라고 할 수 있으니, 그러므로 과거 절집에서도 삼하삼동三夏三冬 입선 공부하는 것을 가리켜 안거생활이라고 하였니라. 그것을 어찌하여 안거생활이라고 하느냐 하면 사람이 세상에 나서 인간 생활하기로 말하면 사농공상의 생활 직업을 안 가질 수 없고 그 직업을 가져 행하자면 천만 경계가 층생첩출[層生疊出, 여러 가지로 겹쳐서 자꾸 생겨남] 하는 것이요, 그 위에 국민 된 의무와 책임도 있을 것이며, 부모나 자녀 된 의무와 책임도 있을 것이요, 혹은 호주나 주부 된 의무와 책임도 있을 것이니, 그 수다數多한 도리를 다 지키자면 실로 일이 많은 것이요 만약 잘못 지키고 보면 시비와 치욕을 면치 못하는 것이며, 불시不啻라 부모 처지에 있어서는 자녀로 해서 심장 상할 일이 있고, 아내 처지에 있어서는 남편으로 해서 속상할 일이 있는 것이며, 혹은 친고親故로 인하여 혹은 동리洞里 사람으로 인하여서도 심사心事 틀리는 일이 허다한 것이다. 그런데 그 모든 괴로운 일을 다 관두고 아무 일도 없는 한가한 곳에 와서 3시三時로 해다 주는 밥이나 먹고 넓고 시원한 방에 앉아서 한담냉설閑談冷說로 벽돌님 이야기나 하고 모르는 것은 교무가 있어 가르쳐 주며 기타에도 모든 일을 이곳에서 하라는 대로만 하면 그르쳐서 걱정할 일도 없고 그 누가 시비할 일도 없으니 이 과연 편안한 생활이 아니고 무엇인가? 내 들은 즉 돈 많고 호화로운 서양 사람들은 극한極寒을 당하면 온화한 지방을 택하여 피한避寒을 가고, 극서極署를 당하면 수석水石 좋고 서늘한 곳을 택하여 피서避暑를 간다 하니 우리 집의 삼하삼동三夏三冬 입선 공부하는 것은 마치 극한극서시極寒極暑時에 피한피서避寒避暑하는 것과 방불[彷彿, 흡사]하다 하노라.

생각하여 보라. 인간 세상에서 살 때는 면할 수 없든 모든 담책擔責을 다 떼어 버리고 매년 삼하삼동三夏三冬에는 유일의 안락처인 선원에 와서 모든 동지끼리 동거동락하며 좌선을 한다, 염불을 한다, 경전을 배운다, 한문을 배운다, 회화를 한다, 강연을 한다, 또는 법사의 법문을 듣는다, 이와 같이 어느 방면으로든지 인도상에 요긴한 법을 배우는 한편에 사이사이 자유로이 쉬며 몸이 아프든지 무슨 일이 있을 때는 간사幹事가 있어 약을 지어다 준다, 심부름하여 준다 하니 이것이 안거생활이 아니고 그 무엇이랴. 사실은 만석꾼 부자도 이렇게 한가閑暇한 생활은 하지 못할 것이요 국왕 재상도 이와 같이 신선新鮮한 생활은 하지 못할 것이니, 제군은 그 누구보다도 행복한 사람이라고 할 수 있느니라.

그리고 제군으로 말하면 입선 중 석 달 동안에는 전문적으로 정신을 수양하여 시끄럽고 번거한 정신을 온전히 모으는 법과 일과 이치를 연구하여 아는 법 등을 공부하였으니 오늘 해제하고 세상에 나가거든 그동안에 단련하여 얻은 수양력과 일이나 이치 간에 알게 된 것을 그대로 실천궁행하여 공부한 보람이 있기를 바라노라.

대개 재가在家 공부할 때는 실행 공부를 주체 삼아 한가한 시간을 이용하여 염불 좌선이나 경전 연습 등 수양 연구 공부를 하는 것이요, 전문 입선을 할 때는 수양 연구를 주체 삼고 실행 공부의 재료를 준비하게 되나니, 제군은 오늘부터 세상에 나가거든 모든 경계를 따라 육근을 동작할 때마다 실행 공부를 잘하여 그동안 전문 훈련받은 효과를 나타내는 동시에 알 수 없는 일과 부족한 점이 있거든 명념銘念하였다가 다음 선禪에 또 와서 배워 가기를 부탁하노라.」 하시더라.

감상담(조수원)

일상에서 수행하자고 아침에 마음을 챙겨보지만, 저녁에 결산해보면 수행은 없고 일에만 매몰되어 있었음이 보인다. 이런 날이 반복되면 세상사 모든 일을 놓고 한가한 곳이나 훈련원에 입선하여 전문 공부하고 싶은 생각이 저절로 난다. 대종사님도 우리의 이런 마음을 꿰뚫어 보시고 정기훈련에 든 선원들에게 이곳의 생활이 안거 생활이라고 말씀하신다. 정기훈련 기간에는 수양과 연구 공부를 주로 하여 실제 생활에 나아갔을 때 실행 공부의 발판을 마련하고 일상 생활할 때는 실행 공부하면서 틈틈이 수양과 연구 공부하는 상시훈련을 하라고 하신다.

현대 직장생활을 하는 이들은 정기훈련 기관에 들어가서 훈련받기가 쉽지 않다. 일주일의 시간을 어렵게 낸다 해도 상시생활을 잘할 만큼의 수양력과 연구력을 얻기에는 많이 부족하다. 그러니 상시훈련이 틀을 잡지 못하고 실행의 힘은 약하다.

현대인들이 정기훈련을 할 수 있는 방법은 무엇이 있을까. 어떤 분은 정기훈련에 참석하기 위하여 직장을 그만두고 입선하였다가 다시 재취업하기를 반복하였다고 한다. 취업이 어려운 요즘은 이 방법을 선택하기가 쉽지 않다. 그러니 대종사님 당대의 정기훈련법은 현대에 실천하기가 어렵다. 그럼 이 시대에 정기훈련은 불가한가.

대종사님께서 현시대에 계신다면 훈련법을 어떻게 제시해 주실까? 직장을 그만두라고 하시지는 않을 것 같고 여름휴가와 주말을 최대한 이용해 보겠다고 하면 그렇게 해보라고 하실 것 같다. 주말마다 훈련이 이루어지는 훈련원이 있다면 주말마다 훈련원에 입선하는 것이다. 도시인들이 5도 2촌[5일은 도시 생활, 2일은 시골 생활]의 삶을 지향하는 것처럼, 5일은 상시훈련 2일은 정기훈련을 하는 것이다. 교당이나 훈련원 중 주말 훈련기관의 역할을 담당할 수 있는 역량을 갖춘다면 가능할 것으로 보인다.

입선入禪의 효력

서대원 수필受筆

《회보》 제1호, 시창18년(1933) 8월호

시창18년 4월 20일[4월 19일 경성지부 행가~5월 21일 총부 환가] 경성지부에서 서대원에 의해 기록된 소태산 대종사의 법설이다. 소태산은 입선 공부를 습관 변경에 비유하여 그 효력을 밝히고 있다. 마치 입선 공부는 외국말을 배우는 과정과 흡사하다는 것이다. 비유하여 조선사람이 일본사람의 익히고 아는 바를 배우려 할 때 일본사람의 익히고 아는 습관을 익히는 과정과 같다는 예이다.

이처럼 외국 사람의 말과 풍습을 익히는 것처럼 입선 공부도 사은사요와 삼강팔조와 솔성요론과 계문 등의 법에 습관을 들이는 것과 같다는 것이다.

만일 정기훈련에 참여하는 입선에 여력이 없는 사람이라면 상시훈련 즉 재가하면서도 능히 공부할 수 있는 '재가 응용 주의법[상시 응용 주의사항]'과 '공부인이 교무부에 와서 하는 책임 6조[교당 내왕시 주의사항]'와 '매월 삼예회 보는 법'에 공을 들이라는 것이다.

한때에 종사주宗師主 여러 신도에게 일러 가라사대,

「우리가 입선을 많이 하고 보면 그전에 모르던 것이 알아지고 습관이 변경되나니, 오늘은 우리가 선禪 공부를 하면 사실로 전에 모르던 것이 알아지고 습관이 변경되는 실례를 들어 말하리라.」 하시고 이어 말씀하시되,

「우리가 다 보고 들어서 아는 바와 같이 조선사람의 익히고 아는 바와 일본사람의 익히고 아는 바가 각각 판이하지 아니한가! 그러나 조선사람이 만일 일본사람의 아는 바를 알고 일본사람의 익힌 바를 익히기로 할진댄 문제는 시일에 있을 뿐이요, 남녀를 물론 하고 안 될 이치는 만무할 것이다. 왜 그러냐 하면 어떠한 일을 물론 하고 내가 비록 많이 안 해보고 서투른 일이라도 내가 그 일을 간단間斷없이 오래오래 하고 보면 나중에는 자연 그 일이 익숙해지고 습관이 드는 까닭이다. 그러므로 누구를 물론 하고 일본을 건너가서 일본사람과 오래만 상종해 살고 보면 자연 일본사람의 습관이 들고 일본사람의 아는 바를 아는 것은 속일 수 없는 사실이다. 그러나 이와 반면에 내가 비록 전에 많이 해보고 익숙한 일이라도 오래오래 안 하고 보면 부지중에 그 일이 서툴러지고 전前 습관에 빠지는 것이니, 조선사람이 만일 일본을 건너가서 조선사람과는 조금도 상종이 없이 일본사람과만 오래 상종해 살고 보면 조선사람의 습관이 부지중에 빠질 것은 역시 사실이 아닌가? 그러면 조선사람이 조선사람의 습관은 없어지고 일본사람의 습관이 들었으니, 이것은 습관이 변경된 것이요, 또는 일본사람의 아는 바를 알았으니 이것은 전에 모르는 것을 알지 않았는가.

우리의 입선도 이와 같아서 우리 집에서 날마다 가르치고 배우고 수상하는 바는 사은사요四恩四要와 삼강령팔조목三綱領八條目과 솔성요론과 계문 등이니, 우리도 저 복잡한 진세塵世를 여의고 이러한 청정법계에 와서 이상의 모든 법을 오늘도 배우고 내일도 배우고, 금년에도 익히고 내년에도 익히고 하여 영원히 놓지만 아니하고 여러 해만 지내고 보면 자연 법에 습관이 들 것은 사실이다. 이와 반면에 저세상 오욕五慾의 습관은 부지 간에 떨어질 것이다. 그러면 저세상 오욕의 전 습관은 없어지고 사은사요와 삼강령팔조목과 솔성요론과 계문 등의 좋은 법으로 새 습관이 들었으니, 이것은 우리가 입선을 한 결과 습관이 변경된 것이요, 또는 회화·강연을 한다, 법설을 듣는다, 경전을 연습한다고 함에 따라 전에 모르던 것을 많이 알았으니, 이것은 역시 우리가 입선한 결과가 아닌가!

여하간 무엇이나 오래 해서 안 되는 법은 도무지 없는 것이니, 제군은 늙어서 공부 못한다는 말도 말고, 여자라 못한다는 말도 말고, 무식해서 못 한다는 말도 말고, 남녀노소가 다 같이 1년에 몇 달씩이라도 간단없이 선 공부만 하고 보면 날을 기약하고 성공할 것이다. 그러나 입선할 계제[階梯, 어떤 일을 할 수 있게 된 형편이나 기회]가 못 되는 사람이 이 말을 들으면 혹 낙심하기가 쉽다. **그러나 재가하면서도 능히 공부할 수 있는 재가 응용 주의법과 공부인이 교무부에 와서 하는 책임 6조와 매월 삼예회 보는 법이 있으니, 이 몇 가지 법만 가지고도 간단없이 오래만 하고 보면 성공 못할 이치가 없나니라.**」〈18. 4. 20 기記〉

교리송教理頌

김기천

《회보》 제33호, 시창22년(1937) 3월호

'교리송'은 부산교화의 비롯인 삼산 김기천 교무가 남긴 유고遺稿로 사은사요 삼학팔조의 교리 전반에 대한 가사다. 교리송(하) 44번에서 마지막 93번까지는 『정전』 수행편에 관한 가사이다. 이중 교리송(하)의 44~76번은 '상시 응용 주의사항'이라면 76~84번은 '교당 내왕시 주의사항'이요 84~88번은 '상시훈련과 정기훈련의 관계'를 밝히고 있다.

44. 어화 우리 도우들아 / 훈련조목 알아보소
정기 전문 훈련법은 / 십일 과목 나와있네
45. 십일 과목 그 가운데 / 염불念佛 뜻이 어떻던고
천지만엽 흩은 생각 / 염불 일구 집중하여
46. 념념念念 계속 하는 중에 / 정신 자연 온전하네
좌선坐禪이라 하는 것은 / 일념一念에도 의지 않고
47. 이 마음과 이 기운을 / 하단전下丹田에 집주하여

성성적적惺惺寂寂 그 정신을 / 자유하게 닦음이요

48. 경전經傳이라 하는 것은 / 본회 제반 교과서와
기타 고성古聖 도덕 역사 / 일일 기재 하였나니

49. 시시時時연습 하여갖고 / 공부 방향 얻음이요
강연講演이라 하는 것은 / 여러 경전 언구言句 중에

50. 한 문제를 지정하고 / 해설함을 이름이니
의견 교환 서로 되고 / 어법語法 또한 익혀져서

51. 혜두慧頭단련 하게 하네 / 회화會話라 하는 것은
문목問目 감상 토론이요 / 자유대로 토론하여

52. 또한 혜두 단련하네 / 회화 강연 소이小異하니
자유 구속 그 가운데 / 바른 지혜 단련일세

53. 문목問目이라 하는 것은 / 수양연구요론 내에
137절 의두이며 / 기타 일체 의심 건을

54. 자의自意대로 연구하여 / 감정勘定을 받음이요
성리性理라 하는 것은 / 천지만물 본래성本來性과

55. 과거 불조 천만 화두 / 해결하여 알아내네
정기일기定期日記 하는 것은 / 시간 수를 기재하여

56. 허송 여부 대조하고 / 수입 지출 기재하여
생활 예산 대조하고 / 심신작용 기재하여

57. 죄복 결산 알게 하고 / 감각감상 기재하여
지견智見 진보 대조하고 / 기타 습자習字 저술법은

58. 또한 따라 익혀지네 / 주의注意라 하는 것은
육근동작 운용할 때 / 정의 불의 취사하여

59. 시시불망時時不忘 실행이요 / 조행操行이라 하는 것은
인도상人道上의 모든 도례道禮 / 잃지 않고 가짐이요

60. 수시설교隨時說教 이 과목은 / 당시 법사 출석하여
때를 따라 설법하사 / 제반 학도 훈련하네

61. 이상에 이른 과성 / 다시 들어 분간하면

염불 좌선 두 과정은 / 정신수양 방편이요

62. 경전 회화 강연이며 / 문목 성리 이 과정은
사리연구 방편이요 / 정기일기 시킨 것과

63. 주의 조행 조사법은 / 작업취사 방편이요
수시설교 하는 것은 / 모든 방편 지도하네

64. 어화 우리 도우들아 / 이와 같은 전문훈련
명석하고 주밀 방편 / 어느 교문 또 있는가

65. 상시훈련 방편보소 / 상시 응용 주의사항
제1조 이른 말씀 / 모든 일을 응용할 때

66. 생각 먼저 온전하여 / 취사 실행 주의하고
제2조 이른 말씀 / 모든 일을 당키 전에

67. 응용 형세 미리 보아 / 연마하기 주의하고
제3조 이른 말씀 / 노는 시간 있고 보면

68. 취지규약趣旨規約 경전 중에 / 연습하기 주의하고
제4조 이른 말씀 / 취지 규약 경전 전부

69. 연습하기 마쳤거든 / 문목 의두 연마하고
제5조 이른 말씀 / 가산사무家産事務 마친 후에

70. 야반청신夜半淸晨 물론 하고 / 염불 좌선 주의하고
제6조 이른 말씀 / 모든 사무 처리 후에

71. 선불선善不善을 대조하여 / 전감前鑑삼기 주의하네
이상에 이른 조목 / 다시 들어 분별하면

72. 제5조 이른 법은 / 정신수양 방편이요
2, 3, 4조 이른 법은 / 사리연구 방편이요

73. 제1조 이른 법은 / 작업취사 방편이요
제6조 이른 법은 / 반성하는 방편일레

74. 또한 다시 분별하면 / 1, 2, 6조 이른 법은
동시動時공부 방편이요 / 3, 4, 5조 이른 법은

75. 정시靜時공부 방편되어 / 동정간動靜間에 익혀가네

어화 우리 도우들아 / 이와 같은 상시훈련

76\. 간이하고 주밀 방편 / 어느 교문教門 또 있는가

교무부에 와서 하는 / 책임 6조 들어보소

77\. 제1조 이른 법은 / 상시훈련 지낸 후에

경과보고 주의하고 / 제2조 이른 법은

78\. 어떤 사리 물론 하고 / 감각된 바 있고 보면

제출하여 감정 받고 / 제3조 이른 법은

79\. 어떤 사리事理 물론 하고 / 의심된 바 있고 보면

제출하여 양해諒解얻고 / 제4조 이른 법은

80\. 매년 삼동三冬 되고 보면 / 아무쪼록 주선周旋하여

입선하기 주의하고 / 제5조 이른 법은

81\. 매월 삼육三六 예회 때는 / 아무쪼록 주선하여

참석하기 주의하고 / 제6조 이른 법은

82\. 교무부를 다녀갈 때 / 무슨 법을 얻었는가

대조하기 주의하네 / 어화 우리 도우들아

83\. 전문훈련 받아보소 / 만일 전문 못 받거든

상시훈련 받아보소 / 상시훈련 받으려면

84\. 교무부에 내왕 책임 / 잊지 말고 지켜내소

정기상시定期常時 물론 하고 / 이 책임은 못 버리네

85\. 정기훈련 공부법은 / 상시공부 자료 되고

상시훈련 공부법은 / 정기공부 자료 되어

86\. 서로서로 도움일세 / 어화 우리 도우들아

이와 같은 훈련방편 / 고금 천하 다시 없네

87\. 빈부 귀천 물론 하고 / 자기 환경 근기대로

동정 간에 닦아가네 / 이리 좋은 훈련 방편

88\. 우리 종사 아니던들 / 어느 누가 발명하여

정로문正路門을 열어놓을까 / 중重할시고 중할시고

더보기Tip

소태산 대종사 재세 시 정기훈련 상황

소태산 대종사 제세 시의 정기훈련 변천과정은 동하선 형식의 정기훈련과 기간을 단축한 단기선, 그리고 교리강습회 형식, 교무강습화로 분화된다.
동하 6개월인 동하선 형식의 정기훈련이 총부를 비롯하여 지방에서 펼쳐지는 시기[정기훈련 전문기]와 시대의 변화에 따라 단기선으로 전환되고 또는 10일 단위의 교리강습회로 시행된다[정기훈련 분화기]. 이러한 변화는 하선 3개월 동선 3개월 합6개월의 기간을 확보하기 어려운 시대 상황의 변화가 있었던 것이다. 이러한 시대 변화에 따라 단기선 또는 교리강습회를 시도한 것이며, 아울러 전문지도자를 양성하는 교무강습회도 시행했다. 또한 참여 방법도 기간을 충실히 수행하는 정식 선원禪員과 자유롭게 내왕하면서 훈련에 참여하는 자유 선원과 일정 기간에 한해서 참여하는 기한 선원으로 운영되었다. 이러한 훈련 기간과 참여 방식의 다양한 시도는 급변하는 사회현상과 일터의 상황에 맞게 시도했던 제도이다.
향후 이러한 제도와 방식은 계속 그 시대에 맞게 재창출해야 할 것이다.

• 정기훈련 전문기[원기10년~원기23년)
동하冬夏 3개월씩 6개월 동안 정기로 훈련했던 초기교단의 정기훈련은 하선[夏禪, 음 5월 6일~음 8월 6일]과 동선[冬禪, 음 11월 6일~음 2월 6일]을 말한다. 원기10년~원기23년에는 출가, 재가, 남녀, 노소의 구분이 없었으며, 훈련 프로그램은 6과정[念佛,坐禪,會話,講演,經典,日記]을 중심으로 했으며, 교단 초창기 인재 양성의 유일한 방법으로 동하선이 활용되었다.

• 정기훈련 분화기[원기23년~원기28년)
원기21년부터 교리강습회가 열리고, 원기23년부터 교무강습회가 시작된다. 교무강습회라는 인재양성 전문기관이 설립되면서부터 출가·재가의 훈련이 구분되며 또한 정기훈련의 기간이 단축되어 단기 강습 형태로 정착되어 간다.

◎ 동하선 형식의 정기훈련(원기10년~원기28년) 상황

훈련법이 제정된 원기10년부터 시작하여 소태산 대종사의 열반 해인 원기28년도까지의 정기훈련 상황이다.

1. 총부總部 동하선冬夏禪

원기10년(1925) 3월에 제정된 정기훈련법은 원기10년(1925) 제1회 을축乙丑년 하선으로 시작하여 원기28년까지 지속한 총부의 동하선 상황은 아래 〈표 1〉과 같다.

〈표 1〉 총부總部 동하선冬夏禪 상황 (원기10년~원기28년)

년 도	명 칭	기 한	입선인 등
원기10년 (1925)	제1회 총부 을축하선	음 5.6~8.6	총10여명
	제2회 총부 을축동선	음11.6~2.6	총20여명
원기11년 (1926)	제3회 총부 병인하선	음 5.6~8.6	총10여명
	제4회 총부 병인동선	음11.6~2.6	총30여명
원기12년 (1927)	제5회 총부 정묘하선	음 5.6~8.6	총10여명
	제6회 총부 정묘동선	음11.6~2.6	총40여인
원기13년 (1928)	제7회 총부 무진하선	음 5.6~8.6	정식 8명
	제8회 총부 무진동선	음11.6~2.6	정식 남-17 여-16
원기14년 (1929)	세9회 총부 기사하선	음 5.6~8.6	정식 12명
	제10회 총부 기사동선	음11.6~2.6	수양연구취사 11, 수양연구 25
원기15년 (1930)	제10회 총부 경오하선	음 6.6~8.6	정식 10명. 10회 중복
	제11회 총부 경오동선	음11.6~2.6	정식 남-22명 여-24명
원기16년 (1931)	제12회 총부 신미하선	윤5.6~8.6	
	제13회 총부 신미동선	음11.6~2.6	
원기17년 (1932)	제14회 총부 임신하선	음 5.6~8.6	
	제15회 총부 임신동선	음11.6~2.6	정식 23명
원기18년 (1933)	제16회 총부 계유하선	음 5.6~8.6	
	제17회 총부 계유동선	음11.6~2.6	
원기19년 (1934)	제18회 총부 갑술하선	음 5.6~8.6	
	제19회 총부 갑술동선	음11.6~2.6	

년도	명 칭	기 한	입선인 등
원기20년 (1935)	제20회 총부 을해하선	음 5.6~8.6	
	제21회 총부 을해동선	음11.6~2.6	
원기21년 (1936)	제22회 총부 병자하선	음 5.6~8.6	
	제23회 총부 병자동선	음11.6~2.6	총 근백명
원기22년 (1937)	제24회 총부 정축하선	음 5.6~8.6	
	제25회 총부 정축동선	음11.6~2.6	
원기23년 (1938)	제26회 총부 무인하선	양 6.6~9.6	
	제27회 총부 무인동선	양12.6~3.5	40일간 교무강습회와 합동선
원기24년 (1939)	제28회 총부 기묘하선	양 6.6~9.6	입선인 전원 청년임
	제29회 총부 기묘동선	양12.6~3.6	정식-40 자유-50
원기25년 (1940)	제30회 총부 경진하선		
	제31회 총부 경진동선		
원기26년 (1941)	제32회 총부 신사하선		
	제33회 총부 신사동선		
원기27년 (1942)	제34회 총부 임오하선		
	제35회 총부 임오동선	양12.26~1개월간	총부임원,지방교무,일반선객 백여명

〈표 1〉을 보면 총부의 동하선 이외에도 각지에서 동하선을 시행하였다. 총부의 6개월 동하冬夏선은 정기훈련의 표준이요 대표이다.

총부 동하선의 회기回期 표기 내용이다.

〈시창14년도 사업보고서〉 △5월 6일에 제9회 하선 결제식을 거행하다. △8월 6일에 제9회 선원 해제식을 거행하는 동시에 훈련성적을 발표하고 성적표를 수여하다. △11월 6일에 제10회 동선 결제식을 행하다.

〈시창15년도 사업보고서〉 △8월 6일에 제10회 하선의 각인 성적을 발표하고 동시에 해제식을 행하다. △11월 6일에 제11회 동선의 결제식을 거행하다.

〈시창16년도 사업보고서〉 △8월 6일에 제12회 하선의 각인성적표를 발표하고 동시에 해제식을 행하다. △11월 6일에 제13회 동선결제식을 행하다. △2월 6일에 제13회 동선의 각인 공부 훈련성적표와 신분검사의 현실성적을 발표하고 동시에 해제식을 행하다.

정기훈련의 원시元始는 원기10년(1925)도 을축하선이다. 을축하선을 제1회 정기훈련으로 삼아 회기 순서를 표기하면 원기14년도 하선은 9회이고 동선은 10회이며, 원기15년도 하선은 11회이고 동선은 12회이다.

《월말통신》 제27호[시창15년 경오庚午 음 5월] 공고란에 '제11회 하선비는 좌와 여히 결정하기로 공고함'이 등장하는 반면에 〈시창15년도 사업보고서〉에는 '8월 6일에 제10회 하선의 각인 성적을 발표하고 동시에 해제식을 행하다.'가 등장한다.

원기15년도 경오하선은 회기 순서로 보면 11회이나 10회로도 표기된다. 아마도 경오하선부터 을축하선과 함께 을축동선[원기10년 음 11월 6일 결제]을 정기훈련 초선初禪으로 삼아 회기를 표기한 듯하다.

'제15회 동선을 마치고'의 회설 중에 "세월은 여류如流하여 어언간 선원禪院 창설 후 제15회의 금일을 맞게 되었다. 이로부터 과거 8년 전 을축 제초회第初回 동선冬禪을 회고하여 지금에 비교하면~"[《월보》 제42호]라고 밝히고 있다. 정기훈련의 원시元始를 을축동선으로 삼고 있는 내용이다. 《월보》 제36호에 '제14회 임신하선의 결제일'이 등장하는데 을축하선부터 넘버링하면 임신하선은 15회이나 을축동선부터 회기를 표기하면 14회가 된다.

[필자 첨부]

원기16년(1931) 제12회 총부 하선부터 원기16년(1931) 제13회 총부 동선까지는 《월말통신》의 휴간관계로 그 기록이 시창16년도 사업보고서에서 확인할 길 밖에 없다. 원기23년부터는 회규원세칙일자會規原細則日字 개정으로 동하선 실시기간이 매년 2회중 1회는 양력 6월 6일 결제~양력 9월 6일 해제, 2회는 양력 12월 6일 결제~이듬해 3월 6일 해제로 바뀌어 원기23년(1938) 제26회 총부 하선부터 적용된다. 원기25년(1940) 제30회 총부 하선부터는 《회보》의 폐간으로 확인할 수 없고, 원기27년 제35회 총부 동선이 시행되었음을 미루어보아 30, 31, 32, 33, 34회 총부 동하선이 실시되었을 것으로 여겨진다. 《원광》 제9호에 주산종사 추모담에서 경진년(원기26년, 1941) 동선 해제가 언급되므로 제31회 총부 동선이 치러짐을 확인할 수 있다. 원기27년(1942) 총부 동선은 예전의 동선 기간에 비해 이당시의 지방선과 마찬가지로 1개월로 축소하여 치룬다.

2. 지방선地方禪

원기10년부터 총부에서 정기 훈련이 시작되며, 교화의 활성화와 교리의 보급에 힘입어 각 지방의 교세에 따라 동하선이 시행된다. 원기10년(1925)부터 원기28년(1943)까지의 지방선 상황은 다음과 같다.

〈표 2-1〉 **지방선**地方禪[동하선] **상황**(원기13년~20년)

년 도	명 칭	기 한	입 선 인	비 고
원기13년 (1928)	영광동선	음11.6~2.6	일기반-5 좌선반-7	
원기14년	영광동선	음11.16~2.6	정식 6명	추수관계로 10일 연기 지도 김기천
원기15년	영광동선	음11.6~2.6	총 20여명	지도 김기천
원기16년	영광동선			
원기17년 (1932)	부산하선	음 5.6~8.6	정식 10명	지도 김기천
	영광동선	음11.16~2.6		지도 이완철
	제2회 부산동선	음11.16~2.6	총 10여명	지도 김기천
시창18년 (1933)	제1회 경성동선	음11.6~2.6		
	영광동선	음11.6~2.6		
	제3회 부산동선	음11.6~2.6		
시창19년 (1934)	제2회 경성하선	음 5.6~8.6	정식 남-3명 여-15명	
	제4회 부산하선	음5.6~8.6		지도 김기천
	제1회 남부민하선	음5.6~8.6	정식 6명	지도 김영신
	제3회 경성동선	음11.6~		
	영광동선	음11.6~		
	부산동선	음11.6~		
	제2회 남부민동선	음11.9~		
	제1회 진안마령동선	? ~ 양2.9		
원기20년 (1935)	제4회 경성하선	음 5.6~8.7		
	제5회 부산하단하선	음 5.7~	총 7,8명	지도 김기천 회보 18호에 5회로 표기
	제3회 남부민하선	음 5.7~	총 10여명	지도 김영신
	영광동선	음11.6~2.6	총 30여명	
	경성동선	음11.6~2.6		지도 이완철

〈표 2-2〉 지방선地方禪[동하선] 상황(원기20년~24년)

년도	명칭	기한	입선인	비고
원기20년 (1935)	영광동선	음11.6~2.6	총 30여명	
	부산 하단동선	음11.6~2.7		지도 김기천
	남부민동선	음11.9~2.9		지도 김영신, 조전권
	경성동선	음11.6~2.6		지도 이완철
	부산 하단동선	음11.6~2.7		지도 김기천
	남부민정동선	음11.9~2.9		지도 김영신, 조전권
	원평동선	음 ? ~2.6		지도 김광선
원기21년 (1936)	경성하선			
	부산 하단하선			
	남부민하선			
	영광동선	음11.16~	총 50여명	강당 미준공 관계로 10일 연기
	신흥동선	음11.28~		
	초량동선		야간 30여명	자유선
원기22년 (1937)	영광동선	음11.16~		장마로 인해 10일 연기함
	경성동선			
원기23년	경성하선			
원기24년 (1939)	영광동선	양 1.21~	총 40여명	
	신천동선	양 1.30~	총 20여명	
	남부민동선	양 1.6~3.6	총 20여명	
	남부민하선	양 6.6~	총 20여인	
	하단하선		총 10여명	
	영광길룡 동선	양12.16~	정식-40 자유-15	
	남부민 동선	양12.16~	정식-25 자유-25	
	부산 하단동선		자유-10	
	초량동선	양12.16~	자유-25	
	남원동선	양 ?	정식-8 자유-3	

〈표 2-3〉 **지방선**地方禪[단기선] **상황**(원기27년)

년도	명칭	기한	입선인	비고
원기27년 (1942)	이리출장소 단기선短期禪	6.1~10일간		주편主鞭 이공주
	경성출장소 단기선	8.1~1개월간		主鞭 이경순
	경성지부 단기선	8.11~1개월간		主鞭 이완철
	전주지부 단기선	8.10~10일간		主鞭 송규
	초량지부 단기선	9.1~15일간		主鞭 이공주
	영산지부 단기선	9.10~10일간		主鞭 송도성
	남부민지부 단기선	9.28~10일간		主鞭 유허일
	하단지부 단기선	10.11~1주일간		主鞭 이공주
	호곡출장소 단기선	12.9~1주일간		主鞭 송규
	용신지부 단기선	12.18~1주일간		主鞭 김대거
	삼례출장소 단기선	12.21~1주일간		主鞭 이형국
	영산지부 단기선	12.27~2개월간		主鞭 송도성
	신흥지부 단기선	1.8~1개월간		主鞭 김형진
	화해출장소 단기선	2.6~20일간		主鞭 김일현
	신태인출장소 단기선	2.9~1주일간		主鞭 송규
	운봉출장소 단기선	2.22~1주일간		主鞭 송규

〈표 2-4〉 **지방선**地方禪[단기선] **상황**(원기28년)

년도	명칭	기한	입선인	비고
원기28년 (1943)	경성지부 단기선短期禪	9.18~10일간	20명	이완철 주편主鞭
	남부민지부 단기선	9.22~6일간		이공주 교감 박영권 主鞭
	개성출장소 단기선	9.23~30일간	20명	김대거 교감 이경순 主鞭
	영산지부 단기선	9.27~7일간	50명	송도성 교감 主鞭
	남선출장소 단기선	9.29~10일간	40명	김대거 교감 김태신 主鞭
	신흥지부 단기선	10.9~3일간	160명	송도성 교감 김홍철 主鞭
	하단지부 단기선	10.9~7일간	30명	이공주 교감 조일관 主鞭
	도양출장소 단기선	10.13~3일간		송도성 교감 오종태 主鞭
	초량지부 단기선	10.1~7일간		이공주 교감 조전권 主鞭
	용암지부 단기선	12.6~5일간		김대거 교감 정관음행 교무 主鞭
	삼례출장소 단기선	2.20~20일간		송벽조 교무 主鞭
	신태인출장소 단기선	2.11~7일간	26명	유허일 교감 김영신 교무 主鞭
	영산지부 단기선	2.2~7일간		송도성 교감 主鞭
	원평지부 단기선	2.7~7일간	15명	김대거 교감 조원선 主鞭
	화해출장소 단기선	2.10~25일간		김일현 主鞭
	운봉출장소 단기선	3.1~7일간		서공남 主鞭

지방선이 시작된 곳은 원기13년(1928) 영광지부이다. 영광지부는 농사 관계로 하선은 치르지 못하고 동선에 집중하여 꾸준히 진행한다. 이후로 지방 교세의 확장에 따라 원기17년(1932) 부산 하단지부[현 당리교당], 원기18년(1933) 경성지부[현 서울교당], 원기19년(1934) 남부민정지부[현 부산교당], 원기19년(1934) 진안 마령지부[현 마령교당], 원기20년(1935) 원평지부[현 원평교당], 원기21년(1936) 신흥지부와 초량지부[현 신흥교당과 초량교당], 원기24년(1939) 남원지부[현 남원교당]에서 선이 이루어진다. 원기24년까지는 각 지방에서 동하선 3개월 형식으로의 선이 치러졌으며, 원기25년과 26년은 3개월 형식의 선은 보이지 않고 교리강습회의 형태만 보인다. 그 후 다시 원기27, 28년에는 3개월 형식의 선과 교리강습회 형식이 조화를 이룬 단기선短期禪이 등장한다.

단기선이 등장하게 된 원인을 시창27년도 사업보고서에 의하면 "생산증강의 의意에 부하기 위하여 예회 회수와 선기 단축을 감행하고 가급적 농한기를 이용하여 지방 단기선을 장려한바"라 하여 실제로 3개월 형식 선이 시대적 상황에 부합되지 않으므로 그 형태를 단기선 형태로 바꾸었음을 알 수 있다. 단기선은 그 상황에 따라 3일, 5일, 6일, 7일, 10일, 15일, 20일, 25일, 1개월, 2개월을 시행한다.

3. 훈련과정

『불법연구회규약』 중 출가공부인의 책임, 동하 6개월에 매일 공부하는 순서를 보면, 훈련과정에 관해 설명하고 있다.

동하 6개월에 매일 공부하는 순서

1. 주야 24시간 내에 8시간은 잠자고, 8시간은 공부하고, 8시간은 육신을 운동하여 정신도 소창하며, 모든 동류同類로 더불어 각항 의견을 교환하기로 함.
2. 오전 2시간은 좌선하고, 또 2시간은 취지·규약·경전을 연습하고, 오후 2시간은 일기를 하되 시간을 대조하여 기재하며 응용하는 데 각항 처리 건을 기재하며, 어떠한 감각이 있고 보면 감각된 사유를 기재하며, 또 2시간은 문목·의두를 강연하기로 함.

단, 처음에는 시간을 정하고 과정을 정하였으나, 공부하는 정도를 따라서 시간과 과정을 차차 없애고, 무시간단無時間斷으로 수양하는 방법과 연구하기를 주장함.

위로 볼 때 하루 24시간을 삼등분하여 훈련 과정을 짜놓았음을 확인할 수 있다.

〈표 3〉 11과목에 의한 24시간 분류표

24 시간	8시간 공부工夫	오전 2시간: 좌선坐禪
		오전 2시간: 취지규약 경전연습趣旨規約經傳練習
		오후 2시간: 일기日記(시간대조기재, 각항처리건기재, 감각사유기재)
		오후 2시간: 문목의두問目疑頭 강연講演
	8시간 운동·소창	정신소창精神蘇暢, 각항목의견교환各項意見交換
	8시간 취침	취침就寢

〈표 3〉을 보면 11과목 중 6과정(염불, 좌선, 회화, 강연, 경전, 일기)을 중심으로 짜여 있음을 볼 수 있다. 처음에는 시간을 정하여 공부하나 공부의 정도에 따라 무시간단無時間斷으로 수양 연구하기를 당부한다.

초기교단의 입선일 통보, 입선인 신청 등은 『불법연구회규약』에 등장한다.

10. 입선 및 파선罷禪 일자

1) 입선 定한 일자는 매년 음력 5월 6일에 결재하여 동년 8월 6일에 해재하고, 당년當年 재회는 11월 6일에 결재하여 익년翌年 2월 6일에 해재함.

2) 연구인이 입선을 하기로 하면 40일전에 선원에 통지하여 허가를 득함.

3) 연구인 회집會集은 결재 일자 5일전으로 함.

11. 입선시 금기 사항

1) 자기 가중家中 관계인의 허가가 없는 자.

2) 자기 의식 비용 준비가 없는 자.

3) 선한문鮮漢文 내에 1건도 없는 자.

4) 당시 법률에 범죄자.

5) 전염 악질이 있는 자.

연구인 입선시 가중 관계인 허가 양식

12. 연구인 입선 후 금지 사항

1) 대관사大關事 외에 서신 내왕 금지

2) 대관사 외에 본가本家 출입 금지

《회보》 제13호의 '매일 8시간씩 공부 과정을 엄수케 하고 타처 출입과 서신 내왕에도 어느 정도까지는 구속을 주는 편이니'로 보아서 이 당시에 입선 시 규율이 실행됨을 알 수 있다.

입선인은 크게 정식正式 선원과 자유自由 선원으로 나눈다. 정식 선원이란 정식으로 입선하여 훈련을 받고 해제식 시 성적표 발급 및 수여한 자를 의미하고, 자유 선원이란 집에서 내왕하며 청강하는 선원을 의미한다. 초기에는 정식 입선인이 주가 되었으나 뒤로 갈수록 자유 선객이 많아지고 어느 때는 모두 자유 선객으로 선이 치러지는 때도 있었으며, 지방선일수록 이런 형태가 많아진다.

4. 훈련 평가 방법訓練評價方法

정기훈련이 끝나는 해제식에서는 항상 3개월간의 훈련에 대한 성적 및 순위를 발표하고 수여증을 배부하였다. 총부 동하선에서는 소태산 대종사가 직접 수여를 하였다.

성적 및 순위를 정하는 방법은 계속해서 바뀐다. 현존하고 있는 훈련 평가 방법은 아래와 같다.

〈표 4〉 동하선 평가방법

년도	명칭	평가 방법
원기13년 (1928)	제7,8회 총부선	크게 남녀부로 나누어서 공부 점수, 공부 일수를 합산하여 성적과 순위를 정함
	영광동선	글씨를 쓰지 못하는 자를 위해서 일기반과 좌선반으로 나누어, 일기시간에 좌선을 할 수 있도록 반을 나누고 나머지는 상동上同
원기14년 (1929)	제9회 총부하선	연습성적과 현실성적 두 가지로 순위를 따로 정함. 연습성적은 갑반과 을반으로 나누어, 글씨를 쓸 수 없는 자를 위해 을반을 나누고 현실성적은 당연등급과 부당등급으로 나누어서 성적을 따로 정함.
원기17년 (1932)	제14회 총부하선	학과실행 성적등급, 교과서 음강 성적등급, 과정 성의 성적등급, 과정 일기반 성적등급 등等 네 가지로 각기 평가함.

→ '초기교단의 정기훈련(원기10년~원기28년) 상황'은 「양명일, '초기교단의 정기훈련 소고'」을 참고하여 가감 보충해 정리함.

교리강습회 및 교무강습회 상황

1. 교리강습회敎理講習會

원기21년(1936) 陰 5월 16일 경성지부 병자 하선夏禪이 시작되는데, 소태산 대종사, 상경하여 하선 기간에 저녁 1시간씩 교리강습회를 개최한다. 이 교리강습회에 경성 회원들은 온갖 어려움 속에서도 이를 이겨내고 열심히 출석하여 대성황을 이룬다. 경성 교리강습회는 교리강습의 시초始初가 된다.

교리강습회는 원기21년(1936) 소태산의 지방순회 시에 활성화되며 보통 10일간 진행되었다. 교리강습회의 내용을 보면 정기훈련을 축소한 단기선短期禪의 형식을 띠고 있다. 향후 이 교리강습회는 실로 지방 교화확장의 큰 역할을 하게 된다. 원기24년(1939) 총회 시 〈교정원 소속 사항〉의 지시 사항 중 '교리강습회 개최에 관한 건'으로 10일 혹은 20일간의 단기선을 권장하고 있다.

교리강습회는 경성지부에서 시행한 뒤 원기21년(1936)에 남부민·초량(음 6.6~12), 영광

(9.3~13)에서 개최되며, 이후 원평, 남원, 운봉, 도양, 개성 등의 지방으로 확대 시행된다. 그러므로 원기20년(1935) 돈암동 회관 경성지부의 병자 하선 중의 교리강습회는 교리강습회의 시초始初가 된다. 소태산은 경성에서 교리강습회를 시연해 보고 지방으로 확대 시행했다.

소태산은 경성에서의 병자 하선 중에 교리강습을 시행해 보시고 이어서 바로 부산으로 내려가 陰 6월 6일~12일 사이에 초량사립학교[중앙유치원]를 빌려 '불교혁신'이라는 주제로 교리강습회를 실시하니 백여 명의 청중이 참여하게 된다. 결국 소태산은 경성에서 교리강습회를 시행해 보고 이를 부산에서 적극적으로 시행하신 것이다.

시창25년 사업보고서의 교정원 특별상황보고 중 영광 길룡지부 항에서 영광 교리강습회를 교리강습의 효시로 보고 있다. 그 이유는 꾸준한 시행과 체계적인 단기선의 형식을 갖추고 있기 때문일 것이다. 그러나 이는 모범이지 시초는 아니다. 교리강습회의 시초는 경성지부라 해야 타당할 것이다.

《회보》 제53호 교정원 지시사항 중 '교리강습회 개최에 관한 건'을 보면

"총부와 거리가 초원稍遠[거리가 멀어]하여 매년 입선이 용이치 아니하고 또 지방 선원도 설치되지 못할 곳에 한限해 매년 1, 2차식 단기간으로 10일 혹은 20일간 교리강습회를 개최하고 지방 요인을 회합 훈련하는 것이 매우 필요한 일인데 강사는 지방의 요청으로 총부 또는 타지방의 교무라도 이에 응할 수 있도록 주선하겠사오니 여사如斯[이 같은]한 방법을 잘 이용하여 지방 회세 확장에 노력할 사. 단, 영광지방은 매년 추하秋下 간 농한기를 이용하여 여사如斯한 방법으로써 다대한 실적을 거擧하고 있음."이라고 교리강습회 시행을 독려하고 있다.

원기21년부터 26년까지의 교리 강습회는 아래의 〈표〉와 같다.

〈표〉 **교리강습 상황표**(원기21년~26년)

년 도	명 칭	기 한	수강원	비 고
원기21년 (1936)	경성지부 교리강습회	음5.16~ 1주일간		매일밤 1시간씩 설법 대종사
	남부민 교리강습회	음6.6~6.12 1주일간		설법 대종사
	초량 교리강습회	음6.6~6.12 오후7:30-9:30	100여명	설법 대종사
	영광 교리강습회	음9.3~9.13 10일간		설법 대종사
원기22년 (1937)	영광 교리강습회	음8.15~25 10일간	46명	강사 유허일, 송규
원기24년 (1939)	원평지부 교리강습회	양3.6~26 20일간	5,6명	3월 9일부터 4일간 송도성 설교
원기25년 (1940)	초량지부 교리강습회	양6.26~ 1주간	33명	일반교리강습
	영광길룡 교리강습회	9.17~26 10일간	67명	강사 송규 강습회의 효시과시
	남원 교리강습회	9.20~ 1주간	40여명	
	남원 교리훈련	10.1~ 야학개최	30여명	지도 박장식, 정관음행, 정양선
	운봉출장소 교리강습회	1.11~ 10일간	10여명	강사 서공남 삼강령팔조목, 사은사요 해설
원기26년 (1941)	초량지부 교리강습회	7.1~ 1주간	46명	지도 이공주
	남부민 교리강습회	7.9~ 1주간	4,50여명	지도 이공주
	영광지부 교리강습회	9.30~ 10일간	59명	지도 송규
	도양 교리강습회	10.5~ 5일간	150여명	
	개성출장소 교리강습회	11.2~ 1주간	4,50여명	지도 송도성, 이동진화

영광 교리강습회는 가장 체계적으로 강습을 실시하였다.

원기 21년(1937)에 실시한 영광 교리 강습회의 내용을 보면,

△교리강습회 [영광지부 근황, 《회보》 제30호, 시창 21년 11·12월호]

지방 회원끼리 모여 앉으면 항상 교리 강습회 개최의 필요를 누누이 말하여 오던 바이나 아직 시기의 적당함을 얻지 못하여 유예 미정未定 중에 있었더니 8월 28일 뜻밖에 법가法家 하림下臨을 봉영奉迎하여 당지當地 일반의 기뻐하였음은 말할 것도 없었사오며 겸하여 지난 9월 3일부터 동 13일까지 10일간을 법체法體의 괴로우심에도 불구하고 교리강습을 시켜주시옵셔서 일반에게 큰 각성을 촉진하였사오며 수강원 제씨도 무미한 음식과 복잡한 처소에 겸하여 연일 계속하는 임무로 무수한 곤란을 받으시면서도 오직 법열 도락法悅道樂으로 10일의 기간을 단란 화평히 지내온바 수강 절차는 대략 좌左와 여如함

1. 수강원 씨명

김동중, 이중화, 심상만, 이병오, 김장진, 김호연, 김일선, 박형헌, 서규석, 임순목, 백운채, 조설환, 이호춘, 김홍철, 이형국, 임로선, 김동남, 권유철, 임준창, 정우양, 정병조, 서종인, 장종선, 장오환, 이도순, 이명진, 오효종, 류평진, 김병근, 이군일, 서기채, 김형진, 오창섭, 이천갑, 이사은, 정계환, 이순순, 정세관, 임귀경, 이경순, 이정화, 김태신, 박사시화, 김양화, 송도성,

우右 45인

1. 시간

조기朝起 좌선, 오전 법설 2시간, 오후 의두 발견 2시간, 석후夕後 질의 1시간

1. 법설 제목

제1일(양 9월 3일) 물질과 정신과의 관계 [보경육대요령에서]

제2일(9월 4일) 조선불교 혁신에 대하여 [혁신론에서]

제3일(9월 5일) 이단치회 [단규에서]

제4일(9월 6일) 예회

제5일(9월 7일) 현대 세계의 병맥 타진,

제6일(9월 8일) 학위등급과 회상 제도에 관하여 [육대요령에서]

제7일(9월 9일) 삼대 연원 연락 방법에 관하여

제8일(9월 10일) 삼대력과 실생활

제9일(9월 11일) 삼대력과 실생활
제10일(9월 12일) 수강원 자유 감상
제11일(9월 13일) 예회, 법설: 소태산 대종사

원기22년(1937) 영광 교리 강습회의 내용을 보면
교리강습회 [《회보》 제39호, 시창22년 11월호]
1. 본 지방은 농촌인 관계로 연래年來의 하선 공부를 하지 못한 것이 여러분의 심중에 항상 유감이 되어 오든 바 거년도[거년도는 종사주께옵서 강습에 친임해주셨음] 강습을 본받아 농한기 되는 음 8월 15일부터 10일간 특별 강습회를 개최하니 참강원參講員이 남녀 합 46인이요 강사는 유허일, 송규 양씨兩氏가 담임된바 강습 과목은 좌左와 여如히 축일逐日 진행하였습니다.
'강습과목'
△ 제1일 오전 사은의 요지, 석후 질의문답
△ 제2일 오전 사요의 요지, 석후 질의문답
△ 제3일 오전 삼강령의 요지, 석후 팔조목의 요지
△ 제4일 오전 전문 훈련의 요지, 석후 상시훈련법
△ 제5일 오전 상시훈련법 석후, 상시훈련법
△ 제6일 오전 학력고시법 석후, 질의문답
△ 제7일 오전 학위등급법 석후, 혁신론의 요지
△ 제8일 오전 회규 원칙 석후, 질의문답
△ 제9일 오전 예전의 요지 석후 수강원 감상담
△ 제10일 오전 일동 기념등산 석후 휴식
단 매일 2시간은 독서

이 두해의 교리강습회는 실로 선을 축소한 형태로 단기선의 형식과 매우 흡사하다.

2. 교무강습회教務講習會

『원불교교사』의 '교무의 훈련'에 관한 내용이다.

"원기23년(1938·戊寅) 11월 21일에는 새 회상 처음으로 교무강습회[교감柳虛一]를 개최하고 각 지방 교무를 총부에 소집하여, 대종사 친히 설법하시는 아래 40일간의 교리 훈련을 실시하시니, 이것이 새 회상 교무 훈련의 효시가 되었다. 창립 후 지부 교당이 늘어남을 따라 교무의 수효도 점차 불어났으나, 당시의 교무들은 일정한 훈련 기간을 거침이 없이 일선 교화에 나서게 되었으므로 통일적 교화를 실시하는데 아쉬움이 적지 않던 바, 이에 이르러 교리가 새롭게 이해되고, 모든 법도가 고루 단련되어 통제 있는 대중 교화에 새로운 기틀을 잡게 되었다."

훈련 분화기의 시작이 되는 시발점이 교무강습회라고 할 수 있다. 교무강습회가 시작된 이유에 대해 『원불교교사』에서 통일적 교화를 실시하는데 아쉬움을 느끼고, 교리의 새로운 이해와 통제 있는 대중교화에 새로운 기틀을 잡기 위함이라고 밝히고 있다.

1) 제1회 교무강습회

제1회 교무강습회는 그 결제일이 『원불교교사』에는 원기23년(1938) 11월 21일로 기록되어 있으며, 시창23년 사업보고서에도 11월 21일로 기록되어 있다. 이에 비해 《회보》 제53호에는 12월 21일부터 이듬해 1월 31일로 40일간 실시했다고 기록되어 있으며, 12월 21일부터 이듬해 1월 14일까지 25일간 교리강습, 1월 15일부터 1월 27일까지 12일간 제도 강습, 1월 28일부터 1월 30일까지 3일간 간담회의 내용으로 훈련이 전개되었다고 기재되어 있다.

당시 교무강습회에 참가한 교무로는 박제봉[영광지부], 이완철[경성지부], 송벽조[진안지부], 김영신[개성출장소], 정관음행[남원출장소], 박대완[김제 용신지부], 조갑종[김제 원평지부], 오종태[부산 하단지부], 조전권[부산 초량지부], 박허주[부산 남부민지부]인데, 《회보》 제51호 인사동정人事動靜란에 김영신은 12월 5일 개성으로부터 도관, 조전권·오종태는 12월 10일 부산으로부터 도관, 정관음행은 10일 남원으로부터 도관, 송벽조는 12일 진안으로부터 도관이라 기록되어 있다. 이를 미루어 볼 때 제1회 교무강습회는 12월 21에 되었다고 여겨진다.

또한 《회보》 제52호에서 '원래 예정은 1월 21일까지 종료키로 하였으나 사정 관계로 연기하여 1월 30일까지 하기로 갱정하다'라고 기록되어 있으므로 12월 21일 개최가 유력하다.

교무강습 내용으로는 교리강습教理講習때는 회원수지會員須知, 육대요령六大要領, 정정요론

定靜要論, 불교혁신론佛敎革新論, 기타고경古經을 가지고 하였으며, 제도강습制度講習때는 규약規約, 단규團規, 감사세칙監査細則, 예전禮典, 회세會勢, 일람一覽을 강습했으며, 간담회懇談會 날에는 지방상황 보고, 교화방침 토의, 자유 의견교환 등을 하였다. 교무강습회는 총부 동선 기간에 40일간을 합동으로 선을 났다.

《회보》 제53호, 시창24년 3월호

과반 개최하였던 제1회 교무강습회 경과상황을 혹 참고가 유有하실가 하여 자玆에 발표함.

교무강습회 요항要項

＊ 교무강습회 예정표

1. 장소: 전북 익산군 북일면 신용리 불법연구회 총부

1. 기간: 자自 시창23년 12월 21일

지至 시창24년 1월 31일 40일간

1. 강습요항

(1) 교리, 회원수지, 육대요령, 정정요론, 불교혁신, 기타 고경

(2) 제도, 규약, 단규, 감사세칙, 예전, 회세 일람

(3) 간담회, 지방상황 보고, 교화방침 토의, 자유의견교환

＊ 일할배정日割配定

자自 시창23년 12월 21일

지至 시창24년 1월 14일 25일간 교리강습

자自 시창23년 1월 15일

지至 시창24년 1월 27일 12일간 제도강습

자自 시창23년 1월 28일

지至 시창24년 1월 30일 3일간 간담회

2) 제3회 교무강습회

원기25년(1940) 제3회 교무강습회는 회보가 폐간된 관계로 시창25년도 사업보고서에 기록만을 참고하였다.

제3회 교무강습회는 8월 20일~9월 5일 16일간 총부 대각전에서 계속됐으며 참가인으로는 송도성 외 15인의 교무와 특별 청강자 약간인이었다. 강습내용으로는 조석으로 좌선, 염불을 하고 매일 8시간씩 정규定規로 근행법勤行法, 혁신론革新論, 육대요령六大要領, 예전禮典, 규약規約과 고경古經, 불교역사 등의 과목으로 강습하고 수시隨時로 소태산 대종사가 직접 법설法說을 하였다.

3) 제4회 교무강습회

제4회 교무강습회는 원기26년(1941) 8월 10일부터 9월 5일까지 25일간 계속된다.

참가인은 각 지방 교무이며, 강습내용은 종래의 교무강습 형식을 순연한 입선식으로 매일 8시간씩 난의문답難疑問答을 계속하였다.

→ '교리강습회 및 교무강습회 상황'은 「양명일, '초기교단의 정기훈련 소고'」와 「방길튼, 『소태산, 서울을 품다』 『소태산, 영광을 수놓다』」를 참고하여 가감해 정리함.

종잡고 잇스면 自然히 그러쉬난 숨은 強할것
내ㅣ쉬난숨은 잡음으로 微하기되며 이와갓치 오래
한則 아래ㅅ배가 漸々단々해지며 水昇火降이
맑고 潤滑한 침(涎)이 혀(舌)뿔기밋과
牙際로부터 繼續하야 날것이니 그침을 이
가득모아 삼키고 삼키면 몸이 潤澤하고 精
淸快하야 自然히 밝은 慧光을 어드리라 그러
塵俗事務에 複雜하게지내든 그精神이라
은갓다가 처음으로 坐禪에 들면 全身이 개

제3 수행편 修行編

제3장 염불법念佛法

제3장 염불법念佛法

1. 염불의 요지 念佛–要旨

대범, 염불이라 함은 천만 가지로 흩어진 정신을 일념으로 만들기 위한 공부법이요, 순역順逆 경계에 흔들리는 마음을 안정시키는 공부법으로써 염불의 문구인 나무아미타불南無阿彌陀佛은 여기 말로 무량수각無量壽覺에 귀의한다는 뜻인바, 과거에는 부처님의 신력에 의지하여 서방정토 극락極樂에 나기를 원하며 미타 성호를 염송하였으나 우리는 바로 자심自心미타를 발견하여 자성극락에 돌아가기를 목적하나니, 우리의 마음은 원래 생멸이 없으므로 곧 무량수라 할 것이요, 그 가운데에도 또한 소소영령昭昭靈靈하여 매昧하지 아니한 바가 있으니 곧 각覺이라 이것을 자심미타라고 하는 것이며, 우리의 자성은 원래 청정하여 죄복이 돈공하고 고뇌가 영멸永滅하였나니, 이것이 곧 여여如如하여 변함이 없는 자성극락이니라. 그러므로 염불하는 사람이 먼저 이 이치를 알아서 생멸이 없는 각자의 마음에 근본하고 거래가 없는 한 생각을 대중하여, 천만 가지로 흩어지는 정신을 오직 미타일념에 그치며 순역 경계에 흔들리는 마음을 무위안락無爲安樂의 지경에 돌아오게 하는 것이 곧 참다운 염불의 공부니라.

염불의 요지와 참다운 염불

'염불의 요지'는 염불의 핵심과 골자가 되는 내용이다.

참다운 염불 공부는 '염불의 요지' 마지막 단락에 제시되어 있다.
"염불하는 사람이 먼저 이 이치를 알아서 생멸이 없는 각자의 마음에 근본하고, 거래가 없는 한 생각을 대중하여, 천만 가지로 흩어지는 정신을 오직 미타 일념에 그치며, 순역 경계에 흔들리는 마음을 무위안락無爲安樂의 지경에 돌아오게 하는 것이 곧 참다운 염불의 공부니라."

이러한 참다운 염불 공부는 '염불의 요지'의 첫 단락인 **"대범, 염불이라 함은 천만 가지로 흩어진 정신을 일념으로 만들기 위한 공부법이요, 순역順逆 경계에 흔들리는 마음을 안정시키는 공부법"**을 실행하라는 것이다.

염불은 첫째, 천만 가지로 흐트러지는 정신 즉 분별·망상·잡념을 오직 미타 일념彌陀一念에 그치어 일념을 만드는 공부법이다. 만드는 것은 본래 자리를 드러내는 것이다.
염불하는 미타 일념의 염송처는 어떠한 잡념도 섞일 것이 없는 순연한 본래 자리로, 미타 일념은 청정한 자리다. 즉, 미타 일념은 천만 가지 잡념으로 흩어지기 이전의 두렷한 한 마음이다.

둘째, 순역 경계에 흔들리는 마음을 무위안락의 지경에 돌아오게 하여 안정시키는 공부법으로, 순역 경계에 흔들리는 마음은 경계에 끌려다니는 마음이다.
'순경'은 내 욕망에 부합되는 상태라면 '역경'은 내 욕망에 거슬리는 상태로, 이는 역경에 흔들리고 순경에 빠지는 생멸심이다.

이렇게 순역 경계에 흔들릴 때 염불-일념에 그쳐 순역 경계에 부동한 자리에 드는 것이다. 이 자리가 순역 경계에 흔들릴 것이 없고 또한 끌리지 않는 무위안락의 지경이다.
안정=안락으로, 안정된 자리=안락한 자리=입정처=일원상의 경지이다.

염불의 핵심은 '생멸이 없는 마음'인 자성불[본래 마음]에 근본하고, '거래가 없는 한 생각'인 자성불을 대중하여, 일념을 만들고 마음의 안정을 얻는 공부법이다.
이처럼 염불은 온전한 정신을 양성하는 공부로, 정신수양의 한 방법이다. 마음이 두렷하고 고요하여 분별성과 주착심이 없는 경지인 정신을 양성하는 방법이다.

염불은 '나무아미타불' 일구一句에 집중하는 동시에 염불하는 마음 당처에 드는 공부이다. 참다운 염불 공부는 생멸이 없는 각자의 마음에 근원 하는 공부로, 염불하는 마음 당체는 본래 생멸이 없는 마음이다. 이 자리에 근본 하는 것이 염불이다.
또한 참다운 염불 공부는 거래가 없는 한 생각을 대중하는 공부이다. 즉 염불하는 자리는 본래 거래가 없는 한 생각으로, 이 자리를 대중하는 것이 염불이다.
생멸이 없는 마음과 거래가 없는 한 생각은 본래 마음인 일원상 자리로, 염불은 본래 마음인 일원상 자리에 그치는 공부이다.

미타일념彌陀一念의 미타는 '아미타불'의 준말로, '나무아미타불'을 염송하는 것은 아미타불에 귀의하는, 즉 돌이켜 그치는 것으로, '나무아미타~불' 염송에 집주集注하여 분별이 뚝 끊어진 자리에 드는 것이다. '나무아미타불'에 집주하여 그 집주하는 마음 바탕에 그치면 청정한 자성에 드는 것이다.
이 자리는 생하는 것도 멸하는 것도 아닌 원래부터 여여한 자리이다. '나무아미타불'을 염송하는 마음 당체인 청정하고 여여한 이 자리에 접속하는 것이다.

육근이 무사한 정할 때면 '나무아미타불' 염송에 집주하여 미타-일념에 드는 것이다. '나무아미타불'이란 주제에 집중하여 염송 일념에 머무르면 일체의 경계가 다 탈락하는 경지에 이르게 된다. 오직 청정 일념만이 있을 뿐이다.
이 생각 저 생각으로 생각이 분열될 때 미타-일념에 드는 것이다. 아무리 마음이 흐트러져도 미타-일념처는 흐트러질 수 없는 청정 부동의 일념이라는 것을 직시하여 그 자리에 머무는 것이다.
이처럼 망념이 일어나면 '나무아미타불'에 그치어 청정 일념으로 돌이키면 그만이다. 설사 분별이 일어나도 그 분별이 청정 일념에서 일어나는 것임을 확연히 자각하게 된다.

또한 육근이 유사한 순역 경계에도 '나무아미타불' 염송 한방으로 청정 일념에 귀의하는 것이다. 순역 경계를 따라 마음은 흔들리게 된다. 이 흔들리는 마음을 '나무아미타불' 염송으로 심성 원래心性元來를 반조하여 그 자리에 곧바로 드는 것이다.
반조만 하면 그 자리는 원래 순역 경계에 흔들리지 않는 부동한 자리다. 경계를 따라 아무리 흔들려도, 흔들리는 중에 흔들리지 않는 자리이다.
이 자리를 반조하면 마음의 안정을 얻게 된다. 마치 오뚜기처럼 흔들리는 중에도 중심을 잡고 있는 격이다. 경계에 흔들려도 흔들리지 않는 자리에 머물게 되는 것이다. 중심이 있기에 안정을 얻을 수도 있고 이를 놓치면 흔들리게 되는 것을 자각하게 된다.

참다운 염불 공부는 경계가 있든 없든, 동하든 정하든 '나무아미타~불' 염송하는 그 당체에 직입하는 것이다. 아미타불에 그쳐 있는 당체는 곧 청정하고 광명한 자성불이다.
미타-일념처는 생기고 사라지는 생멸의 존재가 아니며, 거래에 변하는 자리가 아니다. 가도 그 자리요 와도 그 자리이며, 생해도 멸해도 청정 여여한 자리다.
결국 염불은 나무아미타불 한 생각을 대중하여 청정 일념에 그치고, 순역 경계에 항상 무위안락의 자성 자리에 머물도록 하는 공부이다.

미타 일념도 일원상 자리이며, 무위안락한 지경도 일원상 자리이며, 생멸 없는 마음도 일원상 자리이며, 거래 없는 한 생각도 일원상 자리이다. 염불의 불은 바로 청정 일념의 일원상 자리로, 결국 염불은 청정한 일원상 자리에 그쳐 있는 공부이다.

염불법은 소태산 대종사의 가르침에 따라 정산 종사가 초안하였고 소태산의 감정에 의해 완성된다.

염불의 목적, 자심미타와 자성극락

'염불의 요지'에서 **"과거에는 부처님의 신력에 의지하여 서방정토 극락에 나기를 원하며 미타 성호를 염송하였으나, 우리는 바로 자심미타自心彌陀를 발견하여 자성극락自性極樂에 돌아가기를 목적한다."**고 염불의 목적을 밝히고 있다.

염불을 하는 목적은 각자의 자심미타를 발견하여 자성극락을 수용토록 하는 것으로, 아마타불은 서방정토 극락의 부처라면 자심미타는 자기 마음의 정토 극락처이다.

원래 마음=아미타불=정토 극락으로, 마음 부처를 발견하여 자성극락에 드는 것이다. 자심미타를 발견하면 이 자리가 자성극락이다.

또한 자심미타와 자성극락을 제시하고 있다.

"염불의 문구인 나무아미타불南無阿彌陀佛은 여기 말로 무량수각無量壽覺에 귀의한다는 뜻인 바, … 우리의 마음은 원래 생멸이 없으므로 곧 무량수라 할 것이요, 그 가운데에도 또한 소소영령昭昭靈靈하여 매昧하지 아니한 바가 있으니 곧 각覺이라 이것을 자심미타라고 하는 것이며, 우리의 자성은 원래 청정하여 죄복이 돈공하고 고뇌가 영멸永滅하였나니, 이것이 곧 여여如如하여 변함이 없는 자성극락이니라."

'염불의 요지'에서 첫째, '염불의 문구인 나무아미타불은 여기 말로 무량수각無量壽覺에 귀의하는 것'이라 밝히고 있으며,

둘째, 자심미타는 '우리의 마음은 원래 생멸이 없으므로 곧 무량수無量壽라 할 것이요, 그 가운데 또한 소소영령昭昭靈靈하여 매하지 아니한 바가 있으니 곧 각覺이라 이것을 자심미타'라고 정의하며,

셋째, 자성극락은 '우리의 자성은 원래 청정하여 죄복이 돈공하고 고뇌가 영멸하였나니 이것이 곧 여여하여 변함이 없는 자성극락'이라고 밝히고 있다.

나무아미타불의 나무南無는 귀의歸依한다는 즉 '돌이키어 의지한다, 그친다.'는 뜻이며, 아미타불은 무량수각無量壽覺이라는 뜻이다. 이러한 무량수각의 아마타불에 귀의하는 자리가 자기의 원래 마음인 자심미타이다.

무량수無量壽는 생멸이 없는 우리의 원래 마음으로, 이 같은 불생불멸한 본래 마음을 무량수라 한 것이며, 또한 생멸이 없는 가운데 소소영령하여 매하지 않는 자리를 깨어있는 각覺이라 한 것이다. 무량수각無量壽覺한 우리의 원래 마음이 곧 자심미타이다.
자심미타를 발견한다는 것은 생멸 없는 가운데 소소영령한 원래 마음을 발견했다는 것으로, 자신의 마음에서 공적영지의 광명을 발견한 것이다.

또한 이러한 자심미타를 발견하면 이 자리가 바로 자성극락이다.
우리의 원래 마음 곧 자성이 바로 극락으로, 자심미타=자성극락이다.
자성극락은 죄복 고락을 초월한 청정한 자리로 죄라 할 것도 복이라 할 것도 없는 죄복이 텅 빈 자리이며, 고라 할 것도 낙이라 할 것도 없는 고락이 돈공한 자리이다. 그러기에 죄복과 고락의 분별에 흔들릴 고뇌의 흔적을 찾아볼 수 없는 고뇌가 영멸한 자리이다.
자성은 생멸거래 중에도 고락을 초월한 자리로, 즉 자성은 생멸거래에 변함이 없는 여여한 극락 자리다.
자심미타=생멸거래에 변함이 없는 자리=여여한 자리=자성극락이다.

결국, 염불은 일원상 자리에 그쳐 있는 것이다. 즉 무량수각의 자심미타도 일원상 자리이며, 여여하여 변함이 없는 자성극락도 일원상 자리이며, 죄복이 돈공하고 고뇌가 영멸하여 원래 청정한 자성도 일원상 자리이다.

견문각지見聞覺知하는 마음은 생멸거래심이다. 생했다 멸했다 하는 생멸심이요, 있다가 없다 하는 거래심이다.
이렇게 생멸거래 중 견문각지가 드러나는 자리, 그 본체, 그 본래 처는 불생불멸의 자리이다.
생주이멸하는 인과 변화를 환히 알아차리는 깨어있는 자리이며, 견문각지를 환히 드러내는 청정한 자리요 견문각지 그대로 드러내는 여여한 자리다.
견문각지하기 전도 여여한 자리이며 견문각지 중에도 여여하며 견문각지 후에도 여여하다.

'아미타불'을 염송하는 당처는 분별이 탈락한 자심미타로, 염불–일념 자리인 자심미타를 발견하여 그 자리를 드러내면 어떤 걱정이나 번뇌가 들러붙을 수도, 침범할 수도 없는 청정한 자성극락처에 머물게 된다.

이 자리는 없었다가 생긴 자리가 아니라 원래 생멸이 없는 여여如如한 자리이다.
염불–일념의 자리에 그치면, 이 자리는 항상 아미타불 일성一聲이 성성惺惺한 자리로, 이렇게 아미타불 일성이 두렷하면 이 일성에 모든 잡념이 탈락한 적적寂寂 안락한 지경이다.
이 자리는 청정한 평화이며 광명한 지혜이며 죄악에 물들지 않는 마음으로, 서방정토의 아미타불이 자심미타로 드러나 자성극락을 누리는 것이다.

제3장 염불법念佛法

2. 염불의 방법

염불의 방법은 극히 간단하고 편이하여 누구든지 가히 할 수 있나니,

1. 염불을 할 때는 항상 자세를 바르게 하고 기운을 안정하며, 또는 몸을 흔들거나 경동하지 말라.
2. 음성은 너무 크게도 말고 너무 작게도 말아서 오직 기운에 적당하게 하라.
3. 정신을 오로지 염불 일성에 집주하되, 염불 구절을 따라 그 일념을 챙겨서 일념과 음성이 같이 연속하게 하라.
4. 염불을 할 때에는 천만 생각을 다 놓아버리고 오직 한가한 마음과 무위의 심경을 가질 것이며, 또는 마음 가운데에 외불外佛을 구하여 미타 색상을 상상하거나 극락 장엄을 그려내는 등 다른 생각은 하지 말라.
5. 마음을 붙잡는 데에는 염주를 세는 것도 좋고 목탁이나 북을 쳐서 그 운곡韻曲을 맞추는 것도 또한 필요하니라.
6. 무슨 일을 할 때에나 기타 행·주·좌·와 간에 다른 잡념이 마음을 괴롭게 하거든 염불로써 그 잡념을 대치對治함이 좋으나, 만일 염불이 도리어 일하는 정신에 통일이 되지 못할 때에는 이를 중지함이 좋으니라.
7. 염불은 항상 각자의 심성 원래를 반조返照하여 분한 일을 당하여도 염불로써 안정시키고, 탐심이 일어나도 염불로써 안정시키고, 순경順境에 끌릴 때에도 염불로써 안정시키고, 역경에 끌릴 때에도 염불로써 안정시킬지니, 염불의 진리를 아는 사람은 염불 일성이 능히 백천 사마邪魔를 항복 받을 수 있으며, 또는 일념의 대중이 없이 입으로만 하면 별 효과가 없을지나 소리 없는 염불이라도 일념의 대중이 있고 보면 곧 삼매三昧를 증득證得하리라.

염불의 방법

소태산 대종사는 **"염불의 방법은 극히 간단하고 편이하여 누구든지 가히 할 수 있나니"**라고 전제한다. 염불은 유무식, 남녀, 노소, 선악, 귀천를 막론하고 또는 인종이나 문화와 관계없이 누구든지 할 수 있는 극히 간단하고 편이한 방법이라는 것이다.

그러므로 염불은 어떤 특정 사람이나 어떠한 조건을 갖추어야만 하는 방법이 아니라 처음 시작한 사람도 바로 할 수 있고 오래 해온 사람도 하면 한 대로 공덕이 있는 방법이다.

'나무아미타불' 염송하는 그 당처가 바로 잡념 없는 원래 마음이요 망상 없는 일원상 자리다.

'나무아미타불'이 훤히 드러나는 그 자리에 직입하는 것이다. '나무아미타불' 한 방에 한계와 갈등이 다 탈락하여 버리는 오염 없는 자리에 그치는 공부이다. 분별 망상의 온갖 생각이나 감정에 물들지 않는 그 자리에 직방으로 들어서는 것이다.

염불의 방법은 7조항으로 되어 있다. 3조를 중심으로 1조 2조 4조 5조 6조를 전개하고 7조로 귀결하는 구조이다.

1. 염불을 할 때는 항상 자세를 바르게 하고 기운을 안정하며, 또는 몸을 흔들거나 경동하지 말라.

자세에 관한 것으로, 좌복에 앉든지 의자에 앉든지 서서 하든지, 자세를 바르게 하고 기운을 편안하게 하라는 것이다. 자세를 너무 뻣뻣하지도 그렇다고 너무 구부정하게도 말라는 것이다. 바르게 한다고 너무 힘을 써 경직되지 않게 기운을 차분하게 하라는 것이다. 특히 몸을 습관적으로 너무 흔들고 움직이지 말라는 것으로 진중하게 하라는 것이다.

2. 음성은 너무 크게도 말고 너무 작게도 말아서 오직 기운에 적당하게 하라.

각자의 몸 상태에 맞게 기운을 적당하게 하라는 것이 핵심이다. 개인차가 있으니 그것에 맞게 너무 크게 하여 지나치지 말고 너무 작게 하여 염불 일성의 강도를 미약하게도 하지도 말라는 것이다. 자신의 정도에 맞게 적당하게 하는 대중이 핵심이다.

3. 정신을 오로지 염불 일성에 집주하되, 염불 구절을 따라 그 일념을 챙겨서 일념과 음성이 같이 연속하게 하라.

염불의 방법 중 중요한 핵심이다. 염불 구절인 '나무아미타불'에 집주하여 일념을 챙기는 것이 포인트다. 마치 쥐구멍이라는 '나무아미타불' 일성에 집주하는 한소리에 일념이라는 고양이가 역력하게 드러나는 것과 같다. '나무아미타불' 염불 일성에 본래 부동한 일념에 그치는 것이다.

염불 일념의 마음 당처에는 어떠한 분별도 붙을 수 없고 어떠한 잡념도 섞일 것이 없는 청정한 일념 자리로, 염불 일성은 곧 청정 일념이다.

이것이 일념과 음성이 같이 연속하게 하는 염불 공부이다.

4. 염불을 할 때에는 천만 생각을 다 놓아 버리고 오직 한가한 마음과 무위의 심경을 가질 것이며, 또는 마음 가운데에 외불外佛을 구하여 미타 색상을 상상하거나 극락 장엄을 그려내는 등 다른 생각은 하지 말라.

농사를 지을 때 논밭에 피어난 장미도 뽑아야 하는 것처럼 염불할 때는 염불 일념 외의 천만 생각은 망념이다. 염불을 할 때는 '나무아미타불' 일성 외에는 일체가 다 망상 잡념인 것이다. 다른 생각이 일어나면 관심을 두지 말고 염불 일성만 다시 챙기라는 것이다.

이렇게 염불 일성에 그친 자리가 바로 조작이 없는 한가한 마음이요 무위의 심경으로 망상 잡념이 본래 없는 일원상 자리이다.

또한 미타 색상 극락 장엄을 그리는 것은 좋은 감각을 추구하는 것과 같은 것이다. 감각적 욕망 추구와 같은 편하고자 하는 욕망이다. 이는 순경에 빠져들어 헤어나지 못하는 것과 같으니, 이에도 관심 두지 말라는 것이다.

5. 마음을 붙잡는 데에는 염주를 세는 것도 좋고 목탁이나 북을 쳐서 그 운곡韻曲을 맞

추는 것도 또한 필요하니라.

염주나 목탁이나 북은 다 염불 일념을 챙기는 도구로 운곡을 맞추는 데 사용하며, 소태산 재세 시는 북을 쳐 운곡을 맞추었다.

6. 무슨 일을 할 때에나 기타 행·주·좌·와 간에 다른 잡념이 마음을 괴롭게 하거든 염불로써 그 잡념을 대치對治함이 좋으나, 만일 염불이 도리어 일하는 정신에 통일이 되지 못할 때에는 이를 중지함이 좋으니라.

염불을 대치 공부로 삼는 것이다. 만일 무슨 일을 할 때 번뇌가 치성하여 그 일에 집중이 안 되고 잡념이 마음을 괴롭게 한다면 염불로 그 경계를 대치하여 흐트러지는 정신을 일념으로 만들고 흔들리는 마음을 안정시키라는 것이다. 이렇게 일념이 되고 안정된 마음을 챙긴 후 그 마음으로 다시 그 일을 하라는 것이다.

즉 잡념이 치성하여 경계에 끌려가면 일단 염불로 다스려 염불-일성의 일념으로 안정된 심경을 확보한 후 이렇게 획득한 안정된 마음으로 다시 경계를 대하는 것이다.

하지만 이러한 염불 대치 공부가 도리어 그 일을 하는 데 있어 온전한 정신을 챙기는 데 방해가 된다면 즉 정신 통일에 도움이 되지 않는다면 중지하라는 것이다.

7. 염불은 항상 각자의 심성 원래를 반조返照하여 분한 일을 당하여도 염불로써 안정시키고, 탐심이 일어나도 염불로써 안정시키고, 순경順境에 끌릴 때에도 염불로써 안정시키고, 역경에 끌릴 때에도 염불로써 안정시킬지니, 염불의 진리를 아는 사람은 염불 일성念佛一聲이 능히 백천 사마邪魔를 항복 받을 수 있으며, 또는 일념一念의 대중이 없이 입으로만 하면 별 효과가 없을지나 소리 없는 염불이라도 일념의 대중이 있고 보면 곧 삼매三昧를 증득證得하리라.

7조는 일상에서 동할 때 행하는 염불법이다. 경계에 대하여 심성 원래心性元來의 자심미타自心彌陀를 발견하여 자성극락自性極樂에 귀의하여 마음을 안정시키는 염불법이다.

그러므로 분한 일이나 탐심이 일어나면 바로 '나무아미타불' 염불 일성에 심성 원래를 반조하고, 순경과 역경에 끌릴 때도 '나무아미타불' 염불 일성에 심성 원래를 돌이켜 마음을 안정시키는 것이다.

염불 일념의 대중은 이 생각 저 생각으로 변하는 생멸심도 아니며, 이리저리 왔다 갔다 하는 거래심도 아닌, 생멸거래에 변함이 없는 '심성 원래'를 반조하는 공부이다.
백천 사마는 분별이요 잡념이요 망념이라면, 염불 일념의 대중은 심성 원래를 반조하여 망념 없는 자리요 잡념 없는 자성극락에 드는 공부이다. 동할 때 경계를 대하여 심성 원래에 드는 것을 염불삼매라 하며 염불삼매에 들 때 마음의 안정을 얻게 된다.

이처럼 분한 일을 당하든 탐심이 일어나든 순경 역경에 끌리어 온갖 삿된 마구니에 당면할지라도 염불 일성으로 심성 원래를 반조하여 마음의 안정을 얻게 하는 것이다.
그런데 입으로만 염불할 뿐 염불 일념의 대중이 없다면 별다른 효과가 없는 것이다. 만일 염불하는 소리가 도리어 일념에 방해가 된다면, 즉 염불 소리가 마음을 번거롭게 한다면 이러한 염불은 일념이 아니라 잡념이요 망념이다.
소리 없는 염불이라도 일념의 대중이 역력하면 염불삼매에 든 것이다.

제3장 염불법念佛法

3. 염불의 공덕

염불을 오래 하면 자연히 염불 삼매를 얻어 능히 목적하는바 극락을 수용受用할 수 있나니 그 공덕의 조항은 좌선의 공덕과 서로 같나니라.

그러나, 염불과 좌선이 한 가지 수양 과목으로 서로 표리가 되나니 공부하는 사람이 만일 번뇌가 과중하면 먼저 염불로써 그 산란한 정신을 대치하고 다음에 좌선으로써 그 원적의 진경에 들게 하는 것이며, 또한 시간에 있어서는 낮이든지 기타 외경이 가까운 시간에는 염불이 더 긴요하고, 밤이나 새벽이든지 기타 외경이 먼 시간에는 좌선이 더 긴요하나니, 공부하는 사람이 항상 당시의 환경을 관찰하고 각자의 심경을 대조하여 염불과 좌선을 때에 맞게 잘 운용하면 그 공부가 서로 연속되어 쉽게 큰 정력定力을 얻게 되리라.

염불의 공덕, 극락 수용

염불은 염불하는 마음 당처인 청정 일념에 드는 것이며, 심성 원래인 '본래 마음=불佛'를 돌이켜 '반조=염念'하여 안정에 드는 공부이다. 이처럼 염불삼매를 얻어 극락을 수용하는 것이다.

염불의 공덕은 두 단락으로 구성되어 있다.
첫째 단락은 염불삼매와 극락 수용으로 대별한다. 또한 염불의 공덕은 좌선의 공덕과 같다며 이관하고 있다.
"염불을 오래 하면 자연히 염불삼매를 얻어 능히 목적하는바 극락을 수용할 수 있나니, 그 공덕의 조항은 좌선의 공덕과 서로 같나니라."

결국 염불을 하면 염불삼매와 극락 수용의 공덕이 있다는 것이다. 염불삼매는 망상과 잡념이 본래 없는 일원상 자리를 체득하는 것이며, 그 자리에 그친 것이 바로 극락 수용이라는 것이다. 염불삼매=극락 수용=자성극락이다.
여기서 '염불을 오래 하면'의 뜻은 염불 일념의 자리에 그치고 또 그치라는 것이다. '나무아미타불' 일성의 염불 일념으로 자심미타를 발견하여 자성극락을 누리고 누리라는 것이다. 염불을 오래 한다는 본의는 염불 일념의 대중으로 자심미타를 발견하여 자성극락을 지속해 가는 것이다. 만일 급히 이루려는 욕속심으로 하면 지속해서 하고 또 하지 못하게 된다.

둘째 단락은 염불과 좌선의 관계이다.
"염불과 좌선이 한 가지 수양과목으로 서로 표리가 되나니, 공부하는 사람[공부인]이 만일 번뇌가 과중하면 먼저 염불로써 그 산란한 정신을 대치하고 다음에 좌선으로써 그

원적의 진경에 들게 하는 것이며, 또한 시간에 있어서는 낮이든지 기타 외경이 가까운 시간에는 염불이 더 긴요하고, 밤이나 새벽이든지 기타 외경이 먼 시간에는 좌선이 더 긴요하나니, 공부하는 사람이 항상 당시의 환경을 관찰하고 각자의 심경을 대조하여 염불과 좌선을 때에 맞게 잘 운용하면 그 공부가 서로 연속되어 쉽게 큰 정력定力을 얻게 되리라."

염불과 좌선은 한 가지 수양과목으로 서로 상호보완적 표리관계이다. 염불이 거친 대패라면 좌선은 고운 대패 격이다.
염불이 동할 때 위주라면 좌선은 정할 때 위주의 공부법으로, 다만 정기훈련법의 염불은 좌선과 같이 정할 때의 정신수양의 방법이다.

또한 염불은 대중적이라면 좌선은 전문적인 성향이 짙다. 그렇다고 좌선이 더 수준이 높고 염불은 좌선의 경지에 들기 위한 초입 단계의 공부라는 것은 아니다. 좌선이든 염불이든 그 경지는 같은 것이다.
다만 번뇌가 과중할 때는 수양에 드는 데에 있어 염불로써 그 산란한 정신을 대치하고 그 다음에 좌선으로 원적의 진경에 드는 것이 효과적이라는 것이다.

이처럼 염불은 산란한 정신을 대치하는데 효과적인 방법이다.
대치對治는 대해서 다스리는 것으로 산란해진 정신에 대하여 염불로 다스리는 것이다.
산란해진 정신은 생멸거래에 끌려다니는 마음이다. 이렇게 경계에 끌려다니는 생멸심을 염불을 통해 생멸 거래에 변함이 없는 자리에 들게 하는 것이다. 마음이 두렷하고 고요하여 분별성과 주착심이 없는 경지에 들도록 하는 정신수양의 경지이다.

또한 낮이든지 외경이 가까운 시간에는 염불이 더 긴요한 방법이라는 것이다.
좌선은 밤이나 새벽, 외경이 먼 시간에 적합하지만, 염불은 동할 때 적합하다는 것이다.
그렇다고 염불은 동할 때만 하는 수양 방법에 한정해서도 안 된다. 동할 때뿐만 아니라 정할 때도 탁월한 수양과목이다.
염불은 동정에 포괄적인 수양 방법이라면 좌선은 정할 때 적합한 전문적인 수양 방법이다. 그렇다고 염불이 깊이가 얕다는 것도 아니다. 염불이 되었든 좌선이 되었든 수양의 경지는 한가지로 같은 자리이다.

염불과 좌선은 어느 방법이 더 탁월하든지 더 경지가 깊든지 하는 위상차가 있는 방법이 아니다.
소태산 대종사는 염불과 좌선을 당시의 환경과 각자의 심경에 대조하여 때에 맞게 잘 운용하라고 당부한다. 당시의 환경이 외경에 가까울 때인가? 아니면 외경이 먼 시간인가? 또는 번뇌가 과중한 심경일 때인가? 등의 여부를 살펴서 그 상황에 맞게 염불과 좌선을 보완적으로 적용하여 연속하라는 것이다. 그러면 큰 정력을 쉽게 얻게 되는 것이다. 큰 정력은 정신의 자주력이요 수양력이다.
염불은 삼학 중 정신수양의 과목으로 마음에 자주력을 양성하는 방법이다. 자주력自主力은 경계에 끌리지 않고 주인이 되는 힘이다.

염불은 염불 일성으로 염불 일념이 되어 염불삼매를 얻어 극락을 수용하는 것이다.
이처럼 염불은 정신의 세력을 확장하는 수양의 한 방법으로 자성극락으로 인도하는 고속도로이다.
소태산 대종사는 "사심 없이 일심으로 하는 염불 하나에 영단靈丹이 좁쌀만큼씩 커진다. 그렇지 않고 마음 속에 사심을 갖는다든가 건성으로 염불을 하면 백 년을 해도 아무런 소용이 없다. 오직 지극한 정성과 일심으로 염불해서 영단을 키워라. 좁쌀만한 영단이 큰 바위처럼 커지고, 한 동네 한 나라 전 세계를 다 훤히 비춰주는 영단을 길러라. 불보살 성현의 영단은 동서고금과 삼세를 다 비추는 영단이다."[『원각성존 소태산대종사 일화집』]라고 염불 수행을 독려하신다.
영단은 수양력이요 자주력이며 정력定力이니 우리도 건성으로 말고 '나무아미타불' 염불 일념에 적공하여 그 순간 그 순간 영단이 자리 잡도록 하는 것이다. 그 상황 상황에서 극락을 수용하는 것이다.

더보기Tip

염불과 일원상

염불은 일원상 자리에 그치는 공부이다. 즉 무량수각의 자심미타도 일원상 자리이며, 여여하여 변함이 없는 자성극락도 일원상 자리이며, 죄복이 돈공하고 고뇌가 영멸하여 원래 청정한 자성도 일원상 자리이다.
미타일념도 일원상 자리이며, 무위안락한 지경도 일원상 자리이며, 생멸 없는 마음도 일원상 자리이며, 거래 없는 한 생각도 일원상 자리이다.
염불의 불佛은 바로 청정 일념의 일원상 자리로, 결국 나무아미타불을 부르는 염불 일념은 청정한 일원상 자리에 그쳐 있는 마음이다.

좋은 노래, 염불

『대종경』 변의품 29장에서 "조원선이 여쭙기를 「궁을가를 늘 부르면 운이 열린다고 하였사오니 무슨 뜻이오리까.」 대종사 말씀하시기를 「그러한 도덕을 신봉하면서 염불이나 주송을 많이 계속하면 자연 일심이 청정하여 각자의 내심에 원심과 독심이 녹아질 것이며, 그에 따라 천지 허공 법계가 다 청정하고 평화하여질 것이라는 말씀이니 그보다 좋은 노래가 어디 있으리요. 많이 부르라.」"

염불이나 주송을 하여 일심 자리에 들면 마음속의 원망심과 독한 마음이 녹으며, 세상은 청정하여 평화로와지는 것이다. 일심 청정해지는 것보다 좋은 노래는 없는 것이다.
결국 염불은 청정 일념을 양성하는 노래라 할 것이다.

소태산의 주문 수행

염불은 주송을 포함한다. 「정기훈련법」 중 염불의 정의를 보면 "염불은 우리의 지정한 주문呪文 한 귀를 연하여 부르게 함"이라고 정의하고 있다.
그러므로 염불은 '나무아미타불' 문구를 염송의 기준으로 삼되 일원상 서원문, 성주, 영주, 청정주 등의 주송까지를 포괄할 수 있다.

소태산 대종사는 언제부터 주문 수행을 하셨을까?
소태산 대종사, 21세 무렵의 귀영바위 주거 시절에 자신도 모르게 솟아오르는 주문을 주송하시는데, 하나는 '우주신적기적기宇宙神適氣適氣'라는 주문인바 그 후 어쩔 줄 모르게 '시방신 접기접기十方神 接氣接氣'라고 고쳐 불렀으며, 또 한 절은 '일타동공일타래一陀同功一陀來 이타동공이타래 삼타동공삼타래 사타동공사타래 오타동공오타래 육타동공육타래 칠타동공칠타래 팔타동공팔타래 구타동공구타래 십타동공십타래'라는 주문이었다. [『대종경선외록』 구도고행장 1절]
이 두 가지 주문은 구도 당시 기도를 올릴 때마다 늘 부르셨다고 한다.

청년 소태산은 이 주문을 통해 일심 통일이 되었으며 이 주송 적공 과정에서 '시방신접기접기'를 통해서는 시방과 하나가 되어 자타의 분별이 녹아나는 불생불멸의 체험을, 또한 '일타동공일타래……십타동공십타래'를 통해서는 한 언덕[一陀]을 오르는 공功들임을 한가지로[同] 쌓으면 한 언덕을 넘는 일타래一陀來의 성과를 얻게 되는 인과보응의 길에 들어서는 것이다.

이러한 주송의 적공은 대각을 통해 생멸 없는 도와 인과보응 되는 이치로 발현되며, 소태산의 구도 과정에서 이 주문 수행의 경험은 『정전』 「염불법」으로 이어졌다 할 것이다.
또한 돈암동회관 건축 감역을 하실 때도 일을 마치면 저녁에 제자들과 뒤 기슭 낙산에 올라 계곡이 쩌렁쩌렁 울릴 정도로 염불하셨다.

염불과 사은 염송

《월말통신》 제35호 익산총부 4월 16일 예회록에 이완철 교무는 '염불을 사은四恩으로 대창代唱하자는 안'을 발의하나 부결된다. 다만 보조적으로 사은을 호칭하는 것을 염불로 사용할 수 있을 것이다.

'사은님! 사은님! 법신불 사은님'이라고 부르는 귀의-일념이 지극하면 어느새 사은님이라 부르는 그 마음 당처에 자성自性이 꽃피어 있는 것을 돌아볼 수 있다. 사은님이라 부르는 귀의-일념의 자리에 원래 마음의 꽃향기가 풍기고 있다.

'천지하감지위 부모하감지위 동포응감지위 법률응감지위'라는 간절한 염원에는 사은님 외에는 일체의 잡념이 다 떨어져 나간 청정한 자리가 역력한 것이다. 사은을 향하는 마음만 역력하게 뭉쳐있는 것이다.
이처럼 염불의 주문인 나무아미타불은 '사은님! 사은님! 법신불 사은님'이라 하여도 무방할 것이다. 서방정토에 계시는 아미타불은 법신불 일원상이신 사은의 인격적인 모습이요 문학적인 표현이다. 그러므로 아미타불 대신 '법신불 사은이시여!' 하여도 크게 문제되지 않을 것이다.
타력의 아미타불은 서방정토에 주재하는 부처님으로, 아미타불 신앙은 이 이름을 부르기만 하면 서방정토 극락세계에 태어난다고 믿는 신앙이다. 이러한 극락 처에 드는 이미지를 이용하는 수행법이 염불이다.
이처럼 염불의 대상인 아미타불은 마음의 귀의처이면서 염송하는 주인공을 친견親見하게 하는 매개이기도 하다. 염송의 대상인 아미타불이라는 귀의처가 염송하는 마음과 하나로 관통하여 자성불로 드러나는 것이다.

사은에 귀의-일념, 믿음-일념, 신성-일념이 되어, 사은-일념의 마음에 자성불이 활활 타오르고, 자성이 드러나는 자리에 사은이 환히 드러나야 할 것이다.
무량수각의 '나무아미타불'에 귀의하기를 바라는 일념 한방에 자성극락에 들든지, 사은-일념에 자성이 드러나든지 다 같은 염불의 방법이 된다.

사은-일념은 한편으로는 타력이면서 또 한편으로는 자력이다. 자타력이 한자리에서 상통되는 공부이다.

생활 속 염불공부

생활 속에서 활용할 수 있는 염불 사용 방법이다.

tip1. '나무아미타불' 한방에 천만 생각을 놓아 버리기

생각이 천만 가지로 흩어질지라도 '나무아미타불' 염송 한방에 천만 생각을 당장 놓아 버리고 지금 염송하는 한가한 자리에 곧바로 머무는 것이다.

염불-일념은 고뇌 상황에서 손쉽게 벗어나는 국면전환의 탁월한 방법이다. 어떠한 상념이 일어난다고 해도 '나무아미타불' 염불-일성에 집주하여 이에 끌려다니지 말고 간과하는 것이다. 이처럼 염불-일성에 집주하여 염불이 드러나는 청정 일념에 드는 공부이다.

tip2. '나무아미타~불' 여운 속에서 청정 일념 확보하기

의자에 편안한 앉은 상태에서 소리 내어 '나무아미타~불'을 염송하든지 또는 소리 없이 속으로 염불을 하든지 염불이 끝나는 마지막 여운을 느끼는 것이다.

마치 빈방에서 소리가 공명하듯이 '나무아미타~불~~'을 감지하는 것이다.

이렇게 염불이 공명하는 그 자리를 몇 초 정도 관하는 것이다. 이를 여러 차례 반복한다.

이렇게 염불-일념을 직시하여 생멸 중의 생멸이 없고 거래 중의 거래가 없는 한 생각을 대중하고 대중하는 것이다.

tip3. 염불 산책하기

'나무~아미~타~불' 4박자에 발걸음과 음성을 맞추어 산책하는 것이다. 또는 나무아미타불 염송을 각자의 발걸음에 맞추어 산책하는 것이다.

즉 염불을 발걸음에 맞추어 연속되게 하여 염불과 발걸음이 하나가 되게 하는 것이다. 이렇게 염불 산책의 일념을 즐기는 것이다.

tip4. 염불로 마음 안정安定하기

화가 날 때 화난 마음에 끌려갈 것이 아니라 '나무아미타불' 염불 일성에 그치어 그 일념처인 심성 원래를 반조하여 마음의 안정에 확보하는 것이다.

분심이 일어날 때도, 탐심이 일어날 때도, 순경에 끌릴 때도, 역경에 끌릴 때도 염불 일념으로 심성 원래를 반조하여 탐심에서도 안정을 얻고 순경 역경에도 끌려가지 말라는 것이다.

염불은 '나무아미타불' 염송에 집주하여 '나무아미타불'이 역력하게 드러나는 마음 바탕에 그치어, 본래 흩어질 것이 없는 청정 일념에 드는 것이다.

이 '염불-일념' 자리는 나무아미타불을 염송했다고 새롭게 생하는 자리도 아니며 나무아미타불을 마쳤다 하여 멸하는 자리도 아닌 '생멸 없는 자리'이면서 또한 항상 깨어있는 밝고 밝은 '소소영령한 자리'이다. 즉 생멸하는 중 본래 생멸이 없고 거래하는 중 거래의 자취가 없는 자심미타自心彌陀의 마음 부처로써, 이 자리를 발견하여 자성극락自性極樂에 드는 것이다.

결국 염불은 자심미타를 발견하여 자성극락에 돌아가기를 목적하는 공부이다.

염불

서대원

《회보》 제45호, 시창23년(1938) 6월호

'염불'은 원산 서대원의 시로 성가 84장 〈한 마음 한 소리로〉의 1절인 염불가念佛歌의 원형이다. "한 마음 한 소리로 부처를 부르오니 부르면 부를수록 부처도 나도 없네. 한 마음 아미타불 이 몸이 부처일세. 한 소리 아미타불 여기가 극락일세."라고 노랫말로 윤문 된다.

'나무아미타불'을 일념으로 부르면 아미타불이라는 대상도 아미타불을 부르는 주체도 사라지게 되는 자성 정토의 극락에 그치게 되어, 나무아미타불 일성에 자심미타自心彌陀의 원래 마음이 두렷이 드러나 죄복과 고뇌가 청정한 자성극락自性極樂에 자리하게 된다.

부르면 부를수록 부처도 나도 없다.
불佛과 내가 구공俱空커늘 천지天地인들 있을쏘냐.
진대지 우주 안에 아미타불 소리뿐!

감상담(윤명화)

'나무아미타불~' '나무아미타불~' '나무아미타불~'을 염송한다. 마음이 염불 소리와 하나가 된다. 마음을 염불 소리에 주하다가도 잡념에 잡혀 흔들리게 된다. 올라온 잡념이 잡념임을 아는 순간 다시 마음이 염불 소리에 주할 수 있게 되고 고요한 본성 자리에 놓이게 된다.

염불은 왜 하는가? 천만 가지로 흩어진 정신을 일념으로 만들기 위한 공부법 중 하나가 염불이다. 정신은 마음이 두렷하고 고요하여 분별성과 주착심이 없는 경지라 하셨다. 염불을 통해 산란한 마음을 평온하게 가라앉혀 본래 마음을 바라보게 된다. 정신의 세력을 확장해 가는 과정이다.

좌선과 함께 염불은 정신수양 과목이다. 그중 염불은 생각이 많을 때나 시끄러운 낮 시간 등 외경이 가까운 시간에 도움이 된다. 일과 중에 시간을 내서 마음을 챙기는 데 효과적이다. 또 경계를 직면할 때 나무아미타불을 암송하면 경계와 거리를 가질 수 있게 된다.

일상생활을 할 때 마음을 바라보며 깨어있는 시간을 확보하기 위해 정신수양에 열중해 보았다. 저녁 시간에 주로 하던 염불을 업무와 업무 사이에 짬짬이 해보고 걸으면서도 했다. 그렇게 염불 시간을 늘려보니 생활 속에서 소소하게 정신을 차리는 빈도가 늘어났다. 경계를 대할 때 마음을 챙길 수 있고, 경계에 끌리지 않고 바르게 일을 분석하여 정의롭게 취사할 수 있도록 노력한다. 하지만 경계에 굳은 습관이 장애가 될 때가 있다. 꾸준히 하다 보면 조심씩 조금씩 변화되는 맛으로 오늘도 '나무아미타불~' '나무아미타불~' '나무아미타불~' 염불 소리에 마음을 묶는다.

종소리

김영신

《회보》 제6호, 시창19년(1934) 정월호

——————— 융타원 김영신은 종소리에 따라 일과가 전개되는 모습을 그리고 있다. 이 중에서 기침종 소리따라 염불 좌선의 수양을 할 때 '심불心佛을 관觀한다'고 노래하고 있다. 심불을 관하는 것이 염불의 핵심으로, '나무아미타불'을 이어 부르는 염불은 마음 부처를 관하는 공부이다. 심불은 심성 원래로 일원상 자리이다.

야반청신 꿈을 깨는 기침종 소리
오늘 하루 선악 간에 초보의 길
일어나서 종사님 전 예배드린 후
염불 좌선 수양하여 심불心佛 관하네.

나무아미타불

《회보》 제32호, 시창22년(1937) 2월호

『정전』 '염불의 요지' 중 "염불의 문구인 나무아미타불南無阿彌陀佛은 여기 말로 무량수각無量壽覺에 귀의한다는 뜻인바, 과거에는 부처님의 신력에 의지하여 서방정토 극락極樂에 나기를 원하며 미타성호를 염송하였으나 우리는 바로 자심自心미타를 발견하여 자성극락에 돌아가기를 목적하나니, 우리의 마음은 원래 생멸이 없으므로 곧 무량수라 할 것이요, 그 가운데에도 또한 소소영령昭昭靈靈하여 매昧하지 아니한 바가 있으니 곧 각覺이라 이것을 자심미타라고 하는 것이며, 우리의 자성은 원래 청정하여 죄복이 돈공하고 고뇌가 영멸永滅하였나니, 이것이 곧 여여如如하여 변함이 없는 자성극락이니라."라는 정의의 또 다른 해석이요 설명이다.

나무아미타불=한역漢譯으로 귀의 무량수각이니, 즉 한량없이 수壽하고 깨달은 자리에 돌아와 의지한다는 말로써 〈한량없는 수〉라 하는 것은 불생불멸의 진리를 오득하여 그 한정이 없는 생명을 발견하였음이요, 〈한량없는 깨달음〉이라 하는 것은 각자의 자성 본체가 청정 원만하여 일호의 걸리고 막힘이 없다는 말이요, 〈돌아와 의지한다는 것〉은 불생불멸하고 여여 부동한 진리의 그 자리에 염념念念 귀의한다는 말이니, 그런 고로 염불하는 자 흔히 이 나무아미타불의 존호를 모시게 되나니라.

감상

독서의 가을

유산생

《회보》 제59호, 시창24년(1939) 10월호

———— 염불의 경지를 밝히고 있는 감상이다. 즉 마음에서 일어나는 천만 번뇌를 '나무아미타불' 일구에 주해서 만념萬念을 천념千念으로 천념千念을 백념百念으로 백념百念을 일념一念으로 하여 필경 일념도 없고 자아도 없고 없다는 것도 없는 인경구망人境俱忘이 되라는 것이다. 그러면 일월 같은 혜광과 귀신같은 지력智力을 발휘하게 된다는 것이다.

… **가령 염불을 하는 데에도 입으로만 나무아미타불을 부르면서 마음에는 딴생각하지 말고 심두心頭에서 일어나는 천만 번뇌를 모두 몰아다가 나무아미타불 일구에 주하여서 만념萬念을 천념千念으로 천념千念을 백념百念으로 백념百念을 일념一念으로 하여 필경 일념도 없고 자아도 없고 내지 없다는 것도 없이 인경구망人境俱忘이 되고 보라.** 그 자리에서는 비록 심상한 염불 일구一句 속에 그쳤지만, 다시 진리적 응용처에 임하여는 아주 딴판으로 일월 같은 혜광과 귀신같은 지력智力을 발휘할 수 있나니, 이와 같이 경經을 읽든지 염불을 하든지 만법을 통제하여 일심一心을 만들고 그 일심으로써 천만 경계의 오욕 삼독을 제거하고 보면 아무리 기한이 핍박한 난국難局을 당할지라도 의식주에 절약의 길을 찾아가면서 사욕 망상과 허식 낭비 등 악마를 구축驅逐하고 정정당당한 수입·지출을 맞추기에 무난히 실행하게 될 것이니 이것이 곧 한해旱害를 극복하고 살아갈 수 있는 심전 양식心田糧食이 될 것이며 심전 양식이 풍부해지고 보면 단지 일시적 한해 극복에만 성공이 아니라 일로써 쌓이고 또 쌓여 백 년의 심량心糧도 되고 따라서 만겁의 심량心糧도 되어서 필경 대각성불을 할 것이니 나는 이를 일러 진정한 독서력이라고 하노라.

제3 수행편 修行編

제4장 좌선법坐禪法

제4장 좌선법坐禪法

1. 좌선坐禪의 요지要旨

대범, 좌선이라 함은 마음에 있어 망념妄念을 쉬고 진성眞性을 나타내는 공부이며, 몸에 있어 화기火氣를 내리게 하고 수기水氣를 오르게 하는 방법이니, 망념이 쉰즉 수기가 오르고 수기가 오른즉 망념이 쉬어서 몸과 마음이 한결같으며 정신과 기운이 상쾌하리라.

그러나 만일 망념이 쉬지 아니한즉 불기운이 항상 위로 올라서 온몸의 수기를 태우고 정신의 광명을 덮을지니, 사람의 몸 운전하는 것이 마치 저 기계와 같아서 수화水火의 기운이 아니고는 도저히 한 손가락도 움직이지 못할 것인바, 사람의 육근 기관이 모두 머리에 있으므로 볼 때나 들을 때나 생각할 때에 그 육근을 운전해 쓰면 온몸의 화기가 자연히 머리로 집중되어 온몸의 수기를 조리고 태우는 것이 마치 저 등불을 켜면 기름이 닳는 것과 같나니라. 그러므로 우리가 노심초사勞心焦思를 하여 무엇을 오래 생각한다든지, 또는 안력眼力을 써서 무엇을 세밀히 본다든지, 또는 소리를 높여 무슨 말을 힘써 한다든지 하면 반드시 얼굴이 붉어지고 입 속에 침이 마르나니 이것이 곧 화기가 위로 오르는 현상이라, 부득이 당연한 일에 육근의 기관을 운용하는 것도 오히려 존절히 하려거든, 하물며 쓸데없는 망념을 끄리어 두뇌의 등불을 주야로 계속하리오. 그러므로 좌선은 이 모든 망념을 제거하고 진여眞如의 본성을 나타내며, 일체의 화기를 내리게 하고 청정한 수기를 불어내기 위한 공부니라.

좌선坐禪의 요지要旨

'좌선의 요지'는 좌선의 골자가 되는 핵심 내용이다.
《회보》 제15호에 실린 소태산 대종사의 '좌선에 대한 법문'에서 권동화와 문답 한 대목이다.
"제군도 이 좌선 공부를 하면 어떠한 좋은 일이 있을 줄을 발견하여야 할 것이 아닌가? 돈 버는 사람이 돈맛을 알아야 괴로움을 참고 돈을 버는 거와 같이 이 좌선도 그 좋은 맛이 있는 것을 발견한 사람이라야 잠도 덜 오고 괴로운 생각도 없으며 오직 재미가 날 것이니, 과연 좌선의 결과에 좋은 일이 무엇인가 대답하여 보라.」 하시었다. 그때 2, 3인의 대답이 있었고, 계속하여 권동화에게 전문轉問하옵시니,
답 「사람의 정신이라 하는 것은 본래 온전하고 맑고 싱그러운 것입니다. 그러나 오욕심[식욕·색욕·재욕·명예욕·수면유일욕]이 발동하오면 그 욕심을 채우려는 데에 정신이 천지만엽으로 갈려져서 온전한 근본정신이 없어지는 머리에 지혜문智慧門이 막혀 일이나 이치에도 분석이 없어지는 것입니다. 그러므로 이 좌선하는 뜻은 안으로 일어나는 그 모든 욕심과 밖에서 들어오는 모든 경계를 물리치고, 오직 온전한 근본정신을 회복시켜서 금강철석金剛鐵石 같은 수양력을 얻기 위함이오니, 과연 수양력을 얻게 된다면 그보다 더 좋은 일은 없으리라고 생각하옵나이다.」"

좌선을 하는 이유에 대한 소태산 대종사의 질문에 권동화는 '좌선하는 뜻은 안으로 일어나는 그 모든 욕심과 밖에서 들어오는 모든 경계를 물리치고, 오직 온전한 근본정신을 회복시켜서 금강철석 같은 수양력을 얻기 위함'이라고 답한다.
즉 좌선은 『정전』 정신수양의 요지인 "안으로 분별성과 주착심을 없이 하며, 밖으로 산란하게 하는 경계에 끌리지 아니하여, 두렷하고 고요한 정신을 양성하는 것"이라는 뜻을 밝힌 것이다. 좌선은 정신수양의 한 방법으로 수양력을 얻는 공부이다.

'좌선의 요지'는 세 단락으로 구분된다.
첫 단락은 좌선의 정의라면, 둘째 단락은 화기가 오르는 현상에 대해 밝히고 있으며, 마지막 단락은 좌선 공부의 결론을 좌선의 정의에 따라 귀결 짓고 있다.

먼저 〈첫째 단락〉은 좌선의 정의에 대한 내용이다.

"대범, 좌선이라 함은 마음에 있어 망념妄念을 쉬고 진성眞性을 나타내는 공부이며, 몸에 있어 화기火氣를 내리게 하고 수기水氣를 오르게 하는 방법이니, 망념이 쉰즉 수기가 오르고 수기가 오른즉 망념이 쉬어서 몸과 마음이 한결같으며 정신과 기운이 상쾌하리라."

즉 좌선은 마음에 있어서는 망념을 쉬고 진성[진여의 본성]을 나타내는 식망현진息妄顯眞의 공부라면, 몸에 있어서는 화기를 내리게 하고 수기를 오르게 하는 수승화강水昇火降의 방법이라는 정의이다.
몸과 마음은 둘이 아닌 한결같은 관계이므로 망념이 쉬면 수기가 오르고 수기가 오르면 망념이 쉬어, 결국 정신과 기운이 상쾌하게 된다는 것이다.

〈둘째 단락〉은 몸의 수기를 태우는 현상과 화기가 오르는 현상으로, 3부분으로 나누어 살펴볼 수 있다.

1. "그러나 만일 망념이 쉬지 아니한즉 불기운이 항상 위로 올라서 온몸의 수기를 태우고 정신의 광명을 덮을지니,"

『대종경』 수행품 15장에서 "한 제자 수승화강水昇火降 되는 이치를 묻자온데 대종사 말씀하시기를 「물의 성질은 아래로 내리는 동시에 그 기운이 서늘하고 맑으며, 불의 성질은 위로 오르는 동시에 그 기운이 덥고 탁하나니, 사람이 만일 번거한 생각을 일어내어 기운이 오르면 머리가 덥고 정신이 탁하여 진액津液이 마르는 것은 불기운이 오르고 물기운이 내리는 연고이요, 만일 생각이 잠자고 기운이 평순平順하면 머리가 서늘하고 정신이 명랑하여 맑은 침이 입 속에 도나니 이는 물기운이 오르고 불기운이 내리는 연고이니라.」"라고 수승화강 되는 이치를 밝히고 있다.

좌선법은 마음에 중심을 두고 있다. 번거한 생각을 일어내면 화기가 오르고 번거한 생각이 잠잠하면 수기가 오른다는 것이다.

핵심은 망념이다. 망념의 유무에 따라 수승화강 또는 화기가 위로 오르는 현상이 벌어지는 것이다. 그러므로 소태산의 좌선법은 마음에 기반한 몸의 운용법이라 할 것이다.
결과적으론 몸과 마음을 쌍전하는 방법이나 중심은 망념을 어떻게 하냐는 것이다. 망념이 쉬지 아니하면 화기가 올라 수기를 태워 정신의 광명인 공적영지를 덮어버리는 것이다. 그리하여 청정한 일원상 마음인 진성이 망념에 가리는 것이다.

망념은 '정신수양의 목적'에 따르면 산란하게 하는 경계에 끌려다니는 분별성과 주착심으로, 번민망상 분심초려를 일으키며 자포자기와 염세증을 내게 하며, 신경쇠약자, 실진자, 자살에까지 이르게 하는 마음이다.
이러한 망념이 치성하면 화기가 오르고 망념이 쉬면 청정한 수기가 오르는 것이다. 분별성과 주착심인 망념에 끌려 청정한 진성을 놓치면 화기가 오르는 것이다.

2. "사람의 몸 운전하는 것이 마치 저 기계와 같아서 수화水火의 기운이 아니고는 도저히 한 손가락도 움직이지 못할 것인바, 사람의 육근 기관이 모두 머리에 있으므로 볼 때나 들을 때나 생각할 때에 그 육근을 운전해 쓰면 온몸의 화기가 자연히 머리로 집중되어 온몸의 수기를 조리고 태우는 것이 마치 저 등불을 켜면 기름이 닳는 것과 같나니라."

수화의 기운으로 우리의 몸은 운전되며 특히 몸 중에서도 머리에 육근 기관이 모여 있으므로 육근을 운전해 쓰면 자연 온몸의 화기가 머리로 집중되어 등불의 기름을 태우듯이 몸의 수기를 조리게 된다는 것이다.

3. "그러므로 우리가 노심초사勞心焦思를 하여 무엇을 오래 생각한다든지, 또는 안력眼力을 써서 무엇을 세밀히 본다든지, 또는 소리를 높여 무슨 말을 힘써 한다든지 하면 반드시 얼굴이 붉어지고 입속에 침이 마르나니 이것이 곧 화기가 위로 오르는 현상이라, 부

득이 당연한 일에 육근의 기관을 운용하는 것도 오히려 존절히 하려든, 하물며 쓸데없는 망념을 끄리어 두뇌의 등불을 주야로 계속하리오."

물을 끓이듯 망념을 끓이면 입속의 침이 마르게 되니, 이것은 화기가 오르는 현상이다. 그러므로 육근을 운용할 때 쓸데없는 망념을 끓일 것이 아니라 존절히 하라는 것이다.
존절은 '억제할 준'의 준절撙節로 적절하게 하라는 것이다.

소태산 대종사는『대종경』수행품 17장에서 "다만, 내가 아니 생각하여도 될 일을 공연히 생각하고, 내가 안 들어도 좋을 일을 공연히 들으려 하고, 내가 안 보아도 좋을 일을 공연히 보려 하고, 내가 안 간섭하여도 좋을 일을 공연히 간섭하여, 이 일을 할 때에는 정신이 저 일로 가고 저 일을 할 때에는 정신이 이 일로 와서 부질없는 망상이 조금도 쉴 사이 없는 것이 비로소 공부인의 크게 꺼릴 바이라" 하시며 부질없는 망상에 대해 경계하신다.
쓸데없는 망념은 곧 부질없는 망상으로, 정산 종사는 '일원상을 체받는 법'에서 일원상은 곧 '망상 없는 곳'이라고 말씀하신다. 좌선은 쓸데없는 망념을 쉬어 망상 없는 곳에 그쳐 있는 공부이다.

〈마지막 단락〉으로 좌선 공부의 결론을 서두의 '좌선의 정의'에 따라 다시 한번 귀결하고 있다.
"그러므로 좌선은 이 모든 망념을 제거하고 진여眞如의 본성을 나타내며, 일체의 화기를 내리게 하고 청정한 수기를 불어내기 위한 공부니라."

망념을 쉬는 것이 망념을 제거하는 것이며, 진성을 나타내는 것이 진여의 본성을 나타내는 것이며, 또한 화기를 내리고 청정한 수기를 오르게 하는 공부이다. 제거는 덜어내고 흘려보내는 것이다.
몸과 마음은 둘이 아니라 한결같아서 망념을 제거하고 진여의 본성을 나타내면 화기가 내리고 청정한 수기를 불러올려 정신과 기운이 상쾌하게 되는 것이다.
망념으로 육근을 사용하면 화기가 위로 오르게 되며, 진여의 본성으로 육근을 사용하면 수승화강이 되는 것이다. 망념이 쉬면 수기가 오르고 진성이 나타나면 화기가 내리며, 망념이 치성하면 화기가 오르고 진성을 드러내면 수기가 오르는 상태가 된다.

이 '좌선의 요지'는 원기14년(1929) 11월, 《월말통신》 제21호에 '좌선의 방법과 그 필요에 대하여'라는 제목으로 소태산의 육성법문이 기재된다.

제4장 좌선법坐禪法

2. 좌선의 방법

좌선의 방법은 극히 간단하고 편이하여 아무라도 행할 수 있나니,

1. 좌복을 펴고 반좌盤坐로 편안히 앉은 후에 머리와 허리를 곧게 하여 앉은 자세를 바르게 하라.
2. 전신의 힘을 단전에 툭 부리어 일념의 주착도 없이 다만 단전에 기운 주해 있는 것만 대중 잡되, 방심되면 그 기운이 풀어지나니 곧 다시 챙겨서 기운 주하기를 잊지 말라.
3. 호흡을 고르게 하되 들이쉬는 숨은 조금 길고 강하게 하며, 내쉬는 숨은 조금 짧고 약하게 하라.
4. 눈은 항상 뜨는 것이 수마睡魔를 제거하는 데 필요하나 정신 기운이 상쾌하여 눈을 감아도 수마의 침노를 받을 염려가 없는 때에는 혹 감고도 하여 보라.
5. 입은 항상 다물지며 공부를 오래 하여 수승화강水昇火降이 잘 되면 맑고 윤활한 침이 혓줄기와 이 사이로부터 계속하여 나올지니, 그 침을 입에 가득히 모아 가끔 삼켜 내리라.
6. 정신은 항상 적적寂寂한 가운데 성성惺惺함을 가지고 성성한 가운데 적적함을 가질지니, 만일 혼침에 기울어지거든 새로운 정신을 차리고 망상에 흐르거든 정념으로 돌이켜서 무위자연의 본래면목 자리에 그쳐 있으라.
7. 처음으로 좌선을 하는 사람은 흔히 다리가 아프고 망상이 침노하는 데에 괴로워하나니, 다리가 아프면 잠깐 바꾸어 놓는 것도 좋으며, 망념이 침노侵擄하면

다만 망념인 줄만 알아두면 망념이 스스로 없어지나니 절대로 그것을 성가시게 여기지 말며 낙망하지 말라.

8. 처음으로 좌선을 하면 얼굴과 몸이 개미 기어 다니는 것과 같이 가려워지는 수가 혹 있나니, 이것은 혈맥이 관통되는 증거라 삼가 긁고 만지지 말라.

9. 좌선을 하는 가운데 절대로 이상한 기틀과 신기한 자취를 구하지 말며, 혹 그러한 경계가 나타난다 할지라도 그것을 다 요망한 일로 생각하여 조금도 마음에 걸지 말고 심상히 간과看過하라.

이상과 같이, 오래오래 계속하면 필경 물아物我의 구분을 잊고 시간과 처소를 잊고 오직 원적무별한 진경에 그쳐서 다시없는 심락을 누리게 되리라.

좌선의 방법

좌선의 방법은 시창14년(1929) 11월분인 《월말통신》 제21호에 실린 '좌선의 필요와 그 방법에 대하여'라는 소태산 대종사의 법설에 그 대체가 등장하며 또한 나머지 일부 내용이 시창20년(1935) 3월분인 《회보》 제15호 '좌선에 대한 법문'에 등장한다.

"좌선의 방법은 극히 간단하고 편이하여 아무라도 행할 수 있나니,"

이 대목은 소태산 대종사의 좌선에 대한 대전제로, 남녀노소 선악귀천 누구나 할 수 있는 방법이라는 것이다. 좌선은 법위와 경력에 관계없이 그 방법이 간단하고 편이해서 누구라도 할 수 있다는 전제이다.

1. 좌복을 펴고 반좌盤坐로 편안히 앉은 후에 머리와 허리를 곧게 하여 앉은 자세를 바르게 하라.

좌복坐服은 방석 등이며, 반좌는 소반처럼 안정되게 앉는 방식으로 평좌, 반가부좌, 결가부좌, 맞좌, 의자에 앉는 좌법 등이며, 머리와 허리를 곧게 하는 요골수립腰骨竪立이 기본이다.

2. 전신의 힘을 단전에 툭 부리어 일념의 주착도 없이 다만 단전에 기운 주해 있는 것만 대중

잡되, 방심이 되면 그 기운이 풀어지나니 곧 다시 챙겨서 기운 주하기를 잊지 말라.

'일념의 주착도 없이 다만 단전에 기운 주해 있는 것만 대중 잡는 것'이 좌선의 핵심 방법으로, 방심이 되지 않도록 단전에 기운 주하기를 잊지 않으면 곧 진여의 본성인 일원상이 드러나는 경지에 이른다. 단전에 숨을 들이쉬고 내쉬는 호흡으로 기운 주하는 것이다.

『불교정전』에서 제하臍下 1촌을 단전으로 보나, 일반적으론 배꼽 밑 아랫배 정도로 여기는 것이 타당할 것이다.

《회보》 제15호, '좌선에 대한 법문'에서 소태산 대종사가 좌선하는 방법을 권동화에게 물으니 이에 답한 대목이다.
문: 좌선하는 방법은 어떻게 하는가?
답: 좌선을 하기로 하면 어느 시간을 물론 하고 일없이 조용한 때를 이용하여 편안하게 앉아서[반좌] 전신의 기운을 바르게 한 후, 마음 나가는 곳을 조사하기 위해서 마음과 기운을 아랫배[배꼽 밑]에 머무르고, 마치 하기 좋게 슬쩍 힘을 주는 듯하오면 조금 아랫배가 불쑥하여집니다. 그리고 조용히 앉았으면 번거한 생각과 망녕된 마음도 나고, 혹은 계교심이 생겨 별별 공상도 끓여지는 때가 있고, 혹은 잠이 와서 혼몽천지昏夢天地가 될 때도 있사오며, 또는 정신이 깨끗하여 잠도 아니 오고 온전한 때도 있습니다. 그러면 마음의 거래처去來處를 조사하여 못 나가게 그 마음을 지키고 앉은 것을 일러서 좌선의 방법이라 하겠습니다.

이처럼 단전주 좌선법은 단전을 마음과 기운의 주처住處로 삼아, 단전에 호흡의 기운을 주하는 대중심만 잡되, 방심이 되면 다시 단전에 호흡으로 기운 주하기를 챙기는 수행 방법이다. 권동화는 단전에 기운[호흡] 주하고 있는 마음을 챙기고 있는지 방심했는지 그 마음의 거래처를 조사하여 방심이 안 되도록 그 마음을 지키고 앉아 있는 것이 좌선의 방법이라 답하고 있다.
좌선은 이처럼 단전에 기운 주하고 있는 대중을 잡고 있으면서 그 대중심을 놓치지 않도록 지키고 앉아 있는 공부이다.

3. 호흡을 고르게 하되 들이쉬는 숨은 조금 길고 강하게 하며, 내쉬는 숨은 조금 짧고 약하게 하라.

호흡을 고르는 조식調息은 들숨 날숨을 '고르게 하는 것'이 핵심이다. 『불교정전』에서 "조식이라 함은 즉 정신단좌正身端坐하여 마음과 기운을 하복부에 주하고 하복부로부터 들고 나는 숨이 있는 것도 같고 없는 것도 같이 관하고 앉았음을 이름이라"고 조식법을 밝히고 있다.

소태산은 《월말통신》 제21호 '좌선의 방법과 그 필요에 대하여'에서 "마음으로는 아랫배에 기운 주住해 있는 것만 대중 잡고 있으면 자연히 들이쉬는 숨은 길고 강할 것이요, 내쉬는 숨은 짧고 미微하게 된다."고 밝히고 있다.

이처럼 들숨 날숨을 있는 듯 없는 듯 고르게 하는 것을 관하고 있으면 들숨은 조금 길고 강한 감이 있고 날숨은 조금 짧고 약한 감이 들게 되는 것이다.

4. 눈은 항상 뜨는 것이 수마睡魔를 제거하는 데 필요하나 정신 기운이 상쾌하여 눈을 감아도 수마의 침노侵擄를 받을 염려가 없는 때에는 혹 감고도 하여 보라.

눈은 뜨고 하는 것이 기준이되, 예외로 정신 기운이 상쾌하면 감고 할 수도 있다는 것이다.

5. 입은 항상 다물지며 공부를 오래 하여 수승화강水昇火降이 잘 되면 맑고 윤활한 침이 혓줄기와 이 사이로부터 계속하여 나올지니, 그 침을 입에 가득히 모아 가끔 삼켜 내리라.

《회보》 제15호, 소태산의 '좌선에 대한 법문' 중 한 대목이다.

"누구든지 좌선을 많이 하여 마음이 온전하여진즉 수승화강水昇火降이 되는 머리에 달고 향내 나고 맛나고 구수한 침이 혀 밑에서 나오나니 그것은 부처님이 이르신 감로수라. 그 감로수를 많이 삼켜 내리고 보면 정신이 맑아지나니라."

평소 마음이 초조하면 입이 타고 마음이 편안하면 침이 고이듯이 이렇게 편안한 마음으로 좌선을 지속하면 수승화강이 되어 침이 고이니 이를 삼키면 건강에 좋다는 것이다. 이처럼 침이 고이는 것은 좌선이 잘 되는 한 현상으로 건강에 유익을 주는 좌선의 공덕이 된다. 다만 옥지에서 침이 잘 나오느냐는 여부로 좌선의 결과를 단정할 수만은 없을 것이다.

1조~5조까지를 종합하면, 《월말통신》 제21호 '좌선의 방법과 그 필요에 대하여' 법설에서 "제일 첫째, 반좌盤坐로 단정히 앉은 뒤에 허리와 머리를 곧게 하고 전신의 힘을 툭 부리어 아랫배[단전]를 약간 불리는 듯하고, 상부의 기운을 순순히 아랫배로 내리며 마음으로는 아랫배에 기운 주住해 있는 것만 대중 잡고 있으면 자연히 들이쉬는 숨은 길고 강할 것이요, 내쉬는 숨은 짧고 미微하게 되며, 이와 같이 오래 행한 즉 아랫배가 점점 단단해지며 수승화강水昇火降이 되어 맑고 윤활한 침이 혓줄기 밑과 양협兩頰 아제牙際로부터 계속하여 날 것이니, 그 침을 입에 가득 모아 삼키고 삼키면 몸이 윤택하고 정신이 청쾌하여 자연히 밝은 혜광慧光를 얻으리라."고 좌선의 방법을 자상히 안내하고 있다.

6. 정신은 항상 적적寂寂한 가운데 성성惺惺함을 가지고 성성한 가운데 적적함을 가질지니, 만일 혼침에 기울어지거든 새로운 정신을 차리고 망상에 흐르거든 정념으로 돌이켜서 무위자연無爲自然의 본래면목本來面目 자리에 그쳐 있으라.

좌선의 방법의 핵심 중의 핵심 조항이다. 소태산은 『대종경』 수행품 12장에서 「선종禪宗의 많은 조사가 선禪에 대한 천만 방편과 천만 문로를 열어 놓았으나, 한 말로 통합하여 말하자면 망념을 쉬고 진성을 길러서 오직 공적영지空寂靈知가 앞에 나타나게 하자는 것이 선이니, 그러므로 "적적寂寂한 가운데 성성惺惺함은 옳고 적적한 가운데 무기無記는 그르며, 또는 성성한 가운데 적적함은 옳고 성성한 가운데 망상은 그르다." 하는 말씀이 선의 강령이 되나니라.」고 직설하고 있다.

무기無記는 적적하되 성성함이 없는 것이라면, 망상은 성성하되 적적함이 없는 상태이다. 즉 무기는 단전에 기운[호흡] 주하는 대중하는 마음이 없는 멍한 상태라면, 망상은 단전에 호흡의 기운을 주하는 중에 이 생각 저 생각으로 떠돌아다니는 산란한 상태이다.

적적성성은 공적영지가 앞에 나타난 상태로, 즉 우리가 육근문으로 무언가를 감지할 때 그 감지하는 당처는 무엇에 걸림이 없는 공적한 상태이면서 또한 신령하게 알아차리고 있는 자리이다. 이렇게 공적하면서 신령하게 아는 자리가 바로 적적하면서 성성한 자리이다.

이처럼 단전에 기운을 주하고 있는 그 마음 당처는 본래 적적하며 또한 그 적적한 자리에서 단전에 호흡의 기운을 주하고 있는 것이 두렷하고 성성한 자리이다. 즉 단전주하는 경지가 바로 적적성성한 자리이다.

이는 텅 빈 거울에 온갖 것을 비추고 있는 격이며, 또한 대상을 치워도 거울은 원래부터 항상 청정하게 훤히 비추고 있는 것과 같다. 망념이 쉬고 적적성성한 진여의 본성[진성眞性]이 앞에 있는 격이다.

이처럼 단전에 기운 주하고 있는 마음은 적적성성한 경지로, 만일 단전주의 주의력이 흩어지면 이를 알아차리고 다시 단전주에 주의력을 두라는 것이다.

'무위자연의 본래면목'은 망념에 물들지 않는 진여의 본성으로 적적성성한 일원상 자리이다. 이 자리는 잡념의 자취가 끼어 들 수 없는 무위의 본래 마음으로 스스로 두렷한 자리이다.
'새로운 정신을 차리는 것'도 적적성성한 자리에 그쳐 있으라는 것이며, '정념으로 돌이키는 것'도 적적성성한 자리에 머무르라는 것이다. 혼침에 빠지거든 적적성성한 정신을 차리고 망상에 빠져도 적적성성한 정념을 챙기라는 것이다.

이렇게 단전이란 주처住處에서 숨을 들이쉬고 내쉬는 가운데 숨을 들이쉬어도 들어올 마음이 없고 숨을 내쉬어도 나갈 마음이 없는 무위자연의 본래면목 자리에 그치라는 것이다. 즉 단전주하고 있는 마음 당처에는 밖에서 들어올 마음도 없고 안에서 나갈 마음도 없는 것이다. [외불방입外不放入 내불방출內不放出] 숨을 들이쉬고 내쉬는 거래 중에 생멸거래에 변함이 없는 본래면목 자리에 그쳐 있는 것이다.

7. 처음으로 좌선을 하는 사람은 흔히 다리가 아프고 망상이 침노하는 데에 괴로워하나니, 다리가 아프면 잠깐 바꾸어 놓는 것도 좋으며, 망념이 침노하면 다만 망념인 줄만 알아두면 망념이 스스로 없어지나니 절대로 그것을 성가시게 여기지 말며 낙망하지 말라.
다리가 아프면 잠깐 교체하는 것이 적절하다는 것이다. 너무 자주 바꾸라는 것도 아니지만 그렇다고 바꾸어서는 안 된다는 것도 타당치 않다는 것이다. 혈액순환을 해주라는 것이다.
망념은 망념인 줄만 알아두면 망념이 맥을 못 쓴다는 것이 핵심이다. 망념에 관심을 두니까 망념이 힘을 쓰게 된다는 것이다. 관심을 오직 단전주하고 있는 데에 그쳐 있으라는 것이다.
좋다-나쁘다 등의 분별이 일어나면 분별인 줄 알아차리고 그러한 분별이 일어나는 것에 귀찮아하지도 힘겨워하지도 말라는 것이며 될 대로 되라는 식으로 분별에 매몰되지도 말라는 것이다. 그냥 가볍게 보아 넘기라는 것이다. 관심을 두지 말라는 것이다. 일어나는 것에 끌려가지 말고 일어난 줄만 알아두고 다만 다시 단전주에 주의를 돌리라는 것이다.

《회보》 제15호에 실린 소태산 대종사의 '좌선에 대한 법문' 중 한 대목이다.
"또는 잠이나 번뇌가 들어온다고 하여도 거기에 성가시지도 말고 다만 온전하기만 주장할 것이니, 그런다면 차차 정신의 수양력을 얻어서 온전한 정신이 회복되는 머리에 일과 이치[사리事理]에도 분석이 밝게 나며 자주력 정신을 얻게 되리라."
망념은 숙주를 따라 퍼지는 바이러스와 같으니, 망념이 침노하면 이를 성가셔하지도 말고 망념인 줄 알고, 관심을 두지 말고 낙망도 하지 말라는 것이다. 먹이를 주지 말라는 것이다.
다만 단전에 호흡의 기운 주하는 대중을 챙기어 적적성성한 자리에 그치면 그만이라는 것이다. 단전주하고 있는 마음 당처인 온전한 일원상이 주인공으로 서 있는 경지에 들라는 것이다.

8. 처음으로 좌선을 하면 얼굴과 몸이 개미 기어 다니는 것과 같이 가려워지는 수가 혹 있나니, 이것은 혈맥이 관통되는 증거라 삼가 긁고 만지지 말라.

《회보》 제15호의 '좌선에 대한 법문' 중 한 대목이다.
"또는 이마나 얼굴이나 혹 몸에 개미나 이(슬虱)가 기어 다니는 것같이 가려운 때도 있나니, 그것은 전신의 혈맥이 골라지는 증거로서 그러하나니 그런 때가 있거든 삼가 긁거나 만지지 말지니라."
좌선 중에 일어나는 가려운 현상에 너무 예민하게 반응하지 말라는 것이다. 혈액순환·신진대사 등에 좋아져 혈맥이 통하는 현상이다.

9. 좌선을 하는 가운데 절대로 이상한 기틀과 신기한 자취를 구하지 말며, 혹 그러한 경계가 나타난다 할지라도 그것을 다 요망한 일로 생각하여 조금도 마음에 걸지 말고 심상히 간과하라.

《회보》 제15호의 '좌선에 대한 법문' 중 한 대목이다.
"또는 좌선을 하는 가운데 그믐밤에 월색이 나타나서 방안이 훤하게 밝아도 보이고 무수한 별이 떨어져 보이기도 하며 혹 미인이나 모진 짐승이나 무서운 사람도 보이는 때가 있나니, 이러한 이적異跡이 보일 때는 정신을 차려서 다시 선정禪定하라. 이것은 다름 아니라 정신이 혼혼한 가운데 그리되는 것이요, 별 공부가 되어서 그러는 것은 아니니, 여기에 만일 정신을 팔리고 보면 반드시 해害가 있으리라."
좌선을 하는 가운데 '그믐밤에 월색이 나타나서 방안이 훤하게 밝아지고' '수없는 별이 떨어지는 장관이 펼쳐지고' 혹 '미인이 보여 유혹하고' 또는 '모진 짐승이나 무서운 사람이 나타나 위협하는 현상'이 나타나기도 한다는 것이다. 아마도 이러한 이상한 자취는 소태산 대종사가 연화봉 등에서 구도할 때 나타났던 경험일 것이며, 이러한 현상이 나타나면 정신을 차려 다시 정定에 들라는 당부도 소태산의 구도 의지요 체험이라 할 것이다.
이상한 자취가 생기면 이는 정신이 팔린 현상으로 별 공부가 아니라는 것이다. 이상한 자취에 끌리면 이것은 정신이 어두워졌다는 현상이다.

7조~9조까지를 종합하면, 《월말통신》 21호 '좌선의 방법과 그 필요에 대하여' 법설에서 "그러나 진속塵俗 사무에 복잡하게 지내던 그 정신과 육신을 갖다가 처음으로 좌선에 들면 전신이 개이고 아프며 번뇌와 난상亂想이 수없이 일어날 것이요, 혹 졸음도 오며 혹 현기 두통도 날 것이니, 공부하는 자는 마땅히 그 번뇌 난상이 일어나는 것을 성가시지 말고 그대로 둘지며, 또 졸음이 온다하여도 그것을 깊이 염려하지 말고 자주 새로운 정신을 가다듬을 것이며, 만약 현기 두통이 심해서 몸이 곤란할 지경이거든 반드시 얼마간 휴선休禪하였다가 원기元氣가 완실한 뒤에 또다시 계속하라. 그리고 좌선 중 절대로 이상한 기틀과 기교奇巧한 표증表證을 원하고 구하지 말지며, 그러한 것이 혹 나타난다 할지라도 조금도 심두心頭에 걸지 말고 심상히 간과하라. 이대로만 하면 반드시 수양에 위대한 힘을 얻으리라."고 일러주고 있다.
특히 '만약 현기 두통이 심해서 몸이 곤란할 지경이거든 반드시 얼마간 휴선休禪하였다가 원기元氣가 완실한 뒤에 또다시 계속하라.'고 자상하게 당부하고 있다. 몸이 건강한 상태에서 좌선을 하도록 타이르고 있다.

『대종경』 수행품 13장 말씀이다.
"그대들이 진실로 수양에 대한 공덕을 안다면 누가 권장하지 아니할지라도 정성이 스스로 계속될 것이나, 한 가지 주의할 일은 그 방법에 대하여 혹 자상히 알지 못하고 그릇 조급한 마음을 내거나 이상한 자취를 구하여 순일한 선법禪法을 바로 행하지 못한다면, 공부하는 가운데 혹 병에 걸리기도 하고 사도邪道에 흐르기도 하며, 도리어 번뇌가 더 일어나는 수도 있나니, 우리의 좌선법에 자주 대조하고 또는 선진자에게 매양 그 경로를 물어서 공부에 조금도 그릇됨이 없게 하라. 만일 바른 공부를 부지런히 잘 행한다면 쉽게 심신의 자유를 얻게 되나니, 모든 부처 모든 성인과 일체 위인이 다 이 선법으로써 그만한 심력을 얻었나니라."

심상히 간과하라는 것은 대수롭지 않고 가볍게 보아 넘기라는 뜻으로, 이상한 자취에 관심 두지 말라는 것이다. 요망한 일이라 여기라는 것이다.
신기한 자취나 이상한 기틀에 끌리지 말고 이를 심상히 여기고, 진정 관심 둘 것은 적적성성한 자리에 그치라는 것이다. 신기한 자취나 이상한 기틀도 무의식의 억압이 풀리어, 의식에서 해보고 싶었던 욕망이 무의식에 잠복해 있다가 드러나는 현상 중 하나라는 것이다. '내 욕망이 올라왔구나' 하고 자각하면 그만이다.
이처럼 적적성성한 공적영지가 앞에 나타나게 하는 것이 바로 순일한 선법이다.

'좌선의 방법' 도입 부분인 "좌선의 방법은 극히 간단하고 편이하여 아무라도 행할 수 있나니,"가 대전제라면, **"이상과 같이, 오래오래 계속하면 필경 물아物我의 구분을 잊고 시간과 처소를 잊고 오직 원적무별한 진경에 그쳐서 다시없는 심락心樂을 누리게 되리라."**는 좌선의 방법의 맺음 부분으로 좌선의 결과 결실이다.

좌선을 오래오래 계속한다는 것은 단전에 대중하고 있는 마음 당처인 적석성싱한 경지를 놓치시 밀고 지속히어 적저성성한 본래면목에 그쳐 있으라는 것이다.
적적성성한 본래면목은 물아物我의 구분과 시간과 처소를 잊는 입정돈망의 경지이다. 즉 안팎이 없는 자리이며 내외가 없는 자리이며, 과거 현재 미래를 관통하는 자리이다.
이러한 경지가 원적무별한 진경에 그치는 좌선의 경지로, 이 자리에 그쳐 있으면 다시없는 심락心樂을 누리는 것이다.

원적무별한 경지는 마음이 두렷하고[=두렷할 원圓] 고요하여[=고요할 적寂] 분별성과 주착심이 없는[=무별無別] 경지로, 좌선은 심락의 경지가 핵심이다.
다시없는 심락=원적무별한 경지=무위자연한 본래면목=새로운 정신=정념=진여의 본성

=순연한 근본정신이다.

향산 안이정 교무의 회고담이다.

한번은 조실[종법실]에 갔더니 소태산 대종사께서 "이정이, 너 좌선 잘하는지 모르겠다. 좌선을 어떻게 하느냐?" 물으셨다.

그래서 "방법대로 잘해 보려고 노력합니다만, 원적무별한 진경을 체험하지 못하고 있습니다. 어떻게 해야 하오리까?"

"좌선을 하는데, 바로 그것이 중요하다. 좌선의 방법은 원적무별한 진경 그 자리를 체험하기 위한 것이다. 마음을 가라앉혀서 일체 분별을 놓고 그 자리에 들어 그 자리를 체험해야 한다. 그 자리를 체험해서 그 자리에 바탕한 생활이 되어야 한다."라고 하셨다. [『원불교 교전해의』]

이처럼 좌선은 진여의 본성인 일원상 자리를 드러내는 공부로, 좌선은 적적성성한 진여의 본성을 드러내는 기본기라 할 것이다. 이러한 기본기 단련인 좌선 후 육근을 작용할 때, 진여의 본성인 일원상 자리를 안이비설신의 육근으로 활용하는 것이다.

제4장 좌선법坐禪法

3. 좌선의 공덕

좌선을 오래 하여 그 힘을 얻고 보면 아래와 같은 열 가지 이익이 있나니,

1. 경거망동하는 일이 차차 없어지는 것이요,
2. 육근 동작에 순서를 얻는 것이요,
3. 병고가 감소되고 얼굴이 윤활하여지는 것이요,
4. 기억력이 좋아지는 것이요,
5. 인내력이 생겨나는 것이요,
6. 착심이 없어지는 것이요,
7. 사심이 정심으로 변하는 것이요,
8. 자성의 혜광이 나타나는 것이요,
9. 극락을 수용하는 것이요,
10. 생사에 자유를 얻는 것이니라.

좌선의 공덕

——— 소태산 대종사는 화기火氣를 오르게 하는 망념은 쉬고, 수기水氣를 오르게 하는 진성眞性을 나타내는 좌선 공부를 오래 지속하여 수양력을 얻고 보면 열 가지 이익을 얻게 된다고 밝히고 있다.
"좌선을 오래 하여 그 힘을 얻고 보면 아래와 같은 열 가지 이익이 있나니"로 시작하는 '좌선의 공덕' 10조목은 좌선의 이정표요 결실이다.

이 '좌선의 공덕'을 소태산 대종사는 '좌선의 필요'라는 제목으로 설법한다. 이공주 수필로 《회보》 제44호, 시창23년 5월호에 실린 법설이다.
다만 '좌선의 필요'에는 '자성의 혜광이 발한다'는 조목은 없으며 '병고 감소와 얼굴이 윤활해진다'는 조목은 분할되어 있다.

"한때에 종사주 선방에 출석하시사 모든 학도에게 말씀하여 가라사대, 「제군이여! 매일 새벽마다 정식으로 2시간씩 좌선을 하니, 과연 그와 같이 좌선을 하면 우리에게 어떠한 필요가 있기에 하는지 그 필요점에 대하여 누구든지 간명히 답하여 보라.」 하시었다. 그 때 즉석에서 2 ,3인의 대답이 있었던바, 종사주 일일이 청취하옵시고 다시 말씀하여 가라사대, 「제군의 말도 다 그럴듯하다. 그러나 좀 더 자상히 그 조목을 들어서 내 말하여 주리니, 적어 두고 참고하기를 바라노라.」"고 당부한다.
그리고서 "우리가 좌선을 많이 하여 그 힘을 얻고 보면"을 전제하고서 구체적인 조목을 차례로 밝혀주신다. '많이 하여'는 '오래 하여'와 같은 뜻이다.

1. 경거망동하는 일이 차차 없어지는 것이요,
"그 내역= 보통 사람이란 사심邪心에 끌려서 자주력이 서지 못하여 어떠한 일에나 경

거망동하기가 쉬운 것이다. 그러나 좌선을 많이 하는 사람은 항상 그 마음을 지켜서 사심은 제거하고 정심正心을 양성함으로 자연히 정중한 태도가 표면에까지 나타나서 경거망동하는 것이 감소되어 지나니라." 〈좌선의 필요, 회보 제44호〉

사심은 망념이라면 정심은 진성[진여의 본성]이다. 생각-감정-행동은 연동되어 있어 한 생각에 집착하면 감정에 끌리고 또한 습관적 행동에 빠져 경거망동하게 된다. '그 마음'은 산란하게 하는 욕심 경계에 끌리지 않는 적적성성한 본래 마음으로, 그 마음을 지키는 것이 자주력이요 정심을 양성함이다.

단전에 기운[호흡] 주하는 좌선 공부로 적적성성한 마음의 본래 처에 그치어 자주력을 길러놓으면, 설사 산란하게 하는 경계를 대할지라도 부동심不動心의 입정 자리가 항상 앞에 나타나 있게 되어, 쉽게 순역 경계에 흔들리지 않고 가볍게 동하지 않게 되는 것이다. 항상 입정처의 부동심이 앞에 역력하므로 경계의 세력보다도 부동심의 성품 자리가 앞에 서게 되기에 경거망동하는 일이 차츰 줄어들어 정중해지는 것이다.

2. 육근 동작에 순서를 얻는 것이요,

"그 내역= 보통 사람이란 각자의 욕망을 채우려는 데에 그 정신이 흩어졌다든지, 희로애락에 그 정신이 끌렸다든지 하면 그 육근 동작에 순서가 골라 맞지 못하는 것이다. 그러나 사심을 제거하고 정심을 양성시키는 좌선을 많이 하여 온전한 정신이 회복되고 보면 육근 동작에 순서를 차차 얻게 되나니라." 〈좌선의 필요, 회보 제44호〉

사심을 제거하고 정심을 양성시키는 것이 망념을 쉬고 진성을 나타내는, 온전한 정신을 회복하는 좌선 공부다. 욕심이나 희로애락에 집착하면 이 일을 할 때 저 일에 끌리고 저 일을 할 때 이 일에 끌리는 것이다.

단전에 호흡의 기운을 주하고 있는 마음 당처에 그쳐 있으면 공적영지가 확연하여, 하고 싶어 하거나 하기 싫어하는 욕심에 끌려가지 않게 된다. 이러한 수양력을 갖추면 욕심대로가 아니라 온전한 정신인 진여의 본성을 회복하여 이 일을 할 때는 저 일에 끌리지 아니하고 저 일을 할 때는 이 일에 끌리지 아니하여 육근 동작을 순서 있게 처사하는 것이다.

3. 병고가 감소되고 얼굴이 윤활하여지는 것이요,

"병고가 감소되는 내역= 사람의 육신이란 수화水火가 고르지 못함을 인연하여 여러 가

지 병이 발생하는 것이다. 그러나 좌선을 많이 하여 수승화강水昇火降이 되고 보면 전신에 수화가 골라지는 데에 혈액순환과 기운 맥도脈度가 자연히 골라져서 의약으로 못 고치던 난치의 병도 혹 낫는 수가 있고 따라서 모든 병고가 감소하느니라." 〈좌선의 필요, 회보 제44호〉

"얼굴이 윤활하여지는 내역= 보통 사람이란 모든 욕망에 끌려서 항상 여러 가지 일에 그 정신을 태우게 되므로 수기水氣는 말라지고 불기운은 많아서 얼굴에 윤활한 기가 없고 침울하여 보이는 것이다. 그러나 사심을 제거하고 정심을 양성시키는 좌선을 많이 하여 수승화강이 되고 보면 자연히 맑은 기운이 위로 떠올라서 얼굴이 차차 윤활하여 지느니라. 〈좌선의 필요, 회보 제44호〉

「단전주의 필요」에서 "마음을 단전에 주하고 옥지玉池에서 나는 물을 많이 삼켜 내리면 수화水火가 잘 조화되어 몸에 병고가 감소하고 얼굴이 윤활해지며 원기가 충실해지고 심단心丹이 되어 능히 수명을 안보하나니"라며 선정禪定상 뿐만 아니라 위생상으로도 좋은 공덕이 된다고 한다.

즉 마음과 기운을 단전에 주하고 옥지에서 나는 침을 많이 삼켜 내리면 수화가 조절되어, 화기는 내리고 청정한 수기는 불러올리는 수승화강이 되어, 사기가 침입치 못하여 원기와 면역력 및 혈액순환과 대사활동 등이 좋아지는 건강한 상태로 진행되어 얼굴이 윤활해지고 병고가 해소된다는 것이다. 그렇다고 병고가 완전히 소멸하는 것이 아니라 감소한다는 뜻이다.

단전에 기운[호흡] 주하고 있는 마음 당처에는 분별 망상은 쉬고 진여의 본성이 나타나므로, 그러한 기운이 얼굴에 드러나서 얼굴이 윤활해지는 것이다. 망념이 쉬어 진여의 본성이 드러나면 수승화강이 잘 되어 건강에도 유익할 것이요, 망념이 치성하여 진여의 본성이 가리면 화기가 올라 건강에도 해로운 것이다.

『정산종사법어』 응기편 59장의 "육신은 병들지언정 근본 마음은 병이 없나니, 그 병듦이 없는 마음으로써 육신을 치료하면 육신이 따라서 건강을 얻을 수 있다."는 말씀처럼 마음과 기운을 단전에 주하여 병듦이 없는 진여의 본성에 그치면 병고에 초연하여 병에 동일시하지 않게 되어 점차 병에 대한 번민에 매몰되어 신음하지 않게 된다.

4. 기억력이 좋아지는 것이요,

"그 내역= 보통 사람이란 사심邪心이 있어서 마음 잃어버리는 곳이 많은 고로 기억력이 없어지는 것이다. 그러나 좌선을 많이 하여 사심을 제거하고 정심을 지키게 되면 마음 뺏어가는 곳이 없어서 그 없던 기억력이 차차 생겨나게 되나니라." 〈좌선의 필요, 회보 제44호〉

단전에 기운이 다북차 있은즉, 혈액순환이 잘 되고 모든 기관의 기능이 왕성해지며, 번민망상에 사로잡히지 않고 정신이 상쾌해져 기억력이 활성화되는 것이다. 단전주에 일심이 되면, 마음을 잃어버리고 빼앗아 가는 잡념이 떨어지므로 온전한 정신이 회복되어 집중력이 좋아지고 마음이 초롱초롱 성성해지는 것이다. 사심인 망념은 제거하고 정심인 진성을 회복하면 적적한 중에 성성한 진성으로 기억하는 것이다. 잡념은 '잡념이구나'라고 보아 넘기기에 잡념에 끌리지 않게 되어 깨어있는 진성의 일심이 활성화되는 것이다.

5. 인내력이 생기는 것이요,

"그 내역= 보통 사람이란 육근을 동작할 때 보는 대로 듣는 대로 생각나는 대로 자행자지自行自止로 불의한 일이라도 자기 마음에 하고 싶으면 그 하고 싶은 그대로, 또한 정당할 일이라도 자기 마음에 하기 싫으면 하기 싫은 그대로 참지 못하는 행동을 많이 하므로 인내력이 없는 것이다. 그러나 좌선을 많이 하여 사심을 제거하고 정심을 양성하고 보면 인내력이 차차 생겨나는 것이니라." 〈좌선의 필요, 회보 제44호〉

단전에 마음과 기운을 주해 있는 그 당처는 좋을 것도 싫을 필요가 없는 분별이 끊어진 자리이다. 단전주하는 일심에는 하기 싫은 데에도 하고 싶은 데에도 끌려가지 않는 경시이다. 이처럼 좌선을 하여 자수력을 얻게 되면 욕심에 따라 하기 싫어하고 하고 싶어 하는 경계에 끌려가지 않는 인내력이 차차 생기며, 또한 이 단전주 자체가 심신 조복뿐만 아니라 수면 및 번뇌 조복을 요하기에 이를 참아내는 인내력이 증강되는 것이다.

6. 착심着心이 없어지는 것이요,

"그 내역= 보통 사람이란 모든 욕망이 심하고 원근친소와 희로애락에 끌림으로 착심이 생겨나서 원만하기가 어려운 것이다. 그러나 극히 싫어하고 극히 좋아하는 자리를 떠나서 마음 거래去來 없는 자리를 관하는 좌선을 많이 하여 심리心理가 원만하여지고 보면 원근친소와 희로애락을 초월하여 특별히 좋고 싫은 것이 차차 없어지느니라." 〈좌

선의 필요, 회보 제44호〉
착심은 망념으로, 착심인 망념이 쉬는 자리가 바로 착심에 물들지 않는 진성이 드러나는 경지이다. 착심은 애착, 탐착, 원착의 주착심으로, 편착하고 염착하는 마음이다.
호흡으로 단전에 기운 주하고 있는 자리는 거래에 착着이 없는 자리이다. 단전주는 더 싫어하고 더 좋아할 것이 없는 집착을 떠나 거래가 없는 자리를 관하는 것이다. 들숨과 날숨의 거래에 착할 것이 없는 자리를 관하는 것이다. 호흡의 거래에 착着할 것이 없는 단전주에 일심을 하면 극히 좋아하고 싫어하는 데에 끌리는 착심이 차차 없게 된다. 거래에 착着이 없는 자리를 관하는 좌선은 망념에 끌려 나가지도 않고 망념이 들어오지도 않는 온전한 경지다. 원근친소와 희로애락을 초월하여 특별히 좋고 싫은 집착이 차차 없어지게 된다.

7. 사심邪心이 정심正心으로 변하는 것이요,

"그 내역= 보통 사람이란 항상 모든 욕망에 끌려서 사심이 주장되고 정심은 없게 되는 것이다. 그러나 사심을 제거하고 정심을 양성시키는 좌선을 많이 하면 온전한 정신이 양성되는 동시에 자연 모든 사심은 정심으로 변하게 되나니라." 〈좌선의 필요, 회보 제44호〉
욕망에 끌리는 사심邪心은 망념이라면 욕망에 끌리지 않는 정심正心은 망념이 쉬고 진여의 본성이 드러나는 경지다. 이는 단전주를 놓치면 혼침이나 망상에 빠지는 사심이요 단전주를 챙기면 적적성성한 정심으로, 혼침에 빠지면 새로운 정신을 차리고 망상에 흐르거든 정념으로 돌이켜 무위자연의 본래면목 자리에 그치라는 것이다. 정심·정념은 단전에 호흡의 기운을 주하고 있는 마음 바탕인 적적성성한 진여의 본성에 그쳐 있는 온전한 마음이다.

8. 자성의 혜광이 나타나는 것이요,

'좌선의 필요' 법설에 없는 조목으로, 이는 단전에 기운[호흡]을 주하고 있는 그 마음 당처를 돌이켜 직관하면 단전주 이외의 다른 일체의 생각이 붙을 수 없는 적적한 경지이면서 또한 단전에 기운 주하고 있는 마음이 두렷하게 드러나는 성성한 경지다. 이것이 바로 적적성성한 자성의 광명이 나타나는 것이며, 공적영지의 광명이 드러나는 것이다.

9. 극락을 수용受用 하는 것이요,

"그 내역= 인간 세상이란 고락苦樂이 상반相半이라 하나, 그 실은 낙보다 고가 많은 것이다. 그러나 이 좌선을 많이 하면 결국에는 언어言語가 도단道斷하고 심행처心行處가 멸滅한 진경眞境을 관하여 거기에 입정入定하게 되나니, 그 지경에 이른다면 곧 그곳이 고락을 초월한 참 극락이며 내세보다도 현세에 직접 극락을 수용하게 되나니라." 〈좌선의 필요, 회보 제44호〉

입정이란 언어도단의 자리요 심행이 멸한 자리를 관하여 그 자리에 드는 것이다. 이와 같이 단전에 기운[호흡] 주하고 있는 마음 당처는 괴로운 마음도 달라붙을 수 없을 뿐만 아니라 낙도 붙을 수 없는 고락초월의 자리로써 선악업보가 끊어진 정토淨土 극락 처이다. 극락은 고와 낙을 초월한 자리다. 〈『대종경』 성리품 3장〉

10. 생사에 자유를 얻는 것이니라.

"그 내역= 생사라 하는 것은 자연의 공도公道요, 천지의 조화인지라. 흔동천지掀動天地 하던 영웅호걸도 생사의 앞에는 꼼짝 못 하고, 당세에 권세를 잡은 고관대작도 생사의 앞에는 절대 복종을 하게 되는 것이다. 그러나 마음 거래에 자유를 얻는 좌선을 많이 하여 자유를 얻고 보면 자연히 생사를 초월하는 동시에 생사에 자유를 얻게 되나니라." 〈좌선의 필요, 회보 제44호〉

단전을 초점으로 호흡을 들이쉬고 내쉴 때 그 들이쉬는 생生과 내쉬는 멸滅의 상태를 알아차리고 있는 마음의 바탕은 생멸거래에 변함이 없는 여여한 자리이다. 그러므로 단전에 호흡의 기운을 주하고 있는 마음 당처에 그치면 이 자리는 생사가 탈락한 적적한 자리이면서 숨을 단전에 들이쉬고 내쉬는 거래에 생생하게 깨어있는 성성한 자리이다. 생사의 고락에 널뛰기하지 않는 무위안락한 자리에서 생사에 물들지 않고 생사를 자유 하는 것이다.

결국 좌선을 오래 하면 착심과 사심이 없어지어 자성의 혜광이 나타나며, 극락을 수용하며, 생사에 자유를 얻게 되는 공덕이 있게 된다. 즉 망념을 쉬고 진성이 드러나는 식망현진의 일원상 자리가 드러나는 경지다.

송합하면, 1조~5조가 행위의 변하라면 6조~10조는 마음의 경지를 나타내고 있다.

소태산 대종사는 '좌선의 필요'의 결론으로

"상술한 바와 같이 좌선은 우리 인생에 그와 같이 필요한 공부나 그도 과도히 한즉 상기上氣가 되고, 그 하는 방식을 모르고 한즉 도리어 병을 얻게 되어 혹은 정신에도 고장이 나서 폐인 되는 예도 적지 않나니, 제군은 과불급過不及이 없이 도度에 맞게 또는 그 방식을 알고 좌선하여 좋은 효과를 얻게 하기 바라노라."라고 당부한다.

이러한 10가지 공덕이 있는 좌선도 과불급이 없이 정도에 맞게 하라는 것이며, 좌선의 방식을 잘 알고 하라는 것이다.

제4장 좌선법坐禪法

4. 단전주丹田住의 필요

대범, 좌선이라 함은 마음을 일경一境에 주하여 모든 생각을 제거함이 예로부터의 통례이니, 그러므로 각각 그 주장과 방편을 따라 그 주하는 법이 실로 많으나, 마음을 머리나 외경에 주한즉 생각이 동하고 기운이 올라 안정이 잘 되지 아니하고, 마음을 단전에 주한즉 생각이 잘 동하지 아니하고 기운도 잘 내리게 되어 안정을 쉽게 얻느니라.

또한 이 단전주는 좌선에만 긴요할 뿐 아니라 위생상으로도 극히 긴요한 법이라, 마음을 단전에 주하고 옥지玉池에서 나는 물을 많이 삼켜 내리면 수화가 잘 조화되어 몸에 병고가 감소하고 얼굴이 윤활해지며 원기가 충실해지고 심단心丹이 되어 능히 수명을 안보하나니, 이 법은 선정禪定상으로나 위생상으로나 실로 일거양득 하는 법이니라.

간화선看話禪을 주장하는 측에서는 혹 이 단전주법을 무기無記의 사선死禪에 빠진다 하여 비난하기도 하나 간화선은 사람을 따라 임시의 방편은 될지언정 일반적으로 시키기는 어려운 일이니, 만일 화두話頭만 오래 계속하면 기운이 올라 병을 얻기가 쉽고 또한 화두에 근본적으로 의심이 걸리지 않는 사람은 선에 취미를 잘 얻지 못 하나니라. 그러므로 우리는 좌선하는 시간과 의두 연마하는 시간을 각각 정하고, 선을 할 때는 선을 하고 연구를 할 때는 연구를 하여 정과 혜를 쌍전시키나니, 이와 같이 하면 공적空寂에 빠지지도 아니하고 분별에 떨어지지도 아니하여 능히 동정 없는 진여성眞如性을 체득할 수 있나니라.

단전주丹田住의 필요

단전주의 필요는 4단락 8대목으로 나누어 살펴볼 수 있다.

1-1. "대범, 좌선이라 함은 마음을 일경一境에 주하여 모든 생각을 제거함이 예로부터의 통례이니,"

마음을 일경에 주하여 모든 생각인 일체의 사념을 제거하는, 좌선의 각기 주장과 방편을 『불교정전』에서 14가지 방식으로 제시하고 있다.

"①혹은 비단[鼻端, 코끝]에 ②혹은 미간[眉間, 두 눈썹사이]에, ③혹은 정상頂上에, ④혹은 제간[臍間, 배꼽]에, ⑤혹은 기식[氣息, 기식에 주하는 법은 조식과 수식의 두 가지가 있으니, 조식은 아래에 설한 바와 같고, 수식은 들고 나는 숨을 하나부터 열까지 또 하나부터 열까지 세어, 숨을 세는 데에 마음을 주하고 앉았음을 이름임], ⑥혹은 불상[佛想, 마음 가운데 부처의 단엄묘상端嚴妙相을 일심一心으로 관하고 앉았음을 이름임]에, ⑦혹은 월륜[月輪, 마음 가운데 두렷한 달을 관하고 앉았음을 이름임]에, ⑧혹은 아자[阿字, 아자에 제법개공諸法皆空의 의미를 붙여 직경 8촌의 월륜 중에 8엽의 연화를 그리고 그 위에 아자阿字를 치置하고 일심一心으로 관하고 있음을 이름임]에, ⑨혹은 부정[不淨, 자신이나 타인이 원래에 부정함을 관하고 앉았음을 이름임]에, ⑩혹은 화두[話頭, 조주의 구자무불성狗子無佛性과 만법귀일 등 고조古祖의 공안公案;공안을 관하고 앉았음을 이름임]에, ⑪혹은 묵조[默照, 적적성성한 진여체眞如體를 관하고 앉았음을 이름임]에, ⑫혹은 단전[丹田, 제하臍下의 복부腹部를 이름임]에, ⑬혹은 제심[制心, 일체법이 다 마음의 분별을 따라 있다고 하여 마음이 생한 즉 곧 제거하고 생한 즉 또 제거하여 마음에 일법一法도 취하지 아니하고 앉았음을 이름임]에, ⑭혹은 수상[水想, 마음 가운데 맑고 푸른 물을 일심一心으로 관하고 앉았음을 이름임] 등 이외에도 그 주하는 법이 실로 무량하나, …" 〈『불교정전』〉

이 14가지 방법으로 마음을 일경一境에 주하여 모든 생각을 제거하는 것이 과거 이래로 좌선의 통례였다는 것이다. 일경에 주하는 방식은 한 대상에 주의집중 하는 방식과 주의 대상을 따라 그곳 그곳에 주의집중 하는 방식이 있다.

1-2. "그러므로 각각 그 주장과 방편을 따라 그 주하는 법이 실로 많으나, 마음을 머리나 외경에 주한즉 생각이 동하고 기운이 올라 안정이 잘 되지 아니하고, 마음을 단전에 주한즉 생각이 잘 동하지 아니하고 기운도 잘 내리게 되어 안정을 쉽게 얻나니라."

마음을 일경에 주하는 방법 중에서 단전주는 아랫배[제하臍下의 복부]로 호흡하는 주의를 두면서 이 단전주하는 마음 당처에 그치는 방식이다. 소태산 대종사는 단전주 방법을 택한 이유로 생각이 잘 동하지 아니하고 기운도 잘 내리게 되어 안정을 쉽게 얻기 때문이라고 밝히고 있다.

단전주의 효율성인 '생각이 잘 동하지 아니하는 것'은 곧 '좌선의 요지' 중 망념을 쉬고 진여의 본성을 나타내는 것이라면, '기운도 잘 내리어 안정을 얻기 쉽다는 것'은 일체의 화기를 내리고 청정한 수기를 불러내는 것이다.

2-1. "또한, 이 단전주는 좌선에만 긴요할 뿐 아니라 위생상으로도 극히 긴요한 법이라,"

단전주는 좌선뿐만 아니라 위생에도 긴요한 방법으로, 위생은 생명을 보위保衛하여 건강을 증진하는 것이다. 즉 면역력 증진, 신경계 안정, 내분비계 원활, 대사 증진, 혈액순환 증진, 호르몬 원활, 스트레스 감소, 정신 이완, 심리 안정 등으로, 단전주의 수승화강은 이러한 심신의 건강 및 생명 활동을 보호하고 촉진하는 수행이라는 것이다.

2-2. "마음을 단전에 주하고 옥지玉池에서 나는 물을 많이 삼켜 내리면, 수화가 잘 조화되어 몸에 병고가 감소하고 얼굴이 윤활해지며 원기가 충실해지고 심단心丹이 되어 능히 수명을 안보하나니, 이 법은 선정禪定상으로나 위생상으로나 실로 일거양득 하는 법이니라."

마음과 기운[호흡]을 단전에 주하여, 옥지[침샘]에서 나는 침을 많이 삼켜 내리는 것이 좌선의 실전이다. 그러면 첫째 수화水火가 조화되어 수승화강이 되므로 몸에 병고가 감소하고 얼굴이 윤활해지며 원기가 충실해지고, 또한 식망현진息妄顯眞의 심단心丹이 되어, 결국 수명 안보가 되는 것이다.

『불교정전』 '단전주의 필요' 중에서 "야선한화夜船閑話에 심지가 아랫배에 다북차 있은 즉 혈액순환이 잘 되고 모든 기관의 기능이 왕성해지며, 두뇌가 명석하고 정신이 상쾌하여 사기가 감히 침입치 못하는 건강체가 된다"는 등을 인용하며 단전주 선법이 건강에 유용하다고 주장한다. 이처럼 단전주는 심단의 선정과 건강의 위생을 아우르는 좌선법이다. 단전주 선법은 축기畜氣의 양생을 추구하는 것이 아니라 몸의 순환과 면역력을 돕는 위생을 추구하는 것이 특징이다. 생명 활동을 원활하게 하는 현대의학의 건강관리에 부합된다.

3-1. "간화선看話禪을 주장하는 측에서는 혹 이 단전주법을 무기無記의 사선死禪에 빠진다 하여 비난을 하기도 하나"

《회보》 제15호, 이공주 수필 '좌선에 대한 법문'에서, 소태산의 물음에 권동화가 답하고 있는 좌선에 대한 문답이다.

문: 절집에서는 '이 무엇고?' 혹은 '만법萬法이 귀일歸一하니 일귀하처一歸何處오?' 하는 등의 화두를 들고 앉아서 연구하여 견성오도見性悟道를 한다고 하는데, 아무런 화두도 없이 다만 마음의 나가는 곳만 조사하고 앉은 것이 무슨 좌선이냐고 하면 무엇이라고 할 것인가?

답: 좌선의 본의로 말씀하오면 희로애락喜怒哀樂 간에 불리는 마음을 모두 다 끊고 무심적적無心寂寂한 지경에 이르러 온전한 정신을 만들자는 것인데, 화두를 들고 '이것인가? 저것인가?' 하고 생각을 태운다면 그것은 좌선하는 본의에는 어긋났다고 하겠습니다.

문: 그러나 옛적부터 절집에서는 반드시 화두를 들고 좌선을 하였고 만일 화두 없이 좌선한다면 그것은 묵조사선默照死禪이라고 하나니, 그렇게 묻는다면 무엇이라고 할 것인가?

답: 묵조사선이라 하올진대 대중 잡는 마음이 없이 앉은 것을 이름입니다. 그런데 우리 좌선으로 말씀하오면 온전한 정신을 놓지 않고 '마음의 거래처'를 소소昭昭히 조사하고 앉았사오니, 묵조사선은 결코 아니라고 하겠습니다.」

단전주하는 마음자리에 그쳐 있는 단전주 좌선은 적적한 가운데 단전주가 성성하고 단전주가 성성한 가운데 일체의 분별이 적적하므로, 만일 혼침에 기울어지면 적적한 가운데 단전주하는 성성함을 챙기고 망상에 흐르면 성성한 가운데 단전-일심의 적적함에 드는 대중 있는 공부이다. 이처럼 마음의 거래처를 밝게 조사하여 온전한 마음에 머무르는 것이 단전주 좌선이다.

'희로애락 간에 불리는 마음을 모두 다 끊고'는 좌선의 요지의 '망념을 쉬고' '망념을 제거하는 것'이라면, '무심적적無心寂寂한 지경에 이르러'는 '진성을 나타내는 것'이다.

3-2. "간화선은 사람을 따라 임시의 방편은 될지언정 일반적으로 시키기는 어려운 일이니, 만일 화두話頭만 오래 계속하면 기운이 올라 병을 얻기가 쉽고 또한 화두에 근본적으로 의심이 걸리지 않는 사람은 선에 취미를 잘 얻지 못 하나니라."

『불교정전』 '단전주의 필요' 중에서 "서천의 28조사祖師와 동토의 6대代 조사와 청원·남악의 제諸 선사들도 다 화두話頭를 말씀치 아니하였나니, 만일 정신이 혼혼昏昏해지는 거동이 있은 즉 곧 눈을 뜨고 정신을 차려 자리를 고쳐 앉을 것이니라. 그러나 근래 선방과 같이 시간마다 좌선만 힘쓰고 지혜를 밝히지 아니한 즉 사지四肢가 게을러지고 마음이 침묵에 빠져 선善 짓기를 즐겨하지 아니하고 대자대비심大慈大悲心을 멀리 떠나 세상에 무용지물이 되기 쉽나니, 이 어찌 참 도라 하리오."라고 하며 좌선만 하고 지혜를 밝히어 선을 행하지 않는 문제를 제시한다.

선종도 간화선으로 시작한 것이 아니며 간화만이 핵심 방법도 아니라는 것이다. 선종은 곧바로 마음의 본래를 반조하여 직지인심直指人心토록 하는 것이 핵심이다. 그러므로 화두를 통해야만 하는 간화선만 붙들지 말고 마음을 직관하여 지혜를 밝히고 자비심을 키워 선善 짓기를 즐겨 하라는 것이다. 또한 간화선은 상기병上氣病의 부작용이 있을 수 있으니 주의하라고 당부한다.

4-1. "그러므로 우리는 좌선하는 시간과 의두 연마하는 시간을 각각 정하고, 선을 할 때는 선을 하고 연구를 할 때는 연구를 하여 정과 혜를 쌍전시키나니,"

《회보》 제15호 '좌선에 대한 법문'에서 "만약 수양은 하지 아니하고 좌선 시간에 화두를 들고 앉아서 생각만 태운다면 불기운이 위로 올라와서 지혜문이 도리어 덮이나니, 그러므로 나는 수양과 연구를 따로 시키고 또한 연구 문목問目도 누구나 알기 쉬운 문제부터 주어서 한 가지 두 가지 열 가지 백 가지를 점진적으로 깨우치게 하는 것이다. 사실상 혼자로서는 10년이나 20년이 걸려도 알지 못할 어려운 진리가 든 문제라도 여러 사람이 여러 가지 생각을 내어놓는 머리에 당장에 한두 시간 내에라도 알아 버릴 수도 있나니, 그것이 참 연구하는 데에 묘妙한 방법이니라."고 밝히고 있다.

소태산은 좌선할 때는 단전주로 수양에 적공하고 연구할 때는 의두 연마 등으로 연구에 적공하라는 것이다. 이렇게 수양과 연구를 쌍전하라는 것이다.

『정전』 단전주 필요의 '의두 연마하는 시간'은 『불교정전』에서 '연구 시간'으로 되어 있으니, '의두 연마로 연구하는 시간'이라 하는 것이 포괄적 설명이 될 것이다.

소태산 대종사는 『대종경』 수행품 14장에서 다양한 선법 가운데에서 단전주법丹田住法을 취하여 수양하는 시간에는 온전히 수양만 하고 화두 연마는 명랑한 정신으로 적당한 기회에 기틀을 따라 가끔 한 번씩 연마하라고 하시며, 의두 깨치는 방법이 침울한 생각으로 오래 생각하는 데에만 있는 것이 아니라, 명랑한 정신으로 기틀에 따라 연마하는 것이 도리어 더 우월하다는 것이다.

이를 『정산종사법어』 권도편 38장에서 "과거의 선방 공부 같이 온종일 화두만 계속할 것이 아니요 화두를 마음 가운데 걸어 놓고 지내다가 마음이 맑고 조용할 때 잠깐잠깐 연구해 볼지니라. 그러하면 마치 저 닭이 오래오래 알을 품고 굴리면 그 속에서 병아리가 생기듯 마음의 혜문慧門이 열리리라."고 부연한다.

4-2. "이와 같이 하면 공적空寂에 빠지지도 아니하고 분별에 떨어지지도 아니하여 능히 동정 없는 진여성眞如性을 체득할 수 있느니라."

동정 없는 진여성은 동하여도 분별에 떨어지지 아니하고 정하여도 공적에 빠지지 않는 경지이다. '선禪-정定-수양-좌선하는 시간'이라면 '연구-혜-의두 연마'로, 이를 쌍전하면 공적에도 분별에도 떨어지지 않는 동정 없는 진여성을 체득하는 것이다. 진여성은 진여의 본성으로, 동하는 때에도 정하는 때에도 그 진성을 여의지 않는 공부이다.

결국 동정 없는 진여성은 '좌선의 요지' 중 망념을 쉬고 진성을 나타내는 공부로, '진여성=진여의 본성=진성'이다.

더보기Tip

단전주와 일원상

『불교정전』 '단전주의 필요'에서 "백은 선사 왈 '나의 기해단전氣海丹田은 조주무자趙州無字며 본래면목本來面目이며 유심唯心의 정토淨土며 자신自身의 미타彌陀며 본분本分의 가향家鄕이라.'"고 단전주丹田住를 찬양하며 그 아래에 "조주 무자라는 말은 조주의 무자無字화두법과 단전주법이 둘이 아니라는 말이요, 본래면목이라는 말은 마음을 단전에 주하여 심행처心行處가 멸한 즉 이 자리가 곧 우리의 본래면목 자리라는 말이요, 유심의 정토라는 말은 마음을 단전에 주하여 사심 잡념이 없는 즉 이 자리가 곧 극락정토라는 말이요, 자신미타라는 말은 마음을 단전에 주하여 번뇌 망상이 다 한 즉 이 몸이 곧 아미타불이라는 말이요, 본분의 가향이라는 말은 마음을 단전에 주하여 사량 분별이 끊어진 즉 이 자리가 곧 우리의 생래 고향이라는 말이라."고 주석을 달고 있다.,

단전에 마음과 기운을 주住하고 있는 단전주의 경지가 바로 조주 무자를 들고 있는 화두선의 경지이며, 심행처가 멸한 본래면목의 자성을 반조하는 것이며, 또한 이렇게 단전에 기운 주하고 있는 내중을 챙기고 있는 경지가 곧 적적성성한 자성불이 드러나는 경지이고[자성혜광], 고락을 초월한 극락자리에 안주하는 지경이며(극락 수용), 마음이 생하고 멸하는 중에 분별에 물들지 않는 자신미타의 고향집[생사자유]에 돌아가는 자리이다. 단전주의 경지가 곧 진여의 본성이 드러나는 일원상의 경지이다.

단전주丹田住는 마치 고양이가 쥐를 잡는 것처럼, 단전이라는 쥐구멍을 들락거리는 호흡의 쥐를 마음의 고양이가 일념으로 직시하고 있는 상태라 비유할 수 있다.
이처럼 단전주가 깊어지는 경지는 고양이가 쥐를 노려보고 있을 뿐 일체의 상념이 없고 끝내는 그 쥐를 고누고 있는 고양이 자신을 직면하게 된다.
재미있는 것은 쥐구멍의 단전을 들락거리는 호흡의 쥐가 분명할 때 적적성성한 고양이가 더욱 선명해진다는 것이다. 그러므로 단전에 기운 주하고 있을 때 도리어 적적성성한 마음이 두렷하게 드러나는 것이다.

이렇게 단전에 기운 주하는 대중을 잡는 마음은 성성하면서 그렇게 성성한 자리에는 일체의 분별이 붙을 수 없는 적적한 경지이다. 이처럼 단전주를 챙기고 있는 상태가 모든 번뇌·망상을 다 떨구고 있는 오직 모를 뿐인 무자無字 화두를 들고 있는 상태와 같고, 심성 원래의 자신미타에 귀의하는 염불삼매 자리와 통하며, 고락을 초월한 정토 자리요, 자성의 고향집에 돌아온 상태와 같다는 것이다.

이처럼 단전을 주하고 있는 그 마음에 그쳐 있으면 그 순간 적적성성한 자성의 혜광이 나타나게 되며, 집중하는 주체도 집중의 대상도 사라져, 주체가 그대로 대상으로 드러나 '찾는 자'가 바로 '찾는 그것'으로 눈앞에 역력해진다.

또한 단전에 호흡을 들이쉬고 내쉴 때 그 들이쉬는 생生과 내쉬는 사死의 흐름을 대중 잡고 있는 마음자리에는 생사거래에 변함이 없는 본래 마음이라는 자각이 흐르게 된다. 결국 생사에 물들지 않는 자리에 그치며, 고락에 널뛰기하지 않는 무위안락한 극락 자리에 안주하게 되는 것이다.
한마디로 단전주 좌선법은 적적한 가운데 성성하고 성성한 중에 적적한 일원상 자리를 드러내는 정신수양의 한 방법이다.

생활 속 좌선 공부

——— 단전주丹田住 좌선법은 단전이란 주처에 기운[호흡]을 주하되 그 주하는 마음 자체는 무어라 할 것이 없는 텅 빈 자리이다. 단전에 기운 주해 있는 당처는 걸림 없는 적적한 자리이면서 또한 단전주가 역력한 성성한 자리이다. 좌선은 바로 이렇게 적적성성한 자리에 그치는 공부이다.

소태산 당대의 동선 시는 아침 2시간, 하선 시는 아침 1시간, 평시에 아침 1시간 좌선했다. 익산 총부 구내 거주자는 필수 참석하였고 소태산 대종사는 선방에 소리 없이 방문하여 살피시고 불참자는 불러서 꾸짖으시었다. 그런가하면 앉아서 좌선만 하는 사람도 꾸중하셨다. [『원불교 교전해의』] 일할 때 일하고 선할 때 선하도록 했다.

이러한 단전주 좌선법을 생활 속에서 응용하는 방법을 모색해 본다.

tip1. '쥐구멍의 단전'에 들락거리는 '쥐라는 호흡'을 직시하고 있는 '마음의 고양이' 드러내기

'단전이라는 쥐구멍'에 들락거리는 '쥐라는 호흡'을 관하고 있는 '깨어있는 마음의 고양이'를 직시하는 공부.
단전이란 주처에 들이쉬고 내쉬는 호흡 일심으로 주하는 마음자리에 머무르기.

tip2. 허공 그네 타기

허공에 그네를 걸고 텅 빈 자리에서 숨을 들이쉬고 내쉬는 호흡을 즐기기.
마치 허공에 그네를 달고 왔다 갔다 하는 시소를 즐기는 격이다.

허공에 호흡이라는 그네를 걸고 왔다 갔다 하는 그네를 타는 격이다.
이렇게 허공에 단전이란 중심을 잡고 이에 호흡이라는 그네를 걸고 들이쉬고 내쉬는 호흡을 타도 그 자리가 허공이라는 것이다.
호흡을 그네 타듯 하되 들고 나는 곳이 허공같이 텅 비어 고요한 자리이다.
그네가 걸려있는 허공은 텅 비어 고요한 분별 주착이 없는 성품 자리이다.
이처럼 단전주하는 마음 바탕은 본래 청정한 성품 자리이다.

tip3. 걸음걸이에 맞추어 단전에 호흡하기[단전 선보]

발걸음에 맞추어 단전까지 깊이 들이쉬고 내쉬는 호흡하기
들이쉬는 숨과 내쉬는 숨의 길이를 4걸음, 5걸음, 6발 걸음, 8발 걸음 등에 따라 선보하기.
또는 6걸음에 들이쉬고 4걸음에 내쉬는 등 자기의 호흡에 맞추어 걷기.

tip4. 단전토굴까지 숨을 들이쉬고 내쉬기

단전을 토굴 삼아 단전까지 깊이 호흡하는 그 자리에 머물기를 토굴 삼아 이 단전토굴에서 적적성성한 성품에 머물기.

숨을 단전까지 깊이 들이쉴 때 숨 쉬는 자리가 본래 망념이 없는 텅 비어 고요한 자리이며, 단전으로부터 숨을 길게 내쉬는 자리가 본래 잡념이 떨어진 청정한 자리인 줄 직관하기.

이렇게 단전에 깊이 숨 쉬는 자리에 그치어 그 자리에서 크게 쉬고 쉬는 것.

숨을 들이쉬고 내쉬는 사이에 망념 잡념이 본래 없는 안락한 성품 자리에 그쳐있기.

tip5. 단전에 숨 쉬는 한 방으로 성품 챙기기

문제상황에 대면할 때[ex. 짜증이 날 때]

일단 숨을 단전까지 들이쉬면서 짜증 난 경계에 동일시된 상황에서 벗어나기.

이렇게 짜증 난 감정에서 한발 물러선 상태에서 다시 단전에 숨을 들이쉬고 내쉬는 그 마음 당처에 관하여 적적성성한 마음에 직면하기.

예를 들어 짜증이 날 때면 일단 멈춘 후 숨을 들이마시면서 망념 없는 성품 자리를 챙기고, 다시 숨을 내쉬면서 망념이 없는 성품 자리를 펼치어 성품으로 짜증을 대하기.

좌선의 필요와 그 방법에 대하여

선지禪誌

《월말통신》 제21호, 시창14년(1929) 음 11월

『정전』 '좌선의 방법'과 '좌선의 요지'의 선지禪誌를 밝힌 시원始原 법설이다.

종사주 좌선의 요의要義를 설說하옵시니 가라사대, "좌선의 방법으로 말하면 극極히 간단하고 수월하여 아무라도 능能히 행行할 수 있는 것이다. 제일 첫째, 반좌로 단정히 앉은 뒤에 허리와 머리를 곧게 하고 전신의 힘을 툭 부리어 아랫배[단전丹田]를 약간 불리는 듯하고, 상부의 기운을 순순히 아랫배로 내리며 마음으로는 아랫배 기운 주住해 있는 것만 대중 잡고 있으면 자연히 들이쉬는 숨은 길고 강强할 것이요, 내쉬는 숨은 짧고 미微하게 되며, 이와 같이 오래 행한 즉則 아랫배가 점점 단단해지며 수승화강이 되어 맑고 윤활한 침이 혀[설舌]줄기 밑과 양협[兩頰, 두 뺨] 아세[牙際, 어금니 사이]로부터 계속하여 날 것이니, 그 침을 입에 가득 모아 삼키고 삼키면 몸이 윤택하고 정신이 청쾌晴快하여 자연히 밝은 혜광慧光을 얻으리라.

그러나 진속塵俗 사무에 복잡하게 지내던 그 정신과 육신을 갖다가 처음으로 좌선에 들면 전신全身이 개이고 아프며 번뇌와 난상亂想이 수없이 일어날 것이요, 혹 졸음도 오며 혹 현기眩氣 두통도 날 것이니, 공부하는 자는 마땅히 그 번뇌 난상이 일어나는 것을 성가시지 말고 가만히 그대로 둘지며, 또 졸음이 온다 해도 그것을 깊이 염려하지 말고 자주 새로운 정신을 가다듬을 것이며, 만약 현기 두통이 심甚해서 몸이 곤란한 지경이거든 반드시 얼마간 휴선休禪 하였다가 원기元氣가 완실한 뒤에 또다시 계속하라. 그리고 좌선 중 절대로 이상한 기틀과 기교한 표증表證을 원願하고 구求하지 말지며, 그러한 것이 혹 나타난다 할지라도 조금도 심두心頭에 걸지 말고 심상히 간과하라. 이대로만 하면 반드시 수양에 위대한 힘을 얻으리라.

요要컨데 사람의 육근 기관이 모두 상부 두뇌에 있으므로, 보고 듣고 말하고 생각하여 그 기관을 운용할 때마다 전신에 화기가 뇌부腦部로 집중하여 만신滿身의 수기水氣를 끓이고 태우나니, 저러한 기차나 비행기의 유類가 수화水火의 기운이 아니면 동動하지 못하는 것과 같이 사람도 만약 수화의 기운이 아니고 보면 한 터럭과 한 손가락도 움직일 수 없게 될 것이다. 그러나 무시로 그 기관을 운용하여 온몸의 수기를 조리고 보면 필경은 육체상에 무슨 고장이 생生하든지, 정신상에 어떠한 이상異常이 生하든지, 반드시 이러한 변괴變乖가 나게 된다.

보는 것도 심상히 보고, 듣는 것도 심상히 듣고, 말하는 것도 심상히 말하고, 생각하는 것도 심상히 하여 별別로 주의가 없이 건성 세상을 살아가는 사람은 오히려 그렇지 아니하지마는, 만약 범사에 상당한 주의가 없이 보고 듣고 말하고 생각하는 일을 오래 계속하고 보면 화기 위로 오름이 아주 길이 나서 걸핏하면 상부上部 두뇌로 집중하여 맑은 정신을 덮나니, 그런고로 뇌심초사惱心焦思하여 무엇을 생각할 때나 또는 안력을 써서 무엇을 세밀히 보거나, 소리를 높여 무슨 말을 힘써 하거나 이러할 때에는 반드시 얼굴이 붉어지고 입속에 침이 마르지 않는가? 그것은 화기가 위로 오른 형상이니라. 그렇게 되면 자연 두뇌가 무겁고 혜두慧頭가 매昧하며 기억력이 감퇴되나니, 이 좌선坐禪의 요지要旨는 오직 육근六根의 기관을 돈연頓然히 쉬어서 화기를 아래로 내리고 수기를 위로 올리어서 안심 안정이 되도록 함이라. 전신에 수기가 충만하면 정신이 자연 맑아지고 희로애락喜怒哀樂의 경계境界를 대해도 망동妄動함이 적으리라." 하시더라.

감상담(윤명화)

처음 훈련기관에 입선하여 좌선했을 때가 생각난다. 익숙하지 않은 자세로 불편함과 마음을 어찌해야 할지 모른 채 시간을 흘려보냈다. 시간이 지나면서도 이것이 맞는가 하는 의문은 지워지지 않았다.

정전에 쓰인 방법대로 좌선하면서 하나씩 몸으로 확인되었다. 그러던 중 하루는 이상한 기틀이 나타났다. 그 현상에 끌려가다 정신이 번쩍 났다. 마음에 두지 말고 심상히 간과하라 하신 말씀이 떠올랐기 때문이다.

좌선의 방법은 너무 단순하기에 뭔가 더 꼼꼼히 알아야 할 것 같아 세밀히 배워보기도 하였고 단계별로 나누어 익혀도 보았다. 그런데도 좌선 공부가 충족되지 않았다. 그러다 마음을 챙기는 것이 중요함을 깨달았다.

소태산의 좌선법은 그 방법이 간단하고 편이하여 아무라도 행할 수 있는 것이다. 편안히 앉아서 허리를 곧게 하여 바르게 앉아라. 몸의 힘을 툭 부려 일념의 주착도 없이 단전에 기운을 주하라. 눈을 뜨는 것이 수마 제거에 도움이 된다. 호흡은 자연스럽게 하라. 모두 어렵지 않았다.

그러나 정신은 항상 적적한 가운데 성성하게 하고 성성한 가운데 적적함을 가지라는 말씀은 어려웠다. 적적성성함이란 어떤 상태일까? 그 경지는 단전에 기운 주해 있는 깨어있는 마음에 그친 것이다. 단전에 기운을 주하되 망념이 올라오면 망념임을 알아차리면 청정한 일원상 자리이다.

대종사님은 누구라도 할 수 있는 방법으로 펼쳐주셨다. 좌선은 이런 교법을 실천하기 위해 필요한 수행 방법 중 하나이다. 일상을 살아가다 보면 수많은 경계에 놓이게 된다. 경계 속에서 흔들리는 마음을 고요하고 편안하게 안정시키고자 할 때 필요하고 요긴한 공부이다.

복잡한 세상을 살아가는 우리는 육근을 통해 보고 듣고 말하고 생각한다. 이 모든 작용은 머리를 쓰는 행위로 머리가 무겁고 심하면 두통이 찾아온다. 이럴 때 좌선하면 머리가 상쾌해지고 맑아진다. 또 마음에 깃들어 있는 망념을 쉬게 하여 본래 마음이 드러나면 어디에도 착着되거나 매이지 않는 자리에 머물 수 있게 된다. 그 자리가 텅 비어 고요한 일원상 자리이다. 일원상 자리에서는 희로애락의 경계를 대하여도 경거망동하지 않고 경계를 바라볼 수 있다. 좌선은 이렇게 마음의 힘을 키워가기 위해 필요한 수행이다.

좌선에 대한 법문

이공주 수필受筆

《회보》 제15호, 시창20년(1935) 3월호

《회보》 제15호 '좌선에 대한 법문'에 소태산 대종사와 동타원 권동화 사제 간의 문답이 전개되어 있다. 이 문답에서 절집의 좌선과 소태산이 가르치는 좌선의 차이에 관해 묻고 답하고 있으며 결론으로 소태산의 보설이 붙어 있다. 『정전』 '좌선의 방법' 7~9조에 해당하는 시원이 되는 법설도 등장한다. 이 법설은 윤문하여 『대종경』 수행품 13장에 정선된다.

한때에 익산교당에서 종사님 새벽 좌선 시간에 선방에 출석하시사 대중을 향하여 말씀하여 가라사대, "매일 새벽마다 일어나서 이와 같이 좌선 시간을 지키기로 말하면 피곤하여 응당 일어나기 싫을 때도 있을 것이요, 혹은 잠이 와서 눈을 뜨기 싫을 때도 많을 것이다. 그런데 그 모든 괴로움과 오는 잠을 참고 이렇게 좌선들을 하니, 대체 무슨 좋은 일을 보려고 이같이 하는가? 저세상에서 모든 사람이 각자의 직업을 따라 관공청에를 다닌다, 혹은 장사를 한다, 혹은 농사를 짓는다, 혹은 노동을 한다 하여 그 여러 가지로 악전고투惡戰苦鬪를 하는 것이 무엇을 하려고 그러느냐? 하면 곧 돈 하나를 벌자는 것이다. 그러므로 목적한바 돈을 벌게 된다면 어떠한 역경·난경을 당하더라도 그와 같이 참고 견디나니, 제군도 이 좌선 공부를 하면 어떠한 좋은 일이 있을 줄을 발견하여야 할 것이 아닌가? 돈 버는 사람이 돈맛을 알아야 괴로움을 참고 돈을 버는 거와 같이 이 좌선도 그 좋은 맛이 있는 것을 발견한 사람이라야 잠도 덜 오고 괴로운 생각도 없으며 오직 재미가 날 것이니, 과연 좌선의 결과에 좋은 일이 무엇인가 대답하여 보라." 하시었다.

그때 2, 3인의 대답이 있었고, 계속하여 권동화에게 전문轉問하옵시니,

답: 사람의 정신이라 하는 것은 본래 온전하고 맑고 싱그러운 것입니다. 그러나 오욕심(식욕·색욕·재욕·명예욕·수면유일욕)이 발동하오면 그 욕심을 채우려는 데에 정신이 천지만

엽으로 갈려져서 온전한 근본정신이 없어지는 머리에 지혜문智慧門이 막혀서 일이나 이치에도 분석이 없어지는 것입니다. 그러므로 이 좌선하는 뜻은 안으로 일어나는 그 모든 욕심과 밖에서 들어오는 모든 경계를 물리치고, 오직 온전한 근본정신을 회복시켜서 금강철석金剛鐵石같은 수양력을 얻기 위함이오니, 과연 수양력을 얻게 된다면 그보다 더 좋은 일은 없으리라고 생각하옵나이다.

문: 좌선하는 방법은 어떻게 하는가?

답: 좌선을 하기로 하오면, 어느 시간을 물론 하고 일없이 조용한 때를 이용하여 편안하게 앉아서[반좌] 전신의 기운을 바르게 한 후, 마음의 나가는 곳을 조사하기 위해서 마음과 기운을 아랫배[배꼽 밑]에 머무르고, 마치 하기 좋게 슬쩍 힘을 주는 듯하오면 조금 아랫배가 불쑥하여집니다. 그리고 조용히 앉았으면 번거한 생각과 망녕妄佞된 마음도 나고, 혹은 계교심이 생겨 별별 공상도 끓여지는 때가 있고, 혹은 잠이 와서 혼몽천지昏夢天地가 될 때도 있사오며, 또는 정신이 깨끗하여 잠도 아니 오고 온전한 때도 있습니다. 그러면 마음의 거래처去來處를 조사하여 못 나가게 그 마음을 지키고 앉은 것을 일러서 좌선의 방법이라 하겠습니다.

문: 절집에서는 '이 뭣고?' 혹은 '만법이 귀일萬法歸一하니 일귀하처一歸何處오?' 하는 등의 화두를 들고 앉아서 연구하여 견성오도見性悟道를 한다 하는데, 아무런 화두도 없이 다만 마음의 나가는 곳만 조사하고 앉은 것이 무슨 좌선이냐고 하면 무엇이라고 할 것인가?

답: 좌선의 본의로 말씀하오면 희로애락喜怒哀樂 간에 불리는 마음을 모두 다 끊고 무심적적無心寂寂한 지경에 이르러 온전한 정신을 만들자는 것인데, 화두를 들고 '이것인가? 저것인가?' 하고 생각을 태운다면 그것은 좌선하는 본의에는 어긋났다고 하겠습니다.

문: 그러나 옛적부터 절집에서는 반드시 화두를 들고 좌선하였고, 만일 화두 없이 좌선을 한다면 그것은 묵조사선黙照死禪이라고 하나니, 그렇게 묻는다면 무엇이라고 할 것인가?

답: 묵조사선이라 하올진대 대중 잡는 마음이 없이 앉은 것을 이름입니다. 그런데 우리 좌선으로 말씀하오면 온전한 정신을 놓지 않고 마음의 거래처를 소소히[昭昭, 두렷하고 밝게] 조사하고 앉았사오니, 묵조사선은 결코 아니라고 하겠습니다.

문: 그러면 화두는 어느 때에 연구하느냐고 묻으면 무엇이라고 할 것인가?

답: 우리 집에는 수양하는 시간과 연구하는 시간이 따로 있으니, 즉 염불·좌선은 수양하는 시간이요, 경전·강연·회화·문목問目 등은 천만 사리事理를 연구하는 시간이라고 하겠습니다.
문: 그러면 경전을 배우고 강연·회화하는 것이 어째서 화두 연구가 되느냐고 말하면 무엇이라고 할 것인가?
답: 경전에는 천지만물의 근본 이치와 인간 시비이해是非利害의 일을 밝혀 놓았으니 곧 경전의 조목조목이 다 화두라고 할 것이요, 의지해석 시간이나 강연·회화 시간에는 그 경전 가운데 의심나는 조목을 문제로 걸어놓고 여러 사람이 다 각각 의견을 내서 그 뜻을 알도록 까지 파고들어 가오니, 그것이 연구가 아니고 무엇이냐고 하겠습니다.

종사님께옵서는 일일이 청취하옵시고 계속하여 말씀하여 가라사대, "너의 말이 대강 옳도다. 과연 좌선이라 하는 것은 모든 번뇌를 떼이고 오직 무심적적無心寂寂한 지경에 그쳐 사람의 순연한 근본정신을 찾아 양성시킴이니, 곧 언어가 도단[언어도단言語道斷]하고 심행처가 멸[심행처멸心行處滅]한 곳으로 들여보내는 것으로써, 비유 들어 말하자면 달이 그믐에 아주 어두워 버려야 초승달이 다시 나오듯이, 사람의 마음도 그와 같이 온전하고 적적한 자리를 찾아 그쳐야만 성리性理의 진면목을 본 것이며, 따라서 밝은 지혜 광명을 얻게 되나니라.
그런데 만약 수양은 하지 아니하고 좌선 시간에 화두를 들고 앉아서 생각만 태운다면 불기운이 위로 올라와서 지혜문이 도리어 덮이나니, 그러므로 나는 수양과 연구를 따로 시키고 또한 연구 문목問目도 누구나 알기 쉬운 문제부터 주어서 한 가지 두 가지 열 가지 백 가지를 점진적으로 깨우치게 하는 것이다. 사실상 혼자로서는 10년이나 20년이 걸려도 알지 못할 어려운 진리가 든 문제라도 여러 사람이 여러 가지 생각을 내어놓는 머리에 당장에 한두 시간 내에라도 알아 버릴 수도 있나니, 그것이 참 연구하는 데에 묘한 방법[묘방법妙方法]이니라.
그리고 또 몇 가지 알아둘 것이 있으니, 다름이 아니라 누구든지 좌선을 많이 하여 마음이 온전하여진즉, 수승화강水昇火降이 되는 머리에 달고 향내 나고 맛나고 구수한 침이 혀 밑[설하舌下]에서 나오나니, 그것은 부처님이 이르신 감로수라. 그 감로수를 많이 삼켜 내리고 보면 정신이 맑아지느니라. 또는 이마나 얼굴이나 혹 몸에 개미[의蟻]나 이[슬虱]가 기어 다니는 것같이 가려운 때도 있나니, 그것은 전신의 혈맥이 골라지는 증거로써 그러하나니, 그런 때가 있거든 삼가 긁거나 만지지 말지니라.

또는 좌선을 하는 가운데 그믐밤에 월색이 나타나서 방안이 훤하게 밝아도 보이고, 무수한 별이 떨어져 보이기도 하며, 혹 미인이나 모진 짐승이나 무서운 사람도 보이는 때가 있나니, 이러한 이적異跡이 보일 때는 정신을 차려서 다시 선정禪定하라. 이것은 다름 아니라 정신이 혼혼한[昏昏, 어두운] 가운데 그리되는 것이요, 별 공부가 되어서 그러는 것은 아니니, 여기에 만일 정신을 팔리고 보면 반드시 해害가 있으리라.

또는 잠이나 번뇌가 들어온다 하여도 거기에 성가시지도 말고 다만 온전하기만 주장할 것이니, 그런다면 차차 정신의 수양력을 얻어서 온전한 정신이 회복되는 머리에 일과 이치[사리事理]에도 분석이 밝게 나며 자주력 정신을 얻게 되리라." 하시더라.

감상담(조수원)

원불교에 입교하여 좌선에 대한 많은 궁금증으로 질문도 하고 다른 명상센터도 기웃거려 보면서 다시 돌아와 대종사님의 '좌선에 대한 법설'을 받든다. 타 종교에서는 명상을 어떻게 접근하던 우리는 대종사님의 좌선법으로 정신의 수양력을 양성하려고 한다. 대종사님 당대에도 불교의 좌선법과 여러 수행법이 난무한 가운데 대종사님은 제자들에게 당신이 좌선하게 하는 목적을 설명해 주신다.

좌선이란 '모든 번뇌를 떼고 오직 무심적적한 지경에 그쳐 사람의 순연한 근본정신을 찾아 양성시킴이니 곧 언어가 도단하고 심행치기 멸한 곳으로 들여보내는 것'이라 하신다. 언어도단의 입정처인 일원의 자리에 들게 하는 것은 정신의 경지에 이르게 하는 정신수양이다. 밖의 경계로부터 들어오는 많은 생각들과 나 스스로 만들어 내는 온갖 잡념들을 알아차리고 순연한 근본정신에 주하기를 계속하면 금강 철석같은 수양력을 얻을 수 있다고 보신 것이다.

이 말씀을 따라 좌선해보면 근본정신에 그치기는 일순간이고 안에서 일어나는 온갖 잡념에 시달린다. 그러고 나면 내가 좌선을 한 것인지 잡생각을 한 것인지 구분이 되지 않아 허탈한 심정이 든다. 좌선하는 이들이 다 겪는 현상으로 그 당대에도 대종사님께 이런 상황을 보고하였나. 조용히 앉았으면 번거한 생각과 공상과 계교심이 나기도 하고, 잠이 와서 비몽사몽도 되고, 어느 때는 정신이 깨끗하여 잠도 오지 않고 온전할 때도 있다고 한다. 대종사님은 이 모든 상황은 일어날 수 있는 것으로 이때에도 온전한 정신을 놓지 않고 마음이 들고 나지 못하게 지키고 있으면 된다고 하셨다.

이것이 좌선하는 방법이라고? 단전주와는 어떻게 달라요? 대종사님의 좌선법은 너무 단순해서 고개를 갸웃거리게 한다. 다른 단체에서는 단계를 정하여 순서 있게 수행하는 방법을 가르치는데 대종사님은 그저 정신에 주하여 마음이 들고 나는 것만을 보라고 하신다. 그러다가 혹여 이상한 기틀이 나타나더라도 별거 아니니 끌려가지 말고 온전하기만 하라고 하신다. 이상한 기틀을 쫓아서 수행의 단계를 높여가면 좌선이 잘 되어 가고 있다고 하는 단체의 수행 방법을 보았기에, 대종사님의 좌선법의 목적이 오직 철석같은 정신을 수양하는 데 있음이 더욱 확연해진다.

그러니 그 수양의 방법도 화려할 것도 복잡한 것도 없다. 그저 마음과 기운을 단전에 툭 부리고 단전에 힘을 조금 주는 듯하면 끝이다. 단전에 호흡으로 기운 주하는 마음만 놓치지 않으면 된다. 그리고는 마음 나가고 드는 것을 알아차리고 있는 정신에 그치기를 반복하면 된다. 이 방법은 일상에서도 그대로 적용할 수 있다. 경계로 인해 마음이 요란해졌을 때 심행처에 들어 요란해진 그 마음을 보면서 심행처를 떠나지 않으면 된다. 이곳에서 사리연구를 하고 취사하면 온전한 생각으로 취사하기를 주의한 것이다.

대종사님 당대에는 불교의 화두선과 묵조선 등과 대종사님의 단전주법이 비교가 된 듯하다. 이에 대해 대종사님은 당신의 수행법은 좌선과 염불을 통하여 수양력을 쌓고 경전, 강연, 회화, 문목 등의 방법으로 사리연구력을 쌓도록 한 것이라고 하신다. 정신을 수양하는 시간과 사리연구하는 시간을 따로 두셨다. 사리연구는 혼자도 하지만 도반들과 회화 강연 등을 통해 함께 하면 사리를 밝히는 것이 배가 될 수 있어 훨씬 효과적이라는 것이다. 혼자서 관조하는 것 보다는 함께 탐구하는 방법들을 제시해 주셨다. 이 방법이 효과적임을 아는 데 혼자서 끙끙거릴 필요가 어디 있겠는가. 사리를 아는 것이 목적이지 어떤 방법으로 알게 되었냐가 중요하지 않다. 사리 또한 알아서 일상에서 지혜로운 빠른 판단을 하자는데 목적이 있기 때문이다. 그러기에 대종사님의 삼학 수행은 시대에 맞게 대종사님이 재창조하신 것이다. 이 수행법으로 누구나 수행하여 마음의 자유를 얻었으면 한다.

법설

좌선의 필요

이공주 수필受筆

《회보》 제44호, 시창23년(1938) 5월호

『정전』 '좌선의 공덕'의 시원始元 법문이요 좌선의 공덕과 필요에 관한 내역을 해설한 소태산 대종사의 법설이다.

한때에 종사주 선방에 출석하시사 모든 학도에게 말씀하여 가라사대, "제군이여! 매일 새벽마다 정식으로 2시간씩 좌선을 하니, 과연 그와 같이 좌선하면 우리에게 어떠한 필요가 있기에 하는지? 그 필요점에 대하여 누구든지 간명히 답하여 보라." 하시었다.

그래 즉석에서 2, 3인의 대답이 있었던바, 종사주 일일이 청취하옵시고 다시 말씀하여 가라사대, "제군의 말도 다 그럴 듯하다. 그러나 좀 더 자상히 그 조목을 들어서 내 말하여 주리니, 적어 두고 참고하기를 바라노라.

우리가 좌선을 많이 하여 그 힘을 얻고 보면,

1. 경거망동하는 일이 차차 없어지는 것.

그 내역 = 보통 사람이란 사심邪心에 끌려서 자주력이 서지 못하여 어떠한 일에나 경거망동하기가 쉬운 것이나. 그러나 좌선을 많이 하는 사람은 항상 그 마음을 지켜서 사심邪心은 제거하고 정심正心을 양성하므로 자연히 정중한 태도가 표면에까지 나타나서 경거망동하는 것이 감소하여 지나니라.

2. 기억력이 좋아지는 것.

그 내역 = 보통 사람이란 사심邪心이 있어서 마음 잃어버리는 곳이 많은 고로 기억력이 없어지는 것이다. 그러나 좌선을 많이 하여 사심을 제거하고 정심을 지키게 되면 마음 뺏어가는 곳이 없어서 그 없던 기억력이 차차 생겨나게 되나니라.

3. 인내력이 생기는 것.

그 내역 = 보통 사람이란 육근을 동작할 때에 보는 대로 듣는 대로 생각나는 대로 자행자지自行自止로, 불의한 일이라도 자기 마음에 하고 싶으면 그 하고 싶은 그대로, 또한 정당할 일이라도 자기 마음에 하기 싫으면 하기 싫은 그대로, 참지 못하는 행동을 많이 하므로 인내력이 없는 것이다. 그러나 좌선을 많이 하여 사심을 제거하고 정심을 양성하고 보면 인내력이 차차 생겨나는 것이니라.

4. 병고가 감소하는 것.

그 내역= 사람의 육신이란 수화水火가 고르지 못함을 인연하여 여러 가지 병이 발생되는 것이다. 그러나 좌선을 많이 하여 수승화강水昇火降이 되고 보면 전신에 수화가 골라지는 데에 혈액순환과 기운 맥도脈度가 자연히 골라져서 의약으로 못 고치던 난치의 병도 혹 낫는 수가 있고 따라서 모든 병고가 감소하나니라.

5. 착심着心이 없어지는 것.

그 내역= 보통 사람이란 모든 욕망이 심하고 원근친소와 희로애락에 끌리므로 착심이 생겨나서 원만하기가 어려운 것이다. 그러나 극히 싫어하고, 극히 좋아하는 자리를 떠나서 마음 거래去來 없는 자리를 관하는 좌선을 많이 하여 심리心理가 원만하여지고 보면, 원근친소와 희로애락을 초월하여 특별히 좋고 싫은 것이 차차 없어지나니라.

6. 육근六根 동작에 순서를 얻는 것.

그 내역= 보통 사람이란 각자의 욕망을 채우려는 데에 그 정신이 흩어졌다든지, 희로애락에 그 정신이 끌렸다든지 하면 그 육근 동작에 순서가 골라 맞지 못하는 것이다. 그러나 사심을 제거하고 정심을 양성시키는 좌선을 많이 하여 온전한 정신이 회복되고 보면 육근 동작에 순서를 차차 얻게 되나니라.

7. 얼굴이 윤활하여지는 것.

그 내역= 보통 사람이란 모든 욕망에 끌려서 항상 여러 가지 일에 그 정신을 태우게 되므로, 수기水氣는 말라지고 불기운은 많아서 얼굴에 윤활한 기가 없고 침울하여 보이는 것이다. 그러나 사심을 제거하고 정심을 양성시키는 좌선을 많이 하여 수승화강이 되고 보면 자연히 맑은 기운이 위로 떠올라서 얼굴이 차차 윤활하여 지나니라.

8. 사심邪心이 정심正心으로 변하는 것.

그 내역= 보통 사람이란 항상 모든 욕망에 끌려서 사심이 주장되고 정심은 없게 되는 것이다. 그러나 사심을 제거하고 정심을 양성시키는 좌선을 많이 하면 온전한 정신이 양성되는 동시에, 자연 모든 사심은 정심으로 변하게 되나니라.

9. 극락 수용受用을 하게 되는 것.

그 내역= 인간 세상이란 고락苦樂이 상반相半이라 하나, 그 실은 낙보다 고가 많은 것이다. 그러나 이 좌선을 많이 하면 결국에는 언어言語가 도단道斷하고 심행처心行處가 멸滅한 진경眞境에 관하여 거기에 입정入定하게 되나니, 그 지경에 이른다면 곧 그곳이 고락을 초월한 참 극락이며 내세보다도 현세에 직접 극락을 수용하게 되나니라.

10. 생사에 자유를 얻는 것.

그 내역= 생사라 하는 것은 자연의 공도公道요, 천지의 조화인지라. 흔동천지掀動天地하던 영웅호걸도 생사의 앞에는 꼼짝 못하고, 당세에 권세를 잡은 고관대작도 생사의 앞에는 절대복종하게 되는 것이다. 그러나 마음 거래에 자유를 얻는 좌선을 많이 하여 자유를 얻고 보면 자연히 생사를 초월하는 동시에, 생사에 자유를 얻게 되나니라.

상술한 바와 같이, 좌선은 우리 인생에 그와 같이 필요한 공부이나 그도 과도히 한즉 상기上氣가 되고, 그 하는 방식을 모르고 한즉 도리어 병을 얻게 되어 혹은 정신에도 고장이 나서 폐인廢人 되는 예도 적지 않나니, 제군은 과불급過不及이 없이 도度에 맞게 또는 그 방식을 알고 좌선하여 좋은 효과를 얻기 바라노라." 하시더라.

방자연放自然

송도성

《회보》 제45호, 시창23년(1938) 6월호

단전주 좌선법은 호흡으로 단전에 기운을 주하는 공부로, 이렇게 단전주丹田住를 챙기고 있는 그 마음 자체는 단전주가 성성하면서 또한 성성惺惺한 그 자리에는 일체의 분별이 떨어진 적적寂寂한 경지이다. 이러한 단전주를 챙기고 있는지 방심하고 있는지 마음의 거래처를 조사하고 앉아 있는 것이 좌선이다. 이처럼 적적성성한 단전주를 챙기고 있으면 안에서 나갈 마음도 없고 밖에서 들어 올 마음도 없는 경지이다.

송도성 작시의 '방자연'은 '가는 맘 잡아매고'라는 제목으로 성가 163장에 실린다.

1

가는 맘 잡아매고 오는 맘 안 받으니
오도가도 않는 마음 일념집중 되었도다

2

갈래야 갈 곳 없고 올래야 올데 없어
본연청정 하옵거늘 일념 주착 무슨 일고

3

낭떠러지 손을 떼라 건넜거든 배를 놔라
백척간두 그곳에서 용기 있게 한 걸음을

감상담(조수원)

이 시를 읽고 '나는 좌선 후 이런 시를 쓸 수 있을까?'라는 감상이 들었다. 좌선이 제대로 되었나 살피는데 급급해서 좌선을 통해 얻으려고 하는 본래 마음에 대해서는 놓치고 있었다. 좌선을 대하는 태도가 경직되어 있음이 느껴진다. 이 시를 성가로 불러보면서 몸과 마음을 놓고 놓아 본다.

나가는 마음잡아 매고, 들어오는 마음 안 받으니, 오지도 가지도 않는 그 마음 그대로 본래 마음에 집중되었다. 우리가 좌선하는 목적이 이것이다. 안에서 일어나는 생각이든 경계로 인해 일어나는 생각이든 이 모든 생각들은 본래 마음에서 나온 것들이니 본래 마음을 떠나지 않고 이곳에서 생하고 멸한다. 그러니 갈래야 갈 곳 없고 올래야 올 곳이 없이 그대로 본연 청정할 뿐이다. 그러니 주착이다 할 것도 없다. 마음 들고 나는 상황을 관조해서 보면 고개를 끄덕이게 된다. 우리가 머무는 곳은 늘 그곳이다. 이 사실을 깨쳐 알았다면 의심할 것 없이 그 자리에 머무르는 용기를 발휘하면 된다.

이 노래는 아직도 뭔가 의심쩍어하는 이에게 '네가 본 것이 맞으니 두려워하지 말고 한 발을 떼어 보라'고 가만히 손을 내밀어 잡아주는 것 같다. 참 따뜻하고 평안한 분위기가 느껴진다. 좀 전투적인 나와는 다른 평온함이 밀려온다. 모든 상과 망념들을 놓고 그 본연 청정한 그 자리에 나를 맡겨본다.

좌선을 마치고서

직양생直養生

《회보》 제43호, 시창23년(1938) 4월호

직양생은 주산 송도성의 필명으로, '물과 나를 잊었다' '마음자취 끊어졌다'는 좌선의 심경을 거쳐 '적적한 빈 천지'에 '일륜명월 밝았다'라고 적적성성한 좌선의 경지를 표하고 있다. 직양생의 '좌선을 마치고서'는 '오늘 아침 좌선 때에'라는 제목으로 성가 183장에 실린다.

오늘 아침 좌선 때에 극락 맛을 보았지요
시방 정토 안 갔어도 극락 맛을 보았지요

바른 자세 순한 기운 고른 숨결 편한 몸이
한 시 두 시 지내도록 물物과 나를 잊었었오

말과 말이 묵묵하고 마음 자취 끊어지니
적적한 빈 천지에 일륜명월一輪明月 밝았더라

종잡고 잇스면 自然히 드러쉬난 숨은 强할것
내ㅣ쉬난숨은 잛으로 微하기되며 이와갓치 오래
한則 아래ㅅ배가 漸々단々해지며 水昇火降 이
맑고 潤滑한 침(涎)이 혀(舌)뿔기밋과
牙際로부터 繼續하야 날것이니 그침을 입
가득모아 삼키고 삼키면 몸이 潤澤하고 精
淸快하야 自然히 밝은 慧光을 어드러라 그러
塵俗事務 에 複雜하게지내든 그精神과
을갓다가 처음으로 坐禪에 들면全身이 개

제3 수행편 修行編

제5장 의두요목疑頭要目

제5장 의두요목疑頭要目

1. 세존世尊이 도솔천을 떠나지 아니하시고 이미 왕궁가에 내리시며, 모태 중에서 중생 제도하기를 마치셨다 하니 그것이 무슨 뜻인가.
2. 세존이 탄생하사 천상천하에 유아독존唯我獨尊이라 하셨다 하니 그것이 무슨 뜻인가.
3. 세존이 영산회상에서 꽃을 들어 대중에게 보이시니 대중이 다 묵연하되 오직 가섭존자迦葉尊者만이 얼굴에 미소를 띠거늘, 세존이 이르시되 내게 있는 정법안장正法眼藏을 마하가섭에게 부치노라 하셨다 하니 그것이 무슨 뜻인가.
4. 세존이 열반涅槃에 드실 때에 내가 녹야원鹿野苑으로부터 발제하跋提河에 이르기까지 이 중간에 일찍이 한 법도 설한 바가 없노라 하셨다 하니 그것이 무슨 뜻인가.
5. 만법이 하나에 돌아갔다 하니 하나 그것은 어디로 돌아갈 것인가.
6. 만법으로 더불어 짝하지 않은 것이 그 무엇인가.
7. 만법을 통하여다가 한 마음을 밝히라 하였으니 그것이 무슨 뜻인가.
8. 옛 부처님이 나시기 전에 응연凝然히 한 상이 둥글었다 하였으니 그것이 무슨 뜻인가.
9. 부모에게 몸을 받기 전 몸은 그 어떠한 몸인가.
10. 사람이 깊이 잠들어 꿈도 없는 때에는 그 아는 영지가 어느 곳에 있는가.
11. 일체가 다 마음의 짓는 바라 하였으니 그것이 무슨 뜻인가.
12. 마음이 곧 부처라 하였으니 그것이 무슨 뜻인가.

13. 중생의 윤회 되는 것과 모든 부처님의 해탈하는 것은 그 원인이 어디 있는가.
14. 잘 수행하는 사람은 자성을 떠나지 않는다 하니 어떠한 것이 자성을 떠나지 않는 공부인가.
15. 마음과 성품과 이치와 기운의 동일한 점은 어떠하며 구분된 내역은 또한 어떠한가.
16. 우주만물이 비롯이 있고 끝이 있는가 비롯이 없고 끝이 없는가.
17. 만물의 인과 보복되는 것이 현생 일은 서로 알고 실행되려니와 후생 일은 숙명宿命이 이미 매하여서 피차가 서로 알지 못하거니 어떻게 보복이 되는가.
18. 천지는 앎이 없으되 안다 하니 그것이 무슨 뜻인가.
19. 열반을 얻은 사람은 그 영지가 이미 법신에 합하였는데, 어찌하여 다시 개령個靈으로 나누어지며, 전신前身 후신後身의 표준이 있게 되는가.
20. 나에게 한 권의 경전이 있으니 지묵으로 된 것이 아니라, 한 글자도 없으나 항상 광명을 나툰다 하였으니 그것이 무슨 뜻인가.

'의두요목'과 의두·성리

'의두'는 정기훈련 11과목 중 하나이며, 또한 상시 응용 주의사항 중 하나로 "경전·법규 연습하기를 대강 마친 사람은 의두 연마하기를 주의하라"는 상시훈련 공부이다.
'의두'는 의두 연마하라는 것으로, '의심나는 제목'을 연구하여 감정을 얻게 하는 사리연구의 한 방법이다.

『정전』 의두요목은 20조항으로 구성되어 있으며, 소태산 대종사가 직접 만들 의심 거리와 불조의 화두가 포함되어 있다. '의두요목'은 핵심 의심 사항이요 의심 거리의 문제집이라 할 것이다. 특히 의두요목 중 화두는 정기훈련법의 의두·성리와 관련되어 있다.
의두요목에는 '불조의 화두'가 다수 있는데, 이 화두는 '의두'의 조항이요 '성리'의 실전이다. 《원불교교전》의 『정전』에는 화두가 의두에 편입되어 있으나, 『정전』의 저본인 『불교정전』에는 화두가 성리에 있다.

《원불교교전》의 『정전』에서 "의두는 대소유무의 이치와 시비이해의 일이며 과거 불조의 화두話頭 중에서 의심나는 제목을 연구하여 감정을 얻게 하는 것이니, 이는 연구의 깊은 경지를 밟는 공부인에게 사리 간 명확한 분석을 얻도록 함이요."라고 한다면, 『불교정전』에서 "성리라 함은 우주 만유의 본래 이치와 과거 불조의 이르신 천만 화두를 해결하여 알자 함이요,"라고 정의하고 있다. 이를 종합하면 화두는 의두 연마의 항목이면서 성리 실현의 실전으로, 의두와 성리는 사리연구 정기훈련 과목 중 하나로 방법은 달라도 한 경지이다.

다만 정기훈련 11과목 중 하나인 '의두'는 의심나는 제목을 연구하여 감정을 얻는 공부로, '대소유무의 이치'와 '시비이해의 일'이며 '과거의 불조의 화두'가 의심 거리인데, '의두요목'에는 이중 '시비이해의 일'이 제시되어 있지 않다.
'의두요목'에는 불조의 화두와 대소유무의 이치에 중점을 두고 있다. 이는 시비이해를 계기로 대소유무의 이치와 화두를 밝히는 데 중점을 둔 것이다. 의두요목 중의 화두는 의두에 포괄되는 의두의 한 부분으로, '화두〈의두'이다.

『정전』에서 의두는 '사리 간 분석'하는 공부라면, 성리는 '자성의 원리를 해결'하는 공부라 할 것이다. 소태산은 의두는 '명확한 분석'이라면 성리는 '관조로써 깨쳐 얻으라.'[『대종경』 성리품 31장]고 한다. 성리 해결은 '관조·반조'하는 공부라면, 의두 연마는 '명확하게 분석'하는 공부이다. 여기서 분석은 분별망상으로 헤아리는 분별지를 말하는 게 아니라 대소유무를 통찰하는 지혜를 뜻한다.

의두와 성리를 의두요목 1조 "세존世尊이 도솔천을 떠나지 아니하시고 이미 왕궁가에 내리시며, 모태 중에서 중생 제도하기를 마치셨다 하니 그것이 무슨 뜻인가?"라는 문제에 적용해 볼 경우, 그 연구방식에 차이가 있다.
먼저 의두 연마의 방법은 도솔천과 왕궁가가 무엇을 뜻하며, 모태 중에서 중생제도를 마쳤다는 것이 무슨 뜻인지 궁굴리어 분석하는 공부이다.
다만 분석은 분별 사량하라는 것이 아니라 전체를 통찰하는 것이기에, 개념적이고 논리적이고 이성적이고 원리적인 설명을 동원하되 그렇다고 개념에 빠지고 논리에 갇혀 있으라는 것은 아니다. 의두 분석은 통찰이요 전관全觀하는 것이다.

특히 의두요목 중 불조의 화두는 화두라는 의심 거리를 통해서 의심이 걸리도록 하는 것이다. 화두를 알려고 하는 그 의심 당체에 드는 것이다.
알고자 하는 마음, 모르는 마음, 그 궁금함을 직시하는 것이다. 이렇게 모르는 마음 당체인 텅 빈 자리를 직시하여, 이렇게 텅 빈 자리에서 모르는 마음을 두렷하게 드러내는 것이다. 모르는 마음 당체는 청정한 대大 자리이면서 그렇게 모르는 것이 분명한 마음이 소小 자리이며, 또한 이렇게 알고 모르는 마음이 출몰 변화하는 그 유무有無 자리가 전개되는 것이다. 화두 연마는 궁금한 마음을 통해 대소유무를 통째로 분석하는 공부이다.

이에 비해 성리는 우주만유의 본래 이치인 리理와 우리의 자성 원리인 성性에 직입하여 곧바로 자각하는 공부이다. 우주만유의 본래 이치와 자성의 원리는 한자리로, 이 자리에 곧바로 반조하여 들어가는 것이다. 그러므로 '불조의 화두=우리의 자성'이다.
성리는 개념이나 논리에 도움을 받아도 이에 의존해선 안 된다. 논리와 개념에 붙잡히면 성리와 멀어지기 때문이다.
개념적 논리는 성리에 들어가는 실지 방법은 될 수 없다. 도솔천이나 왕궁가 또는 모태와 중생제도를 다 마쳤다는 의미를 파악하는 논구는 성리와 직접적이지 않다. 그 개념을 논구하는 것이 그 자리를 직시하는 것은 아니기 때문이다. 왜냐하면 성리는 눈앞의 모양이나 모습을 탈락시키는 것이 핵심이기 때문이다.
눈앞에 전개된 모양과 모습은 언어명상言語名相의 경계이니, 이에 끌리어 붙들리지 말고 단번에 내려놓으라는 것이다. 성리는 마음 당체를 곧바로 반조하여 즉각卽覺하는 관조 공부이다.
마치 눈앞의 등불을 끄면 그 배경이 드러나듯이, 방안의 불빛이 꺼지니 밤하늘의 초롱초롱한 별이 환히 드러나는 격이다.

세존이니 도솔천이니 왕궁가니 하는 개념도 모태 중에서 중생제도를 마쳤다는 논리의 흐름도 다 마음의 모양[심상心相]으로, 이에 붙잡히면 그 배경에서 항상 흐르고 있는 청정한 광명을 가로막는 분별 집착일 뿐이다. 그러니 눈앞의 모양에 붙들려 있는 그 의식을 내려놓기만 하면 도솔천이니 왕궁가니 하는 일체의 현상을 두렷이 밝히고 있는 그 자리가 드러나는 것이다. 하물며 모태니 중생제도니 따질 필요도 없는 것이다.
즉 눈앞에 펼쳐져 있는 언어명상에 쫓아가는 집착만 내려놓고 그 배경에서 역력히 비추고 있는 자리를 직관하는 것이다. 그러면 도솔천인 줄 아는 그 자리, 왕궁가인 줄 훤한 그 자리가 항상 그렇게 배경으로 흐르고 있다. 눈앞의 모습에만 붙들려 있는 그 언어명상만 내려놓으면 두렷하게 비추고 있는 그 역력한 배경 자리가 분명해진다. 그 자리를 돌이켜서 관조하여 즉입卽入하는 것이 성리 공부이다.

사리 간에 명확한 분석이 요청되는 의두와 우주만유의 본래 이치와 자성의 원리를 관조하여 해결하는 성리는 상황에 따라 적용되어야 한다.

의두 분석과 성리 관조의 방식에 혼선이 있어서도 안 될 것이며, 특히 성리 관조를 의두 분석에 매몰시켜서도 안 될 것이다. 그러나 또한 성리 관조를 했다고 할지라도 관조한 이 자리를 사리 간에 명확히 분석해 낼 수도 있어야 하는 것이다.

의두요목疑頭要目 1~7조

1조~4조와 5조~7조는 같은 성향과 계열의 의두요목이라 할 것이다.

1. 세존世尊이 도솔천을 떠나지 아니하시고 이미 왕궁가에 내리시며, 모태 중에서 중생 제도하기를 마치셨다 하니 그것이 무슨 뜻인가.

세존이 왕궁가에 태어났으나 도솔천을 여의지 않았다는 불교설화로, 도솔천은 고락초월의 극락이라면 왕궁가는 고락 상반의 사바세계를 뜻하며, 또한 세존이 태어나기 전 모태 중에서 중생 제도를 마쳤다는 이야기는 더 이상 제도할 중생이 본래 없다는 뜻이다.

소태산은 봉래정사 주재 시 한 스님이 '의두요목 1조'에 해당하는 화두에 관해 물으니 "그대가 실상사를 여의지 아니하고 몸이 석두암에 있으며, 비록 석두암에 있으나 드디어 중생제도를 다 마쳤나니라."[『대종경』 성리품 16장] 답하신다.

개념적으로 '도솔천'은 무엇이고 '왕궁가'는 무엇이며 '모태에서 중생제도를 마쳤다'는 것이 무엇일까라고 생각에서 생각으로 빠져들면 분별에 떨어지고 만다. 이러한 생각에 붙잡혀 있으면 그러한 생각을 드러내는 자리는 망각되고 말기 때문이다.

지금 당장 '세존' '도솔천' '왕궁가' '모태' '중생제도'라는 심상心相에 붙잡혀 있는 그 생각을 내려놓고, '도솔천'이라 알아차리고 있는 그 자리, '왕궁가'라 알아차리고 있는 이 한 자리에 그친 것이다. 그러면 '도솔천을 드러내는 자리'를 떠나지 않고 '왕궁가가 드러나는 자리'가 두렷한 것이다.

'모태'라는 한 생각이 드러나는 자리가 본래 온전하기에 '중생 제도를 다 마친 자리'이고, 이 자리에서 '중생 제도를 다 마쳤다'는 자각도 온전하게 드러나 있는 것이다.

한마디로 어디에 있든 어느 때가 되었든 불리자성不離自性하는 것으로, '도솔천'이란 한 생각에도, '왕궁가'라는 한 생각에도 온전한 자성이 두렷이 드러나 있는 것이다.

2. 세존이 탄생하사 천상천하에 유아독존唯我獨尊이라 하셨다 하니 그것이 무슨 뜻인가.

세존이 태어나자마자 일곱 걸음을 걷고 천상천하 유아독족이라 선언하였다는 이야기로, 『원불교교전』 편성 시 새롭게 추가된 조목이다.

여기서 일곱 걸음은 육도 윤회를 벗어났다는 것이며, 그렇게 벗어난 일곱 발걸음이 바로 '천상천하 유아독존' 자리라는 것이다. 다만 이러한 의미를 파악하는 것으로 능사를 삼을 것이 아니라, 곧바로 지금 당장의 이 현존이 유아독존 자리임을 직시하라는 것이다.

지금 보고 듣고 말하고 할 때 역력하게 드러나 있는 현존처인 여기를 직시하면, 이 자리가 천상천하 유아독존 자리이다.

이 자리는 '천상'이다 '천하'다 할 분별마저도 붙을 수 없는 청정한 자리로, 〈성주〉의 만세멸도상독로萬世滅常獨露의 자리이다. 항상 홀로 드러나 있는 자리로 비교할 것이 없는 독존의 절대 자리로, 자학도 자만도 붙을 수 없는 원래 마음이다.

소태산은 대각 후 유아독존의 경지를 심독희자부心獨喜自負라 회고한다. 마음이 홀로 무엇과도 비교되고 짝할 수 없는 오롯이 기쁘고 자부하는 뿌듯한 경지다.

3. 세존이 영산회상에서 꽃을 들어 대중에게 보이시니 대중이 다 묵연하되 오직 가섭존자迦葉尊者만이 얼굴에 미소를 띠거늘, 세존이 이르시되 내게 있는 정법안장正法眼藏을 마하가섭에게 부치노라 하셨다 하니 그것이 무슨 뜻인가.

'연꽃이 드러나 있는 마음 당처'를 돌이켜 직시하면 그 염화시중처拈花示衆處가 온전한 자리이며, '미소 짓고 있는 마음 당체'를 직면하는 염화미소처拈花微笑處가 온전한 자리다. 꽃이 드러난 자리이든 미소를 보인 자리이든 그 당체가 바로 본래 마음으로, 이 자리를 직시하는 안목인 정법안장正法眼藏이다.

염화시중拈華示衆의 연꽃도 마음에 떠다니는 언어명상의 모양이다. 이 심상心相에 붙잡혀 있으면 그 배경으로 현존하는 정법안장은 묘연해지는 것이다.

그러니 '가섭존자만이 미소를 띠었다.' '정법안장을 마하가섭에게 부치노라.' 등도 다 심상心相이므로, 이에 걸려있으면 무슨 수를 써도 염화미소처인 정법안장과는 멀어지는 것이다.

세존의 염화시중의 연꽃이나 구지일지의 손가락이나 조주의 정전백수자나 다 이 한 자리로, 실상을 개시하는 할喝 소리도 방棒의 경책도 마찬가지이다. 보고 있는 이 자리, 듣고 있는 이 자리, 느끼고 있는 이 자리가 한 자리로 역력한 정법안장이다.

마치 탁자 위의 물건에만 집착하면 탁자를 망각하듯이, 우리 마음의 심상에만 집착하면 그 바탕은 영영 자각하지 못하는 것이다. 이처럼 바탕을 놓치지 않으면 모든 것이 바탕의 전개로 찬란하게 드러나는 것이다.

『대종경』 성리품 1장의 '청풍월상시清風月上時 만상자연명萬像自然明'처럼 청정한 바람에 둥근 달이 떠오르니 만상이 밝게 드러나는 격이다.

4. 세존이 열반涅槃에 드실 때에 내가 녹야원鹿野苑으로부터 발제하跋提河에 이르기까지 이 중간에 일찍이 한 법도 설한 바가 없노라 하셨다 하니 그것이 무슨 뜻인가.

"세존이 열반에 드실 때"라는 말에서 이 의두는 마침표를 찍어야 한다. 뒷말은 경계에 빠지도록 유도하는 함정이요 또는 시험이다.

열반은 일체의 언어명상이 돈공한 적정처寂靜處에 들었다는 것이므로, 실은 '열반'이라 할 것도 없고 뒤이어지는 '녹야원'이다 '발제하'다 라는 일체의 언어명상에도 물들 수 없는 자리이다. 그러므로 세존이 법을 펴신 녹야원[사르나트]을 논할 것도 없고 열반에 드신 발제하[쿠시나가라]를 논할 것도 없는 자리다. 또한 '한 법이다'할 분별도 다 탈락한 자리이다.

이 열반처를 금강경에서 "여래께서 설하신 바 법은 가히 취할 수도 없으며 가히 설할 수도 없으며 법도 아니며 법 아님도 아니니"[『불조요경』 금강경 7장]라 하신다.

이처럼 열반에 들었다는 것은 언어도단의 입정처에 들었다는 것으로, 만일 열반이라는 심상에 걸리면 열반처는 아니다. 그러므로 무엇에라도 끌리어 분별하고 집착하면 이 열반 자리에서 삼천리 밖으로 벗어나게 되는 것이다. 그러므로 '깨달아 증득했다' '법을 설했다'는 흔적마저도 없는 자리이다.

5. 만법이 하나에 돌아갔다 하니 하나 그것은 어디로 돌아갈 것인가.

'만법귀일萬法歸一 일귀하처一歸何處'는 소태산께서 자칭 석두 거사로 변산 주석 시에 제자들에게 질문했던 의두이며 익산총부 공회당 선방에서 제자들에게 물었던 의두이다.

선문답 상에서는 한 스님의 '만법귀일 일귀하처'의 질문에 조주가 "나는 청주에 있을 때 베적삼 하나를 만들었는데 그 무게가 일곱 근이었지."[『벽암록』 제45칙]라고 답한다.

여기서 청주는 청정한 자리며 적삼 하나는 하나 자리이며 일곱 근은 만법이라는 등의 분별에 빠지면 안 된다. 이러한 선문답도 분별을 유도하는 장치요 함정이다. 본래 의도는 이렇게 분별하는 그 본래 자리를 직시하라는 것이다. 육근문六根門으로 드나드는 모든 것이 만법인데 그 만법은 어디에서 어떻게 출몰하는지 반조하라는 것이다.

만법인 줄 아는 자리, 하나라고 하는 자리가 둘이 아닌 한 자리이다. 보는 자리도, 듣는 자리도, 냄새 맡는 자리도, 맛보는 자리도, 감촉을 느끼는 자리도 다 이 자리이며, 이 한 자리에서 감각하고 감정을 느끼고 온갖 생각을 나투는 것이다.

만법귀일처는 『대종경』 서품 1장의 '만유가 한 체성이며 만법이 한 근원'인 자리이다. 이처럼 보고 듣고 말하고 하는 것이 다 한 마음의 작용인데, 이 한 마음에도 붙잡혀서는 안 되는 것이다. 왜냐하면 '만법이다' '하나다'도 다 마음의 형상이기에, '하나다'에 매여도 만법이 드러나는 자리는 망각되기 때문이다.

6. 만법으로 더불어 짝하지 않은 것이 그 무엇인가.

이는 방 거사가 마조에게 질문한 화두로, 소태산 대종사가 방언공사를 마치고 휴양처를 물색차 변산 월명암을 찾았을 때 접했던 화두이다. 이때 소태산은 벽에 걸려있던 '불여만법위려자시심마不與萬法爲侶者是甚麽'를 보고 한 생각에 그 뜻이 떠오르지 않게 되나, 차 한 잔을 대접받고 음미하시는 동안 혼연히 그 뜻을 알게 되었다는 것이다. 아마도 선문답의 형식에 익숙하지 못했고 특히 시심마是甚麽라는 절집 용어에 당황하신 듯하다.

모든 것은 좋아하면 싫어하는 것이 있고 마음에 들면 마음에 안 드는 분별이 있다. 이때 좋고 싫어하는 상대심이 드러나는 당처를 직시하면 이 자리가 상대심의 흔적이 끊어진 자리이다.

좋아하는 줄 알아차리고 싫어하는 줄 알아차리는 자리는 '좋다 싫다'라고 분별 집착할 상대심의 짝이 끊어진 자리이다. 또한 좋아함이 역력하고 싫어함이 역력한 이 자리는 좋아할 것도 싫어할 것도 무어라 할 것도 없는 일체의 분별이 없는 자리로, 온갖 만법의 분별에 물들지 않는 자리이다.

7. 만법을 통하여다가 한 마음을 밝히라 하였으니 그것이 무슨 뜻인가.

'통만법명일심通萬法明一心'은 최초의 교서인 『수양연구요론』의 권두에 있는 표어로, 『원불교교전』 편성 시 새롭게 추가된 의두이다. 이는 만법을 통해서 만법이 드러나는 마음 당체인 한 마음을 밝히라는 것이다.
보는 것이 되었든, 듣는 것이 되었든, 맛보는 것이 되었든, 감촉으로 느끼는 것이 되었든 육근으로 감지되는 모든 것은 다 만법이다. 이러한 만법을 통해서 만법이 드러나는 자리를 밝히라는 것이다. 보고 있는 자리를 돌이켜 보고, 듣고 있는 자리를 돌이켜 듣고, 맛보고 감촉하고 있는 자리를 돌이켜 감지하라는 것이다. 이 본래 자리는 한마음 한자리인 일심이다.

정산 종사는 "통만법명일심의 뜻을 해석하여 주십시오."라는 질문에 "우주의 대소유무와 인간의 시비이해, 이러한 만사만리를 보아서 나의 마음을 밝히고 또 밝혔으면 이것을 활용하라는 것이다. 그러므로 통만법하여 명일심하기도 하고 명일심하여 통만법하기도 한다."[『한울안 한이치에』]라고 응답하신다.
원만구족하고 지공무사한 일원상 한마음으로 안이비설신의 육근을 통해 만법을 드러내고, 안이비설신의 육근에 드러나는 만법을 통해서 원만구족하고 지공무사한 한마음을 밝히라는 것이다. 일심인 한마음은 원만구족하고 지공무사한 일원상 성품 자리이다.
만법과 한마음은 불가분의 관계로, 만법을 통하여 만법이 드러나는 그 당처인 한마음을 깨닫고 또한 한마음을 깨쳐 한마음으로 만법을 드러내는 것이다.

의두요목 8~14조

'그것이 무슨 뜻인가?'에 몰입하는 것이 의두이다.

8. 옛 부처님이 나시기 전에 응연凝然히 한 상이 둥글었다 하였으니 그것이 무슨 뜻인가.
이 의두는 『원불교교전』 편성 시 새롭게 추가된 조목으로, 송대 자각 선사의 '고불미생전古佛未生前 응연일상원凝然一相圓 석가유미회釋迦猶未會 가섭기능전迦葉豈能傳'이란 화두이다. 즉 '고불이 태어나기 이전에 한 상이 두렷하게 드러나 있으니 석가도 오히려 알지 못하는데 어찌 가섭이 이를 전할 수 있냐?'는 화두이다.
석가 이전 7불이 태어나기도 전부터 한 상은 두렷하게 드러나 있으며 이 자리는 석가도 깨달았다 할 것이 없는 자리이기에 가섭이 전할 수 있는 자리도 아니라는 것이다.
지금 보고 듣고 있는 이 자리, 이 당처, 이 낙처落處가 응연히 두렷한 한 자리로, 지금 의심이 일어나는 당처가 한 상[一相]으로 어린 두렷한 한 자리다.
한 생각이 일어났다 사라지는 여기를 직면하면 생멸이 없는 청정한 한 상이 두렷하고, 미워하고 사랑하는 이 가운데를 포착하면 증애에 물들지 않는 두렷한 한 상이 역력하며, 좋다 괴롭다는 감정 이전을 포착하면 고락에 부동한 한 상이 두렷한 것이다.
깨닫기 전에도 한 상은 본래 두렷하고 설사 깨달아도 한 상은 그대로 여여한 자리다.
천지만물 일체 현상이 드러나는 이 자리를 돌이켜 반조해 보면 한 상이 두렷하게 어려 있는 것이다. 소태산 대종사는 이 자리를 일원상一圓相이라 일러주시며 의두로 되물으신 것이다.

9. 부모에게 몸을 받기 전 몸은 그 어떠한 몸인가.

부모출생전父母出生前 부모미생전父母未生前에는 어떠한 몸일까? 태어나기 전에는, 전생에는 어떠한 몸을 받고 있을까? 죽으면 영혼만으로 있는가? 이런 등등의 생각이 일어날 때, 이러한 생각을 따라 또 다른 생각으로 꼬리를 물고 분별할 것이다.
이때 이러한 생각이 일어나는 그 당처를 돌이켜 반조해 보라는 것이다. 생각의 방향을 돌이켜보라는 것으로, 마음의 후레쉬를 돌려 마음의 바탕을 비춰보라는 것이다.
이렇게 분별하는 생각을 돌이켜 보면 그 자리가 바로 부모출생전의 자리, 모태 중에서 중생 제도를 마친 자리로써 부모에게 몸을 받기 전에 중생 제도가 끝난 자리이다.
부모-자식이라는 분별을 내려놓으면 드러나는 자리가 바로 부모출생전 자리이다. 부모에 의해 자식이 태어나지만, 또한 자식이 있기에 부모가 있는 것이다. 자식이 없다면 부모라는 말도 있을 수 없다. 부모도 자식도 본래 없는 자리에 들라는 것이다. 아버지가 없는 자리, 어머니가 없는 자리에 드는 것이다.
아버지라는 일체의 분별이 떨어진 자리, 어머니라는 일체의 분별이 탈락된 자리를 직시하는 것이다. 이러한 분별이 일어나는 당체를 돌이켜 직관하면 본래 아버지라는 권위에도 어머니라는 위안에도 분별 집착할 것이 없는 본래 청정무애한 자리가 드러난다. 이 자리가 바로 부모-자식이라는 분별에 고착되지 않는 부모출생전의 본래면목이다.
부모에게 몸을 받기 전의 몸을 전생의 몸이라 한다면 또 그 전의 전생의 몸이 있어야 하므로, 이렇게 계속 소급하다 보면 끝이 없게 된다. 그러므로 부모에게 몸을 받기 전의 몸은 태어나기 전의 시공의 몸이 아니라 시공에 물들지 않는 자리이다. 부모에게 몸을 받기 전의 몸은 청정무애한 자리로 몸이라 할 것이 없는 몸이다.

10. 사람이 깊이 잠들어 꿈도 없는 때에는 그 아는 영지가 어느 곳에 있는가.

꿈은 낮에 있었던 억압된 마음이 드러나는 것으로, 억압된 마음의 나타남인 꿈에 매몰되지 않는 자리가 영지이다. 꿈에 끌려가지 않으면 신령하게 아는 영지가 역력하게 드러난다.

감수작용과 사고작용이 끊어진, 대상 의식이 멸절된 상태[멸수상정滅受想定]에 들어도 그 아는 영지는 묘하게 있는 것이다. 마치 거울이 대상이 없으면 비추는 그 자체로 있는 격이다.

이제 잠에서 깨어나 생각과 감정이 일어나고 이런저런 행동을 할 때도 다 영지의 나타남이다. 꿈도 끊어진 깊은 잠이 들거나, 또는 잠에서 깨어나 활동하는 중에도 그 아는 영지는 여여하다.

거울은 대상에 따라 그 대상을 온전히 비추듯이 화날 때면 화가 난 줄 알아차리고 있는 자리가 영지이다. 이처럼 그 아는 영지는 대상이 있으면 있는 대로, 대상이 없으면 없는 대로 여여하다. 아는 영지는 거울이 대상이 있으면 그 대상을 비추고, 대상이 없으면 비추는 그 자체로 존재하는 격이다. 잠자기 전 그 아는 영지를 반조해 보고, 기상하는 순간 그 아는 영지를 반조해 직면하는 것이다.

11. 일체가 다 마음의 짓는 바라 하였으니 그것이 무슨 뜻인가.

『대종경』 교의품 27장에서 인의화 여쭙기를 "어떤 사람이 너희 교에서는 무엇을 가르치고 배우느냐고 묻는다면 어떻게 대답하오리까." 대종사 말씀하시기를 "원래 불교는 일체유심조一切唯心造 되는 이치를 스스로 깨쳐 알게 하는 교이니 그 이치를 가르치고 배운다고 하면 될 것이요, 그 이치를 알고 보면 불생불멸의 이치와 인과보응의 이치까지도 다 해결되나니라."라고 일체유심조 되는 이치를 밝히고 있다. 불생불멸한 마음자리에서 인과보응의 이치가 역력하게 드러나며, 인과보응이 역력하게 드러나는 자리가 불생불멸의 사리이다.

또한 『한울안 한이치에』에서 "일체유심조의 심心을 밝게 해석하여 주십시오. 심이란 관념입니까, 물질의 원소입니까, 일원과 통용입니까?" 정산 종사 말씀하시기를 "사람도 마음이 들어서 길흉화복과 생로병사를 지어 나가며, 천지도 근본 되는 형상 없는 진리 곧 심이 들어서 성주괴공과 풍운우로상설과 유무 변화가 된다. 그러므로 천심이 곧 인심이요, 이는 일원과 같은 의미다. 심이란 불생불멸, 불구부정, 부증불감한 것이다."라고 밝히고 있다.

일반적으로 세계가 밖이라면 마음은 세계를 인식하는 안이라고 여기나 마음 바탕은 안팎의 분별이 없는 자리이다. 즉 일체유심조의 심은 원래 바깥이 없는 무외無外의 마음이요, 한계가 없는 무변無邊의 마음으로 모든 현상은 심心의 드러남이다.

『대산종사법어』 적공편 68장의 대적공실 법문 중 '대지허공심소현大地虛空心所現'처럼 대지와 허공이 다 마음의 나타남으로, 텅 비어 고요하고 신령스럽게 아는 공적영지의 광명을 따라 드러나는 것이다. 대지허공의 바탕은 청정한 심체心體이며, 또한 이렇게 청정한 심체에서 대지허공이 두렷이 드러나는 것이다. 대지허공뿐만 아니라 생로병사 길흉화복 흥망성쇠 희로애락도 마찬가지이다.

12. 마음이 곧 부처라 하였으니 그것이 무슨 뜻인가.

마음은 희로애락 등의 모든 감정과 생각으로 전개된다. 지혜도 자비도 마음의 작용이요 탐진치도 마음의 작용이다. 생기는 온갖 마음에 즉卽해 있는 자리가 텅 비어 고요하며 신령하게 아는 부처의 경지이다. 탐심의 즉처, 진심의 즉처, 치심의 즉처를 곧장 돌이켜 보면 본래 깨어있는 부처의 경지이다.

이처럼 탐심에 즉해 있으면서 탐심인 줄 알아차리고 있는 자리가 깨어있는 부처요. 진심에 즉해 있으면서 진심인 줄 알아차리고 있는 자리가 깨어있는 부처요, 치심에 즉해 있으면서 치심인 줄 알아차리고 있는 자리가 깨어있는 부처 자리이다. 온갖 마음이 일어날 때 그 일어나는 마음에 즉해 있으면서 두렷이 깨어있는 자리가 곧 부처의 경지이다.

소태산은 "불佛이란 각覺이라"하며, 이에 따라 정산 종사는 "불佛은 곧 깨닫는다는 말씀이요 또는 마음이라"[『정산종사법어』 경륜편 1장]고 밝히고 있다. 결국 부처[불佛]는 깨어있는 경지이다.

그러므로 부처는 마음에 즉해 있는 '깨어있음'으로, 이러한 깨어있음은 마음을 즉각卽覺

할 때 확인할 수 있다. 이처럼 마음에 즉해 있는 깨어있는 경지를 부처라 하는 것이다. 부처는 마음을 떠나 따로 있는 것이 아니라 마음에 즉해 있는 경지이다. 즉卽은 즉위卽位처럼 '이르다' '오르다'라는 뜻으로 지금 일어나는 마음에서 곧바로 그 자리에 즉위하라는 것이다.

심즉시불心卽是佛. 마음이 곧 부처라 할 때 마음이라 하면 마음에 사로잡히고 부처라 하면 부처에 사로잡히니 마음이랄 것도 부처라 할 것도 없는 자리이다. 그러므로 마음이 곧 부처라 하면서 또한 마음도 아니고 부처도 아닌 자리이다.

13. 중생의 윤회 되는 것과 모든 부처님의 해탈하는 것은 그 원인이 어디 있는가.

경계에 끌리면 윤회하는 것이고, 경계를 자각하여 경계에 매몰되지 않고 경계를 굴리면 해탈이다.

『정산종사법어』 원리편 11장에서 "중생은 소소영령한 영지가 경계를 대하매 습관과 업력에 끌리어 종종의 망상이 나고, 부처는 영지로 경계를 비추되 항상 자성을 회광반조하는지라 그 영지가 외경에 쏠리지 아니하고 오직 청정한 혜광이 앞에 나타나나니, 이것이 부처와 중생의 다른 점이니라."고 밝히고 있다.

본래 선악 염정이 없는 우리 본성에서 범성과 선악의 분별이 나타나는데, 이때 경계를 대하여 소소영령한 영지가 가리면 윤회하는 중생이라 하고, 소소영령한 영지로 굴리면 해탈 자유하는 부처라 한다. 결국 윤회 또는 해탈하는 원인은 우리 본성에 소소영령한 영지가 있기 때문이다.

14. 잘 수행하는 사람은 자성을 떠나지 않는다 하니 어떠한 것이 자성을 떠나지 않는 공부인가.

원기12년에 간행된 『불법연구회규약』의 표제로 '불리자성왈공不離自性曰工 응용무념왈덕應用無念曰德'이 실려 있다. 불리자성不離自性을 공부로 삼고 있는 것이다. 조송광은 『조옥정백년사』에서 불리자성이란 의두를 놓고 소태산 대종사와 문답하는 과정을 기록하고 있다.

동년[시창14년, 1929] 기사己巳 동선 시에 종사님[소태산]이 하루는 "너희는 공부 중 '불리자성'이라 하였으니 어찌하면 너희 마음이 일시라도 떠나지 못할 자 있느냐?" 하시거늘 여러 선객이 의향대로 대답이 분분하였다. 본인은 "주야로 일분일초라도 떠날 수 없는 것은 오직 호흡 일기呼吸一氣라 이 이치를 알아 주의하면 불리자성이라"고 대답하였다.
소태산 당대의 동선 시에 의두요목 14조를 문답하고 있는 장면이다.

소태산은 '일원상 법어'에서 불리자성 공부를 자세하게 제시하고 있다. 바로 원만구족하고 지공무사한 원상은 안이비설신의 육근을 사용할 때 쓰는 것이라 밝히고 있다.
"이 원상은 눈을 사용할 때 쓰는 것이니 원만구족하고 지공무사한 것이로다."처럼 원만구족하고 지공무사한 일원상 성품으로 눈을 비롯한 육근을 사용할 때 쓰라는 것이다. 이것이 자성을 떠나지 않는 공부의 실제이다.

의두요목 15~20조

의두 요목은 『정전』 일원상 장과 『대종경』 성리품과 연동된다.

15. 마음과 성품과 이치와 기운의 동일한 점은 어떠하며 구분된 내역은 또한 어떠한가.
『대종경』 성리품 28장에서 대종사 선원 대중에게 말씀하시기를 "사람 하나를 놓고 심·성·이·기心性理氣로 낱낱이 나누어도 보고, 또한 사람 하나를 놓고 전체를 심 하나로 합하여 보기도 하고, 성 하나로 합하여 보기도 하고, 이 하나로 합하여 보기도 하고, 기 하나로 합하여 보기도 하여, 그것을 이 자리에서 말하여 보라."고 의두를 던지신다.

정산 종사는 『한울안 한이치에』에서 심성이기에 대한 의두 연마를 밝히신다.
"이 네 가지를 사람 하나에 나누어 보면 성性은 일념미생전으로 꿈도 없는 때요, 심心은 희로애락의 분별심은 없어도 분별 낼 만한 요소가 있는 것으로 대중심이 있고 영령함이 있는 것이며, 기氣는 성과 심을 담아 있는 육체요, 이理는 행하는 것과 보는 것과 숨 쉬는 것과 희로애락이 발하는 이치이다."
또한 "성은 체, 심은 용, 이는 체, 기는 용이다. 그러므로 성과 이는 정靜한 것이며, 심과 기는 동動한 것이다. 성이란 심과 성으로 대립할 때는 체만 말한 것이요, 그대로 자성自性

이면 체·상·용을 겸한 것이다. 그러므로 자성 자리에 돌려 온몸을 성에 붙일 수 있다. 또한 심에 붙이려면 심이 좌선할 때 본연심, 불심, 도심, 진심眞心이 되면 전신을 심에 붙일 수 있다. 이理라 하면 모든 것이 이理를 바탕 하였으므로 여기에 붙일 수 있다. 기는 우리 온몸이 또한 기 덩이이다. 호흡도 기이다. 기를 더듬어 올라가면 이理에 도달한다. 우리가 눈을 감고 보면 모든 것이 나 하나뿐이다. 그러나 눈을 뜨고 보면 안, 이, 비, 설, 신, 의가 역연歷然하듯이 나누면 심, 성, 이, 기로 나누어 볼 수 있고, 합하면 만법귀일로 하나에 돌아간다."

소태산 대종사는『대종경』성리품 28장에서 심성이기에 대해 질문한 후 대중이 말씀에 따라 여러 가지 답변을 올리었으나 인가하지 아니하시고 말씀하시기를 "예를 들면 한 사람이 염소를 먹이는데 무엇을 일시에 많이 먹여서 한꺼번에 키우는 것이 아니라, 키우는 절차와 먹이는 정도만 고르게 하면 자연히 큰 염소가 되어서 새끼도 낳고 젖도 나와 사람에게 이익을 주나니, 도가에서 도를 깨치게 하는 것도 이와 같나니라."라고 당부한다.
심성이기를 연마할 때도 염소를 키우는 것처럼 한꺼번에 키우는 것이 아니라 새끼일 때는 젖을 먹이고 차차 풀을 먹도록 하여 어른 염소로 키우면 자연 새끼도 낳고 젖도 나오듯이, 우리도 각자의 상황과 근기에 맞게 심성이기를 단련하여 깨치면 된다는 것이다.

16. 우주만물이 비롯이 있고 끝이 있는가 비롯이 없고 끝이 없는가.

우주만물이 역력한 이 자리는 비롯이다 끝이라 할 시종이 본래 없는 자리로, 시작이라는 규정에 한정될 것도 없고 끝이라는 규정에도 한정될 수 없는 무시무종無始無終의 자리이다. 이렇게 시작이다 끝이라 할 것이 없는 자리에서 또한 시작이 있고 끝이 드러난다.
유상으로 보면 시작과 끝이라는 규정이 없는 무시무종이면서, 무상으로 보면 시작이 있으면 끝이 있고 끝이 있으면 다시 시작이 있는, 시종이 종시로 이어지는 순환무궁의 자리다. 그러므로 우주만유는 시종이 본래 없는 자리이면서 시작이 있으면 끝이 있고 끝이 있으면 시작이 있는 무궁한 자리이다.
이처럼 시종이 본래 없는 유상 중 시종이 무궁하게 무상하고, 시작이 있으면 끝이 있고 끝이 있으면 시작이 있는 무상 중 시종이 본래 없는 유상한 것이다. 무시무종 중 유시유종하고 유시유종 중 무시무종하며, 불생불멸 중 인과보응하고 인과보응 중 불생불멸하다.

17. 만물의 인과 보복 되는 것이 현생 일은 서로 알고 실행되려니와 후생 일은 숙명宿命이 이미 매하여서 피차가 서로 알지 못하거니 어떻게 보복이 되는가.

지금 여기 이 자리는 숙명도 없고 피차도 없고 보복도 없는 자리이다. 과거의 업보가 어찌할 수 없으며 미래의 업보가 관여할 수 없는 자리로 선악업보가 끊어진 자리이다.

'현생 일은 서로 알고 실행된다'는 이 마음이나 '후생 일은 숙명이 이미 매하여서 피차가 서로 알지 못하여 어떻게 보복이 될지?' 궁금한 미지의 마음이나 그 마음 당처는 인과 보복이 끊어진 자리이다. 이처럼 이 자리는 선악업보가 끊어진 공적한 자리이면서 신령하게 아는 영지의 광명을 따라 선악업보에 차별이 생겨나는 것이다.

소태산 대종사 친제인 〈열반 전후에 후생길 인도하는 법설〉 서두에 "이 세상에서 네가 선악 간 받은바 그것이 지나간 세상에 지은바 그것이요, 이 세상에서 지은바 그것이 미래 세상에 또다시 받게 될 바 그것이니, 이것이 곧 대자연의 천업이라."고 명시하고 있다.

과거도 미래도 현재에 있는 것이다. 그러므로 현재 이 마음이 변하면 과거도 변하고 미래도 변하듯이 본래 돈공한 현재의 이 마음에 그치면 과거에 사로잡힐 것이 없고 미래에도 걸릴 것이 없게 된다. 그러므로 선악업보가 끊어진 자리에 그쳐 있으면 업보에 자유롭게 된다.

결국 지금 업보가 드러나는 현재의 돈공한 자리에 들면 과거에도 미래에도 자유롭게 되고, 지금 받는 업보에 분별 집착하면 과거에 매이고 미래에 망상 윤회 되는 것이다.

『대종경』 천도품 23장에서 "생사거래와 고락이 구공한 자리를 알아서 마음이 그 자리에 그치게 하라. 거기에는 생사도 없고 업보도 없나니, 이 지경에 이르면 생사업보가 완전히 멸도 되었다 하리라."고 부촉한다. 생사거래와 고락이 텅 빈 자리를 자각하여 그 자리에 그치면 생사 업보에 휘둘리지 않게 된다. 정업은 난면이나 천업은 돌파할 수 있는 것이다.

18. 천지는 앎이 없으되 안다 하니 그것이 무슨 뜻인가.

지금 이렇게 드러나 있는 천지는 마음 밖의 대상이 아니라, 천지와 내가 둘이 아닌 자리이다. 지금 이렇게 드러나 있는 천지는 텅 비어 고요한 자리에서 드러나는 천지요, 신령하게 아는 자리에서 드러나는 천지이다. 앎이 없으되 아는 천지는 욕망이나 기대나 신념이나 이해관계에 물들지 않는 물들 수 없는 본래 마음에서 드러나는 천지이다.

지금 이렇게 드러나는 천지는 텅 비고 고요한 자리로, 한 이름도 없고 한 형상도 없고, 가고 오는 것도 없고 생멸도 없는 어떠한 분별의 앎도 없는 자리에서 드러나는 천지이다.

지금 이렇게 드러나는 천지는 신령하게 알아차리고 있는 마음 당처에서 드러나는 천지로, 성주괴공으로 춘하추동으로 생장이멸로 변화하되 안다 할 것이 없는 가운데 훤히 드러나는 천지이다.

그러므로 이렇게 드러나는 천지는 한편으론 불생불멸하고 또 한편으론 생멸 변화가 두렷한 천지이다. 지금 역력하게 드러나 있는 천지는 앎이 없는 불생불멸의 천지이면서 또한 생멸 변화가 확연한 천지다.

『대종경』 변의품 1장에서 "땅은 일체 만물을 통하여 간섭하지 않는 바가 없고, 생·멸·성·쇠의 권능을 사용하지 않는 바가 없으며, 땅뿐 아니라 하늘과 땅이 둘이 아니요, 일월성신과 풍운우로상설이 모두 한 기운 한 이치여서 하나도 영험하지 않은 바가 없나니라. 그러므로 사람이 짓는바 일체 선악은 아무리 은밀한 일이라도 다 속이지 못하며, 또는 그 보응을 항거하지 못하나니 이것이 모두 천지의 식이며 천지의 밝은 위력이니라. 그러나 천지의 식은 사람의 희·로·애·락과는 같지 않은 식이니 곧 무념 가운데 행하는 식이며 상 없는 가운데 나타나는 식이며 공정하고 원만하여 사사가 없는 식이라, 이 이치를 아는 사람은 천지의 밝음을 두려워하여 어떠한 경계를 당할지라도 감히 양심을 속여 죄를 범하지 못하며, 한 걸음 나아가 천지의 식을 체받은 사람은 무량 청정한 식을 얻어 천지의 위력을 능히 임의로 시행하는 수도 있나니라."라고 밝히고 있다.

텅 빈 자리에서 드러나는 천지요 고요한 자리에서 드러나는 천지요 신령하게 아는 자리에서 드러나는 천지는 응용 무념의 도로써 천지의 지극히 밝은 도이다.

이처럼 천지의 식은 앎이 없는 가운데 아는 식으로, 무념 가운데 행하는 식이며 상 없는 가운데 나타나는 식이며 사사가 없는 식이다. 이러한 천지의 식이 역력하게 마음에 자리잡도록 하는 것이 〈영주〉의 천지영기아심정天地靈氣我心定이다.

19. 열반을 얻은 사람은 그 영지가 이미 법신에 합하였는데, 어찌하여 다시 개령個靈으로 나누어지며, 전신前身 후신後身의 표준이 있게 되는가.

정산 종사는 『한울안 한이치에』에서 "개령個靈이 우주의 본체에 합한다는 것은 무슨 뜻입니까?"라는 질문에 "마음에 분별이 없으면 자성에 합하는 것과 같은 것이다. 부처는 사념이 없으므로 우주의 본체와 합해서 그 기운을 쓸 수 있으나, 중생은 사념이 있어서 합할 수 없다."라고 응답한다.

이 의두의 핵심은 열반을 얻는 것으로, 열반은 모든 분별 망상이 떨어진 무어라 할 것이 없는 걸림 없는 자리이다. 그러므로 열반이다 영지다 법신이다 개령이다 할 것이 없는 자리로, 분별이 눈앞에 역력하되 그러한 분별에 사로잡히지 않는 자리이다. 그렇게 역력하게 전개되는 분별의 본래 처에 계합해 있는 경지다. 이처럼 적정寂靜의 열반에 들었으니 법신이다 개령이라 할 것도 없고 전신 후신의 분별도 없는 것이다.

또한 이러한 열반적정의 자리를 법신이라 하고, 법신의 현현顯現을 개령이라고도 하고, 적정열반의 법신 자리에서 어제도 작용하고 내일도 작용하는 것을 전신이다 후신이라 하는 것이다.

결국 일체의 분별 망상이 멸진한 열반 자리는 곧 청정 법신의 자리이며 공적영지의 자리이다. 즉 열반=법신=영지로, 이러한 법신의 현현顯現을 개령이라 하며, 이 한자리를 열반이라고 하고, 법신의 작용에 따라 전신 후신이라 하는 것이다.

이는 대소유무에 분별이 없는 자리로서 공적영지의 광명을 따라 대소유무에 분별이 나타나는 것이다. 우주만유의 본체[大]를 법신이라 한다면 그 법신이 형형색색으로 드러나는 것[小]은 개령이요 또한 법신이 이렇게 저렇게 또는 어제도 내일도 작용하는 것[有無]을 전신 후신이라 하는 것이다. 그렇지만 '영지다' '법신이다' '개령이다' '전신이다' '후신이다'라고 분별 집착하는 순간 열반에서 벗어나게 된다.

20. 나에게 한 권의 경전이 있으니 지묵으로 된 것이 아니라, 한 글자도 없으나 항상 광명을 나툰다 하였으니 그것이 무슨 뜻인가.

의두요목 20조는 서산 대사[西山大師, 청허휴정淸虛休靜]의 운수단가사雲水壇歌詞에 등장하는 선시로 『원불교교전』에 새롭게 추가된 의두요목이다.

나에게 있는 한 권의 경전은 언어명상이 돈공한 자리에서 공적영지의 광명을 따라 언어명상이 완연하게 나타나는 마음 경전이다.

'마음 경전'은 한 글자에도 규정되지 않는 언어명상이 돈공한 자리에서 지혜 광명이 충만한 마음자리이다. 즉 언어명상의 규정에 한정되지 않는 공적영지의 광명이다.

'한 글자도 없으나 항상 광명을 나툰다는 것'은 언어명상이 돈공한 자리에서 언어명상이 완연하게 나타나는 공적영지의 광명이다. 한 권의 마음 경전은 '일원상 법어'에서처럼 원만구족하고 지공무사한 원상을 육근으로 사용할 때 쓰는 것이다.

지묵紙墨 경전은 공적영지의 마음 경전을 가리키는 손가락으로, 손가락인 지묵 경전을 보라는 것은 곧바로 달인 마음 경전을 보라는 것이다. 이러할 때 지묵 경전도 공적영지의 마음 경전을 직면토록 하여, 세상 모든 현실을 산 경전으로 삼도록 하는 것이다. 〈『대종경』 수행품 23장〉

이처럼 마음 경전은 안도 아니요 밖도 아니며, 안에도 찾을 수 없고 밖에서도 찾을 길이 없으되 안팎을 관통하는 현존現存이요 지혜 광명이다.

더보기Tip

소태산의 구도와 의두·성리

『정전』 '정기훈련법'에 제시된 정기훈련 11과목 중에서 소태산 대종사의 구도와 밀접한 과목은 의두와 성리이다.

소태산은 성리란 '우주만유의 본래 이치와 우리의 자성 원리를 해결하여 알자 함'이라 정의하며, 『대종경』 성리품 21장에서 '견성을 하면 어찌 되냐?'는 제자의 질문에 '우주만물의 본래 이치를 알게 된다.'라고 말씀하신다.

즉 우주만유의 소종래인 그 본래 자리는 달리 말해 우리의 자성自性이며, 그 자성의 원리를 해결하는 것[견성見性]은 우주만유의 본래 이치를 아는 것이다.

『대종경』 성리품 31장에서 이러한 성품의 참모습인 진체眞體는 생각으로 헤아리는 사량思量으로 알게 되는 자리가 아니므로 관조觀照로써 깨쳐 얻으라고 당부한다. 논리적으로 분석하는 것이 아니라, 지금, 이 순간 작용하는 마음을 직시하여 마음 당체[자성自性]을 돌이켜 반조返照하라는 것이다. 분석하면 '의두'가 되고 관조하면 '성리'인 것이다.

이처럼 소태산 대종사의 깨달음은 의두·성리와 관련이 깊다. 소태산 대종사의 구도 과정은 의두로 비롯하여 성리로 개화되었다 할 것이다.

소태산 대종사의 구도 과정은 '의심 해결'이다.

7세 시부터 의심이 시작됨을 따라 모든 의심이 꼬리에 꼬리를 물고 일어나더니 이 의심 저 의심이 한가지로 소년 대종사를 답답하게 한다. 11세~15세까지의 산신 기도와 16세~20세까지의 구사고행은 어찌 보면 의심 해결의 의두의 과정이었다고 볼 수 있다. 즉 의심 해결을 위한 구도였다.

그 후 21세 시 탈이 파시로 부친이 남긴 채무를 해결한 후 22세 무렵부터 다시 의심 해결에 집중하여 "이 일을 장차 어찌할꼬?"라는 의심에 몰입한다. '이 일'은 "이 의심을 어떻게 해결할꼬?"라는 사무치는 마음이다. 소태산에게 의심 해결은 일생일대의 큰일로 이보다 더 급선무는 없었다.

소태산 대종사는 부친께서 당신의 구도를 뒷바라지하다가 남기신 부채를 해결하는 경제 운영의 능력을 발휘하고도 그 돈벌이의 경제 능력에 끌려가지 않고 그 중력을 박차고 다시 의심 해결의 구도에 몰입한다. 그만큼 소태산에게 의심 해결은 무엇과도 바꿀 수 없는 당면과제였다.
25세 무렵에는 "이 일을 장차 어찌할꼬?"라는 생각마저도 잊게 되는 '강변입정상'으로 대표되는 입정入定 상태에 들게 되어, 26세인 병진 삼월 출정出定하여 대각한다.

소태산 대종사의 대각은 의심에 초점이 있다. 의심이 뭉치고 뭉쳐 의심과 하나가 되어 의심 이외에 어떠한 것도 끼어들 틈이 없는 마음이 되어, 이러한 의심은 드디어 그 의심 자체마저 잊는 의심 돈망頓忘의 경지에 들게 된다.
그 자리에는 밤낮으로 염원했던 의심 미해결의 답답함도 사라지고, 아들의 소원 해결을 간절히 바라시었던 부친의 기대에 대한 불효와 죄송함도 녹아내렸으며, 나라 잃은 서러움도 갖은 국한이 트여 새롭게 승화되어, 온갖 한계와 원망이 다 해소되고 해탈·해원 되는 경지에 들게 된다. 살아있는 침묵, 신령한 침묵, 생생한 입정에 드신 것이다. 시공時空과 주체가 사라지는 즉 물아物我의 구분과 시간과 처소를 잊는 삼매상태가 지속되었다.
이러한 일체가 텅 빈 입정 자리에서 꿈틀거리는 광명과 조화가 드디어 대각으로 폭발하게 된 것이다.
의두를 통해 우주만유의 본래 이치[이理]와 우리의 자성 원리[성性]인 성리에 이르렀고, 성리에 바탕 하여 사리 간의 모든 의두가 한 생각을 넘지 않게 된 것이다.

소태산 대종사의 의두는 구체적인 사실에서부터 마음 본처에 이르기까지 그 스펙트럼이 넓다. 그 내용이 『수양연구요론』의 문목 137항에 잘 나타나 있다. 자연현상으로부터 각 경전의 핵심 사항과 화두 또는 계문 등의 윤리적 사항에까지 광범위한 의심을 가지셨다. 이러한 문목이 소태산의 공부 방식이다. 핵심을 잡아 그 골자에 진입한 것이다.

소태산의 구도에서 의심을 가진다는 것은 자기 삶의 주체가 된다는 것이며 문제를 주도적으로 해결하겠다는 의지이다. 의심은 모든 상황의 중심이요 해결의 실마리요 진리 구현의 시작이다.

의두 문답 회고담

향산 안이정 교무의 소태산 당대의 선방 회고담이다.

소태산 여래 당시는 매년 겨울에 3개월간 훈련했는데 훈련 해제 3일 전부터 3일간 밤에 의례히 성리문답 시간을 갖게 하시고 이 시간만은 소태산 여래께서 친히 맡아 주도하셨다. 그때 성리문답의 주제는 '만법귀일 일귀하처'라는 문제였는데, 이 문제를 가지고 여래선 도리, 조사선 도리, 의리선 도리로 3일간 밤 시간에 문답이 진행되었다.

첫날밤은 여래선 도리로 문답이 진행되었고, 다음 날 밤은 조사선 도리로 문답이 진행되었고, 마지막 날 밤에는 의리선 도리의 문답이 진행되어 끝마치게 되었다. 그런데 이 세 가지 단계의 관문을 무난히 넘기게 되면 양성을 어떻게 하느냐, 솔성을 어떻게 하느냐를 물은 다음 깨달음이 확실하고 공부길을 잡은 것이 분명하면 견성의 인가를 하여 주신다는 것이었다. …

문답을 할 때는 반드시 거수로써 발언권을 얻어서 하게 되고, 소태산 여래의 물음에 답을 못하거나 주제와 방향이 빗나가거나 말이 막히게 되면 소태산 여래께서 법상 위에 놓은 벨을 누르신다. 그러면 말을 하는 도중일지라도 말을 중지해야 한다. …

나는 그때 서슴지 않고 첫날 밤 제1 관문이었던 문답에 한몫 끼어 발언권을 얻어 나의 나름대로 여래선 도리에 맞추어 답을 했고, 그 이튿날 밤에도 발언권을 얻어 나의 나름대로 조사선 도리에 맞추어 답을 하여 적중의 여하는 알 수 없었으나 그 관문까지는 무사히 넘겼다. 그다음 세 번째 마지막 날 밤에도 역시 발언권을 얻어 의리선 도리에 맞추어 말을 하게 되었는데 1, 2차 관문은 격외의 도리이기 때문에 어물어물 넘길 수가 있었으나 이 셋째 관문은 평소 깊은 연마가 있고 쌓은 경험과 실력이 있어야만 충분한 설명을 할 수 있었다. …

이 관문[의리선 도리]은 성리의 체와 용을 완전히 알아 물음에 답하되 의리적으로 설명하여 그 물음에 적중이 되어야 하며 또한 대중이 듣고 인증이 되어야 한다.

이때 물으신 문제는 앞에서 말한 바와 같이 만법귀일 일귀하처로 우주만유를 똘똘 뭉쳐서 하나로 만들어 그 하나가 무엇인가를 말하여 보고 또한 그 하나는 어디로 돌아가는가

를 말해 보라는 것이었다. 그때 나는 또한 발언권을 얻어

"오직 한 기운입니다."

"어찌하여 한 기운인가"

"우주만유가 오직 한 기운으로 뭉쳐 있기 때문입니다."

"너의 말과 같이 우주만유가 한 기운으로 뭉쳐 있다면 우주만유가 한 기운으로 통할 것이 아니겠느냐?"

"그러하옵니다. 허공법계 그 어느 곳에나 통하지 않는 곳이 없나이다."

"그렇다면 지금 포수가 허공에 날아가는 기러기를 총으로 쏘아 맞히었다 하자. 그런다면 그 총알에 맞은 기러기는 오죽 아프겠느냐. 총을 쏘아 맞힌 포수는 기러기가 맞아떨어지는 것을 보고 통쾌히 여길 것이다. 우주만유가 한 기운으로 연해 있어 한 기운으로 통해 있다면 그 아픔을 같이 느껴야 하지 않겠느냐? 기러기가 총알에 맞아 아픈 것처럼 포수도 아픔을 같이 느껴야 할 것인데 그렇겠느냐? 말해 보라. 지금 이 몸뚱이는 한 기운으로 연해 있어 두루 통하기 때문에 몸의 감촉을 다 느끼게 되고 몸뚱이의 어느 부분이 상처가 생기게 되면 몸 전체가 다 알아 아픔을 같이 느끼지 않느냐? 기러기의 아픔을 포수가 느끼지 못한다면 어찌 한 기운으로 통해 있다 할 수 있겠느냐? 말해 보리."

"아픔을 느끼는 것은 감각이요, 기운 그 자체는 아프고 아프지 않고가 없나이다."

"왜? 어째서?"

그 말씀에 말문이 막혀 머뭇거림을 보시고 벨을 눌러 버리셨다. 〈『원불교 교전해의』〉

무상대도無上大道

송도성 수필受筆

《회보》 제31호, 시창22년(1937) 1월호

소태산 대종사, 변산 봉래정사에서 석두거사라 칭하며 주재하실 때 제자들과 성리문답을 나누었던 법설이다. 『대종경』 성리품 11, 12, 13, 14, 16, 19, 20장에 수록된다.

한때에 종사주 봉래정사에 계시사 모든 학도學徒들에게 일러 가라사대,

"내 전일 한 생각을 얻은 후 모든 문자를 많이 기록해 놓았다가 여러 가지 사정으로 소화消火한 후, 그것이 본시 나의 정신에서 나온 것이므로 나의 생전에는 다시 저술하기가 용이할 줄 알았더니, 이제는 여러 가지 사무에 끌리는 관계인지 혹 상기上氣도 되고 정신이 혼미해지니 한이로다." 하시고, 글 두 귀를 써 주시며 가라사대 "이 뜻을 알면 곧 도를 깨닫는 자이니라." 하시더라.

변산구곡로邊山九曲路에 석립청수성石立聽水聲이라,

무무역무무無無亦無無요 비비역비비非非亦非非로다.

해解 : 변산 아홉 구비 길에 돌이 서서 물소리를 듣더라.

없고 없다 하는 것도 또한 없고 없으며, 아니고 아니라 하는 것도 또한 아니고 아니로다.

〈『대종경』 성리품 11장〉

한때에 종사주 한 학도를 대하사 일러 가라사대,

"내가 영산에서 이 봉래산을 윤선으로 올 때 그 해수海水를 보니 깊고 깊은지라, 그 물을 낱낱이 말[두斗]로 되어 보았으며 고기 수도 낱낱이 헤어 보았나니, 그대도 혹 그 수를 알겠는가?" 하시니, 그 사람이 그 어의語意를 알지 못하더라.

〈『대종경』 성리품 12장〉

한때에 종사주 모든 학도에게 일러 가라사대,
옛적에 어느 제자가 그 스승에게 묻되 "도道가 무엇입니까?" 하니, 그 스승이 답 왈 "너에게 도를 가르쳐 주어도 도에는 어긋나며, 도를 가르치지 아니하여도 도에는 어긋나니, 그 무엇이라 하여야 좋을까?" 하였나니, "제군은 이 뜻을 알겠는가? 알거든 대답하라." 하시니, 좌중座衆이 묵연하여 대답을 올리지 못하더라. 때는 마침 동절冬節이라 백설白雪이 만건곤滿乾坤하였는지라. 종사주 나가시사 친히 도량을 쓰시니, 한 제자 급히 나와 눈 가래를 잡아 쓸며 종사주에게 방으로 들어가시기를 청하니, 종사주 가라사대,
"나의 눈 치는 것은 다만 눈만 치기 위함이 아니라, 제군에게 무상無上의 현묘한 법을 가르쳤노라." 하시더라. 〈『대종경』 성리품 13장〉

한때에 종사주 한 제자를 향하여 가라사대,
"벽에 걸린 저 달마 대사의 영상影像을 능히 걸릴 수 있겠느냐?" 하시니, 그 제자 답 왈 "능히 걸리겠습니다."
종사주 가라사대 "그러면 한번 걸려 보라." 하시니, 그 제자 곧 일어나 몸소 걸어가거늘, 종사주 가라사대 "그것은 네가 걸어간 것이니, 어찌 달마의 화상畵像을 걸렸다 하겠는가?"
그 제자 답 왈 "동천東天에서 오는 기러기 남천南天으로 갑니다." 하더라.

〈『대종경』 성리품 14장〉

한때에 수좌 한 사람이 와서 종사주에게 고왈告曰 "여래는 도솔천을 여의지 아니하시고 몸이 왕궁가에 내렸다 하시며, 비록 어미의 태중에 있으나 드디어 중생 제도하기를 다 마쳤다 하였으니, 그 뜻을 알지 못하겠습니다."한데, 종사주 답하여 가라사대,
"그대가 실상사를 여의지 아니하고 몸이 석두암에 있으며, 비록 석두암에 있으나 드디어

중생 제도하기를 다 마쳤나니라." 하시더라.

〈『대종경』 성리품 16장〉

한때에 종사주 봉래정사에 계시사, 무심한 백운白雲을 벗하시며 송풍나월松風蘿月에 대도大道를 수련하시더니, 하루는 산승 백학명 선사가 와서 말하되 "선생 같으신 도덕으로 어찌 세상에 포양할 뜻을 두지 아니하시고 이 같은 심산궁곡에 처하사 수간數間 모옥茅屋의 생활을 하시나이까?" 하고 가더니, 돌아가서 아래와 같은 글 한 수를 지어 보내었더라.

투천산절정透天山絕頂이여 귀해수성파歸海水成波로다.

부각회신로不覺回身路하여 석두의작가石頭倚作家로다.

해解 : 하늘을 뚫는 높은 산 이마여, 바다에 돌아가매 물이 물결을 이루리로다.

몸 돌이킬 길을 깨닫지 못하여, 돌머리에 의지하여 집을 지었더라.

[당시 종사주 소거所居정사를 석두암이라 칭하였으므로 '석두의작가石頭倚作家' 설說이 있음]

종사주 그 시를 답하시니,

절정絕頂도 천진수天眞秀요 대해大海도 천진파天眞波로다.

부각회신로復覺回身路하니 고로석두가高露石頭家로다.

해解 : 높은 산 이마도 천진으로 솟았고, 큰 바다도 천진으로 일어나는 물결이니라.

다시 몸 돌이킬 길을 생각하니, 높이 돌머리 집이 드러났도다.

〈『대종경』 성리품 19장〉

한때에 한 제자 종사주에게 고왈 "이 천지만물이 어느 때부터 있었나이까?" 한데,

종사주 답 왈 "너의 말하기 전이니라."

또 물어 가로되 "견성見性을 하면 어찌 되나이까?" 한데,

종사주 답 왈 "조선 국문國文에 본문本文 아는 것과 같나니라." 하시더라.

〈『대종경』 성리품 20장〉

선문답 편편

이공주 수필受筆

원각성존 소태산 대종사 수필 법문집

———— 구타원 이공주에 의해 수필된 소태산 대종사 법설로, 소태산의 모두冒頭 법설과 이어서 제자들과 문답한 내용이 약술되어 있다. 갑술甲戌(1934)년 1월 12일~14일 3일간 밤에 문답한 내용이 담겨 있다. 계유癸酉 동선 시의 선문답이다. 95, 96, 97, 98, 99와 101, 102, 103, 104, 106, 107, 119가 넘버링 되어 있다.

갑술 1월 12일 종사주 가라사대,

"오늘밤에는 견성見性을 시켜 보려 하노라. 절집에서는 견성을 한다 하고, 선가仙家에서는 양성을 한다 하고, 유가儒家에서는 솔성을 한다고 했다. 그런데 우리는 한집에서 세 가지를 다 했으면 좋겠다. 보아서, 키워서, 거느리자는 것이니, 즉 우리 도통道通은 성리性理도통·양성養性도통·솔성率性도통을 해야 하며, 가르치기도 그러도록 가르친다. 우선 성性을 보아야 키우기도 하고, 거느려서 부리기도 할 것 아닌가. 이제 물으리니, 누구든지 생각나는 대로 대답하라! 절집에서는 견성 시키는 법이 화두를 일러주어 해석한 사람은 대답한다."

95. 만법귀일萬法歸一 일귀하처一歸何處? 귀일된 경로經路를 말하라.
답: 일귀一歸란 분별이 끊어진 자리니, 있다 없다 할 것도 없는 적적寂寂한 자리입니다.

문: 진성眞性을 내놓으라!
답: 언어도단言語道斷하고 심행처心行處가 멸한 자리입니다.

버선본本을 얻어 가지면 버선 짓기가 쉽듯이 견성을 하면 도통하기가 쉽다.

성性은 무엇?

性은 마음의 생하기 전이니, 유有와 무無를 초월한 자리입니다. 유라 무라 함은 마음이 있어야 분별을 내게 되므로 분별없는 자리입니다.

성리도통 = 본래 진면목 자리.

양성도통 = 정신을 수양하여 정력을 얻은 온전한 자리.

솔성도통 = 공자의 이르신 범절凡節, 바른길[정의·불의의 도]

천지 만물의 본래 있는 것에 아니 끌리면 없는 것.

성性은 우연히 나타난다 하니, 유有가 아닌가?

유有라 함은 마음이 들어 분별 냄이니, 마음의 미생전未生前입니다.

성품 = 언어도단·심행처멸한 자리.

기운 = 온기溫氣와 공기空氣를 말함이니, 천지임.

이치 = 기운이 자연 운전되는 것.

마음 = 밝게 아는 것이니, 분별심이요.

갑술 1월 13일 밤.

절집에 점수돈오漸修頓悟라, 돈오점수頓悟漸修라는 말이 있으니, 돈오점수란 견성 먼저 하고 양성·솔성하는 것이요, 또 양성·솔성하여 가지고 견성도 하는 것인데, 육조는 돈오점수한 이라. 돈오頓悟해 가지고도 양성·솔성에 13년이 걸렸다. 그러면 견성해 가지고 솔성·양성을 하거나, 솔성·양성해 가지고 견성하거나 마찬가지다. 성리를 알아도 아무 이해력이 없어 견성 아니한 사람만도 못 한 사람이 있으니 즉 견성한 보람이 없는 사람도 있으니, 주의할 일이다.

설사 견성의 인가를 맡은 사람이 있어도 조급증·시기심·타락심을 내면 그것은 철모르는 멍청이다. 옆에서 다른 사람은 하고, 나는 못 하면 혹 자포자기심도 나는 수가 있으니, 그러거든 망상妄想으로 알라. 설사 성리는 눈치 채도 삼대력을 얻지 못하면 아무 소용없다. 이 선禪에도 견성 허가 맡을 사람이 있는데, 못 맡는 사람도 안심하라. 누에가 베 바래기는 것 같이 '나도 저 사람 보니까, 곧 견성하겠구나' 하고 기뻐하라. 실로 1인이 나면 계속 해서 날 것이다. 또 절집 견성인과 우리 집 견성인과는 큰 차이가 있으니, 곧 천양지판天壤之判이다.

1. 양성을 했으면 정력을 얻은 것이요,

2. 솔성은 물건에 마음을 안 뺏기고 정의만 행하는 것.

98. 어머니 태중에서 중생 제도를 마쳤다 함은?

답: 모태 중은 본성本性의 진면목眞面目이요, 제도 마쳤다 함은 중생의 본성을 말함이니, 중생도 본성은 선악도 없고 분별이 끊어진 자리니, 마쳤다는 것은 진작 제도가 되었다는 말입니다.

또 물으면? 보통부 있으나, 대각여래부를 마쳤다 하겠소.

99. 부처님이 설법한다 하시고 꽃가지를 드시니 가섭은 미소한 의지義旨는 무엇?

답: 꽃가지나 미소나 성性의 진면목을 말함이니, 가섭의 웃음은 알았다는 대답입니다.

96. 만법으로 더불어 짝하지 않는 자가 어떤 물건?

답: 분별없는 진면목인데, 짝을 한다 안 한다고 하면 성性에는 틀렸습니다.

또 물으면?

유와 무를 초월한 자리입니다.

97. 도솔천을 여의지 않으시고 몸이 왕궁가에 내리셨다 함은?

답: 본성을 이름이니, 성性은 차별이 없는지라, 도솔이다 왕궁가다 하는 차별 없습니다.

또 물으면?

몸이 익산을 여의지 않고 경성에 갔습니다.

101. 조주 선사가 승僧에게 "개는 불성佛性이 없다." 하니 어떠한 연고인가?

답: 납자가 조주에게 "개도 불성이 있습니까?" 물으니까 납자에게 의심을 넣어준 말이다. 크게 의심을 주어 깨우치라는 한 방편이었지, 진경眞境을 말함은 아니다. 준동함령蠢動含

靈 개유불성皆有佛性이라 함은 다 불성 있음을 말함이니, 이쪽저쪽을 뛰어넘어야만 한다.

107. 위산 선사가 죽은 뒤에 소가 되어 오른쪽 뿔에 '위산 모某'라 각刻하리니, 위산이라 할까 소라 할까?
답: 본래 면목을 이름이니, 소라 해도 성性에는 어긋나고, 위산이라 하여도 성性에는 어긋났습니다.
또 물으면? 천명지위성天命之謂性이라 하겠습니다.

119. 대지산천에 초목수가 몇 개이냐? [수로 대답하면 격언이 아니다]
답: 하나입니다. [직접 물은 말이다. 분별 끊어진 자리다]
또 물으면? 한입에 서강수를 다 마신다. [무극無極이요]

103. 조주 가라데 달마가 동토 오심은 뜰 앞에 잣나무라 한 의지는? [직접 답할 것이다]

104. 황벽이 임제가 불법 뜻을 물을 때 30봉을 때린 것도 직언直言이다.

106. 도의 유무有無를 묻는 것도 제일구第一句로 직답直答할 것.
답: 분별없는 자리를 말함이니, 유무 말함은 틀렸다. [궁굴리는 것은 초견성初見性자에게]

102. 육조경에 천지를 덮고 칠통 같고 햇빛 같다 함은?
즉답卽答할 것이다. 심心
성리를 아는 체하면 의심을 넣어준다. 가령 화두를 주었는데 조금 알았으면 몰랐다고 의심을 주면 한번 막혔다가 다시 터주면 안다.

1월 14일
성리性理를 3일이나 했으니 초견인初見人은 '무슨 말인고?' 할지나, 들어두면 연連해 업장業障이 녹고 앎이 돋아난다. 이것을 잘[성리법을 자주] 아니하는 것은 혹 진면목眞面目은 못 보고 가인假人적 사람이 될까 염려하여 나는 꼭 안 지 모르는지 안다. 이후 선기禪期에는

6일 지내고 첫날은 궁굴려 보겠다. 정신 해부 많이 하는 머리에 곧 깬다.

우리 삼강령[정신수양이 선가仙家의 양성, 사리연구가 불가佛家의 견성·안다는 것, 작업취사가 유가儒家의 솔성법이다] 즉 알려주고, 키우고, 거느려 쓰라. 보고 키우는 법은 안 알리고 유가에서는 솔성만 하라 했으니 좁고, 선가仙家에서는 양성해서 솔성을 해야 할 텐데 견성법이 없는 머리에 진면목을 보지 못할 산간벽지山間僻地를 여의지 못했다. 불가는 또 견성법만 말했으니 평천하平天下하는 법이 못 되고 다 편벽되었다.

사람이 늙으면 견성·양성을 해야 하고, 우리는 견성·양성·솔성 삼합三合을 해야 한다. 그러다가 늙으면 양성만 하면 좋다. 그때는 선법仙法 즉 노자도老子道로 돌아간다.

존심양성存心養性.

소를 키우려면 그 소를 보아야 하고, 또한 잘 키워야 부려 먹는다. 그런데 한 가지만 하면 넉넉한 살림이라고 할 수 없다.

이를 알면 좋은 것이 무엇? 견성하면?

답: 만물의 불생불멸 하는 이치를 아니 생로병사를 해탈하게 됩니다.

불해탐주佛海探珠

직양한인 송도성

《회보》 제50호~제63호

송도성은 직양한인直養閑人이라는 필명으로 《회보》 제50호를 시작으로 《회보》 제63호까지 11차에 걸쳐 '불법의 바다에서 화두라는 진주를 찾아 탐구한다'는 뜻의 〈불해탐주佛海探珠〉를 연재한다. 이 중에서 의두요목 9조, 12조, 20조와 관련된 화두이다.

마명 대사는 서역 불교의 중흥조로서 공로가 가장 혁혁하신 분이시다. 대사는 젊어서부터 학문을 좋아하고 묘의를 탐구하기에 여념이 없으시더니 하루는 부처님의 11대 법통을 이으신 부나야사 대사가 자국인 파라내성을 방문한다는 말을 듣고 크게 기뻐하여 대사를 영접하여 예를 필한 후에 인하여 물어 가로대 "내가 부처를 알고자 하노니 무엇이 부처인고?[아욕식불하자즉시我欲識佛何者卽是]" 대사 "네가 부처를 알고자 할진대 알지 못하는 자 이 부처니라. [여욕식불불식자시汝欲識佛不識者是]" 마명 "부처도 이미 알지 못하였거든 이것이 꼭 부처라는 것을 어찌 알꼬?[불기불식언지시호佛旣不識焉知是乎]" 대사 "이미 부처를 알지 못하였을진대 어디 부처가 아니라는 것을 알꼬?[기불식불언지불시旣不識佛焉知不是]" 하시니 마명 대사 언하에 크게 깨달아 일어나 절하고 드디어 제자 되어 마침내 대도성취하여 제12대의 거룩한 조사가 되시었다. 〈회보 제50호, 시창23년 12월호〉

본정 선사라 하는 분은 강주 사람이니 어려서 출가하여 조계의 심인을 받은 후로 사공산司空山 무상사無相寺에 거居하여 청한자적淸閑自適하며 전심수도하기에 노력하더니 당唐의 천보 연간에 중사[中使, 벼슬 이름] 양광정이 어명을 받들어 상춘등常春藤을 캐려고 산에 들어왔다가 인하여 조실에 나와 물어 가로대 "제자가 도풍을 사모하온지 이미 오래오니, 원컨대 화상은 자비를 베푸시어 한 말씀의 법요를 가르쳐 주시옵소서."

사師 가라사대 "천하의 선종석학禪宗碩學이 다 경사京師에 모였으니 이러한 말은 돌아가서 그분들에게 물어 해결할 것이요, 빈도貧道의 관지關知할 바가 아니니라."

광정은 아마 제자의 정성이 부족함으로 화상께서 가르침을 허락지 아니함이라 생각하고 인하여 울며 무수히 예배하거늘,

사師 가라사대 "그러면 천사의 뜻은 불佛을 구함이냐, 도道를 물음이냐?"

광정 "제자는 지식이 혼매하여 불佛과 더불어 도道의 뜻을 분명히 구분치 못하겠사오니 원컨대 자상히 교시하옵소서."

사師 "만약 불佛을 구하고자 할진대 마음이 곧 불佛이며 만약 도道를 알고자 할진대 무심無心이 이 도道니라."

광정 "어찌하여 마음이 곧 부처라 하나니까?"

사師 "불佛은 마음으로 인하여 깨닫고 마음은 불로 인하여 드러나니 만약 무심을 깨달으면 불도 또한 있는 곳이 없나니라."

광정 "그러면 또 어찌하여 무심이 이 도道라 하나니꼬?"

사師 "도는 본래 무심한 것이요, 무심한 것을 또 도라 하나니 만약 무심의 이치를 알진데 이것이 곧 도道니라."

광정이 배사拜謝하고 물러 나와 조정에 돌아와서 산중소우지사山中所遇之事를 탑전榻前에 주달奏達한대 나라에서 광정을 보내어 사師를 경사京師로 청하여 백년사에 주석케 하고 일일은 경중京中의 고승 숙덕을 걸내로 회합하여 사師로 더불어 도의道義를 의론케 하니 원 선사遠禪師라고 하는 자 있어 소리를 가다듬어 사師에게 일러 가로대 "지금 성상의 앞에서 종지를 시문하게 되었은즉 묻는 말 그대로 곧 대답할 것이요, 지체하거나 번담을 하여서는 아니 되오. 그런데 선사의 소견에는 무엇으로써 도道라 하오?"

사師 답해 가로대 "무심히 이 도니라."

원遠 "마음이 있어야 도道도 있거늘 어찌 무심히 이 도道라 하는고?"

사師 "도道가 본래 이름이 없거늘 마음으로 인하여 도道라 하였나니 마음이 만약 있는 것이라면 도道도 또한 허하지 아니하려니와 마음을 궁구하매 마음이 본래 없는 것이니 도道가 그 어느 곳에 서리요. 그런고로 도道니 마음이니 하는 것은 모두 허망한 것이며 다 거짓 이름에 불과한 것이니라."

원遠 "선사의 견지에는 색상 있는 몸과 분별 있는 마음은 도가 아니라 하는가?"

사師 "그렇지 아니하다. 산승의 몸과 마음도 본래 이 도道니라."

원遠 "선사의 말씀은 도무지 종잡기가 어렵도다. 아까는 내둥[내내] 무심이 도道라 하고 이제에는 또 몸과 마음이 본래 다 도道라 하니 언어가 서로 다르지 않은가?"

사師 "무심히 이 도道라 함은 마음도 없고 도道도 없어서 마음과 도道가 일여한 자리를 이름이요, 몸과 마음이 본래 이 도道라 함은 도道도 또한 몸과 마음을 여의지 아니하고 몸과 마음도 또한 도道의 공한 자리로 돌아가게 되어 근원을 추구하면 모두가 하나요 둘이 아니니라."

원遠 "선사의 형질이 심히 단소短小한대 저러한 분이 어떻게 그처럼 훌륭한 도리를 알으셨나이까?"

사師 "대덕이 다만 산승의 체상만 보았고 산승의 무상법신無相法身을 보지 못하였도다. 경에 이르시되 무릇 모든 상相 있는 것은 다 허망한 것이니 만약 모든 상을 상 아닌 것으로 보면 곧 도道를 깨달으려니와 만약 모든 상으로써 실을 삼을진대 궁겁토록 지낸다고 하여도 도道는 깨닫지 못한다고 하였나니라." 〈회보 제53호, 시창24년 3월호〉

율사律師 법명法明이라는 사람이 혜해 선사慧海禪師에게 일러 가로대 "선사가禪師家에서는 공空에 떨어지는 자가 많도다."

사師 "나는 보니 좌주가座主家가 도리어 공에 떨어지는 자가 많도다." [좌주座主는 강사講師의 별칭]

법명이 깜짝 놀라 "우리가 무엇이 공에 떨어짐이오니까?"

사師 "경론이라 하는 것은 모두 지묵 문자로써 이루어진 것인데 지묵 문자하는 것은 또한 성색聲色 위에 건립된 것이니 이것이 모두 다 공 아님이 없거늘 좌주가 그것을 알지 못하고 교체敎體에 집체執滯하니 어찌 공에 떨어짐이 아니리오?"

법명 "그러면 선사는 공에 떨어지지 않았습니까?"

사師 "공에 떨어지지 아니하였노라."

법명 "어찌하여 공에 떨어지지 아니하였다고 하나니까?"

사師 "문자 등이 다 지혜로 좇아 나는 것인데 지혜의 대용이 항상 앞에 나타나 있나니 어찌 공에 떨어졌다 하리오."

법명이 이 말을 듣고 깊이 감복하고 가니라.

〈회보 제55호, 시창24년 6월호〉

마조가 들으시고 곧 한 중을 보내어 물어 가로대 "화상和尙이 마 대사馬大師에게서 어떠한 법을 얻어서 이 산에 와서 계십니까?"

사師 "마 대사馬大師께서 나를 향해 마음이 곧 부처라 하심으로 나는 그 대중을 잡고 공부하여 가노라."

중 "마 대사의 근일불법近日佛法은 또한 달라졌습니다."

사師 "어떻게 달라졌는고?"

중 "마사馬師께서 근일에는 또 이르시기를 마음도 아니요, 부처도 아니라 하나이다."

사師 "그 늙은 놈이 인심을 혹란惑亂케 하되 그치는 날이 없구나. 너희들은 너희 멋대로 마음도 아니요, 부처도 아니라는 것을 주장하라. 나는 나대로 마음이 곧 부처라는 것을 믿으리라." 하였다.

그 중이 이 말로써 마조에게 회보回報한대 조祖 이르시되 대중들아 매자梅子가 익었도다 하시더라. 〈회보 제56호, 시창24년 7월호〉

감각
감상

모계포란의 감상담

김남천

《월말통신》 제7호, 시창13년 무진 음 9월

《월말통신》 제7호 감각편에 수록된 김남천의 감상담이다. 감상 시기는 정묘 12월 26일로 의두를 깨치는 것이 마치 암탉이 알을 품는 것과 같다는 감각 감상이다.

어느 때에 선생께서 금강원에 계시사 일반 선도禪徒로 더불어 매일 아침에 '만법귀일萬法歸一 일귀하처一歸何處'라는 의두를 문답하실 새 하루아침에 1, 2인씩 물으시사 차제次第로 윤회輪回하기를 3, 4회에 이르매 어언 선기禪期 3개월이 되었으되 한 사람도 견성한 허가를 얻지 못하였다. 혹 어떠한 사람은 이 의두를 어느 때에 알 것인가 하여 초조한 마음을 가지는 자도 있고, 또 어떠한 사람은 나는 못 알 것이라 하여 스스로 낙심하는 자도 없지 아니하였다. 이즈음에 김남천 씨의 밝으신 감각을 듣고 여러 사람은 안심하게 되었으니, 씨氏의 감각은 아래와 같다.

"내가 어느 때에 암탉[모계母鷄]이 병아리 까는 것을 보았습니다. 10여 개의 알을 품고 주야로 쉬지 아니하면서 20여 일을 두고 궁굴리더니, 급기야 깨어질 시기가 되니까 하나씩 둘씩 차례차례 깨어지는 중 암탉의 품에서 벗어난 것만 고란枯卵이 되고 말더이다. 그런데 우리 선생님께옵서 날마다 이 의두로써 우리를 궁굴려 주시는 것이 꼭 전자前者에 말하던 암탉이 병아리 까는 것과 같다고 생각하였습니다. 그러면 우리도 선생님의 가르치시는 법에 벗어나지만 아니하고 될 만한 한도까지 닦아 가면 미망의 껍질이 다 벗어지고 대원大圓한 성체性體가 드러날 줄로 자신합니다."라고 하드라.

〈정묘 12월 26일 감상담 중에서〉

세상에 귀신이 있는데 어떠한 것이 귀신인가?

전음광

《월말통신》 제13호, 시창14년(1929) 3월분

소태산 대종사의 대각과정에서 『주역』의 여귀신합기길흉與鬼神合其吉凶을 들으시고 그 뜻이 문득 깨닫게 된다. 대각의 경지를 확인했던 경구이다. 소태산에게 귀신은 대각분상에서 드러나는 생생약동하는 우주만유의 모습이다. 이러한 약동하는 귀신의 경지를 전음광은 음양의 작용으로 밝히고 있다.

우리 모든 인생이 항상 말은 하되 보지 못하고 보아도 알지 못하고 알지는 못하여도 떠날 수 없는 한 물건이 있으니 그것은 곧 무엇일까?

다름이 아니다. 사람마다 부르짖는 귀신이다. 이 세상 인중人衆의 귀신에 대한 이해의 정도를 보라. 귀신 귀신 부르짖으며 귀신이란 무서운 것이다, 귀신이란 영험靈驗한 것이다, 귀신이란 조화가 있는 것이다, 귀신이란 만능의 권위가 있는 것이다, 귀신이란 있는 것이다, 귀신이란 없는 것이다, 이 같은 평론評論이 분분하지마는 실제에 있어서는 그 귀신의 형체를 지적하지 못하고 도리어 허무맹랑한 일종의 미신 하에 굴복하고 만다.

그러면 귀신의 영험 조화 권능의 유무는 아직 두고 제1 귀신의 본체부터 알아야 할 것이니 대체大體 귀신이란 있는 것인가? 없는 것일까? 나는 귀신이란 꼭 있다고 인정한다. 그러나 귀신이 있다고 하는 것부터 그 귀신의 실재를 발로하는 데에는 더디다고 생각한다. 그것은 그 있다 없다 평론하는 것부터 곧 귀신이 들어서 하는 것이니까 말이다. 만일 이 우주의 사이에 귀신이 없다 할진대 우주는 곧 공주空宙가 될 것이요, 결국은 공주空宙란 이름까지도 없을 것이다. **귀신이 없다 이르는 자는 곧 자기가 있어도 자기를 모른 자요, 천지에 있어서도 천지를 모른 자요, 만물 중에 있어서도 만물을 모른 자이다. 쉽게 말하면 천지와 만물이 다 신神 아님이 없나니 귀鬼는 곧 만물의 체體를 이름이요, 신神은 곧 만물의 동력動力, 다시 말하면 용用을 가르침이다.** 그러면 이 우주 내內에 귀신의 수數는 대략 몇이나 될 것인가?

유정 무정의 천만 건이 대소청탁大小淸濁을 물론 하고 귀鬼와 신神이 합동한 것도 있으며 귀鬼만 있는 것도 있으며 신神만 있는 것도 있어 하나도 그 신神의 범위를 벗어난 자 없음에 따라 귀신 역시 천만 가지나 헤아릴 수 없이 많다. 그러나 그 다수의 귀신이 각각 이성의 본래 각종의 천품天稟에서 화化한 것이냐 하면 또한 그렇지 않다. 귀鬼는 아래로 토土의 본체를 응應하여 천태만상千態萬象으로 벌여 있고, 신神은 위로 천天의 기운을 응應하여 대소유무를 고루 포함하였나니, 천지도 귀신 사람도 귀신 초목도 귀신 곤충도 귀신 기외其外 일체 만물이 다 귀鬼와 신神으로 되어 그의 힘으로 지우청탁智愚淸濁 대소상하가 표현되는 것이다.

그러면 먼저 천지 귀신天地鬼神부터 들어 말하여 보자. 지地의 본토本土는 곧 귀鬼요 위에 무형한 기운 즉 다시 말하면 공기니, 이것은 곧 신神이다. **천지가 순환하여 사시가 되며 만물이 성쇠盛衰하고 풍우상설이 응시변환應時變換되는 것이 곧 신神이요, 그것이 곧 신神의 작용作用이며, 사람도 육체는 곧 귀鬼요 육체를 지배하여 동작動作시키는 것은 곧 신神이니, 사람의 귀신을 찾아보려 할 때는 멀리 다른 데에서 구하지 말라. 곧 우리의 기거동작 하는 것이 신神의 형체形體요 신神의 작용作用이다. 입을 열어 말을 하고 손을 들어 일을 하는 것이 귀신 아님이 없건마는 그 귀신이 들어서 귀신을 무서워하며 귀신을 찾으며 귀신을 반대하며 귀신을 원망하니 참으로 가소可笑로운 일이며 이것이 곧 자기를 잊은 자이다.**

초목도 또한 귀신이 있으니 초목의 줄기와 가지는 곧 귀鬼요, 꽃이 피고 입이 피며 있다 없다 하는 것은 곧 신神이요 신神의 작용作用이다. 무정지물도 저 토금석류土金石類는 곧 귀鬼의 본체本體에 속한 귀鬼뿐이요 신神은 없는 것이다. **이상에 수다한 말을 종합하면 새가 펄펄 날아가고 개가 훨훨 달려가며 바람이 훨훨 불어오고 벌레가 짹짹 우는 것이 모두 다 귀신이니, 이 위에 더 간단히 말하면 천지만물이 다 귀신이란 말이다.**

좋잡고 잇스면 自然히 드러쉬난 숨은 强할것
내ㅣ쉬난숨은 잛으로 微하기되녀 이와갓치 오래
한則 아래ㅅ배가 漸々단々해지녀 水昇火降이
맑고 潤滑한 침(涎)이 혀(舌)쑬기밋과
牙際로부터 繼續하야 날것이니 그침을 이
가득모아 삼키고 삼키면 몸이 潤澤하고 精
淸快하야 自然히 밝은 慧光을 어드리라 그러
塵俗事務 에 複雜하게지내든 그精神과
을갓다가 처음으로 坐禪에 들면全身이 개

제3 수행편 修行編

제6장 일기법 日記法

제6장 일기법日記法

1. 일기법의 대요

재가·출가와 유무식을 막론하고 당일의 유무념 처리와 학습 상황과 계문에 범과 유무를 반성하기 위하여 상시일기법을 제정하였으며, 학원이나 선원에서 훈련을 받는 공부인에게 당일 내 작업한 시간 수와 당일의 수입·지출과 심신작용의 처리 건과 감각·감상을 기재시키기 위하여 정기일기법을 제정하였나니라.

일기법의 대요

소태산 대종사는 일기를 수행화한 것이 특징이다. 일기법을 훈련 방법으로 택한 것이다. 단순한 일기가 아니라 수행일기화한 것이다. 수행을 일기로 조사하여 점검하고 감정받도록 한 훈련의 방식이다.

일기법은 정기일기법과 상시일기법이 있으며, 그 대체의 요지를 살펴보면 **'상시일기법은 재가·출가와 유무식을 막론하고 당일의 유무념 처리와 학습 상황과 계문의 범과 유무를 반성反省하기 위하여 제정된 일기법'이라면, '정기일기법은 학원이나 선원에서 훈련받는 공부인에게 당일내 작업시간 수와 당일의 수입·지출과 심신작용의 처리 건과 감각·감상을 기재시키기 위하여 제정된 일기법'이다.**
정기일기와 상시일기에는 수식으로 조사하여 계산하는 방식과 문자로 기술하는 방식이 있다. 상시일기가 서식에 따라 조사하여 점검한다면 정기일기는 서식 및 문장으로 조사하고 기재하는 방식이다.

소태산 대종사는 원기10년(1925) 3월에 정기훈련법과 상시훈련법을 제정 발표하시며, 이 모든 조항을 대조 연습하기 위하여 유무념 조사와 상시일기 조사법을 정하였으며, 문자 서식에 능치 못한 사람을 위하여 태조사법을 두어 유무념을 대조하는 일기 조사법을 둔다.

〈『원불교교사』 훈련법의 발표와 실시〉

정식일기, 간이일기, 유무념 대조, 태조사의 사종일기四種日記를 각자의 형편과 상황에 따라 선택하여 시행토록 한다. 이 중 간이일기는 원기18년(1933)부터 시행된다.

〈『원불교교사』 각 조단의 정비와 새 회규의 시행〉

《회보》 제47호, 시창23년(1938) 9월호에 교무부에서 '사종일기 시행에 대하여'를 공지한다.

"보십시오. 저 광대한 세상의 고금을 물론 하고 모든 위位와 권리를 얻고 많은 복락을 수용하는 제불제성들도 다 이 삼대력을 얻은 결과입니다. 그러면 이 삼대력을 얻기로 하면 어떻게 하여야 할 것인가? 그는 다른 데에 있는 것이 아니라 본회 『육대요령』 교과서 중에 있는 상시 응용 주의사항 6조와 재가공부인이 교무부에 와서 하는 책임 6조와 계문 이행 등 상시훈련법으로써 일기법을 실행함이 가장 빠른 길이니, **이는**[일기법은] **삼대력을 얻도록 촉진시키는 공부법입니다. 그런데 이 일기법 중에도 4종의 구별이 있으니 문자의 기록에 능한 분은 정식일기나 간이일기를 하고, 문자 기록에 능치 못한 분은 유무념 대조나 태조사를 함이 가可합니다. 입회를 하여 참 공부를 하기로 하면 각자의 형편에 따라 일기법을 실행하는 것이 공부상으로나 의무상으로나 당연한 일이니, 이래伊來 실행하시던 분은 더 잘 실행하시도록 하시고 아니하시던 분은 이로부터 실행하시와 많은 혜복을 장만하시도록 하십시오.**"

이처럼 일기법을 획일적으로 시행하기보다는 정식일기, 간이일기, 유무념 대조, 태조사의 사종일기를 두어 근기와 형편에 따라 선택도록 하였다. 쉬운 접근부터 심도 있는 방식까지 제시하여 자신에게 맞는 방법을 선택하여 참여토록 한 것이다.
결국 일기를 수행의 방법으로 제시하여 삼대력을 얻도록 촉진하는 공부법으로 일기법을 사용하고 있다.

또한 일정 자격을 득한 자에 한해서 일기를 발표토록 한 기록이 보인다.
'시창15년도(1930) 사업보고서'[『교고총간』 제5권]에서 "신년도 사업보고 내에는 각인의 일기성적을 조사하여 일일이 발표하였으나 일기부 갑반의 허가를 득한 자가 아니면 일기법을 정확히 이해치 못할 것이요, 따라서 그 일기를 신빙하기가 어려움으로 근년부터는 일기부 갑반의 허가를 득한 자라야만 발표하라는 종사주의 명령이 계시와 중지하기로 하였으며…"의 기록이 보인다. 일기발표에 있어 자격제를 시행했다.
소태산 대종사는 원기10년 8월에 고시한 학력고시법에 따라 "일기부 갑반의 수업증을 얻은 자는 일기에 대한 법칙을 교수할 자력이 있고 정기 전문훈련의 법리法理에 대하여 교수할 자력이 있다"[원기16년, 신미辛未 1월 10일]는 자격을 부여한다.
소태산 재세 당시의 일기법은 선택제와 일기발표의 자격제를 겸해서 시행했다. 즉 일기

발표에 있어서 일기부 갑반에 한해서 발표를 허가하는 자격제와 사종일기를 각자 선택하여 신청하고 시행하도록 한 것이다. 《회보》와 《사업보고서》에 각 지방별로 정식일기, 간이일기, 유무념 대조, 태조사 실행인을 게재할 만큼 일기를 권장하고 촉구했다.

최초의 제자인 구인선진들에게 시행토록 한 「성계명시독誠誡明示讀」에서 비롯한 일기법은 수행의 한 방법이다. 일기법은 필요할 때 사용하는 수행 도구의 하나로 인식되어야 할 것이다.

일기의 방식도 근기와 상황에 따라 다양한 접근이 요청되며, 일기는 수행의 중요한 방법이지만 일기를 안 했다고 하여 다른 수행이 의미 없게 되어서도 안 될 것이다. 일기는 정기훈련의 한 과목이며 또한 상시훈련의 방법이기 때문이다.

예를 들어 염불을 하고서 만일 염불 시간을 계산하여 기재하는 일기를 안 했다면 염불을 한 공덕이 없다고 평가절하할 수만은 없는 것이다. 염불 시행의 정도를 기재하는 것은 염불을 했으면 계속 잘하도록 권면하고, 염불을 안 했다면 앞으로 잘하도록 반성 점검하는 것이 일기의 본의이기 때문이다.

일기는 고유한 그 나름의 수행법이지만 일기로 결론되지 않으면 다른 수행이 무의미하다고 할 수 없는 것이다. 일기법의 본의는 일체의 수행을 점검하고 권면토록 하는 훈련법이다.

그리고 정산 종사는 '일원상에 대하여'에서 "우리가 매일 일기를 하고 유무념을 대소하는 것이 다 이 일원상에 대한 실행과정이 되는바"[회보 제38호]라 하셨다.

일기 및 유무념 대조는 일원상의 실행과정이다. 일기는 처신을 잘하기 위한 처사에 그치는 것이 아니라 일원상을 체받는 마음공부의 처사가 되어야 할 것이다.

일기와 관련해서 경성 회원 이공주와 창신동 회관은 일기 조사법의 첫 시행자요 단원 매월 매일 성적조사의 첫 시행지다.

소태산 대종사는 원기10년(1925) 음력 2월 20일(3.14) 이공주에게 매일 일기 하는 법식을 보내주면서 이대로 일기 하도록 한다. 즉 계동 이공주 집은 최초의 정기훈련 때보다 먼저 일기법을 시행한 곳이므로 최초 일기 시행지로 기려져야 할 것이다. 이공주는 《월말통신》 제19호, 원기14년 9월호에 일기법에 대한 설명인 '매일 성적조사법 이행에 대하여'도 발표한다.

또한 원기13년(1928) 음력 9월 16일(10.20) 경성 회원들은 창신동 회관 예회에서 일기 기재법의 표준양식인 '단원 매월 매일 성적조사'를 처음으로 시행하므로 창신동 회관은 교당에서 일기조사를 처음 시행한 곳으로 기념되어야 할 것이다.

더보기Tip

일기법의 필요

이공주가 수필受筆한 '일기법의 필요'라는 소태산 대종사는 법설이다.

한때에 종사주 가라사대, "오가吾家의 일기법[정식일기, 간이일기, 유무념 대조, 태조사]**으로 말할 것 같으면 천만 선善을 권장하는 동시에 천만 악惡을 제지하는 가장 적절하고 요긴한 법이니, 제군은 날마다 육근을 동작할 때 무심 간과하지 말고, 그때그때 온전한 생각으로 취사하는 주의심을 놓지 말지며, 무슨 일이나 당하기 전에 미리 연마하여 실수를 예방할 것이요, 제반 경계를 지낸 후에는 반드시 반성하여 보아서 잘못된 일은 참회 개과하고 잘된 일은 계속 성취하도록 유의하여야 할 것이다."**

일기는 선을 권장하고 악을 제지하는 긴요한 법으로, 선善은 사은 보은이요 사요 실천이라면, 악惡은 사은 배은이요 사요 위배라 할 것이다.
이렇게 사은 보은하고 사요 실천하기 위해서 삼학 수행을 해야 하는데, 그러기 위해 일을 당해선 온전한 생각으로 취사하는 주의심을 놓쳤는지 유무를 점검하고, 일을 당하기 전엔 미리 연마하여 실수를 미연에 예방하고, 경계를 지낸 후에는 돌이켜 살펴보아 잘된 일은 계속되도록 더욱 챙기고 잘못된 일은 참회 개과하라는 것이다.
이를 위해 상시 응용 주의사항 1조·2조·6조를 시행하여 반성 점검토록 하기 위해 일기법이 필요한 것이다. 경계에 대한 후 돌이켜 살피는 반성은 일기법의 핵심 사항이다.

"옛 성현 말씀에 '적선지가積善之家에 필유여경必有餘慶이요, 적악지가積惡之家에 필유여앙必有餘殃이라'[『주역』, 『소학』] **하였나니, 그는 곧 우리가 시시각각으로 육근을 작용하는 것이 선善 아니면 악惡이라는 것과 선악의 결과는 어떻게 된다는 것을 밝혀놓은 말씀이다. 대범, 선이라 하는 것은 정의 도덕을 이름으로써, 쉽게 말하면 부모에게 효도하고 형제간에 우애하며 인근과 화목하고 곤궁자를 동정하며 기타에도 자선·교육 등 제반**

공익사업을 이름이니, 선이란 많이 하면 많을수록 적선積善이 되어 장차 복락을 초래하게 되는 것이요, 악이라 하는 것은 불의한 일을 이름으로써, 쉽게 말하면 나라에 불충하고 부모에게 불효하며 기타에도 본회의 30계문을 범행하는 등 어느 방면으로든지 남에게 해독 끼침을 이름이니, 악이란 많이 하면 많을수록 적악積惡이 되어 장차 죄고를 초래하게 되는 것이다."

즉, 일기를 하는 이유는 적선積善하여 장차 복락을 장만하기 위한 것이요, 적악積惡을 미연에 방지하여 장차 죄고가 초래되지 않도록 하는 것이다.

그러므로 일기책에는 정의의 조목과 불의의 조목을 나누어 놓고 육근六根 작용할 때마다 주의·대조·반성으로써 정의 즉 옳은 일이면 하나도 빼지 말고 행하도록 하고, 불의 즉 그릇된 일이면 죽기로써 행치 못하도록 하였나니, 과거 중국 한나라의 소열황제[유현덕]도 임종 시에 후주後主인 그 아들에게 유언하되, "선善이어든 적다고 써 아니하지 말고, 악惡이어든 적더라도 써 하지 말라."고 간곡한 부탁을 한 것도 역시 같은 뜻일 것이다.

주의·대조·반성이 일기법의 핵심으로, 정의 즉 옳은 일이면 하나도 빼지 말고 행하도록 하고, 불의 즉 그릇된 일이면 죽기로써 행치 못하도록 하는 일을 '당처에 주의'하고 '사후에 대조'하여, 이를 '반성하여 일기로 조사 기재'하라는 것이다.

"제군도 매일 일기를 기재할 때 시시비비是是非非와 정의·불의를 분명히 유의 분석하여 동정 간에 불리선不離禪 공부를 한다면 반드시 적선積善이 되는 동시에 악은 자연히 격퇴될 것이니 실험하여 볼지어다. 끝으로 한말 부연할 것은, 다름이 아니라 항상 육근을 동작할 때 마음은 온전穩全을 주장하여 일심一心을 계속하고, 행실은 전중典重을 기하여 경동輕動치 말며 남의 시비에 초연하여 성진星辰이 될지어다."

일기 할 때 정의·불의를 분석하여 동정 간 불리선不離禪 공부를 점검하면 적선의 낙원은 인도되고 적악의 고해는 피하게 된다는 것이다. 또한 마음은 온전한 일심으로 법도法度에 맞는 진중한 행실을 기할 것이며, 남의 시비에 초연하여 성신[별]이 되라는 것이다.

"두고 보라! 돌아오는 세상에는 순사가 죄인을 잡으러 와서 신분을 조사하다가도 그가 만일 유무념 대조 공부인이라면 반드시 죄를 경감하게 될 것이요, 관공청에서 관리를 뽑는 데에도 같은 학력이면 반드시 유무념 공부인을 선택하게 될 것이니, 이 일기법은 우리 수도인에게 있어서 뿐만 아니라 전 세계 인류에게 있어서도 없지 못할 필요한 법이니라." 하시더라."

유무념 대조가 미래 세상에 선용 될 것이며, 범죄의 경감 프로그램에 일기법이 적용될 것이며, 공적인 일의 경우 일기법의 실행자에게 우선권을 주며, 미래의 수도인들에게 유용한 수행법으로 사용될 것이라는 전망이다. 아마도 미래의 기술technology이 일기를 수월하게 조사 기재토록 하여 많은 사람에게 유익을 준다는 것이다.

동할 때 상시 응용 주의사항의 실행 과정은 '무슨 일이나 당하기 전에 미리 연마하여 실수를 예방하자'는 것이며, '그때그때 온전한 생각으로 취사하는 주의심을 놓지 말자'는 것이며, '제반 경계를 지낸 후에는 반드시 반성하여 보아서 잘못된 일은 참회 개과하고 잘된 일은 계속 성취하도록 유의하자'는 것이다.
'당처에 주의'하고 '사후에 대조'하여, 이를 '일기로 반성 기재'하는 것이다. 일기법은 지낸 일을 돌이켜 살펴보는 반성 공부이다.

제6장 일기법日記法

2. 상시일기법

1. 유념·무념은 모든 일을 당하여 유념으로 처리한 것과 무념으로 처리한 번수를 조사 기재하되, 하자는 조목과 말자는 조목에 취사하는 주의심을 가지고 한 것은 유념이라 하고, 취사하는 주의심이 없이 한 것은 무념이라 하나니, 처음에는 일이 잘되었든지 못 되었든지 취사하는 주의심을 놓고 안 놓은 것으로 번수를 계산하나, 공부가 깊어 가면 일이 잘되고 못된 것으로 번수를 계산하는 것이요,
2. 학습 상황 중 수양과 연구의 각 과목은 그 시간 수를 계산하여 기재하며, 예회와 입선은 참석 여부를 대조 기재하는 것이요,
3. 계문은 범과 유무를 대조 기재하되 범과가 있을 때에는 해당 조목에 범한 번수를 기재하는 것이요,
4. 문자와 서식에 능하지 못한 사람을 위하여는 따로이 태조사법太調査法을 두어 유념 무념만을 대조하게 하나니, 취사하는 주의심을 가지고 한 것은 흰콩으로 하고 취사하는 주의심이 없이 한 것은 검은콩으로 하여, 유념·무념의 번수를 계산하게 하는 것이니라.

상시일기법 : 유무념 처리, 학습 상황, 계문 대조

상시일기법은 재가·출가와 유무식을 막론하고 당일의 유무념 처리와 학습 상황과 계문의 범과 유무를 반성하는 훈련법이다. 즉 상시일기는 상시의 재가在家할 때나 정기 입선의 출가할 때를 막론하고, 또한 지식의 유무와 관계없이 자신을 돌이켜 살펴보는 반성 공부로써 누구나 할 수 있는 수행법이다. 다만 반성이 자기 성장이나 성숙의 디딤돌이 아니라 기준에 미치지 못했다는 자기 비하나 자학으로 빠져서는 안 될 것이다. 상시일기는 상시훈련의 점검법이다.

첫째, 유무념 처리의 조사 기재이다.

'유무·무념' 처리를 조사하는 것은 '모든 일을 당하여 하자는 조목과 말자는 조목에 취사하는 주의심을 가지고 한 것은 유념이라 하고, 취사하는 주의심이 없이 한 것은 무념이라 하여 그 조사한 번수를 기재하는 것'이다.

즉 상시 응용 주의사항 "6. 모든 일을 처리한 뒤에 그 처리 건을 생각하여 보되, 하자는 조목과 말자는 조목에 실행이 되었는가 못 되었는가 대조하기를 주의할 것이니라."의 구체적인 실행방법이다. 즉 모든 일을 처리한 뒤 실행 유무를 대조 반성하여 그 실행 건수를 조사 기재하는 것이다.

'취사하는 주의심'은 상시 응용 주의사항 1조 "응용하는 데 온전한 생각으로 취사하기를 주의할 것이요,"의 축약으로, 처음에는 일이 잘되든 못 되든 '취사하는 주의심'을 챙겼는지 못 챙겼는지 유무를 조사하여 번수를 계산하나, 공부가 깊어지면 일이 잘되고 못된 유무로 번수를 계산하는 것이다.

유무념 처리는 상시 응용 주의사항 '2. 응용하기 전' → '1. 응용하는 데' → '6. 모든 일을 처리한 뒤에'의 과정에서 점검하는 방법이다. '모든 일을 당하여'는 일기법 대요의 '당일當日'과 상통하는 '그때'의 일을 뜻한다.

유무념 처리는 조목 수행으로, 하자는 조목과 말자는 조목에 취사하는 주의심을 가지고 했냐는 유무이다. 하자는 조목은 정당한 고락에 해당하는 조목이라면 말자는 조목은 부정당한 고락에 해당하는 조목이다. 즉 하자는 조목은 사은 보은과 사요 실천에 해당한다면 말자는 조목은 사은 배은과 사요 위배에 해당한다.
이러한 하자는 조목과 말자는 조목은 경계 센서sensor와 같다. 센서는 변화를 감지 또는 구별하는 장치로, 자동차의 센서기가 장착되어 있으면 장애물을 감지하여 미리 알려주듯이, 하자는 조목과 말자는 조목의 센서기를 부착하여 주의하자는 것이다.
집을 지킬 때 문에 센서기를 장착해 놓으면 누군가 문을 열고 들어오면 경고 소리가 나듯이, 이처럼 하자는 조목과 말자는 조목은 경계 센서로, 이 센서기를 주의할 조목에 장착하자는 것이다.

조목 수행은 소태산의 고유한 수행법으로, 자신에게 당면한 하자는 조목과 말자는 조목을 통하여 수행하는 것이다. 자신의 수행상 타당한 맞춤형 조목을 선정하여, 마치 '평떼기' 하듯이 조목에 따라 그 취사하는 주의심 유무를 조사 기재하는 것이다.

둘째, 계문의 범과 유무를 대조하여 기재하는 것이다.
30계문은 공동 유무념 처리 조목이다. 계문은 모두가 밟아야 할 '하지 말자는 조목'이다.
계문은 우리 육근에 부착할 센서로, 이 계문을 자기 상황에서 점검해야 한다.
계문 조사는 '계문에 범과가 있을 때는 해당 조목에 범한 번수를 기재하는 것'이다.

각자의 법위 수준에 따라 '하지 말자는 계문'의 센서를 달아야 한다. 보통급은 보통급 10계를, 특신급은 보통급 10계와 특신급 10계까지 20계문을, 법마상전급은 법마상전급 10계까지 30계문을 센서로 삼아 자신의 육근문에 부착해야 한다.
법강항마위 이상은 심계心戒를 두어 이를 센서로 삼아야 할 것이다.

계문은 '하지 말자는 조목'이나 이 방향을 돌리면 긍정적 의지인 '하자는 조목'이 된다.
솔성요론의 네거티브가 계문이고 계문의 포지티브[긍정] 방향이 솔성요론이다.
계문은 길목을 지키는 관문 지킴이 같다. 하지 말자는 조목인 계문을 대조 조사하여 취사하는 주의심을 챙기면 심신작용을 원만하게 처리할 수 있기 때문이다.

셋째, 학습 상황을 조사하여 기재하는 것이다.

학습 상황 조사는 '수양과 연구 과목의 시간 수를 계산하여 기재하고, 예회와 입선은 참석 여부를 대조 기재하는 것'이다.

상시 응용 주의사항 "3. 노는 시간이 있고 보면 경전·법규 연습하기를 주의할 것이요, 4. 경전·법규 연습하기를 대강 마친 사람은 의두 연마하기를 주의할 것이요, 5. 석반 후 살림에 대한 일이 있으면 다 마치고 잠자기 전 남은 시간이나 또는 새벽에 정신을 수양하기 위하여 염불과 좌선하기를 주의할 것이요."의 시간 수를 계산하여 기재하는 일기 방법이며, 교당 내왕시 주의사항 "4. 매년 선기禪期에는 선비禪費를 미리 준비해서 선원에 입선하여 전문 공부하기를 주의할 것이요, 5. 매 예회例會날에는 모든 일을 미리 처결하여 놓고 그 날은 교당에 와서 공부에만 전심하기를 주의할 것이요."의 예회와 입선의 참석 여부를 대조 기재하는 일기 방식이다.

종합하면 상시일기는 유무념의 처리와 계문의 범과 유무와 학습 상황을 조사 기재하는 상시훈련의 점검이다.

유무념 처리 공부의 핵심은 주의심 유무에 있다. 깨어있는 주의심이 핵심이다.

하자는 조목과 말자는 조목에 주의하는 센서를 달아 주의심을 챙기는 것이 중요하다. 하자는 조목과 말자는 조목을 통해 주의심을 활성화하는 것이다. 어떤 경계에 취약한지, 어떤 일에 뜻을 두어야 하는지 그 조목과 계문을 챙겨 조사하여 점검하는 것이다.

조목으로 주의심을 더욱 활성화하고, 주의심으로 조목을 더욱 잘 챙기도록 하는 것이다.

만일 하자는 조목과 말자는 조목에 묶여 주의심을 놓치는 형식적인 일기법에 그치면, 마치 포수가 토끼를 잡으려다 호랑이를 놓치는 격과 같이 형식적인 조목에만 매이다가 정작 놓치면 안 되는 주의심을 놓치는 격이다.

주의심은 바로 공적영지의 일원상 광명이며, 원만구족하고 지공무사한 각자의 마음이다.

정산 종사는 유무념 대조도 일원상을 실행하는 과정이라 밝혀주셨다. [회보 제38호]

유무념 처리도 일원상 자리에 근원 한 수행법이다. 주의심인 일원상 자리를 챙겨서 조목을 살려서 쓰는 것이다. 그래야 실질적인 기질 변화가 되기 때문이다.
경계를 대해서는 유념하고, 경계를 지낸 후에는 유무념 대조를 하자는 것이다.
당면하는, 하자는 조목과 말자는 조목에 따라 주의심을 챙기는 것이다. 조목으로 주의심을 활성화하고, 주의심으로 조목을 경계하여 일이 성사되도록 까지 챙기는 것이다. 주의심은 깨어있는 마음으로, 공부가 깊어지면 이 주의심으로 일이 실질적으로 잘 되는 것이다.
유념·무념의 처리를 조사 기재하거나 계문의 범과 유무를 대조 기재하여 그 번수를 계산하라는 본의는 경계를 대할 때마다 주의심을 챙기는 그 마음을 확고히 하라는 뜻이다.

끝으로 유의할 사상이 있다.
『정전』 상시일기법의 '유념·무념'은 "하자는 조목과 말자는 조목에 취사하는 주의심을 가지고 한 것은 유념이라 하고, 취사하는 주의심이 없이 한 것은 무념이라 하나니, 처음에는 일이 잘되었든지 못 되었든지 취사하는 주의심을 놓고 안 놓은 것으로 번수를 계산하나, 공부가 깊어 가면 일이 못된 것으로 번수를 계산하는 것이요,"라고 정의한다.

이러한 유념·무념을 해석할 때, 첫 단계로 주의심 유무를 살피는 것은 '주의' 공부라면, 일이 잘되고 못 되는 여부를 살피는 것은 공부가 깊은 단계의 '조행' 공부라고 보는 견해가 있다.
이는 공부의 첫 단계와 공부가 깊은 단계를 구분하여, 처음 주의심의 유무를 챙기는 공부는 '주의'라면, 이후 일의 성사 여부를 살피는 공부는 '조행'이라는 것이다. 주의는 챙기는 마음 위주라면 조행은 일의 실행 위주로 구분하는 해석이다.
그러나 주의심 유무와 일의 성사 여부도 '주의' 공부 내의 단계로 볼 수 있기에 '주의' 공부를 '조행' 공부의 전 단계로 규정하는 관점은 고려되어야 할 것이다.

왜냐하면 첫 단계의 주의심 유무로부터 일의 성사成事 여부까지의 과정은 주의하는 주의심 밀도의 과정이기 때문이다. 일이 잘 성사되는 것도 주의심의 밀도가 높다는 것으로, 주의는 챙기는 마음 단계뿐만 아니라 실행까지 포괄한다. 이를 '실행하는 마음'이라 한 것이다.

그리고 당후[사후]에 주의심 유무 또는 일의 성사 여부를 대조하면 이는 유무념 대조의 '조행' 공부이다. 사후에 주의심 유무 또는 일의 성사 여부를 반조하는 것이다.
그러므로 주의심 유무와 일의 성사 여부는 당처에는 주의하고 당후에는 대조 반조하는 조행 공부의 단계이다.

더보기Tip

태조사법과 그 응용

________ '상시일기법'에는 유무념의 처리, 학습 상황, 계문의 범과 유무를 조사하는 방법에 이어서 '태조사법'을 별도로 두고 있다.

상시일기법 4조. **"문자와 서식에 능하지 못한 사람을 위하여 따로 태조사太調査 법을 두어 유념 무념만을 대조하게 하나니, 취사하는 주의심을 가지고 한 것은 흰콩으로 하고 취사하는 주의심이 없이 한 것은 검은콩으로 하여, 유념·무념의 번수를 계산하게 하는 것"**이라고 명시하고 있다.

'따로'가 중요하다. 문자와 서식에 능하지 못한 사람을 위하여 단순한 방식을 제시한 것이다. 흰콩은 취사하는 주의심이 있는 유념으로, 검은콩은 취사하는 주의심을 놓친 것으로 그 수를 계산하는 방법이다.

흰콩과 검은콩을 상시일기의 조사 도구로 삼은 것이다. 다만 흰색 검은색은 차별이 아니라 조사 방법으로 택한 것이니, 흰콩을 무념, 검은콩을 유념으로 해도 무방하다.

소태산 당대에는 4종 일기인 정식일기, 간이일기, 유무념 대조, 태조사 중에서 선택하여 시행토록 하였으며, 특히 태조사를 예회 후에 조사하여 제출했다. 당시 일기 시행의 대부분을 태조사로 했다.

소태산 대종사는 문자와 서식에 능하지 못 한 사람을 위하여 '태太조사 법'을 두어 유념·무념을 대조케 하였다. 태조사는 소태산의 자비 방편이다. 〈『정전』 법위등급의 대각여래위〉

문자와 서식에 능하지 못하다는 것은 문자와 서식을 모르거나 서툴다는 뜻이다. 다만 이 말의 현대적 의미는 문자와 서식을 귀찮아하고 재미없어한다는 뜻으로 해석하고 응용할 필요가 있다.

문자로 기록하고 서식으로 체크하는 방식에 재미와 관심과 흥미가 일어나지 않는 사람들의 성향에 따라 태조사법을 응용할 필요가 있다. 태조사를 미래성이 함축된 상징으로 해석하여 시대에 따라 활용해야 할 것이다.

탈현대사회의 인간은 이성적이면서도 감성적이고 복합적이면서도 단순함을 추구하는 다중적인 성향의 사람들이다. 특히 그 현장에서 곧바로 쉽게 효과를 보는 편리성을 추구하는 경향이 강하다. 그러기에 생각이나 의념으로 체크하는 것만으로 삶을 의미 있고 풍성하게 가꾸는 방법이 요청된다. 간단하지만 한만큼 도움이 되는 방식을 필요로 하는 것이다.

태조사 즉 콩이라는 일기 체크 도구는 콩에 한정된 것이 아니라, 자기 삶과 수행을 점검하는 간단하고 편리한 조사방식을 상징한다 할 것이다.

상시일기법에 태조사법을 둔 의도는 간이성과 대중화에 탁월한 도구요 방편이 된다는 것이다. 태조사는 미래 수행 방식의 창구이다. 태조사는 간편하면서도 효과적인 방법으로 마음을 살피는 조사 방법이다. 자신만의 유무념 세레모니로 자기에게 가장 적합한 비법의 필살기로 갖추라는 것이다.

각자의 상황에 따라 취사하는 주의심을 챙기되 이를 챙겼는지 못 챙겼는지 유무만 대조하는 태조사 방식을 사용하자는 것이다. 이렇게 당처에 유념을 챙기고 사후에 유무념 대조하는 것을 자기에게 적합한 간단한 방법을 동원하여 효과적으로 조사하여 살피자는 것이다.

예를 들어 염불이나 영주·청정주 등의 주송을 태조사 도구로 삼는다든지, 심호흡을 태조사의 방법으로 이용하며, 득정 물긴[핸드폰 등]을 태조사의 도구로 삼아 이쪽 주머니에서 저쪽 주머니로 옮긴다든지, 경계를 대한 후 자신에게 문자 보내기 등 다양한 방법으로 자기만의 유무념 대조 방법인 태조사 세레모니를 만들어 활용하는 것이다. 이러한 손쉬운 방법이 태조사의 응용이라 할 것이다.

염불 한 방으로 심성 원래를 챙기고, 심호흡으로 성품을 불러와서 성품을 펼치며, 특정 물건을 터치하는 것만으로 성품을 돌이켜 각성시키는 것이다.

이러한 자기만의 각성 의식을 태조사법으로 응용하면 미래사회에 효과적이고 대중사회에 수월한 수행 방법이 될 것이다. 다중적이고 복합적인 미래사회에서는 간편한 태조사법을 활용하면 쉬우면서도 효과적인 방법으로 더욱 활성화될 것이다.

한 예로 태조사법을 '심고'로 응용하는 방법이다. 심고를 태조사화 하는 것이다.

사전事前에 챙기고 일을 당해 유념하는 심고를 올리는 것이다.

마음으로 **"법신불 사은이시여! 〈어떠한〉 일을 온전한 생각으로 취사할 수 있도록 하옵소서."**라고 심고하여 마음을 챙기는 것이다.

그런 후, 사후事後에 그 일에 취사하는 주의심을 가지고 했는지 유무를 심고로 대조하는 것이다. 마음속으로 **"법신불 사은이시여! 〈어떠한〉 경계에 이렇게 처리했고, 〈이런〉 감정과 문제에 〈이렇게〉 끌려다니었나이다. 주의심을 챙겨서 다시 살피겠사오니 호렴하여 주시옵소서. 일심으로 비옵나이다."**라고 심고 하는 것이다. 이렇게 심고로 취사하는 주의심을 대조하여 조사하는 것을 태조사 삼자는 것이다.

또는 '일상 수행의 요법'을 사후에 의념으로 조사하는 방법이다. 의념으로 자기에게 자기만의 메시지를 남기는 것이다. 의념으로 허공 법계의 노트에 체크하는 것이다.

1. 불신과 탐욕과 나와 우의 경계를 당해서 **온전한 생각으로 신과 분과 의와 성으로 진행하는 주의심**을 놓치지 않겠나이다. 일심으로 비옵나이다.
   or 〈온전한 생각으로 신과 분과 의와 성의 진행을 놓쳤습니다. 다시 챙기겠습니다〉
2. 타력생활을 당해서 **온전한 생각으로 자력생활하는 주의심**을 놓치지 않겠나이다. 일심으로 비옵나이다.
   or 〈타력생활을 당해서 온전한 생각으로 자력 생활하는 주의심을 놓쳤나이다. 다시 챙기겠습니다〉
3. 원망생활을 당해서 **온전한 생각으로 감사생활하는 주의심**을 놓치지 않겠나이다. 일심으로 비옵나이다.
   or 〈원망생활을 당해서 온전한 생각으로 감사 생활하는 주의심을 놓쳤나이다. 다시 챙기겠습니다〉
4. 배울 줄 모르는 상황을 당해서 **온전한 생각으로 잘 배우는 주의심**을 놓치지 않겠나이다. 일심으로 비옵나이다.
   or 〈배울 줄 모르는 상황을 당해서 온전한 생각으로 잘 배우는 주의심을 놓쳤나이다. 다시 챙기겠습니다〉

5. 가르칠 줄 모르는 상황을 당해서 **온전한 생각으로 잘 가르치는 주의심**을 놓치지 않겠나이다. 일심으로 비옵나이다.
or 〈가르칠 줄 모르는 상황을 당해서 온전한 생각으로 잘 가르치는 주의심을 놓쳤나이다. 다시 챙기겠습니다〉
6. 공익심 없는 상황을 당해서 **온전한 생각으로 공익심을 실천하는 주의심**을 놓치지 않게 나이다. 일심으로 비옵나이다.
or 〈공익심 없는 상황을 당해서 온전한 생각으로 공익심을 실천하는 주의심을 놓쳤나이다. 다시 챙기겠습니다〉

태조사는 소태산 당대에 가장 많이 시행했던 상시일기 방식이다. 다만 문맹이 많아서 시행된 것이니 문맹이 거의 없는 현대사회에서는 적극적으로 사용할 방법이 아니라 할 수 있으나, 어찌 보면 미래사회로 갈수록 문자와 서식을 귀찮아하는 성향의 부류가 많을 수도 있으니, 문자나 서식 이외의 방식도 도모해야 할 것이다.

유념·무념과 일기법의 유무념 처리

마음의 양면인 유념·무념에 근거한 '유념·무념' 공부와 사후대소의 '유무념 조사'는 개념과 적용에 차이가 있다.
마음의 양면인 유념·무념은 진공묘유의 자리로, 『정전』 무시선법의 진공으로 체를 삼고 묘유로 용을 삼는 공부와 상통한다.
정산 종사는 마음공부의 양면으로써 유념은 일용 행사에 그 마음 대중을 놓지 않는 불방심의 정념正念 공부라면[『정산종사법어』 경의편 23장], 무념은 일용 행사에 오직 염착하는 생각을 없게 하여 항상 망상을 멸도케 하여 진여를 자득케 하는 공부라고 밝히고 있다.[『정산종사법어』 경의편 25장]
그러므로 마음공부는 무념에 바탕을 둔 유념 공부이며 유념을 함내含內한 무념 공부이므로, 유념 가운데 무념의 공부가 있고 무념 가운데 유념의 공부가 있는 것을 잘 해득해야

한다.[『정산종사법어』 경의편 27장]

반면 『정전』 '일기법'의 '유무념 처리'는 마음의 양면인 유념과 무념을 유념할 상황에 처해서는 유념하고 무념할 상황에 당해서는 무념하기를 주의하되, 당후當後에 이를 대조하여 그 취사하는 주의심[대중심]을 챙겼으면 유념이라 체크하고, 놓쳤으면[방심] 무념이라 체크하는 조사법이다.
유무념 처리의 유념은 생각[착심] 없는 가운데 대중 있는 마음이요, 무념은 착심 있는 곳에 미혹되어 망념 되게 행함[『정산종사법어』 경의편 22장]으로, 결국 무념은 경계에 대하여 유념을 놓친 것이다. 다만 유무념 대조의 무념은 이렇게 방심한 것을 사후에 방심한 줄 자각한 공부심으로 방심한 줄도 모르는 죽은 마음[사심死心]은 아니다. 결국 무념 체크는 수행의 시작이다.

당처의 유념은 주의 공부라면 당후[사후]의 유무념 조사는 조행 공부로, 이 유무념 대조를 반성 기재하면 상시일기이다.

제6장 일기법日記法

3. 정기일기법

1. 당일의 작업시간 수를 기재시키는 뜻은 주야 24시간 동안 가치 있게 보낸 시간과 허망하게 보낸 시간을 대조하여, 허송한 시간이 있고 보면 뒷날에는 그렇지 않도록 주의하여 잠시라도 쓸데없는 시간을 보내지 말자는 것이요,
2. 당일의 수입·지출을 기재시키는 뜻은 수입이 없으면 수입의 방도를 준비하여 부지런히 수입을 장만하도록 하며 지출이 많을 때는 될 수 있는 대로 지출을 줄여서 빈곤을 방지하고 안락을 얻게 함이며, 설사 유족한 사람이라도 놀고 먹는 폐풍을 없게 함이요,
3. 심신작용의 처리 건을 기재시키는 뜻은 당일의 시비를 감정하여 죄복의 결산을 알게 하며 시비이해를 밝혀 모든 일을 작용할 때 취사의 능력을 얻게 함이요,
4. 감각이나 감상을 기재시키는 뜻은 그 대소유무의 이치가 밝아지는 정도를 대조하게 함이니라.

정기일기법 : 작업시간과 수입·지출과 감각·감상 및 심신작용 처리건

'정기일기법'은 학원이나 선원에서 훈련받는 공부인에게 당일 내 작업한 시간 수와 당일의 수입·지출과 심신작용 처리 건과 감각·감상을 기재하는 공부법이다. '정기일기'는 원칙적으로 학원이나 선원이란 적공처積功處에서 훈련받는 공부인에게 해당하는 것이다. 즉 '일정 기간' 전문 훈련할 때에 즉 결제와 해제의 마디가 있는 기간에 '정기일기법'을 시행하는 것이다.
『불교정전』에는 "강원講院이나 선원에서 훈련받는 '청소년급'에 한하여 정기일기법을 제정한다."라고 명시하고 있다. 강원은 학원이다.

정기定期는 '일정한 기간'의 뜻으로, 일정한 기간의 정기훈련장을 선원이라 한다면, 일정 기간의 학습장을 학원이라 할 것이다.
정기일기는 '일정한 기간'인 정기훈련 기간에 기재하는 것이며, 또한 상시일기를 '일정한 기간마다' 결산하는 것까지 확장할 수 있다.
즉 정기定期는 '일정한 기간' 뿐만 아니라 '일정한 기간마다'의 뜻도 포함한다고 할 것이다. '일정한 기간'의 정기훈련장을 선원이나 학원이라 한다면, '일정한 기간마다'의 공부 모임을 예회나 단회라 할 수 있다. 교당 내왕시 주의사항 5조인 예회와 단회 참석은 준準정기훈련 격으로, 상시훈련과 정기훈련의 가교假橋인 셈이다.
혜산 전음광은 《월보》 제40호 「회설」 '예회를 존중히 하라'에서 '예회[당시는 10일 마다의 삼예회]는 매년 36일의 정기입선일'이라고 주장한다.
그러므로 상시훈련을 결산하는 '일정한 기간마다'의 모임을 정기훈련 처處로 볼 수 있다. 특히 예회의 한 방식인 단회를 일정한 기간마다 상시일기를 결산하는 마음공부의 정기훈련 처로 삼는 것이다. 당일當日인 그때 그 상황을 조사·체크하는 상시일기를 일정한 기간마다 정기일기로 결산·조사하는 정당성을 확보할 수 있기 때문이다. 어찌 보면 교당 내왕시 주의사항은 정기일기를 가교 삼고 있다 할 것이다.

학원이나 선원에서 훈련받는 공부인들이 기재하는 정기일기법의 조목이다.

첫째. 당일의 작업시간 수 기재이다.

"주야 24시간 동안 가치 있게 보낸 시간과 허망하게 보낸 시간을 대조하여, 허송한 시간이 있고 보면 뒷날에는 그렇지 않도록 주의하여 잠시라도 쓸데없는 시간을 보내지 말자는 것"이다. 허송 시간, 쓸데없는 시간의 대표는 주색낭유酒色浪遊이다. 노는 시간, 쉬는 시간은 자신을 여유 있게 하고 가치 있게 할 수 있는 시간이니, 다만 이를 허송하지 말라는 것이다.

상시일기법의 '학습 상황'을 위시하여 하루 일정과 일과를 점검하는 것은 일과를 수행으로 삼는 공부이다. 일기법의 당일은 매일의 의미가 아니라 그 일이 있는 그때 당시를 뜻한다.

둘째, 당일의 수입·지출 기재이다.

"수입이 없으면 수입의 방도를 준비하여 부지런히 수입을 장만하도록 하며 지출이 많을 때는 될 수 있는 대로 지출을 줄여서 빈곤을 방지하고 안락을 얻게 함이며, 설사 유족한 사람이라도 놀고먹는 폐풍을 없게 하기 위함"이다. 수입·지출은 도움을 주는 혜시惠施와 도움을 받는 혜수惠受도 대조하는 것이다.

정기일기의 수지대조收支對照 조목을 보면 정기일기는 일상생활을 떠난 수행법이 아니라 일상생활 속에서 시행하는 수행이다.

수지대조를 하는 이유는 '제가의 요법' 1조 "실업과 의·식·주를 완전히 하고 매일 수입·지출을 대조하여 근검저축하기를 주장할 것이요"와 맥을 같이 하며, 의식주인 육신의 삼강령을 갖추기 위해서도[『대종경』 교의품 19장], 의뢰생활依賴生活을 놓고 자력생활하기 위해서도, 보은봉공과 영육쌍전을 하기 위해서도, 놀고먹는 폐풍을 없애기 위해서도 선재 되어야 하는 조건이다.

수지대조는 경제의 자립력을 점검하는 생활 경영방식 체크 훈련으로, 물질문명이 발달하는 미래의 기술Technology은 이러한 수입·지출의 수지대조를 간편하게 점검할 수 있도록 도움을 줄 것이다. 미래사회로 갈수록 자력양성이 필수 요건이라 각자의 삶을 수지대조를 통해 마이너스 운영이 되지 않도록 점검해 갈 것이다.

셋째, 심신작용의 처리 건과 감각·감상 기재이다.

'심신작용의 처리 건'을 기재토록 하는 것은 "당일의 시비를 감정하여 죄복의 결산을 알게 하며 시비이해를 밝혀 모든 일을 작용할 때 취사의 능력을 얻게 함"이요, '감각이나 감상'을 기재토록 하는 것은 "그 대소 유무의 이치가 밝아지는 정도를 대조하게 하기 위함"이다.

'심신작용 처리 건'은 취사하는 주의심을 대조하는 유무념 처리를 되새겨서 시비이해를 밝혀 죄복의 결산을 문장으로 정리하는 것이라면, '감각·감상'은 학습 상황이나 취사하는 주의심을 챙기는 도중 있게 되는 대소유무의 감각과 감상을 문장으로 밝혀내는 것이다.

결국 '정기일기'는 학원이나 선원에서 일정한 기간 기재하는 것이며, 또한 그때그때의 체크인 상시일기를 토대로 일정한 기간마다 총합하여 결산하는 공부법이다. 특히 심신작용 처리 건과 감각·감상은 이를 문장으로 돌이켜 반성하는 수행법이다.

소태산 대종사 당대에 감각·감상은 《월말통신》·《월보》·《회보》에 발표하나 심신작용 처리 건은 이공주의 '오전금 반환'을 비롯해서 권동화의 '영아 훈시건'과 '백양사 승려 대장성읍 청년 격투 사건' 등 공적인 논의 몇 편[4편]을 제외하고는 소태산 당대의 간행물인 월말통신·월보·회보에 실리지 않는다. 이는 개인 사생활 등에 따라 공개하지 않은 듯 보인다.

아마도 심신작용 처리 건이 개인적이고 타인과 공유하기 곤란한 문제들을 고려하여 비공개화한 듯하다. 개인 간의 시비와 사생활 보호의 문제가 있기에 공개적인 논변은 삼간 듯하며, 아마도 실지에 있어서는 소태산 대종사에게 개별적으로 문답 감정이 이루어졌을 것으로 여겨진다.

다만 제자들의 심신작용 처리가 공적인 사안이라면 소태산 대종사는 이를 공개적으로 대중에게 알리어 공적인 가르침이 되도록 공유하였다. 공회당 등에 모이도록 해서 칭찬할 일은 격려하고 그른 일은 스스로 서로서로 바룰 수 있도록 경책했다. 그 사안을 공개하여 공적으로 처리한 것이다. 그 대표적인 예가 『대종경』 수행품 17장이다.

감각·감상과 심신작용 처리 건

『정전』 수행편 제6장 '일기법'에 상시일기법과 정기일기법이 있고, 그 중 정기일기법에 감각·감상과 심신작용 처리 건 기재가 등장한다. 감각·감상과 심신작용 처리 건은 학원이나 선원에서 훈련받는 공부인이 정기로 기재하는 일기 방법 중 하나이다.
감각·감상과 심신작용 처리 건은 교당 내왕시 주의사항 1조인 교당에 오고 보면 그 지낸 일을 일일이 문답하기를 주의하고 교당 내왕시 주의사항 2조와 3조인 감각된 바와 특별히 의심된 바를 지도인에게 보고·제출하여 감정과 해오 얻기를 주의하는 것과 연관된다고 할 것이다.

감각·감상과 심신작용 처리 건 기재는 정기일기의 한 조목이다. 정기일기가 사리연구 훈련과목이므로 감각·감상과 심신작용 처리 건 기재도 사리연구의 훈련과목이다.
감각·감상 기재는 대소유무인 일원상의 진리를 현현顯現하는 것이라면, 심신작용 처리 건 기재도 일원상을 발현하여 시비이해를 밝히는 것이다.
이처럼 감각·감상을 기재하는 것은 대소유무의 이치를 밝혀 지혜를 연마하는 훈련이라면, 심신작용 처리 건을 기재하는 것은 시비이해를 밝혀 취사의 능력을 기르는 훈련이다.
이런 의미에서 감각·감상과 심신작용 처리 건의 기재는 문장을 통해 사리를 연마토록 하는 방법이다.

먼저, 감각·감상을 기재하는 뜻이다.
정기일기법 4조에 **"감각이나 감상을 기재시키는 뜻은 그 대소유무의 이치가 밝아지는 정도를 대조하게 함이니라."** 정의하고 있다.

서대원의 〈우당수기愚堂手記〉에 감각과 감상에 대한 소태산 대종사의 법설이 등장한다.
"감각은 별을 보고 별에 대한 감상을 얻은 것이 아니라 엉뚱한 도를 깼다는 것으로. 물건을 보고 물건에 관한 생각을 얻은 것은 감상이요, 그 물건을 보고 그 물건을 떠나 엉뚱한 딴 것을 깬 것은 감각이다. 곧 천淺한 것은 감상이요 심深한 것은 감각이다."

이로 보아 감각은 감상보다 하나 더 깊은 것이다. 감상에 깨달음이라는 감각을 더해 더욱 깊은 경지를 덧붙인 것이다. 한 사물을 접했을 때 그 사물에 대한 느낌이나 생각을 얻은 것은 감상이라면, 그 사물에 관한 것 외에 또 다른 어떤 것을 깨닫게 된 것은 감각이다.
감상은 자연현상이나 사물을 접했을 때 대소유무에 대해 우연히 느껴진 생각이나 미루어 생각되는 것이라면, 감각은 그러한 사물이나 계기를 통하여 대소유무의 깊은 이치를 깨닫게 된 것이다.
감상은 감각을 얻도록 영양분이 된다. 감상이 대소유무의 이치를 밝히는 계기요 시작이라면 이를 통해 대소유무의 깊은 경지에 드는 것은 감각이다. 감각을 얻기 위해서는 감상이 도움이 되고, 감상은 감각에 의해 깊어지는 것이다.
감각·감상 기재는 초기교단의 신앙·수행담이요 문학이었다.

둘째로 심신작용 처리 건을 기재하는 뜻이다.
정기일기법 3조에 **"심신작용의 처리 건을 기재시키는 뜻은 당일의 시비를 감정하여 죄복의 결산을 알게 하며 시비이해를 밝혀 모든 일을 작용할 때 취사의 능력을 얻게 함이요."**라고 정의하고 있다. 한마디로 심신작용 처리는 작업취사 공부이다.
심신心身은 몸과 마음인 안·이·비·설·신·의 육근六根을 말한다. 그러므로 심신작용이란 눈, 귀, 코, 입, 몸과 마음을 작용하는 것이다. 심신을 작용한다는 것은 육근을 작용하여 업을 짓는 것으로, 이렇게 업을 지을 때 정당한 고락은 취하고 부정당한 고락은 버리는 것이 심신작용 처리의 작업취사이다.
육근 작용은 결국 업을 짓는 것이므로, 업은 피할 것이 아니라 나도 좋고 남도 좋게 적극적으로 잘 지어가라는 것이다. 업이 소멸한 저 열반에 들기를 바랄 것이 아니라, 이 세상에서 정당한 고락을 지어서 낙원을 누리라는 것이다. 설사 업을 잘못 지었다면 참회하여 다시 새롭게 시작하라는 것이다. 고락을 초월한 자리에 바탕 하여 현실에서 심신작용의 처리로 고는 버리고 낙은 잘 지어가라는 것이다.

심신작용의 처리 건을 기재시키는 뜻은 '당일의 시비를 감정하여 죄복의 결산을 알게 하는 것'이며 '시비이해를 밝혀 모든 일을 작용할 때 취사의 능력을 얻게 하는 것'이다.
그렇다면 시비와 이해의 기준이 있어야 한다. 자의적인 판단에 의해 자기 편리나 합리화는 안 되기 때문이다. 나에게는 타당하나 남에게 곤란하면 안 될 것이다. 그러므로 시비 이해를 판단하는 합당한 근거가 있어야 할 것이다.

이를 소태산 대종사는 일원상으로 제시해 주시었다. 일원상은 하나로 두렷한 자리로 텅 비어 고요하면서 신령스럽게 알아차리는 원만구족한 자리이며, 자타의 계한이 본래 없어 나와 남을 둘로 보지 않는 지공무사한 자리이다. 이러한 일원상에 근거하여 작업취사 하라는 것이다.

『정전』 '일원상 법어'에서 "이 원상은 눈, 귀, 코, 입, 몸, 마음을 사용할 때에 쓰는 것이니 원만구족한 것이며 지공무사한 것이로다."라고 제시하고 있다. 즉 심신작용처리의 '심신'은 눈, 귀, 코, 입, 몸, 마음인 육근이라면, '작용'은 일원상으로 육근을 사용하는 것이며, '처리'는 육근 작용을 원만구족하고 지공무사한 원상에 대조하여 작업취사하는 것이다.

그러므로 '일원상 법어'는 심신작용 처리의 표준이요 마음 작용법의 표준이다. 그 기준은 원만구족하고 지공무사한 일원상 자리이다.

'일원상 법어'의 큰 원상이 돌매 '일원상 법어'의 작은 원상인 안·이·비·설·신·의 육근의 일원상이 도는 것이다. 〈『정산종사법어』 원리편 7장〉

결국 눈을 사용할 때도 원만구족하고 지공무사한 일원상으로 보고, 귀를 사용할 때도 일원상으로 듣고, 코를 사용할 때도 일원상으로 냄새 맡고, 입을 사용할 때도 일원상으로 맛보고, 몸을 쓸 때도 일원상으로 감촉을 느끼고, 마음을 사용할 때도 일원상으로 생각하라는 것이다. 그러면 보지 않으므로 보고, 듣지 않으므로 듣고, 맡지 않으므로 맡고, 촉감 없으므로 느끼고, 생각 없으므로 생각하게 된다.

그렇다면 '당일의 시비를 감정하여 죄복의 결산을 알게 하는 것'은 무엇일까?

원만구족하고 지공무사한 일원상 자리를 표본 하여 시비를 감정해 죄복을 결산하라는 것이다. 일원상 자리를 드러내면 시비가 감정되고 죄복의 결산을 나툴 수 있다. 원만구족한 것이며 지공무사한 일원상에 합당하면 복락이고 이 일원상에 맞지 않으면 죄해罪害인 것이다.

또한 '시비 이해를 밝혀 모든 일을 작용할 때 취사의 능력을 얻게 한다.'는 것은 무엇일까?

시비이해를 밝히기 위해서는 일원상을 표본으로 모셔야 한다. '원만구족하고 지공무사한 일원상'에 바탕 하면 시비이해가 밝아지게 되며, 이에 따라 취사하는 힘이 생기는 것이다. 시비의 감정도 죄복 결산도 '원만구족하고 지공무사한 일원상'으로 하는 것이며, 시비이해를 밝혀 취사의 능력을 키우는 것도 일원상으로 하는 것이다.

즉 시비이해를 초월한 일원상으로 시비이해를 운전하고, 죄복을 초월한 일원상으로 죄에 매몰되지도 복에 사로잡히지도 않도록 하여 죄복을 운영하는 것이며, 고락을 초월한 일원상으로 고에도 빠지지 않고 낙에도 붙잡히지 않는 것이다. 결국 원만구족하고 지공무사한 일원상 자리가 드러나지 않는 심신작용은 표본 없는 방황이요 시비의 감정도 죄복의 결산도 아닌 자행자지自行自止이다.

더보기Tip

대소유무 연마와 감각·감상 응용

감각·감상感覺感想은 느낄 감, 지각할 각, 느낄 감, 생각 상으로, 감각은 감각기관을 통하여 바깥의 어떤 자극을 감지感知하는 능력으로 시각·청각·후각·미각·촉각 따위를 말한다고 볼 수 있으며, 이에 비해 감상은 의식에 일어나는 감정이나 생각이라 할 수 있다.

감각이 오감五感이라면 감상은 이 오감에 뿌리를 둔 생각이나 감정 의지이다. 오온에 있어 색色에 대해 수受의 감수 작용을 거쳐 상想이라는 사고 작용을 따라 행行이라는 의지 작용을 거쳐 식識이라는 판단 작용을 하게 된다. 또는 우리의 무의식에서 올라오는 충동[욕동]에 따라 반응하는 작용을 한다. 결국 감수 작용을 통해 감각이 있고, 사고·의지·판단 작용을 통해 감상이 있게 된다.

안이비설신의 오감과 제6 의식을 통해 대소유무를 감지하는 방법이다. 오감에는 의식이 투영된 감각이다. 다만 생각과 감정이 직접적으로 투영되지 않는 감각일 뿐이다. 이 오감에 따라 생각이나 감각의 의식이 전개되는 것이다. 이러한 오감의 감각이나 의식의 감상을 응용하여 대소유무의 이치가 밝아지는 정도를 기재하는 방법이다.

안·이·비·설·신의 오근五根을 통해 색·성·향·미·촉의 오경五境을 인연하여 오식五識이 생하는데, 이러한 오감의 감수 작용은 감각 의식이다.

만일 저 창밖의 느티나무가 시각에 들어올 때 그 느티나무를 보는 마음 바탕을 자각하면 그 자리가 대大 자리다. 즉 우주만유 본체로 만법이 드러나는 바탕이다. 그 자리는 텅 비어 고요하며 신령하게 알아차리고 있는 자리다.

느티나무를 보는 본바탕인 청정한 대大 자리에서 느티나무가 역력한 현상이 소小 자리로, 만상이 형형색색으로 구별된 자리다. 그리고 느티나무가 계절에 따라 잎이 무성했다가 잎을 다 떨구는 성쇠의 변화가 청정한 대 자리에서 전개되는 것이다. 이 청정한 자리에서 유무 변태變態하는 것이다. 이처럼 감각은 오감 차원에서 대소유무를 밝히는 공부라 할 것이다.

더 나아가 이러한 오감五感을 감지하는 의식 이후의 제6식의 차원에서 살펴볼 수 있다. 감각으로 들어온 느티나무가 의식의 차원에서 생각·감정·의지 등으로 펼쳐지는 것이다. 느티나무를 통해 온갖 감정과 생각을 펼쳐지며 더 나아가 이 감정과 생각에 내부의 무의식적 충동과 초자아적 양심이 덧붙여지는 것이다.

이때 감정이나 생각이 일어나서 일련의 의지로 굳어지고 이에 따라 판단하는 그 순간, 그 흐름을 돌이키어 그 마음 바탕을 직관하는 것이다. 그것은 느티나무를 볼 때 일어나는 감정이나 생각을 당장 내려놓는 것으로, 즉 느티나무라는 경계에 따라가는 일어나는 일체의 분별에 대한 관심을 내려놓으면 바로 그 자리가 청정한 본바탕이다. 이 자리가 대大 자리이다.

그리고 이 청정한 본바탕에서 느티나무에 대한 경험이나 추억과 관련된 감정이나 생각들이 역력하게 드러나는데 이 자리가 소小 자리다. 느티나무와 관련된 경계에 끌려가는 것이 아니라 느티나무와 관련된 마음을 있는 그대로 드러내는 것이다. 이처럼 공적영지의 광명을 따라 언어 명상이 완연하여 시방 삼계의 마음이 두렷이 드러나는 것이다. 그리고 이렇게 청정한 자리에서 온갖 감정과 생각들이 일어났다 사라지는 흥망성쇠의 변화가 나타나는데, 이 변화가 바로 유무有無 자리다. 성쇠의 음양 변천과 인과 변화의 이치가 완연한 자리다.

이처럼 감상은 제6식인 의식 차원에서 대소유무를 밝히는 공부로, 성품의 드러남이다.

그러므로 오감의 차원인 감각으로 뿐만 아니라 의식의 차원인 감상으로도 대소유무를 밝히는 것이다. 지금 오감으로 감수感受하고 있는 수受에서든, 일어나는 생각인 상想이나 하려는 욕망·의지인 행行이나 또는 인식·분별하여 판단하는 식識에서든 대소유무를 밝혀야 한다. 감각·감상은 천조天造의 대소유무인 일원상을 밝히는 공부다. 대소유무를 밝히는 것은 일원상 성품 자리를 밝히는 공부이다.

조석심고朝夕心告를 통한 정기일기법의 시행

정기일기법을 심고의 고백으로 응용하면 초입 방법으로 좋을 것이다. 허공법계에 일기법의 조목에 따라 심고로 고백하는 방법으로 활용하는 것이다. 특히 정기일기법을 '저녁 심고'의 방법으로 응용하여 허공 법계를 노트 삼아, 심신작용 처리와 감각·감상을 고백하며, 하루를 돌아보아 허송 시간을 반성하고, 혜시惠施와 혜수惠受를 점검하여 감사와 보은을 다짐하는 것이다. 이렇게 하면 법신불 일원상인 사은전에 일기를 기재하는 격이 될 것이다.

예시를 들면 **"법신불 사은이시여! 오늘 하루도 수양은 〈어떠〉 했고, 연구는 〈어떠〉 했으며, 심신작용을 취사하는 유무념 처리는 〈어떠〉 했습니다. 아울러 수지대조收支對照는 〈이러〉 했으며, 혜시 혜수는 정신과 육신으로는 〈이러〉 했으며 물질로는 〈이러〉 했습니다. 그래서 필요를 요구하는 사람에게 〈이러 이러한〉 도움을 주었습니다. 그리고 특히 〈어떠한〉 감각·감상이 있었으며, 〈어떠한〉 경계를 〈이러 이러하게〉 심신작용 처리 했습니다.**
법신불 사은이시여! 오늘 하루도 이렇게 점검하여 결산하고 매듭지을 수 있어 보람되고 감사합니다. 합장하옵고 일심으로 비옵나이다."

이처럼 저녁심고와 정기일기를 아우르는 방법은 심고를 올리면서 동시에 일기도 기재하는 일거양득의 간이한 방법이 될 것이다.
조석심고가 일기 기재도 되므로, 이 방법은 심고가 일과를 점검하는 간이하면서도 대중화할 수 있는 방식이 될 것이다. 저녁심고로 일기 기재하는 응용은 자력과 타력을 병행하는 일거양득의 공부법이 될 것이다. 이처럼 이것을 하면 저것도 되는 방식도 요청된다.

매일 성적조사법 이행履行에 대하여

이공주

《월말통신》 제19호, 시창14년(1929) 9월분

소태산 대종사는 이공주에게 처음으로 일기조사법을 제시하여 시행토록 한다. 이후 이공주는 《월말통신》 제19호에 '매일 성적조사법 이행'이라는 일기 사용법을 구체적으로 설명하고 있다. 이 일기 설명서의 중심 조항은 상시 응용 주의사항 6조와 교당 내왕시 주의사항 6조의 실행을 조사 기재하는 방법이요, 아울러 정신근고·육신근고·전곡혜시와 의견제출 및 30계문을 점검하는 방법을 밝히고 있다.

우리 공부인은 매일 자기의 지은 바 성적을 일일이 조사하여 그날그날 일기를 해서 자기가 완전히 자기를 가르치며 지도하여 스스로 각자의 전로前路를 개척하여 나가게 되었습니다. 저세상에서도 일기를 많이 합니다. 공주도 근近 20간間을 계속하여 매일 일기를 하여 보았습니다. 그러나 그 일기법으로 말하면 그날 지낸 중요한 사항을 기재하였다가 후일 참고의 재료나 될까? 별別 의미는 없었습니다. 그러나 현재 우리의 일기법으로 말하면 후일 참고의 재료 될 것은 물론, 당장에 공부가 능숙 되며 부처님의 이르신 복혜 양족의 연마하는 빠른 법法이며 고苦를 버리고 낙樂으로 들어가게 하는 인도引導잡이며 범부로 성현이 되게 하는 방법이며 지옥에서 극락으로 올리는 거룩하고 위대한 기관입니다. 이 유익하고 신묘한 일기법을 배워서 매일 실제로 이행하는 일을 생각하면 기쁘지 않을 수 없고 행복스럽지 않다 할 수 없습니다. 대체 이 일기법을 모를 때에는 그 위태한 세상을 어찌 살아왔으며 만약 이제껏 몰랐으면 어찌할 뻔했나 하면 스스로 공포심이 납니다. 이와 같이 우리에게 요긴한 일기법의 내용은 어떻게 되었는가? 실로 묘하게 되었으니 우선 대강大綱만이라도 첫 장부터 말하여 보겠습니다.

'재가공부인이 응용할 때 주의사항' 중 제1조, 6조로 말하면 곧 현재 미래 과거의 삼세를 밝히는 법입니다. 대저 범부란 무슨 일을 당하든지 어떠한 처리를 하게 되든지, 공부심이 없는 고로 따라서 아무 취사가 없이 일을 지내놓고야 나중에 '후회를 한다', '분忿을 낸다' 합니다. 그러나 1조를 이행하는 사람으로 말하면 매조每朝 잠자고 기침할 때로부터 다시 취침하도록까지 행주좌와어묵동정 간에 응용하는데 반듯이 먼저 온전한 생각으로 취사하여본 후라야 무슨 일을 착수하기로 합니다. 아직 취사법에 익지 못한 우리로서는 반수 이상을 이행치 못할 때가 있으나 다만 한 가지만 이행하였다 하더라도 전부 아무 생각과 요량料量이 없을 때의 다는 비할 수 없겠습니다. 날이 가고 달이 지낼수록 조심調心이 더욱 되며 온전한 생각을 챙기는 머리에 무슨 일을 당하면 먼저 취사를 하게 됩니다. 그러면 이 1조를 모를 때에는 모든 일을 취사 없이 하여 그르치고 심하면 그르쳤는지 어찌하였는지 도무지 모르다가 이 1조를 실행하여 나아가는 머리에 가령, 1일에 열 가지 일을 처리하는 중 두 가지만 온전한 생각으로 취사하여 처리한다 하여도 10일만 계속한다면 스무 가지의 그르침이 덜 것이니[그르침이 없는 즉 복福이 될 것이다] 만일 한 달, 1년, 10년, 일생을 계산하여 보십시오. 아무 생각 없을 때와 이 1조를 이행履行하는 때와는 그 차이差異가 실實로 현수懸殊하여 범부 중생과 성현부터로 구분될 것이올시다.
제2조도 그렇습니다. 범부란 배우지는 아니하고 무식함을 한탄하며, 벌지는[일을 하여 돈 따위를 얻거나 모으다] 아니하고 간난함을 걱정하며, 번연히 자기의 한 일도 간과看過하고 있다가 경계에 박두迫頭한 후에는 먼저 아니하였음을 후회합니다. 그러나 2조를 이행하는 사람으로 말하면 있다 할 일이나 내일 할 일이나 내월 할 일이나 내년來年 할 일이나 심지어甚至於 일평생一平生 할 일이라도 공부 삼아 발견發見해서 될 수 있는 대로 미리미리 연마해 전로前路를 개척하려 합니다. 그러면 아무 생각 없을 때와 모든 응용의 형세를 보아 미리 연마하기를 공부 삼는 때는 우자愚者에게 물어도 대차大差가 있다 할 줄 압니다.
또 제6조도 그렇습니다. 범부란 무슨 일이든지 지난 후에 그에 대한 철저한 반성을 하여 보는 사람이 적습니다. 그래서 무슨 일이든지 금번今番에 그르치고 후번番에 또 그르치며 일평생을 한 모양으로 진행하되 그 그르치는 원인도 모르고 허덕이다가 마는 것은 곧 반성할 줄을 모르는 까닭인 줄 압니다. 그러나 6조를 이행하는 사람으로 말하면 어떠한 일을 처리하였던지 그 일을 다시금 생각하여 여러 가지로 대조하여 봅니다. 그래서 잘된 일은 더욱 잘하기로 주의하고 못된 일은 고치기로 주의합니다. 고성古聖 증자曾子께서도 날마다 세 가지 살피는 것으로써 공부를 삼으셨거니와 〈세 가지 살피는 것은 위인모이불충호爲人謀而不忠乎, 여붕우교이불신호與朋友交而不信乎, 전불습호傳不習乎 [견논어見論語]〉 우리 역시 경계境界마다 반성하여본다면 성현 군자 되기에 무엇이 어려우리오. 이곳 보은경축가報恩慶祝歌에 '과거사를 보아내여 현재사를 밝혀내니 미래사의 경사로다. 삼세 이치 알고 보니 자유자재하여 있고 무체무애 되었더라.' 한 말씀이 3개 조의 공부를 가라치심이라고 생각합니다.

또 제3조로 말하면 노는 시간이라도 낭유浪遊하지 말고 본회의 '취지규약' 경전을 연습하여 공부심을 놓지 말라 하심이요,

제4조는 모든 의심다운 문목을 연마하여 만사만리에 연구심을 가지라 하심이요,

제5조는 잠자기 전후에 혹 조용從容한 시간이 있거든 염불과 좌선을 하여 정신을 수양하라 하신 말씀이니, 우리가 이 6개조六個條를 이행하는 것은 곧 우리의 대강령인 정신수양 사리연구 작업취사를 공부하여 나아가는 빠른 법法입니다. 그러면 우리는 이 6조만 이행한다 하여도 곧 부처라 아니할 수 없겠습니다. 삼세사三世事 밝히는 법法을 연마하는 한편 삼강령을 공부하여 나아가니, 이것이 곧 혜족慧足의 길을 열어나가는 것이겠습니다.

다음에 정신근고精神勤苦 육신근고肉身勤苦 전곡혜시란錢穀惠施欄을 각각 두어서 정신으로나 육신으로나 재전財錢으로나 얼마만한 근고를 하였던지 사실대로 일일이 기재케 하신 것은 각 개인의 사업성적을 드러나게 하심이니 이 사업이 아니고는 공부를 할 수가 절대로 없습니다. 그런고로 이 사업을 잘하면 곧 복福이 될 것이니 이것은 복족福足의 길을 여러 나아가는 것이겠습니다. 그러면 우리의 매월 성적조사는 일기장 1매만 꼭 이행한다 하면 복혜양족을 연마하는 것이니 이 어찌 신기하다 아니할 수 있습니까?

그다음 장에 '재가 공부인이 교무부에 와서 하는 책임' 6조로 말하여도 또한 그렇습니다. 제1조는 재가 공부인이 재가하여 공부를 한다 하나 삼강령의 힘을 완전히 얻지 못한 소치로 물론 공부의 방식을 잘 알지 못합니다. 그러니까 교무부에 오거든 재가 공부할 때에 경과한 사항을 일일이 문답하여 알지 못하던 것을 배워가라 하심이요, 제2조는 견문

간에 감각된 일이 있거든 해교무부該教務部에 와서 감정을 받아 그의 지식을 넓히라 하심이요, 제3조는 우리 교과서인 취지규약 경전이나 종사주의 법설이나 특별히 의심된 바가 있으면 교무부의 양해諒解를 얻으라 하심이요, 제4조는 매년에 양도兩度 입선入禪을 못 하겠거든 다만 2개월이나 3개월이라도 전문적 훈련을 받으라 하심이요, 제5조는 매월 삼예회에는 반드시 교무부에 와서 공부에 주력하라 하심이요, 제6조는 교무부에 오거든 형식으로만 왔다 갔다 하지 말고 다녀간 효력의 유무를 대조하여 교무부에 온 가치를 드러내라 하심이니 공부하는 우리로는 또 이 6조를 이행하지 아니하면 아니 되겠습니다.

그다음 의견제출란[공부, 사업, 생활]을 각각 두어서 어떠한 방면으로든지 좋은 의견이 있으면 제출하여 법法에 맞고 공익이 될 만한 의견은 누구의 의견이든지 곧 채용하게 되었습니다. 이 얼마나 원만하고 공정한 법法입니까?

그다음 장은 보통부 10계문이요, 그다음 장은 특신부 10계문이요, 또 그다음 장은 법마상전부 10계문, 합하여 30계문란을 각각 두어서 계문에 범犯하고 아니 범犯한 것을 사실대로 조사하여 매일 범과한 번수를 기재합니다. 본회의 회원치고는 누구나 계문을 지키려고 할 것입니다. 그러나 마음만으로는 철석같이 굳은 우리의 습관이 떠어지지 않는 것도 또한 사실이 증명하고 있습니다. 그래서 매일 경과한 사실을 기재할 때에 범犯하고 아니 범犯하였다 하기는 양심에 부끄럽고 범과한 사실대로 기재하자 하니 또한 공부자로서는 수치한 일입니다. 시고是故로 조심이 되어 자연 범과의 번수가 점점 줄어 들어갑니다. 그러면 전前에 아무 생각 없이 범犯하던 일을 몇 가지만 청정하게 지킨다 해도 그 공덕이 무한할 줄 압니다. 가령 일상 하기 쉬운 악구惡口, 타인과他人過, 망어妄語, 탐貪, 진嗔, 치痴 등의 악습이 이 일기법 이행한 후後로 차차 조금씩이라도 고쳐가는 것은 일기를 하는 사람이라면 다 같이 느끼는 바이겠습니다.
여러분 동지시여 어찌하시렵니까? 실實로 우리의 일기법은 암매한 우리에게 복혜福慧 양로兩路를 열어주오니 다 같이 환영합시다. 기위旣爲 시작하신 회원은 더욱 취미를 얻어 힘쓰시고 아직 아니 하시는 회원은 각성하여 우리의 활로인 일기법을 이행합시다.

공고

사종일기四種日記 시행에 대하여

교무부

《회보》 제47호, 시창23년(1938) 9월호

소태산 대종사는 일기를 수행의 방법으로 제시한다. 삼대력을 얻도록 촉진하는 공부법으로 일기법을 사용하고 있다. 소태산이 제시한 정기일기와 상시일기는 수식으로 조사하여 계산하는 방식과 문자로 기술하는 방식이 있다. 이러한 일기법을 정식일기, 간이일기, 유무념대조, 태조사로 구분하여 각자의 상황에 맞는 방식을 선택하도록 한다. 할 수 있는 것부터 선택하여 정식 방법까지 실행토록 하는 방식이다. 사종일기의 방식은 일기 방식으로 응용할 필요가 있다.

사람마다 복 받기를 원하고 죄 받기를 싫어하되 복과 죄가 어디로부터 오는 원인을 알지 못하며, 또는 복 받을 만한 노력은 아니 하고 맹목적으로 복만 구하게 되므로 복을 구한다는 것이 오히려 죄고로 들어가게 될 것입니다. 한 예를 들자면 시장하여 배가 고플 때는 밥을 먹어야 배가 부를 것인데 밥을 먹지 아니하고 배부르기만 기다리면 배가 부르기는 고사하고 더 시장하여질 것이 사실입니다. 그와 같이 노력이 없이 복 오기를 기다리는 사람은 밥을 먹지 아니하고 배부르기를 기다리는 것과 같은지라 어찌 허망하지 않습니까. 그런즉 밥만 먹으면 배가 자연히 불러지는 것과 같이 복 받을만한 노력만 하면 불구이자래不求而自來로 자연히 복이 돌아올 것입니다. 그러면 우리는 무슨 일을 하여야 복을 받게 될 것인가? 그는 다른 데에 있는 것이 아닙니다. **우리의 삼강령 공부를 잘하여 사은사요를 잘 실행하고 못 하는 데에 복과 죄가 달렸으니, 삼강령 공부를 잘해야 일심불란할 정신의 수양력과 이무애 사무애한 사리에 연구력과 정의를 취하고 불의를 사하는 실행력, 이 삼대력만 충분히 얻어놓으면 수미산 같은 혜복이 쌓여 영세무궁토록 낙 수용을 하게 될 것입니다.** 보십시오. 저 광대한 세상의 고금을 물론 하고 모든 위位와 권리를 얻고 많은 복락을 수용하는 제불제성들도 다 이 삼대력을 얻은 결과입니다. **그러면 이 삼대력을 얻기로 하면 어떻게 하여야 할 것인가? 그는 다른 데에 있는 것이 아니라 본회**

『육대요령』 교과서 중에 있는 상시 응용 주의사항 6조와 재가공부인이 교무부에 와서 하는 책임 6조와 계문 이행 등 상시훈련법으로써 일기법을 실행함이 가장 빠른 길이니, 이는 삼대력을 얻도록 촉진시키는 공부법입니다. 그런데 이 일기법 중에도 4종의 구별이 있으니 문자의 기록에 능한 분은 정식일기나 간이일기를 하고, 문자 기록에 능치 못한 분은 유무념 대조나 태조사를 함이 가可합니다. 입회를 하여 참 공부를 하기로 하면 각자의 형편에 따라 일기법을 실행하는 것이 공부상으로나 의무상으로나 당연한 일이니, 이래伊來 실행하시던 분은 더 잘 실행하시도록 하시고 아니하시던 분은 이로부터 실행 하시와 많은 혜복을 장만하시도록 하십시오. 일기 하는 방식은 지방 교무 선생님에게 자주 물어서 분명히 알아 실행하시고 혹은 총부 교무부로도 물어주십시오. 다음 호에는 본 지면을 통하여 그 기록하는 방식을 발표코자 합니다. 끝으로 지방 교무 선생 제위께서도 이 사종일기법을 적극적으로 장려하여 그 상황을 자주 보고하여 주시면 그 성적을 매월 회보에 지방별로 발표하겠나이다.

감상담(조수원)

정기에 하는 훈련법 중 일기 쓰는 방법이 있는데 정기훈련 때 쓰는 정기일기법과 상시훈련 시 쓰는 상시일기법이 있다. 위 내용은 교무부에서 재가 출가와 유무식을 막론하고 당일의 훈련한 내용을 대조키 위하여 상시일기 쓰기를 권장하는 글이다. 네 가지의 일기 종류 중에서 각자의 상황에 맞는 일기법을 선택하여 공부를 점검해 보게 한 것이다. 세밀한 공부를 원하는 이는 정식일기를, 유무념 평 떼기 공부를 원하는 이는 태조사법을 취하였을 것으로 추측해 본다.

예나 지금이나 꾸준히 일기를 쓴다는 것은 쉬운 일이 아니다. 매일 수행자로서 훈련일지 체크 하는 심정으로 하지 않으면 오래 하기 힘들다. 대종사님은 이 일기가 자기 삶을 여실히 보여주는 증거가 될 것이라고까지 하셨다. 어떤 종류의 일기이든 삼대력을 양성하는 데 도움이 되며, 일기법을 통하여 사은에 보은하고 사요를 실천하는 삶을 살아가길 희망한다.

처리

영아훈시건嬰兒訓示件

처리인 권동화

《월말통신》 제16호, 시창14년(1929) 6월분

'영아훈시건'은 원불교 자료총서《월말통신》에 제목만 있고 내용은 결缺해 있다.

《월말통신》 제19호의 목차를 보면 공부 방면에 감상 처리處理 의견 등이 실려 있다. 감상이 감각감상이라면 '처리'는 '심신작용 처리'의 약칭이다. 『정전』 일기법에는 '상시일기법'과 '정기일기법'이 있다. 이 심신작용 처리 건은 감각감상과 함께 정기일기법의 한 방법이다.

기록된 최초의 처리 건은《월말통신》 제16호에 권동화의 '영아 훈시건'으로 제목만 등장하고, 실지로 기재된 처리 건은《월말통신》 제19호에 경성회원 이공주의 '오전금 반환'이라는 제목의 심신작용 처리 건이다. 그리고 '백양사 승려 대 장성 청년 간 격투 사건에 대하여'가 제1호 처리 문제로 제시된다. 개인적 처리가 아니라 사회문제에 대해 집단 지혜를 요청하는 처리로써 처리 제1호로 등록된다. 그 후 김대설의 '처리處理 제4호'라는 제목으로《회보》 제2호에 등장한다. 이후로 처리 건은 등장하지 않았다.

《회보》 제14호, 시창20년(1935) 1월호의 '투고환영'란에 '정치와 시사를 제하고는 일체 감각·감상, 의견, 처리, 문목, 시 등의 원고를 다 환영합니다.'라며 투고를 받고 있으나 이후 처리 건은 기재되지 않았다.

처리

오전금五錢金 반환返還

처리인 이공주

《월말통신》 제19호, 시창14년(1929) 9월분

______ 《월말통신》 제19호에 경성회원 이공주의 '오전금 반환'이라는 제목으로 기재된 심신작용 처리 건이다. [처리]로 기록된 2번째 심신작용 처리 건이나 실지 상황과 처리 과정이 기재된 것은 최초이다. 은행업무 중 은행원이 더 거슬러 준 돈을 반환하는 과정에서 일어나는 마음상태와 이를 바로 잡는 심신작용이 전개되고 있다.

9월 초 10일은 본회 상조조합 제3기분期分 정기예금일인 고로 공주는 여러 조합원에게서 예금을 수집하여서 초 9일 오전 9시에 경성 안국동 우편소에 갔었습니다. 그래서 근近 30분간이나 서서 기다리다가 겨우 차례가 돌아왔습니다. 먼저 통상위체[通常爲替, 환증서를 보통의 우편으로 보내어 지정된 우체국에서 그 환금을 지급받게 하는 통상환通常換]로 부치려다가 20원 이내로는 소위체小爲替의 요금이 적게 든다 하여 소위체小爲替로 하여달라 하고 요금을 무른즉 13전이라 합니다. 그래서 위체료爲替料 13전과 서유료書留料 13전과 합하여 26전 어치의 절수切手를 사려고 50전의 은화를 절수切手 파는 여사무원에게 내어 주었더니 10전짜리 2매枚와 3전짜리 2매枚와 거스른 돈을 나 내이주더이다. 그래서 어련하랴 하고 곧 절수切手를 집어서 13전어치는 위체계원爲替係員에게 주고 위체권爲替券을 받아서 곧 서류계書留係로 와서 피봉皮封에 넣어서 부쳤습니다. 그때에 마침 옆에서 어떤 전문학교 학생이 절수切手를 사며 말하되 "10전에서 3전 절수切手를 주었으니 7전을 주어야 할 것인데 12전을 주니 당신이 손損이 안 되오" 한즉 여사무원이 손을 내밀어 내놓았던 5전을 도로 집어 드리더이다. 그때 공주도 아까 절수切手 사고 거스른 돈을 옳게 받았는가 하고 헤아려본즉 또한 5전이 더합니다. 처음에는 '내가 집은 것이 아니니 그만 모르는 체하여 버릴까' 하는 생각이 들다가 다시 온전한 생각으로 취사를 하여 보았습니다. '이 5전이 그리 대단한 것은 아니다. 그러나 다만 일분一分이라도 비례非禮의 돈을 갖는 것은 욕심이며 죄악이요 겸兼하여 계행에 큰 범과가 될 것이요 또 더욱이 저 여사무원으로 말하면 월급 받고 이 우편소에서 일을 보는 사람인데 잠깐 절수切手 파는 것을 보아도 두 사람에게나 거스른 돈을 잘못 주고 틀리니 만약 늘 그 모양으로 틀린다 하면 물론 이 사무원 노릇도 못 하게 될 것이다. 또는 회계를 닦을 때 세음細音[셈]이 틀리면 의외에 어떠한 사람에게 그 누명陋名이 갈는지도 모른다. 그러면 모든 사욕을 없애고 공익을 주장하며 일체 사람을 제도하자는 공주로서 그 5전을 더 받은 줄 알고도 그만두어 버릴까 하는 마음을 찰라 사이라도 먹었던 일은 실實로 양심에 부끄러운 일이다. 또 저 여사무원에게 이 사실을 말하여 요행히 이후는 정신을 차려 그르침이 없다면 얼마나 좋은 일이며 공익이 되랴. 만일 이 여사무인이 깨우침은 없다 해도 공주로서는 범과를 아니 하고 정당한 일을 하였으니 양심이 편안하리라' 생각하고, 곧 그 여사무원의 앞으로 가서 아까 받은 그대로 29전을 내어놓고 이와 같이 말하였습니다. 공주, "아까 내가 50전을 내고 26전어치 절수를 샀으니까 24전이 남아야 옳은 것인데 29전을 주었으니 5전이 더 온 것 아니오?"하고 24전만 잡으며 그의 안색을 본즉 조금 무색한 듯이 5전을 또 도로 집어들이더이다. 그래서 공주는 그 여사무원에게 "이후는 틀림없이 충실한 사무원이 되라" 하고 암시하며 우편소 문을 나왔습니다. 변변치 못하고 하찮은 처리이나 혹 참고의 일조가 될까 하고 감敢히 몇 자字 적어 보았습니다.

백양사 대 장성 청년 간 격투 사건에 대하여

대완, 기천, 연구부

《월보》 제36호, 시창17년(1932) 음 5월

《월보》 제36호에 제출된 처리안은 불법연구회[원불교 전신] 제1호 처리 문제로, 종교가에서 사회단체에 대하여 지혜를 구하는 '지혜 단련' 과정이라 볼 수 있다. 집단연구력을 통해 사회문제를 심도 있게 다룬 것이다.

'신문 기사이기에 사건의 진위는 알 수 없으나, 만일 이러한 일이 불법연구회에 닥친다면 어떻게 할 것인가'에 대한 의견 제출안이다. 이렇게 제출된 여러 처리건 중에서 종법원宗法院의 감정勘定을 받은 2, 3건을 발표한 것이다.

'연구부'는 《월보》에 선택된 처리안을 발표하면서 그 본의는 공부하는 사람들로서 서로 의견을 교환하여 만법을 통하여 한 마음 밝히자는 통만법명일심通萬法明一心의 태도를 가지자고 역설한다.

《월보》에 실린 첫 번째 처리 건은 김제 원평 출장소 박대완 교무의 의견 안이며, 둘째는 부산 출장소 김기천 교무의 의견 안이며, 세 번째는 영광지부 일동의 의견 안이다. 그리고 마지막으로 '연구부'에서 이를 종합하고 있다.

연구부는 불법연구회는 사찰과 근본적으로 그 입장과 제도가 판이하기에 문제해결을 바라보는 입장이 다를 수 있다는 것을 강조한다. 신문에 난 상황을 설정하여 불법연구회의 상황으로 대입하여 논의해 보자는 것이 본의라는 것이다.

처리 문제處理問題 해결안

거去 4월 20일 부附 발송한 제1호 처리 문제, 즉 백양사 승려 대對 장성읍 청년 격투 사건에 대하여 각위各位의 명답明答으로써 시비이해의 일부를 적확適確히 체득體得하게 된 것은 제위諸位의 무한한 노력의 결정으로 생각하고 매우 감사하여 마지않습니다. 다만 유감은 지면 관계로 여러분의 해답 전부를 발표치 못하고 기중其中 종법원宗法院 감정勘定에 우수한 자 2, 3건을 발표하는 것입니다. 그러나 차次 해답을 제출한 오인吾人의 본의가 기필적期必的 채용이나 우난[又, 또는] 지상 발표의 명예적 이욕을 취함에 있지 않고 공부자로서의 의무 우又는 의견을 호상互相 교환하여 통만법명일심通萬法明一心하자는 데에 있는 이상 자아自我의 제출한 해답의 채용과 발표 여부에는 문제 되지 않을 듯하오며 불시라[不啻, 뿐만 아니라] 설사 시비격안是非格案이라도 잘 보관하여 제위諸位의 연말 연구자료 제출 성적에 편입기로 하나이다. 그리고 또는 해처리판결안該處理判決案 일통一通을 종법원宗法院의 감정鑑定을 득得하여 끝으로 첨부하오니 첨위[僉位, 여러분]는 차此를 표준 하여 처리의 지침을 삼으소서.

단 전일前日 문제 중 '오회吾會의 입상에서는 여하如何히 할까?'에 대하여는 오회吾會는 현대 사찰과 근본적으로 그 입장과 제도가 판이한 이상 문제가 잘못되었음으로 차此는 취소하오며 제위諸位의 차此에 대하신 해답도 말소하였사오니 여시조량如是照亮하시압. [이와 같이 살펴 비추어 밝히 앎]

백양사 승려 대 장성읍 청년 격투 사건 해답

김제 원평 출장소 교무 박대완

음 4월 8일은 불교의 원조이신 대성석존大聖釋尊의 탄생일로서 각 사찰은 연연年年 이날을 당하면 화촉花燭과 제반 의식儀式을 성장盛裝하여 대성왕大聖旺의 경축을 행하나니 이날은 촌간村間 부녀자도 구경 겸 축복 겸 왕래가 빈번하거든 황[況, 하물며] 화조월석花朝月夕의 호유객好遊客들이야 말아야 무엇하리까? 각처에서 운집雲集하여 음주방가飮酒放歌는 예사이요, 승속 간 쟁투가 무無하면 결국 자기 동류同流 간이라도 상쟁분란相爭紛亂이 상사常事이니 이러할 때는 기화근其禍根을 미리 방지할 준비를 하지 않으면 아니 됩니다.
불시라 국가사나 단체사나 가정사나 개인사나 항상 응용의 형세를 보와 미리 연구하지 않으면 그 일의 성공을 득得키 난難한 것은 역력한 사실이니 신문의 보도만으로는 그 충분한 사정을 알 수 없으나 만일 신문의 보도만을 표준 하여 논한다면 금번 백양사 불상사는 제1차 연마硏磨가 부족한 탓이라고 생각합니다. 내가 만일 주지住持의 입장에 있다면 4월 8일 전에 차此 사유를 장성 경찰서에 신고하여 당일 경관을 사내寺內에 주재케 한 후 여사如斯한 불상사가 생生하면 즉시 취체取締를 요구할 것입니다. 그런다면 당초에 관무사官無事 촌무사村無事가 되겠지요. 근래 법규에 어느 극장이나 연회석이나 백 명 이상 회합 시는 당국에 신고하면 즉시 경관을 파견토록 되어 있으며 당사방當事方의 신고가 무無할지라도 취체取締를 가는 규칙이니 차此 방면의 준비가 무無함이 일결점一缺點이라 하겠습니다. 만일 금번 백양사 사건이 사실이라면 도道 경찰부에서 장성 경찰에 대하여 질책이 유有하리고 믿습니다.
제2는 사건 발생 후 승려 피타被打의 비보悲報를 접할 시 비상종으로 사내寺內 대중과 동군洞軍을 소집하여 청년배와 상쟁相爭한 것은 참으로 불미한 일이며 도가道家의 수치입니다. 원래에 싸움 잘하고 이기기를 좋아하는 자는 처음에는 내가 반드시 냉정한 생각으로 일의 순서만 잃지 않도록 하는 것이거늘 쌍방이 구타하여 호상互相 부상자를 내었으니 고

소를 하여도 같이 할 것이요 벌罰를 당하여도 같이 당할지라 무슨 생색生色이 있으며 유익이 있으리까? 내가 만일 그 입장에 있다면 이렇게 하겠습니다. 구타당한 승려는 즉시 병원에 입원시키는 동시에 의사의 진단서를 내어두고 일방一方으로는 비밀리에 가해자 등의 주소 성명을 탐지할 것이며 그들 술 깨기를 기다려 시간을 정하여 적당한 진사[陳謝, 사죄]의 조건을 요구할 것이올시다. 그러하고 보면 아무리 불량무식不良無識한 자들이라도 술 깬 후는 전죄前罪를 후회하게 될 것이요, 피해자가 입원하고 진단서까지 내었다는 말을 들으면 10에 8, 9는 반드시 사죄하러 올 것입니다. 그때에는 상당한 치료비 손해금 등을 받고 단단히 훈계하여 용서하여 줄 것이요, 만일 지정한 시간 내에 진사陳謝가 무無할 시는 부득이 진단서를 첨부하여 고소를 제기할 것이니 사법당국은 반드시 3인 이상 소요騷擾 겸 구타죄로 구인拘引하여 취급할 것입니다. 그때에라도 혹 가해자들의 가족이나 우又는 본인이 진정한 회과悔過와 진사陳謝가 유有할 시는 도가道家의 행사行事로서 전술前述과 여如히 치료비 등을 받고 엄정嚴正히 훈유한[訓喩, 가르치어 타이른] 후 용서하여 관인寬仁한 도가의 처사법을 보일지나 그때에도 하등 반성이 무無할 시는 사법에 일임할 따름이니 이것이 먼저는 지고 뒤에는 이기는 방법인가 함이다.

第3 구타당한 승려의 입장에 있어서는 화지본火之本은 수인씨[燧人氏, 불을 발견하여 화식火食하는 법을 전한 전설의 인물]라고 도시[都是, 도무지] 이 자의 불찰不察과 불취사[不取捨, 취사선택 없는]의 소치所致라고 추측됩니다. 내가 만일 그 입장에 있었다면 그들이 음주飮酒 방가放歌하여 청정법계淸淨法界를 유희장화遊戲場化함을 볼 때 그 형세를 보아서 내 단독이 처리하지 말고 반드시 자기 이상 지견을 가진 주지住持나 혹은 대중에게 보고하여 난상협의爛商協議한 후 사중寺中에서 가히 대인접물待人接物할 만한 자 우又는 무마[撫摩, 타이르고 달램]의 수완手腕이 유有한 자를 찬택撰擇하여 그들의 형세를 보아서 감정憾情이 발發치 않도록 공손한 태도로서 정지停止를 교섭交涉하도록 하겠습니다. 하인何人을 물론 하고 주정酒精의 포로浦虜를 당할 시는 항용恒用 말도 트집을 잡고 싸움을 청하거든 황[況, 하물며] 취흥醉興이 유류溜溜하고 패기悖氣가 발발勃勃할 시에 애교 없는 말로 정지停止를 시킨다거나 시비를 건다면 어찌 온건穩健히 순종하겠습니까. 고로 저는 써 생각하되 이상 몇 가지의 불찰不察이 금번今番과 여如한 불상사를 빚어냈다고 생각함이다.

「우감정등급右勘定等級」

우[右, 앞의] 안건案件은 을乙로써 감정勘定함

〈시창17년 5월 16일 종법원宗法院〉

백양사 승려 대 장성읍 청년 격투 사건 해답

부산 출장소 교무 김기천

원래 조선 사찰이 거개 유인협객遊人俠客의 유희장화遊戲場化한 것은 사실입니다. 어찌 그렇게 되었는가 하면 불교가 조선 500년에 있어서 정치적 무한한 천대와 압박을 당함으로 말미암아 불교 자체의 권위를 속인俗人에게 잃게 되었고 따라서 승려로도 비열한 성격을 가진 자가 많아야 동구洞口에는 주사酒肆를 두며 사찰은 여관으로 전용專用하는 등등 물질을 위주하고 불법의 대의를 망각하였던 소치인가 함이나 만근挽近 혁신 시대에 있어서 유지有志 승려는 이것을 통탄하여 폐습 악풍을 제除하려고 노력하는 자도 많으나 수백년 전래하든 관습이 일조一朝 활연豁然이 혁신되지 못할 것도 사실입니다. 그러나 유지대성공부자儒之大聖孔夫子의 '청송聽訟이 오유인吾猶人이나 필야사무송必也事無訟'이란 말씀과 같이 모사某事를 물론 하고 일이 있은 후에 처리를 잘하려고 애쓰는 것보다도 항상 재화災禍의 기틀을 미리 다스려서 일이 일어나지 않도록 하는 것이 옳으니 현하現下 불교의 입장에서도 유인내객遊人內客이 온 뒤에 음주난폭飮酒亂暴의 행동이 유有한 뒤에 그것을 말리거나 금지할 것이 아니라 그 근본적 결함을 먼저 개혁하여야 할 것입니다. 그런다면 승려 자신이 먼저 각성하여 심산궁곡에 하는 것이 없이 놀면서 우상을 팔아 불공이나 하고 손이 오면 술과 밥을 팔아 그것으로써 생명을 유지하려는 비시대적 비루卑陋한 생활을 놓고 지게를 지고 산에 오르며 호미를 들고 들에 나타나 착천이음鑿泉而飮하고 경전이식耕田而食할 자작자족自作自足의 정신을 세워 유인래객遊人來客에게 매반매주賣飯賣酒나 속인俗人의 불공이 아니더라도 생활상 위협을 느끼지 않을 준비와 역량을 가질 것이며, 그 반면 승려 자신이 불법에 좀 더 독신篤信을 가지고 정행淨行을 가져 일반 사회의 진실한 신용을 얻도록 할 것이요, 그다음으로는 사원寺院을 유인내객遊人來客의 오락장으로 절대 빌려주지 말 것이니 대외적으로는 일반사회의 신용을 배경으로 하고 대내적으로는 그들이 아닐지라도 생활에 하등 영향을 받지 않을 이상 거절 못할 이유가 없습니다. 금번 백양사의 불상사도 그 원인이 돌발적 그것이 아니요, 이상의 모든 조건이 구체화하지 못한 전통적 악습의 폭발임이 사실입니다. 그러나 임의 일을 당한 이상 송종헌 주지의 비상소집은 어떻게 됨인지 현장을 목격하지 않는 이상 꼭 알 수는 없으나 내가 만일 주지의 입장에 있다면 승려가 맞았다는 소식을 들을 때 잠깐 온전한 생각으로 취사하여 한 두 사람의 능력으로 사태를 완화시킬 수 있다면 경솔히 동動하는 것이 불가하고 부득이한 경우는 비상소집을 단행하되 그때에도 저 맞은 중의 원수를 갚기 위한다든지 취광醉狂 청년과 승부를 결단하기 위하여서는 아니 됩니다. 적어도 조선 불교계에 악풍惡風을 소척掃滌하고 자주권을 옹호하려는 생각으로써 할 것이며, 소집한 뒤에도 즉시 격투를 명할 것이 아니라 각기 방위적防衛的 기구를 휴대하고 현장 주위에 열립列立 시킨 후 충돌이 되지 않도록 맞는 중만 먼저 찾아올 것입니다. 그러면 아무리 취중醉中 청년배靑年輩라도 백여 대중이 맹렬한 형세 늠름한 기상으로 노려보고 있을 때 위압을 받을 것도 사실이요, 그 이상 악행을 하지 못할 것도 사실이겠지요. 그리하여 저들의 기세가 꺾임을 본 뒤 맞은 승려는 구출하여 입원시키고 일방一方으로는 경찰계警察界에 통지하여 법률로써 징치懲治하도록 할 것입니다. 그러나 만일 청년배靑年輩가 무조건하고 닥치는 대로 대중을 공격하는 극단의 행동을 한다면 정당방위의 행위로써 부득이 응전할 수밖에 없으되 그때에도 그들의 상처를 내기 위주로 할 것이 아니라 될 수 있으면 대隊를 분分하여 일인一人에 기인식機人式 담당 후 육신의 자유만 없도록 포박할 것입니다. 그러며 지급至急 경찰의 내원來援을 청하여 제재하도록 할 것이외다. 그리고 내가 만일 승려 된 대중의 입장에 있다면 시종일관으로 지도자의 명령에 복종하여 어그러지는 자유행동을 피하고 사생死生을 같이 하겠습니다. 끝.

「우右 감정勘定 등급」

우안건右案件은 을乙로써 감정勘定함.

시창 17년 5월 16일 종법원宗法院

백양사 분규의 건에 관하여

영광지부 임원 일동

당시 사태를 목격하지 않은 사람으로서야 어찌 그 일의 시비를 말하겠습니까? 다만 신문의 보도된 대로만을 가지고 우리의 앞에 놓고 역사易思한다면 사실 대단히 분憤할 일이지요. 그러나 그렇다고 지도자[가상주지假想住持]의 처지에 있어서 너무 흥분하여서는 아니 될 줄로 생각합니다. 왜 그러고 하면 사람이 모든 역경을 당할 때 너무나 과도한 흥분으로써 말에 실례하기 쉽고 적은 일을 크게 만들기도 쉬운 것은 우리가 매양 경험하고 있는 바가 아닙니까? 그런즉 그런 때일수록 절대 냉정이 필요합니다. 그리고 일의 순서로 말하면 종을 쳐서 구내 대중을 한곳으로 집합하여 위의威儀를 정제整齊한 후에 방금 청년에게 구타당하고 있는 승려만 구출하고 그 청년배靑年輩에 대하여서는 절대 공세를 취할 것이 아니라 삼가 수세守勢를 베풀어서 피차의 상해가 없도록 하고 호언好言으로써 설유說諭하는 일방一方 사람으로 하여금 법에 알리어서 법의 공도公道로써 그들을 처단하도록 하는 것이 상책이겠지요. 또 대중의 처지에 있어서는 오직 지도자의 명하는 대로 일사불란의 규율적 행동을 취할 뿐이겠습니다.

「우右 감정勘定 등급」

우右 안건案件은 병丙으로써 감정戡定함.

〈시창 17년 5월 16일 종법원宗法院〉

처리 총 판결안

우右 처리총판결안處理總判決案

연구부

대개 여러분의 말씀과 같이 적확한 사실과 현장을 목격하지 않고 오직 일편의 신문보도에만 의하여 남의 일을 왈가왈부하는 것은 좀 자미滋味스럽지 못한 일 같으나 우리의 본의가 백양사 당국이나 장성 청년의 시비를 가리고 곡직曲直을 분석하고자 함이 아니요, 연구자의 입장에서 시비이해의 한 처리 문제를 빌려다가 연구한 것에 불과하니 이러한 뜻을 가진 이상 우리의 양심에도 미안할 점이 없으리라고 믿습니다. 고로 우리는 그 사실 여하는 고사하고 신문에 나타난 것으로써 화두를 삼아 논설하옵시다. 그런데 김기천 교무의 소론所論과 같이 조선 불교가 이조 오백 년에 있어서 무수한 정치적 압박을 당하여 밖으로는 일반사회의 반대가 심하였으며 안으로는 승려 자체의 사상이 퇴화하여 시주나 매불자생賣佛自生을 일삼는 등 제생도세濟生渡世의 대의를 망각하였음이 사실이요, 이에 따라 속인의 의뢰를 입어 생활하여 가게 되므로 속인의 요구를 거절할 능력이 없게 되었으며, 의식주 삼건三件에 구애됨이 없는 속인 중에는 모든 오락의 기구를 준비하여 경개景概 좋은 사원에서 유희遊戲하는 것이 수백 년 전통적 습관으로 되었나니, 유인내객遊人來客

이 왕왕 회집會集하여 불손한 행동과 추태를 연출함도 사실입니다. 여사如斯한 불상사를 방지하기로 하면 승려 자체가 미리 각성하여 자작자족自作自足의 정신을 세워 속인의 의뢰생활依賴生活을 안 하도록 할 것이며 철저한 신앙과 진실한 법행法行을 가져 사회의 신용을 회복하여 순연한 종교가의 입장으로써 활동할 것입니다. 그런다면 저 속객俗客들도 무난無難한 행동을 하지 못할 것이며, 설사 온다 하더라도 흔연히 접대는 할지언정 주류酒類 등속等屬은 절대 불매不賣할 것이요, 더욱이 오락의 장소로는 절대 불허不許하여 이 같은 악습의 화근을 근본적으로 제거하도록 노력할 것입니다.

그리고 아직 이상과 같은 목적은 달達하지 못하였다 하더라도 4월 8일 같은 불교의 대경절 더욱이 백양 본산白羊本山 같은 대사찰에서는 박대완 교무의 소론所論과 같이 주지住持의 입장에 있어 **응용의 형세를 보와 미리 연마하기를 주의할 것이니**, 그 연마하는 방법은 4월 8일 전기前期하여 관계자 전부의 회의를 소집하고 내부적으로 어떠어떠한 일은 어떠한 사람이 맡고 외부적으로 어떠어떠한 일은 어떠한 사람이 맡되 일이 많고 사람이 많을 시時는 어떠어떠한 경우가 있을 것이니 그러한 때는 어떠한 사람이 어떠한 방법을 응용應用하라는 것을 조건 조건이 약속하고 소관 경찰 당국에도 취체取締 경찰관의 파견을 신고하여 만반 준비를 구체화한 후에 그날을 맞도록 할 것입니다. 그다음에는 이상과 같은 준비를 한 후에도 그날을 당하여 승려 피타被打의 소식을 듣거든 김기천 교무의 소론所論과 같이 잠깐 생각하여 사태를 확대시키지 않고도 온건穩健히 할 수만 있다면 그대로 하는 것이 정당한 처리處理이요, 온건穩健이는 할 수 없는 부득이한 경우에서는 총원 비상소집이라도 할 것이고 비상소집한 후에도 즉시 쟁투할 것이 아니라 총원 시위 하에 피타被打 승려는 구출하여 병원에 입원시키겠으면 입원시키는 일방一方 박대완 교무의 소론所論과 같이 가해자들의 성명도 적어두고 피해자의 진단서도 내어두며 그들의 술 깨기를 기다려 정식으로 치료비 배상액과 진사陳謝를 요구하여 응하면 관인寬仁이 용서하고 그리하여도 일향一向 반성이 무無하거나 우[又, 또는] 피청년배被青年輩의 난폭亂暴이 심하여 대중을 닥치는 대로 공격하는 시時는 피해 승려만 구출하였거든 즉시 삼가 피신하고 경관의 내원來援을 구求하여 법의 제재를 받도록 할 것입니다.

그다음 구타당한 승려의 입장에서는 청년배青年輩의 음주 방가放歌 등 문란한 행동을 볼 때 자기의 능력으로 하기로 하면 온건穩健한 태도와 공순恭順한 어조語調로 저 사람이 감화될 만큼 금지를 하여 보든지 자기의 능력으로 할 방침이 없다거나 말을 하여도 되지 않은 경우는 이상 지도자에게 사유를 고하여 대책을 강구하도록 할 것이요, 그때에도 금지가 못 되거든 장차 내두來頭에나 금지할 방법을 미리 연구할 것이외다. 그다음 주지의 비상소집에 회합會合한 대중의 입장에 있어서는 영광지부의 소론所論과 김기천 교무의 소론所論과 같이 오직 지도자의 명령에 순종하여 일사불란의 규율적 행동으로 시종일관하게 진행하여야 할 것입니다.

감상담(조수원)

정기일기법에서 심신작용 처리 건을 기재시키는 뜻은 당일의 시비를 감정하여 죄복의 결산을 알게 하며 시비이해를 밝혀 모든 일을 작용할 때 취사의 능력을 얻게 함이다. 개인들은 자신의 심신작용 처리 건을 기재하여 지도인에게 감정을 받고 잘 작성된 처리 건은 대중에게 공개하여 대중의 시비이해 분석력을 높이고 있다. 그런데 백양사 처리 건과 같이 사회문제를 가지고 전 교도들에게 의견을 수집한 사례는 보지 못했으며, 백양사 처리 건은 〈월보〉에 실린 내용으로 처음 접하게 되었다. 우리 교단에서 사회문제로 시비이해를 밝혔다는 것은 매우 놀랍고 혁신적이란 생각이 든다.

이 처리 건은 연구자의 입장에서 시비이해의 한 처리 문제를 빌려다가 연구하는 데에 목적을 둔다고 밝히고 있다. 이에 의견안을 낸 사람들은 우리의 교법에 비추어서 시비를 감정한다. 상시 응용 주의사항 중에서 1조 '응용하는데 온전한 생각으로 취사하기를 주의할 것이요', 2조 '응용하기 전에 응용의 형세를 보아 미리 연마하기를 주의할 것이요' 등을 표준화하여 감정을 한다. 이후에도 이러한 방법의 처리 건이 우리 교단에서 계속 이루어졌다면 어떠한 일이 일어났을까? '정의란 무엇인가'란 우리 교단의 입장이 사회 지도안으로 제시되지 않았을까 상상해 본다.

사회문제를 가지고 시비이해를 분석해 보는 것은 우리의 시각은 개인을 넘어 사회, 국가, 세계로 확장하는 역할을 할 수 있다고 본다. 사은의 은혜를 입은 내역과 보은하는 방법을 더 잘 알고 실행할 수 있으며, 사요 실천을 더 구체화하여 현실화 할 수 있을 것으로 추측된다.

그런데 교단적으로 사회문제를 더 이상 시비의 공부로 삼지 않은 이유를 짐작해 보면, 대종사님 당대 때는 일제강점기라는 시대적 상황이 작용했을 것으로 보인다. 현대에도 사회문제를 종교가에서 공식적으로 논평하는 일은 드물다. 그만큼 민감한 문제임은 틀림없지만, 자리이타의 공정한 국가를 만드는 데는 일조를 할 수 있을 것으로 보인다. 개인적 차원에서라도 사회구성원으로서 사회적 문제에 대한 시비와 개인 간의 시비를 분석해 보는 사리연구의 공부는 계속 이루어져야 할 것이다.

제4호

김대설

《회보》 제2호, 시창18년(1933) 9월호

제가 한 번에 일기를 지으려고 조실로 올라가서 앞마루에 앉아 있는 즉 그 조실 앞마루에 무슨 나무가 우거져서 이때 마침 그 좋은 그림자가 조실 앞마루로 비쳤습니다. 그래서 저는 생각하기를 내가 여기 와서 이러한 기회를 만나기가 어렵다 생각하고 오늘만큼은 일기를 하나 잘 써 보려고 그 나무를 치여다 보고 앉아 있은즉 간혹 서늘한 바람이 불어와서 그 나무열매와 잎사귀를 흔들흔들한 후에 다시 내의 얼굴을 스쳐서 몇 번을 지나가는 머리에 뜻밖에 잠이 살짝 와서 잠에 못 이기어 좀 누워 보았습니다. 누워서 생각한즉 만사가 태평이요 괴로운 것이라고는 하나도 없었습니다. 그래서 누운 그대로 내가 언제든지 이 즐거운 낙樂을 받을 것인가 하고 반성해 본 결과 내가 이 마루를 종사님께서 오시기 전에는 자미滋味를 붙인다고 하지만은 만일 종사님께서 내려오신다면 고통을 받을 것은 물론이라고 생각하였습니나. 그러고 또 어떤 선생님께서 말씀하시기를 좋은 일이 있고 보면 용단 있게 취하고 불의한 일이 있고 보면 용단 있게 사捨하라고 하셨습니다. 그래서 저는 이러한 느낌이 났습니다. 사람이라고 하는 것은 누구를 물론 하고 천만 경계를 당하여 용맹 있게 취할 것은 취하고 사捨할 것은 사捨하지 못하는 머리에 성공할 사람이 성공을 못 하고 부지런한 사람이 나태하여지고, 부귀자富貴者가 빈천하여지는 줄로 알았습니다. 그래서 저는 그 잠을 자지 않고 용맹 있게 사捨하여 버렸습니다.

감상

마이산행감馬耳山行感

송도성

《월말통신》 제6호, 시창13년(1928) 무진 8월

초기교단의 교화 기관지인 《월말통신》《월보》《회보》에 실린 감각·감상을 종류별로 나누어 보면 교리 감각감상문, 성리 감각감상문, 기행 감상문, 독서 감상문, 추모 감상문, 신년 감상문, 입선 및 입회 감상문, 시가, 기도문 등으로 나누어 볼 수 있다. 신앙·수행·생활·교리·추모·기행·시가·인물·신년·입선·입회·독서·기도 등이 주를 이루고 있다. 또한 《월말통신》《월보》《회보》에 실린 감각감상 중 이공주가 최다 제출자이며, 그 외에도 송도성, 김기천, 이완철, 김영신, 유성열 등 다수가 감각감상 건을 제출하고 있다. 〈교사연구반, 초기간행물에 나타난 「감각감상」에 대한 고찰, 1995년 학술발표회〉

기록된 최초의 감각·감상은 《월말통신》 제2호 '공정한 심판은 사정이 없다'라는 제목의 감각이다. 마이산행감은 기행문 형식의 감상이다.

"내일은 마이산에 가서 하루 유쾌히 지냅시다."

8월 22일 저녁 3, 4인이 모인 좌상座上에서 송혜환 형의 발론發論이었다.

도성은 "볼 일은 뒤에 두고 구경 먼저요"하고 쾌낙快諾하기 어렵다는 듯이 답하였다.

박대완 형이 곁에 있다가 "좋은 산수가 있다면 일부러라도 찾아가서 볼 터인데 그래 진안을 왔다가 마이산을 그저 두고 간단 말이요. 인자요산仁者樂山하고 지자요수智者樂水라고 고서古書에도 있거니와 우리도 거진출진에 청취淸趣가 있거니, 어찌 무미無味한 속사俗士의 행사行事를 하리오."하고 쾌쾌快快히 말하자, 그 말을 따라 수삼좌우數三座友도 "암 구경하고 가셔야지요."하며 마이산의 승경勝景을 무수히 찬양하여, 한 번도 보지 못한 우리로 하여금 심회心懷를 동動케 한다. 결국은 가자는 의견이 성립되고 말았다.

익일[즉 8월 23일]이다. 천기天氣가 청랑하고 서풍이 취동吹動하여 금거[衿裾, 옷깃]를 상쾌하게 하니 정히 유상객遊賞客의 적당한 시기라 하겠도다. 전석前夕에 약속이 있는 박대완, 송혜환, 박중식, 오재중 제형諸兄이 내참來參하고 전삼삼 씨도 동행하겠다 하시며 전봉태 씨가 불기이회不期而會하여 필자筆者를 가加하면 합 7인대가 조직되었다. 혜환, 중식, 봉태 삼형三兄은 오료준비차午料準備次 뒤에 떨어지고 남은 4인은 선발대로 마이동천을 향하였다. 산은 마령으로부터 정동편正東便 약 1리 지점에 흘립屹立하여 있으며 멀리서 바라보기만 하여도 정기가 둥둥 뜬 듯하다. 통천洞天에 다다르니 수헌數軒의 정사精舍가 입재立在하고 좌측 암상巖上에는 다수多數한 각자刻字가 있다. 살펴보니 윤용구, 김종한으로 비롯하여 경향 각지에 유명한 신사제위紳士諸位의 제명題名이었다.

필자가 볼 때 한 감상이 없을 수 없었다. 과연 제명題名의 의미는 무엇일고? 다름 아니라 각자刻字의 성명을 이후 무궁한 세상에 전코자 함일 것이다. 그러나 필자의 생각은 그 방법으로써 전해질는지가 의문이다. 석상石上에 제명題名이 아무리 찬연하나 다른 역사가 전함이 없고 보면 이 제명題名을 후세에 뉘 알랴. 전년 동선冬禪 회화석상에서 전음광 형의 하던 말이 새삼시리[새삼스럽게] 기억된다.

"진안 마이산에 여러 사람이 제명題名을 하는데 나더러 가입하라고 권고하는 친우가 있었으나, 나는 단연히 사절하였지요. 사절키는 후래 일체중생의 두뇌 속에 각刻하겠다"하던 그 말은 참다운 역설力舌이며 금언金言이다. 사실 제명題名이야말로 이 제명題名이 완실完實할 것이다. 비노니, 이 곳에 제명객題名客 여러분이여, 공연히 석상石上에 각자刻字만 일삼지 말고 한 조각 불후의 향사香史로써 만세에 유전함이 여하如何하리오. 잠시 정사의 외면을 돌아 나와 계변석순溪邊石巡을 따라서 수곡산요數曲山腰를 돌아드니, 수목사이로 은은하게 보이는 일소불우一小佛宇는 금당사라고 말한다. 사문寺門에 들어서니 승僧은 대반對飯하고 있다가 우리들 영접한다. 건너 방에는 부인 수배數輩가 모였으니 물론 명복을 빌러왔겠지. 이곳에다가 오잔을 부닥하고는 제반製飯할 동안 고금당古金塘을 다녀오자는 발론이 났다.

박대완 형이 선도가 되어 산수山水의 거벽巨壁인 저편 산정山頂을 향하고 누가 오라는 듯이 기음기음 올라갔다. 과연 기묘하구나. 층암層巖이 중중重重한 그 중간에 골조鶻鳥의 위소危巢처럼 일소옥사一小屋舍가 끼여 있다. 보기만 하여도 아차아차한 단애斷崖이며 집은 천작天作의 암석으로 복개覆盖하여 풍우를 가리게 되었다.

"주인"하고 부른 즉 60노구가 산문을 열고 화응和應한다. "우리 여기 좀 구경하겠소."하고 정제庭際를 밟아 후면에 돌아드니, 깊숙한 암굴은 뒤에도 여지餘地가 많았다. 어둠나라가 있다더니 우리가 오늘날 어둠나라에 온 건가. 같이 갔던 동무의 얼굴도 몰라 볼 만큼 깜깜하다. 불을 켜들고 주위를 일찰一察한 후 돌아 나와 노구와 문답을 시작하였다.

“어느 때부터 이곳에 와 있소.”

노구老軀, “지금으로부터 70년 전이올시다.”

“그러면 이곳의 전설을 혹 아시요.”

노구, “이곳이 나옹대사의 수도하던 도량이라는 말밖에 모릅니다.」

나옹대사의 수도하던 도량이라는 말을 들은 필자는 다시 한 번 주위가 살펴지며 나옹의 유향遺香이 아직도 자리에 젖어 있는 듯하며 또한 감상이 없을 수 없었다. 과거 선사의 수도하던 당년사當年事를 추억하고 미래 경영인 나의 수양생활을 공상할저 ‘나는 장차 어디로’가 머리에 떠올라서 한참동안 점회點會하였다. “자! 그만 갑시다.”하는 소리에 정신을 차려서 일행은 다시 금당사에 환착還着하였다. 봉태, 중식, 혜환 3형도 벌써 당도하여 사문寺門 앞에 서서 우리를 기대企待한다. 오찬을 마치고 나니 일기[日氣, 날씨]가 돌변하여 담운曇雲이 분등紛騰하고 우의雨意가 만천滿天이라. 일행은 주의모자周衣帽子를 모조리 벗어서 절집에 위탁委托하고 다만 일공一笻으로 의관衣冠을 삼아 포수砲手의 모리꾼처럼 안골을 혜쳐든다.

마이산! 마이산! 말만 듣다가 오늘에 와서 실경을 보니 참으로 굉장하다. 크나큰 두 개의 바위가 반공半空에 솟아 엄연히 병립하였으니, 마이산이란 명칭과 같이 마이馬耳가 분명쿠나. 삼천리 근역槿域이 마체馬體가 되고 호남 보토寶土가 마두馬頭가 되고 이 산은 마이馬耳가 될 것이다. 나는 이 천마天馬를 타고 사주세계四洲世界에 횡행하여 오도吾道의 진수를 일체 생령에 보급하리라. 아! 나는 결심하노라.

보던 중 가장 이상한 것은 마이산의 돌이었다. 석체石體가 보통 암석과 달라서 마치 사리砂利와 석분石粉으로 혼성混成하여 회사灰沙무리를 하여 놓은 것 같이 되었다. 대완 형은 늘 “금강산도 요러한 거암괴석巨巖怪石은 없다”고 찬사를 연발한다. 통문洞門을 찾아드니 다수多數한 인조 석탑이 눈에 띄는데, 그는 이갑용이라는 술객術客의 지성至誠의 결정이요 평생의 사업이라 한다. 그 수예手藝의 교묘함과 결구結構의 호장豪壯함을 경탄치 않을 수 없었다. 암석을 의지하여 구성된 수간토막數間土幕의 문전에 이르러서 박형朴兄 중식中植은 “처사! 처사!”하고 두세 번 부르니 “처사님 잠 들었다.”고 동자가 보報한다. 남양초당南陽草堂에 고와가면高臥假眠하는 와룡선생臥龍先生의 풍치風致를 따름인지, 백주白晝에 수면이 웬일일고? 조금 있다가 처사가 출두하니, 대관장발大冠長髮에다 60여세의 노옹老翁이었다. 마령의 제형諸兄과는 일찍부터 면식이 있는 모양이나 익산 출장원 두 사람은 금시 초면이었다. 초견인사初見人事를 닦은 후 모든 것을 좀 소개해 달라고 청한즉 처사는 흔연히 우리를 영접하여 자기의 공부실로 소위 치성당 곳곳을 샅샅이 구경 시켜주고 낱낱이 설명한다.

벽상壁上에는 글자 아닌 글씨 즉 괴상한 그림 같은 것이 많이 붙어있고 곳곳마다 괴석怪石을 수없이 안치하고 그 앞에다가 청수를 혹 5, 6기 7, 8기 내지 10여기씩 진열하고 모든 제도를 기기묘묘하게 장식하여 놓았다. "저게 다 무엇이요."하고 물은즉 팔음八陰 신장神將을 부리는 집이라는 둥 5방 무엇을 위한 곳이라는 둥 별별 신기한 소리가 많았다. 그 설명하는 가운데 이러한 말도 있었다.

1. 암 마이산에서 숫 마이산에 줄을 달고 건너가려다가 마魔가 있어 못 하였다는 말

2. 청수를 떠 놓고 정성을 드리면 물이 거꾸로 올라와서 얼음이 되어 불체佛體로 화한다는 말

3. 암 마이산 중층中層에는 암굴岩窟이 있는데 자신이 그 암굴에 가서 조탑造塔하였다는 말

4. 수백인도 운반하지 못할 거석巨石을 들어서 탑의 중층中層을 조성하였다는 말

5. 사람의 길흉화복과 연사운조年事運兆를 잘 안다는 말

기외其外 수다數多한 기화奇話가 많이 있지마는 일필난기一筆難記이다.

그 사람의 말을 다 준신遵信할 수는 없으나, 보기만 하여도 정신 어지러울 마이산 중층에 가서 조탑造塔한 사실과 거석巨石을 운반하여 탑의 중층을 구성한 증거는 목전에 나타난다. 과연 사신邪神의 역力이나마 신력神力을 얻은 것이 분명하다.

처사를 사辭하고 일행은 다시 후봉後峰을 향하여 올랐다. 가는 길에 하는 말이다.

대완 "그 자가 평생에 탑만 모우고 절벽에만 오르내리다가 죽으면 무엇하노?"

도성 "다람쥐가 되어서 탑 속에 살터이지요."하고 쾌소快笑.

대완 "그것도 우리 인생에 어떠한 필요점 있는 사업이라 할까요?"

도성 "필요는 무슨 필요. 혹세자惑世者의 마술魔術에 지내지 못한 것이지요."

대완 "하여간 심력은 좀 얻은 모양인대 가석可惜하게도 사도邪道에…"

도성 "본래 발원이 사도邪道일터이지요."

대완 "참 가련하다. 얻었으되 얻은 줄 모르고 잃었으되 잃은 줄 모르고 금 방석을 똥 기저

귀로 쓰는 무식한 인생!"

도성 "얻은 것도 분수가 있지요. 사邪로 발원하여 사邪에 힘을 얻은 것과 정正으로 발원하여 정력正力을 얻은 것과는 그 얻은 것이 어찌 같겠는가?"하고 이와 같이 수어數語로 상환相換할 제 필자도 또한 감상이 없을 수 없었다.

내가 만약 사문師門의 법력을 입지 못하고 정법의 진수를 받지 못하여 속뇌俗腦를 바꾸지 못하고 정안正眼이 열리지 아니하였을 때에 이러한 기묘한 술법을 보았을 때는 물론 기막히게 선모羨慕할 것이며 정신없이 전도顚倒하여 그 처사를 천사天師와 같이 우러러 볼 것이다. 그러나 지금의 내 눈은 정안正眼이다. 정안正眼이라면 별다른 눈 같지마는 능히 사정邪正을 분간分揀하는 눈이다. 사문師門에 법해수法海水에 많이 세례를 받은 눈이다. 그 사람을 볼 때에 철부지한 아해兒孩처럼 보지 아니할 수 없었다. (허, 망언이로구나. 쓸데없는 장담壯談 자찬自讚) 나는 여기에 이르러서 오사吾師의 홍은鴻恩을 더욱 감찬感讚하며 마지 아니하노라. 그러나 세인의 경향을 보면 아직도 사정邪正을 분간分揀하기에 멀다. 속히 금강법봉金剛法棒 가져서 일체미망一切迷妄의 종인種因을 파멸하고 원만 신성한 법당法幢을 고양할 이 그 누구이요? 어느 사이에 숫 마이산 약수터를 당도하였다. 청정한 석간수를 일배一杯씩 취음取飮하니 향천香泉의 양미凉味야말로 차산此山이 아니고는 얻어 보기 어려운 바이다. 날은 점점 기울어져서 서산에 걸렸다. 우리는 마이산의 풍경을 하나도 남김없이 흠뻑 짊어지고 황혼을 따라 산에서 내려왔다. 시창13년 무진 8월 23일 밤 금당사에서

수리조합의 몽리구역

이준경

《월말통신》 제7호, 시창13년(1928) 음 9월

——— 농업부 회원 이준경이 시창13년(1928) 무진 5월 3일 감각한 것을 《월말통신》 제7호에 수록한 것이다. 수리조합 저수지를 축조하여 농업용수를 공급받는 구역은 가뭄에도 안전하게 농사를 지을 수 있는 것처럼 삼학팔조의 수행력을 쌓

아 우리의 삶에 공급하면 마치 수리조합 저수지의 물을 공급받는 몽리 구역에서 농사 짓는 격이 된다는 감각·감상이다. 세계의 모든 사람들이 삼학팔조 수리조합에서 공부법의 물을 공급받아 자기 삶의 농사를 짓도록 하라는 것이다. 이렇게 되면 일원회상도 발전하고 세계의 복리도 증진되는 자리이타自利利他가 된다는 감각·감상이다.

무진戊辰[1928년] 하간夏間에 한발旱魃이 심하여 이앙[移秧, 모내기]이 늦어서 일반 농가의 큰 걱정이 되었다. 그러나 본 회 농업조합에서 경영하는 농처農處는 대개 임익수리臨益水利조합의 몽리蒙利[저수지나 보洑 따위의 수리 시설 등으로 물을 받는] 구역인 관계로 이 같은 대한大旱에도 염려 없이 이앙을 하게 되었는바, 농업원 이준경씨는 차此에 대하여 한 감각이 있었다 하니 그 감각된 말씀은 아래와 같더라.

「저는 저 양양洋洋한[한없이 넓은] 수리조합 저수지를 바라보며 홀연히 한번 생각하여 보았습니다. 저 수리조합은 원래에 있었던 것이 아니라, 근대인의 명석한 두뇌로서 깊이 연구한 결과에 피해지 얼마를 희생하여 수읍數邑이 몽리蒙利될만한 훌륭한 기관을 설비하고 보니, 그야말로 인력으로써 능히 천재天災를 방어하는 바가 되었으며 참으로 자리이타自利利他가 아니라 할 수 없습니다. 수리조합은 몽리 인민으로부터 수세수익水稅收益이 있으니 이利라 할 것이요, 몽리 인민은 수세水稅 얼마만 지불하면 아무리 대한大旱이라도 안심하고 작농하게 되었으니 이利라 할 것입니다. 과연 사람 연구의 위력은 실로 이같이 필요한 것이로구나 하는 동시에 우리 선생님께옵서 새로이 개도開導하옵신 삼강령 팔조목으로 공부하는 지묘至妙한 교리와 무량한 공덕을 한번 생각하여 보았습니다. 만약 우리 인생이 이 법을 알아서 행할진대 행주좌와어묵동정行住坐臥語默動靜에 무시간단無時間斷으로 몽리가 될 것이며, 또는 이 법을 행함에 대하여 특별한 수고 될 것도 없으니, 우리 동지 된 제씨諸氏는 일심 합력하여 우리의 삼강령 팔조목으로 혜복의 길을 개척하고 본회의 기초를 영원한 세상에 완전히 세워 놓으면, 사주세계四洲世界를 몽리 구역으로 하여 일체중생에게 무량한 공덕을 입힐 것이니, 사주세계四洲世界 일체중생은 본회로 인하여 복리를 증진하고 본회는 사주세계四洲世界 일체중생으로 인하여 기초가 섰으니, 이게 이른바 자리이타가 아니고 그 무엇이리오. 이러한 기회를 당한 우리는 일층 맹진猛進하여 거창한 이 사업을 성공하게 될 것을 각오하고 심맹心盟하였습니다.」라고 하더라. (무진 5월 3일 감각)

의견안

수입·지출을 대조하여 예산 있는 생활을 합시다[생활 방면]

제안인 김영신, 시창14년(기사) 7월 16일

《월말통신》 제17호, 시창14년(1929) 7월분

——— 정기일기법 제2조 '당일의 수입·지출'을 기재하자'는 의견이다. 김영신은 경성부기학원을 마치고 시창13년(1928)에 제1대 12년을 결산하는 회계업무를 담당했다. 김영신은 공적인 업무의 회계뿐만 아니라 정기일기의 수입·지출을 각 개인 생활상에서 실행하자는 것이다.

이렇게 수입·지출을 대조하고 근검저축하여 생활의 안정을 얻고 회원이 된 의무를 준행하고 선비禪費를 준비하여 년 1차씩 전문공부에 참여하자고 권면하고 있다.

제안의 이유 : 인생의 가장 귀중 애석한 바는 생명보다 큰 것은 없습니다. 그 생명을 보존하려면 의식주 삼건三件 같이 급한 것은 없으며 이 의식주를 보존하려면 재산이 아니면 할 수가 없습니다. 또한 재산을 유지하기로 하면 수입·지출 대조하는 계산법이 분명치 않으면 안 될 것입니다. 우리가 날로 근검저축을 부르짖지마는 매인하每人下에 드는 비용과 근무로써 수입된 것을 대조하는 것이 없다면 다만 구두뿐이요 실행은 안 됩니다. 이것을 경과한 본인의 우견으로서는 이왕에 공부와 사업을 목표 삼고 희생적 노력하시는 전무출신 실행단원 제씨諸氏에게 더욱 올리고자 합니다.

작년 1년간 본인의 수입·지출을 대조하여 본즉 불행 중 다행으로 수입이 조금 많았습니다. 참으로 1인당 생활비란 얼마 되지 않는 줄 알았더니 그것도 진합태산塵合泰山이란 말같이 모아놓고 보니 실로 거액임을 놀랐습니다.

물론 본관 임원 혹은 농업부에서는 각인구좌各人口座로 인하여 수입·지출 대조가 있으며 회원 제씨諸氏 중에도 기위旣爲 대조하시는 분이 계시겠지마는 이것은 대략의 기재 또는 소수인의 기재뿐이요, 이것을 회원 제씨에게 일반적으로 여행勵行 시키질 못하였습니다. 그러므로 수입·지출 대조에 관한 우리의 관념은 여지없이 박약하게 되고 밥만 먹고 일만 하면 사는 줄 알았습니다. 그런즉 오늘에 우리는 일반에게 이 계산하는 방법, 대조하는 정신을 가르치고 넣어주는 것이 급선무라고 생각합니다. 그러기로 하면 부재다언不在多言하고 각자의 수입·지출을 각자가 계산하도록 각자가 부기簿記하도록 하여야 하겠습니다. 그리하여 이것을 각자의 두뇌로 생각도 하며 글씨로 써 보며 수數도 놓고 이러는 머리에 금전의 용처와 불용처를 알게 되며 명철한 역량도 생生할 것입니다. 그것을 아니 하는 사람은 아무리 절약하고자 하나 지출 방면에 용用, 불용처不用處조차 몰랐습니다. 그러므로 모르고도 쓰며 알고도 쓰며 한번 두번 쓰는 머리에 손에 잡히는 대로 쓰는 줄 모르게 이리저리 남용하게 됩니다. 이것을 경험해본 나로서는 불가불 대조하지 아니하여서는 안 될 것을 절실히 느껴졌습니다. 혹 '수입·지출을 대조하면 검박儉朴하여지느냐'고 질문하실 분이 계실는지 모르겠으나 나는 꼭 검박하여진다고 단언하겠습니다. 그것은 부기簿記할 때마다 한 층씩 주의가 깊어져서 수입보다 지출이 많아짐을 두려워하는 까닭입니다. 한 분이라도 안 쓸 데에 쓰지는 아니하게 될 것입니다. 이러므로 써 나는 반드시 검박하여지리라고 단언하였습니다.

아, 대이상을 가지고 대사업을 창조하려는 우리 회우會友 첨원[僉員, 여러분]이여, 하루속히 이 수입·지출 대조에 각성하여 근검과 저축에 전력하여 우리의 생활로를 우리가 개척하여 갑시다. 그리하여 자신 생활의 안정을 득得하고 회원된 의무를 준행하고 선비禪費를 준비해서 연 1차씩이나마 공부를 해야 하지 않겠습니까. 각성합시다. 각성합시다. 깊이든 잠 빨리 깨어 부지런히 배우며 부지런히 벌고 쓰기는 졸 먹고 작게 쓰지 않으면 안 됩니다. 이와 같은 생각으로 일신양명一身養命하는데 예산이 있다면 은연중 하해河海보다 깊으신 부모님 은혜, 동서불변東西不辨 우리를 인도하시는 사장師長의 은혜, 천지 은혜, 동포 은혜도 알게 되나니 남녀노소를 물론 하고 그저 붓만 잡을 줄 아시면 재가 출가를 물론 하고 수입·지출 대조법을 실시하기 바랍니다. [그런데 그 준비로는 연필 1본, 공책 1매면 족차족(足且足, 족하고 족할)일 것입니다.]

전술前述한 바와 여如히 각부 임원이나 농업부원으로서 비록 다른 데서 문서 잡은 곳이 있다 할지라도 개인 각자 할 필요가 있습니다. **나도 일부분 임원이지마는 회중 문서에 기재된 것은 단지 회중 금전출납뿐이요 결코 타인에게 받은 것도 안 들어가며 부모님에게 받은 것도 안 들어갑니다. 그러므로 본회중本會中과 금전 거래 외에는 개인의 총수입 지출을 분명히 볼 수가 없습니다. 더욱이나 재가 생활하시는 회우들은 개인 또는 가정 부기가 없고 보면 일 년을 지낸 후에는 그나마도 가고건[可考件, 참고해 볼 만한 건]이 없**

을 것입니다. 그뿐 아니라 또 필요할 것은 본회 법칙에 의하여 신분 조사하는 데에도 혜시, 혜수, 차금借金, 대부貸付가 분명히 적혀있으면 다른 수고 들 것이 없게 됩니다. 그러고 공부인으로서는 항상 그 지출금을 바라볼 때 '내가 이 비용을 드린 반면에 공부상 여하한 소득이 있는가? 없는가?' 이와 같이 자성自省하는 머리에 공부의 열심熱心도 더하여질 것입니다.

감상담(윤명화)

수입·지출을 작성토록 한 이유가 무엇일까?

제안인의 글을 보면 경제적으로 힘든 상황 속에서 수입·지출을 대조하며 절약하는 검소한 생활을 볼 수 있다. 처음엔 그저 수지대조收支對照로만 가볍게 생각했다. 그러나 그 어려움 속에서 어떻게든 절약하여 정기훈련에 입선할 수 있도록 선비를 준비하자는 제안과 지출하고 나서 그 지출 내역을 돌아보라 한다. 이 제안은 가볍게 넘길 사안이 아니었다. 수지대조를 통해 생활을 안정시키고 놀고먹지 말라는 자력양성을 위한 실천이며 사은에 보은할 수 있는 기반을 만드는 것이었다.

이 글을 보면서 그동안 수지대조에 너무 소홀하였다는 반성을 하게 된다. 매월 들어오는 수입을 통해 지출도 고정 지출이 대부분이라 수지대조를 가볍게 여겼다. 대종사님은 다 필요하기에 세세히 챙겨주셨는데 그 뜻을 제대로 받들지 못한 것이다.

당일의 수입·지출을 기재하면 불필요한 지출을 삼가게 될 것이다. 또 지출의 내역을 확인하다 보면 같은 돈이라도 복 짓는 지출을 더 할 수 있으리라. 수지대조가 혜시가 되도록 하고 또한 혜수도 잘 받을 수 있도록 하는 것이다. 수입과 지출도 마음을 챙겨서 해야 하는 수행이라 생각된다.

모든 것이 공부를 할 수 있게 해 주신 큰 은혜이다. 이제 은혜임을 알았으니 제대로 해 봐야겠다. 그러기에 대종사님은 정기일기법 2조에서 당일의 수입·지출을 기재하여 빈곤을 방지하여 안락을 얻게 하고 놀고먹는 폐풍을 없애기에 노력하라고 당부해 주셨다.

무지無知한 올챙이의 노름

《월보》 제37호, 시창17년(1932) 음 6월

정기일기법 제2조 '수입·지출 대조가 없이 놀고먹는 생활'을 말라 가는 웅덩이 속에 사는 올챙이에 비유하고 있는 법설이다. 『대종경』 인도품 32장에 윤문하여 수록된다.

시창10년 을축乙丑 5월에 종사주 익산으로부터 봉래정사蓬萊精舍에 오시니, 때에 마침 큰 장마가 져 초당 앞 연못에 물이 가득하여 사방 개구리가 모여서 새끼를 낳았더라. 얼마 후 비가 개고 햇볕이 뜨거워져 물이 점점 줄어서 3, 4일이 못 가게 되었는데, 개구리 새끼 올챙이는 그러할 줄을 모르고 기운 좋게 놀고 있었다.

종사주 그것을 보시고,

"아! 참 무지한 올챙이들이다. 너희의 생명이 1분 2분 줄어드는지를 모르는구나." 하시며, 인因하여 말씀하시되,

"하필 올챙이랴. 사람도 또한 그러하리라. 최후의 곤란을 생각하지 않고 현재의 재산을 배경 삼아 수입은 없이 지출만 하며 제 딴에는 활발히 노는 자들이 곧 올챙이니라. 저 올챙이가 그와 같이 즐거워하나 소견 있는 사람이 볼 때 며칠 못 가서 죽을 것을 알 것이요, 수입 없이 지출만 하는 자가 저는 비록 활발하고 교만하나 지식자가 볼 때 패망을 가히 점하리라.」 하시더라.

'교무부 제1회 공부인 훈련 보고서'

목록

1. 삼강령의 총론

우주는 대소의 만상이 수없이 펼쳐져 있고 인간은 시비이해의 경계가 얽혀있나니 사람은 그 가운데 처하여 만물을 사용하며 시비이해의 경계선을 밟는 것이 인생으로서 피할 수 없는 처지요, 가지 않을 수 없는 길이다.

사람이 만일 경계를 당하여 육근을 작용하려고 할 때 옳고 이로운 바는 취取하고, 그르고 해로운 바는 사捨하여 고를 버리고 낙으로 나아가며 인도 정의의 영장다운 목적을 달성하고자 하면 반드시 육근 작용의 사령관인 정신을 먼저 온전하고 밝게 할 것이며 대소유무와 시비이해에 충분한 지식을 갖게 할 것이며 모든 일을 지을 때 정의와 불의를 취사하여 실행이 있도록 할 것이니, 그러므로 본회에서는 인류사회에 제일 중요하고 제일 급선무인 모든 점을 미리 준비하기 위하여 정신수양 사리연구 작업취사로써 교육의 원강령을 삼아 남녀노소 선악귀천을 물론 하고 지성의 발원이 있는 자는 고루 훈련을 갖게 되었다.

그러나 이 삼강령의 진의를 해부하여 저세상 모든 인류의 생존상황에 참조하면 누구를 막론하고 다소간이라도 이 삼강령을 쓰지 아니한 자 없으며 우리가 우리의 역사를 회고하여도 지금 이 삼강령의 궤도를 밟으면서 살아왔으니 알고 보면 본회에서 독특히 제정한 삼강령이 아니며 또는 본 회원에 한해서만 이행할 삼강령이 아니다.

천지가 조판하고 인류가 시작하는 그때부터 인도의 근본적 원칙으로 제정된 삼강령이며 만고를 통하여 억만 중생이 밟아오고 밟아갈 삼강령일 것이다. 만일 불신하거든 유불선을 통하여 역대의 성현 달사가 중생을 위한 의도로 제정한 인도 정의의 법을 보자. 백천 경전과 억만 교법이 다 삼강령을 밝히는 데 불과하다. 선仙의 이른바 조화는 이 정신수양의 결과를 가리킴이요, 불佛의 이른바 견성은 이 사리연구의 결과를 가리킴이요 유儒의 이른바 범절은 이 작업취사를 가리킴이니 유불선 삼도도 이 삼강령을 밝히기 위함이며 유불선이 그 범위 내에 있는 만큼 유불선 삼도에 의하여 지금까지 영장이란 칭호를 보유한 우리로서는 더욱이 가지 않을 수 없는 길이며 가지 않아서는 아니 될 길일 것이다.

삼강령과 인생의 관계를 다시 한번 현실적으로 참조하여 보자.
저 준준무식[蠢蠢無識, 굼뜨고 어리석어 무식한]의 하우자라도 저의 운명상 중대 관계가 있는 난경이 닥쳤을 때는 반드시 그 해결책을 얻기 위하여 제 생각 있는 데까지는 이리저리 곰곰이 궁리하고 또 궁리할 것이며 단순히 그것을 궁리할 것인가? 귀로 들리고 눈으로 보이는 산란한 곳을 피하며 마음 가운데 경영하는 딴생각까지도 다 놓고 본능적으로 그 어느 으슥하고 조용한 곳을 찾아갈 것이며 그 머리에 가부간 한 생각을 얻었을 때는 그중에도 제게 제일 유익한 방법은 취하고 해될 일은 사捨할 것이니, 이것은 누가 가르치고 제가 배운 바도 없건마는 은연자연 중 저도 모르는 순간에 수양 연구 취사 곧 삼강령을 아울러 씀이라. 차此를 추측하면 인생이 무엇이든지 하기로 할 때 알든 모르든 이 삼강령을 어쩔 수 없이 쓰게 되는 것만은 사실이다. 여사히[如斯, 이와 같이] 무식한 자까지도 삼강령을 막무가내로 쓸 때가 있거든 그 이상 대소유무와 시비이해가 가능하여 매사에 성공을 바라는 자야말로 알고 보면 오죽이나 이 삼강령을 써 왔으랴? 그 길을 밟아 왔건마는 그 길인 줄을 모르고 맹목적으로 살아온 우리를 시시로 생각할 때 어찌 그 각성 없고 몽매함을 한탄하지 않으며 우리가 쓰면서도 몰랐던 그것을 발견하여 주신 종사주의 은덕을 생각할 때 어찌 그 새삼스럽게 솟는 감동을 멈출 수 있으랴?

다시 한번 그 실증을 보라. 저 분별 없는 5, 6세 유아도 이 삼강령을 쓸 때가 있나니 그것은 그 아이가 부모에게 항상 과자를 얻어먹다가 하루는 부모가 없는 사이에 저 혼자 과자 생각이 났다. 그러나 그 둔 곳을 알지 못하여 이곳저곳을 찾는 그 찰나에 부지중 손에 쥐었든 장난감과 젖 먹고 어린양 할 생각까지도 다 잊을 것이요, 단순한 그 생각이 과자가 어디에 있는지에 온전히 모을 것이며 그 순간에 따라 제 생각대로는 그 둔 곳을 이리저리 궁리도 하여볼 것이며 따라서 제 마음에 없으라는 곳은 놓고 있으라고 하는 곳은 취하야 조사도 하여볼 것이니 이것은 그 어린 것이 수양의 방법을 알아 정신을 온전히 모은 것도 아니요, 연구의 방법을 알아 이리저리 궁리한 것도 아니며 취사의 방법을 알아 이것을 놓고 저것을 취한 바가 아닌 것은 일반적으로 다 승인할 바이다.

이를 추측하면 사람이란 명칭을 대한 자로서는 반드시 이 삼강성三綱性을 근본적으로 타고나서 자연화된 것이라 아니할 수 없으며 어쩔 수 없이 쓰게 되는 것만은 더욱 확실한 사실일 것이다.

그러나 이같이 인생으로서는 제일 널리 쓰고 제일 많이 쓰고 제일 긴요한 삼강령, 매매사사와 일동일정에 기어이 간섭되어야 할 삼강령, 또는 쓰지 않아도 큰일에는 자연히 쓰게 되는 삼강령, 안 쓰면 곧 멸망과 실패가 오는 삼강령, 쉽게 말하면 인류의 생명과 같은 삼강령, 더욱이 지우청탁을 물론 하고 보편적으로 쓰게 되는 삼강령이지만 또한 그 반면에 잘 쓰고자 하나 써지지 아니하며, 쓴다고 하여도 매매 사사에 계속 되지 못하며, 같은 사람 중에도 잘 쓰고 못 쓰는 차별이 있게 되나니, 그것은 곧 삼강령인 줄을 알아 미리 공부가 없는 연고이다.

누구를 물론 하고 선악 간 어떠한 난경을 당하거나 난경이 아닌 쉬운 일이라도 처음 할 때는 저도 모르는 사이에 이 삼강령을 사용하지마는 그 외 쉬운 일이나 익은 일에는 삼강령에 조금도 주의와 생각이 없이 보는 대로 듣는 대로 생각나는 대로 엄벙덤벙 육근을 작용할 때 정당한 일이라도 괴롭거나 하기 싫으면 않고, 부당한 일이라도 즐겁거나 하고 싶으면 단행하였으니, 미리 준비가 없는 고로 일에 당하여 잘 쓰고자 하나 써지지 아니하여 매사에 계속되지 못하며, 그에 따라 같은 사람 중에도 잘 쓰고 못 쓰는 분별이 있는 것이다. 삼강령에 이같이 등한한 자로서 험준한 세상에 어찌 그 안신입명을 바랠 수 있으랴. 더욱이 이 모든 재화와 실패는 쉽고 적은 일에 주의심이 없는 데에 따라 일어남이라.

그러므로 일신一身을 대표한 그 정신은 일신을 망하고 일 가정을 대표한 자는 가정을 파괴하며 일 사회를 대표한 자는 일 사회를 파괴하며 일국一國을 대표한 자는 일국을 파괴하여 결국은 전 세계적으로 무도덕 무방면한 참경에 침몰당하는 것이다.

다시 말하면 이 삼강령은 인생으로서 고해를 건네는 함선이요, 밟아나갈 궤도이니 바다를 건너려 할 때 이 함선을 벗어나고 길을 가려 할 때 궤도에 탈선이 된다면 어찌 그 고와 고보다도 더한 운명의 탄彈을 면할 바이랴. 우리는 그 어느 조용한 곳에서 곰곰이 생각하여 보라. 사실인가? 아닌가를?

또 그 한 예를 들면 사람은 곧 자동차와 같나니 육신은 자동차의 형체와 같고 정신은 운전사와 같다. 철제의 자동차가 여객과 화물을 만재하고 천리원정千里遠程을 돌파하지마는 사람의 차는 사람으로서 이 세상에 행할 의무를 만재하고 만리원정萬里遠程의 피안을 목표로 진행한다.

그러나 저 자동차가 장거리를 원행할 때 여하한 고장이 없이 목적지까지 도착하기로 하면 그 무엇을 미리 준비하여야 할까? 차체의 장식이 화려하여야 할까? 차체의 장식의 화려함보다 운전법에 능한 운전사를 만나야 할 것이다. 만일 기술 불능의 운전사를 만난다면 좌회전할 것을 우회전하든지 우회전할 것을 좌회전하든지 차와 차가 충돌하든지 하여 차체를 파괴하며 여객과 하물을 손상하는 불행이 올 것이다.

여사如斯히 자동차의 흥망은 그 운전사의 능불능能不能에 있거니와 사람의 의무 등을 한가득 싣고 파란중첩한 시비 선로를 용왕勇往하려는 육근차六根車에는 무엇을 미리 준비하여야 역시 중도 고장이 없이 목적지까지 안전하게 도착할 것인가? 그것도 차체車体다운 육체를 주단 화복綢緞華服으로 장식하여야 할 것인가? 아니다. 이것도 그 운전사의 정신이 밝아야 하고 운전법이 능하여야 하고 실제 운전에 많은 시련이 있어야만 아무리 험악한 도로나 악풍고우惡風苦雨가 밀려오는 난관을 당하여도 꾸준히 분진[奮進, 분발해 나아감]하여 목적지에 도착하는 것이다. 그와 반면에 만일 운전사가 어둡고 운전법에 지식이 적고 실제 시련이 없다면 운전은 곧 실패로 전하야 사람 된 의무를 깨트리며 육신 차체를 파괴하는 멸망의 참경에 빠지는 것이다.

그러므로 본회의 삼강령 내 정신수양은 이 인생의 지배자인 육체의 운전사인 정신을 미리 밝혀 만드는 방법이요, 사리연구는 그 사리 선로에 선만 가지 운전방식을 아는 방법이며 작업취사는 그 운전사에 실제의 훈련을 시키는 방법이다. 이를 보면 삼강령이 인생에 필요한 것은 더욱 자세히 알 것이며 안다면 기뻐할 것이다.

그러나 자동차는 차체 제조소 운전사 훈련처가 별도로 있어 운전술에 전문 훈련을 받은 자가 아니면 차를 맡기지 않음으로 이미 운전면허를 득한 자로서 주의만 한다면 빈빈한 실패는 없으려니와 사람의 차는 차의 운전수가 동일동시同日同時에 합체적으로 출생한 것이므로 운전사가 훈련받을 여가가 없이 출현 당시부터 실제 운전에 착수하나니 만일 영영 훈련이 없이 그대로 운전만 한다면 전기와 같이 실패될 것은 과히 단정할 바이다.

사람의 정신에 훈련이 없이 육근을 농삭하게 한다는 것은 산촌 궁곡에 자동차를 보지 못한 우민으로써 자동차를 운전케 함과 같나니 논둑과 밭둑 갈 때 안 갈 때를 어찌 알아 차의 안전을 보장할 수 있으랴. 그러므로 사람의 운전사인 정신이 전문 훈련을 받지 못함에 따라 인생으로서 고에 빠지는 근원이 되며 오만 죄악의 요소가 되는 것이다.

현대의 학생계를 보라. 유소 시 학식을 준비하여야만 장성 후 사회생활에 자유스러움과 같이 사람의 운전사도 실은 의무의 짐이 가볍고 일이 적을 때부터 미리 훈련받아야만 의무의 짐이 중하고 나아갈 길이 복잡하더라도 정의의 선로를 찾아 고장 없이 진행할 것이다. 이 세상 불의를 감행하는 자는 다 그 운전사가 미리 훈련받지 못하고 자행자지한 연고이니 차에 대해 잘 알고 있다고 하여도 운전사를 미리 훈련할 필요는 두 번 말할 필요가 없다.

그러므로 그 운전사를 훈련하는 방법인 즉 본회의 삼강령을 우리는 감식고퇴하지[甘食苦退, 달면 삼키고 쓰면 뱉지] 말고 일 없고 한가할 때부터 미리 전문 공부를 하여 두었다가 일에 당하여 궁색함이 없게 하여야 할 것이다. 일 없을 때는 낭유적 생활로 수양 연구 취사에 아무 생각이 없다가 일에 당하여 갑자기 산란한 정신을 모으고자 한들 정신이 어찌 모이며 아무리 연구한들 수양과 연구의 힘이 없는 자로 대소시비가 어찌 알게 되며 아무리 유익할 방법을 취한들 이로움이 어찌 돌아오랴. 마치 예비치 못한 방죽 물을 불난 후에 찾는 것과 같다.

대소사 간 간섭이 되는 이 삼강령인 만큼 우리는 미리 수양하고 연구하고 취사법을 연습하여 우리 각자의 운전사를 명철하고 지혜 있고 실제의 시련이 있도록 만든 후에 용력을 다하여 저세상에 운전한다면 우리는 가는 곳마다 환영의 낙과 영광의 춤이 오리라.

또 그 한 예를 들면 의식주는 사람에게 둘도 없는 중요한 사용물인 만큼 그것이 아니며 사람은 하루도 그 생명의 존재를 유지할 수 없다. 그러나 사람이 그 의식주에 곤란을 면하려면 항상 의식주가 있는 오늘에 있어 내일의 것을 준비하여야만 내일에 당하여 곤란을 면할 것이니, 만일 오늘의 풍족만 기화[奇貨, 진기한 재물이나 보배]로 안다면 내일의 고는 단연한 고일 것이다.

삼강령은 사람의 의식주와 같나니, 미리 전문 공부가 없이 일에 임하여 쓰려하는 것은 준비치 못한 의식주를 쓸 데에 찾는 것과 다름없도다. 지금은 문화세계인만큼 각방 문화가 상통하여 모든 사람의 향학열이 전에 비하면 가위 충천의 세요, 경인의 적이라 아니할 수 없으며, 해海를 도渡하고 산을 월越하는 성력誠力이야 단문졸필短文拙筆로서 비교하기 어려우나 인도의 원칙이요 전 세계의 흥망을 지배할 수 있는 이 삼강은 공부는 고사하고 아는 자까지 희소하니, 어찌 인도를 아는 유지자들의 명인嗚咽을 금할 바이랴.

본회에서는 인도의 원칙인 이 삼강령을 사람이 미리 공부시키기 위하여 좌기[左記, 다음] 각 교육 조건과 훈련방식으로써 교육기관에 나누어서 가르치게 하였으나, 그것이 그대로 될지 안 될지는 상술上述을 들으신 여러분의 이해에 일임一任하는 바이며, 이것도 인생으로서 공부하여 둘 만한 필요가 있는지요?

그러나 본회가 조직되고 교육계와 사업계가 출현하여 각기 업무를 성成하는 것이다. 이 삼강령을 세우고 삼강령을 공부하게 함이니, 유아 각 회원 제씨는 다시 한번 시시로 생각하여 볼지어다. 이 삼강령의 권위가 능히 억만 사람을 통일적으로 지배할 수 있으며, 고로 행복을 줄 수 있는가? 없는가?

2. 교육의 조건

위와 같이 삼대 강령을 실행하기 위하여 신분의성과 불신 탐욕 나 우와 삼십 계문과 솔성요론과 재가 응용 주의사항과 재가 공부인이 교무부에 와서 하는 책임 사항과 매일 일기 기재법과 유념 무념 대조법과 종사주의 각종 법설 기재의 건으로서 교육의 조건을 삼아 재가 출가 공부인을 고루 훈련하게 하다.

3. 훈련의 방식

1. 매년 음 5월 6일부터 8월 6일까지, 11월 6일부터 익년翌年[이듬해] 2월 6일까지 양도의 전문적 정기훈련을 받게 하나니, 훈련의 과목은 곧 삼상령을 분해한 염불·좌선·강연·회화 경전·일기 등과 또는 간간이 명철하신 종사주의 법설로써 매일 8시간씩 훈련받게 하되, 염불·좌선으로서는 정신에 수양력을 얻게 하고, 강연·회화·경전으로서는 사리를 터득하여 알게 하며, 일기로서는 작업취사의 법을 알게 하고, 종사주의 법설로서는 개개인의 정도 임기의 형편을 융화하여 조금도 결함이 없이 만전의 훈련을 가하나니, 이러한 6과정[염불·좌선·강연·회화·경전·일기]의 훈련을 받은 결과 그 효력은 각 개인의 자력으로써 공부 방면, 사업 방면, 생활 방면에 대한 의견 제출과 기타 문목 해석과 감각 건과 처리 건 등을 제출하는 데에서 능히 볼 수 있도다.

동하 6개월 극한 극서에 사람이 활동함에 불편할 때는 이러한 전문 훈련을 받게 하고 활동에 편리한 춘추기에는 각자의 생활비와 공부비를 만들며 또는 세속 실제의 단련을 받게 한다.

2. 정기훈련을 마치고 각자의 집으로 돌아가는 자는 정기훈련 시 얻은 학식으로써 세간 사무의 단련을 받게 하나니, 단련의 과목은 재가 응용 주의사항 6조로써 5조로는 염불·좌선을 하여 정신에 수양력을 얻게 하고, 3조로는 취지규약·경전을 연습하여 공부의 길과 사업의 길을 알게 하며, 4조로는 각 문목 의두를 연마하여 사리 간 지식을 얻게 하고, 1조로는 일일시시로 하는 경계에 안이비설신의 육근을 작용할 때 온전한 생각으로 미리 취사하게 하며, 2조로는 육근 작용의 형세를 보아 미리 연마하게 하고, 6조로는 일을 처리한 후에 그 시비이해를 대조하게 하여 작업취사 하는데 실행을 얻게 하나니, 매년 춘추기에는 각자의 능력으로 여사如斯히 재가 단련을 받게 한다.

3. 위와 같이 재가출가를 물론 하고 삼강령 공부를 구체적으로 실행해가게 하나, 재가선在家禪과 출가선出家禪의 구분에 따라 삼강령 내 주무主務의 차별이 있나니, 즉 동하 6개월 전문 훈련을 받을 시는 정신수양과 사리연구를 주체 삼아 공부하고, 춘추 6개월 재가 단련을 받을 때는 작업취사를 주체 삼아 공부케 한다.

4. 재가 공부인에게는 재가 응용 주의사항 6조로써 재가의 단련을 받게 하나, 삼강령의 힘을 완전히 얻지 못한 자로서는 풍진우애風塵雨埃의 속세에 처하여 독력으로써 공부의 전로를 개척기로 하면 공부의 방식이 황폐하기 쉬우므로, 재가 공부인이 교무부에 와서 하는 책임 6조를 제정하여 재가 공부인으로서 교무부에 올 때 반드시 교무부를 다녀간 효력이 있도록 하나니, 즉 1조로서는 그 재가 단련을 받을 시 경과 상황을 일일이 문답하게 하고, 2조로는 견문 간 그 감각된 바를 감정하여 지식을 넓히게 하며, 3조로는 취지규약 경전과 종사주의 법설 내 그 의심된 바를 해석하여 알게 하며, 4조로는 매년 양도 입선의 정기훈련을 받게 하고, 5조로는 매월 삼차 예회의 정기훈련을 받게 하며, 6조로는 교무부를 다녀갈 때 반드시 교무부를 다녀가는 효력 유무를 대조하게 하나니, 차此 책임사항 6조로써 재가 공부인이 교무부를 다녀갈 시는 기어이 이행하도록 훈련한다.

5. 매일 일기표를 동년 7월경에 작성하여 우기[右記, 앞 기록] 재가 응용 주의사항의 실행 여하와 재가 공부인이 교무부에 와서 하는 책임 실행 여하와 삼십 계문의 범불범犯不犯과 본회 사업에 정신이나 육신이나 전곡으로써 근고 또는 혜시한 성적 유무와 공부 방면 사업 방면 생활 방면에 대한 의견 유무를 매일 속임 없이 조사하여 재가선在家禪과 출가선出家禪을 물론 하고 일일 시시로 실행케 하였으며 또는 매월로 대조하고 매년으로 대조하여 자기 성적 나아진 것을 알게 하였나니, 차此 일기법 실행으로부터 자기가 완전히 자기를 가르치게 되었으며 재가출가를 통하여 진실한 훈련을 받게 된다.

6. 경전의 의지에 불능하여 일기 개시에 착수치 못한 자에게는 또한 유념 무념 대조법으로써 공부케 하였나니, 그 대조 방법은 매일 당하는 모든 경계를 처리할 때 먼저 그 시비이해를 대조하여, 하기 싫은 일이라도 당연하면 이행하고 하고 싶은 일이라도 부당하며 이행치 않은 것은 유념 처리로 산算하고, 경계를 당하여 시비이해에 대조도 없이 정당한 일이라도 하기 싫으면 안 하고 부당한 일이라도 하고 싶으면 하는 것과 정당한 일을 하였더라도 시비이해에 분석이 없이 처리한 것은 무념 처리로 산하여 공부의 진축[進縮, 진퇴]을 알게 하며, 대조법이 능한 자에게는 재가 응용 주의사항 6조 전부로써 대조의 범위를 삼아 유무념을 대조케 하였나니, 차 유무념 대조법으로부터 노약과 문맹을 물론 하고 일분 일각도 놓지 않는 가장 간이한 공부를 하게 된다.

7. 우기右記 각종 교육의 조건과 다수 훈련의 방식으로써 재가출가 남녀노소 선악귀천 사농공상을 물론 하고 발원하여 배우기를 원한 자에게는 유루有漏없이 훈련할 만한 정법이 구비되어 있으나, 정식 훈련법 이상에 그 지방의 형편과 그 사람의 정도를 따라 설하옵신 종사주의 법문 기재의 건으로써 원근 각처를 물론 하고 균일적으로 만반의 공부 방법을 누漏없이 조화하여 훈련한다.

4. 교육 통일의 기관

현하 본회의 위치가 점고함[漸固, 점차 견고해짐]을 따라 공부에 발원하는 동지가 다함으로써 공부를 전문하여 교육계가 있게 되었으며, 그 교육계를 유지키 위하여 자연 중 사업계란 일부분이 출현 되었나니, 이 다수의 동지를 유루없이 훈련하여 교육의 목적을 달하고

자 하며, 이 사업계를 결함 없이 확장하여 교육의 영원한 기초를 정하고자 하면, 차此를 통치할 만한 기관이 있어야 할 것이며, 더욱이 다수의 동지자를 종사주 단독이 지도키로 하면 역불급의 사事이므로, 시창2년 정사추丁巳秋 제1회 기성단期成団 조직의 전례에 준하여, 지방을 따라 회원 구인을 모아 일단을 삼고 단장 일인一人을 가加하여, 차此 구인의 공부계에 사업계를 지도·감독게 하며, 차此 구인은 또 자기 매인하每人下 구인씩만 지도·감독게 하여, 차와 동同으로 하회원何会員을 물론 하고 의무적으로 구인 지도의 책임을 부담케 되었나니, 회원 수가 천만인에 달하더라도 상하 단장을 통하여 항상 자기 소속의 구인만 지도케 되므로 가장 용편容便하게 되었다.

또는 단장을 모아 9인이 되면 또 일단一團을 삼아 그 우수優秀한 자 일인一人으로 단장을 삼고 차此 9단장의 공부계와 사업계를 지도·감독게 되며, 이상 단장이 형성되는 대로 차此와 동양同様으로 하며, 회원의 정도와 처지가 각이各異함으로 단을 조직할 때에 전무출신실행단 거진출진단 전무출신기성단 보통단 사종으로 분정分定하였나니, 전기前記 각 교육 조건과 훈련방식으로써 차단기관此團機関에 분속分屬 통치케 함을 따라 실시의 초에 아직 장족의 진전은 득치 못하나, 원근 각처와 다수회원을 총망라하여 본회 공부계와 사업계에 조직적 향상과 통일적 발전성이 충분하게 되었으며, 동년 내 일기 개시한 각 단원에 한해서 차此 기관으로부터 현수懸殊한 효력이 유有케 되었나니라.

5. 교육 통일기관의 정관

우右와 여如히 기관이 조직됨을 따라 그 기관을 지배할 만한 규칙이 있어야 할 것이므로, 차 기관조직의 전인 금년 7월 1일부터 단규 원세칙의 증보 개술에 착수하여, 원칙 8개 조와 각단 내역 5개 조와 예식거행 급 절부단증 분급내역 6조와 단원의 의무 4조와 별부 4조와 단장 의무 5조를 증보하고, 세칙에 있어서는 염불, 좌선, 교과서 연습, 취사 실행, 정신근고, 육신근고, 전곡혜시, 의견제출 등의 내역과 각조부의 조사 방법을 제정하고, 따라서 각 단원 예회순서 5조와 단원 주의사항 9조와 본회 창립요론 11조와 단원 매일 일기 실경 기재 범례 등을 제정 혹 개선하고, 단원 매월 매일 성적조사표와 매년 매월 성적조사표를 획제劃制하여 7월 26일에 완성하였다.

〈참고문헌〉

『원불교 정전』(한문판), 1999

『원불교자료총서』(영인본) 1~10권

『원불교교고총간』 1권, 2권, 3권, 4권, 5권, 6권

『한울안한이치에』(증보판), 1987

박정훈, 『정산종사전』, 2002

주산 송도성 법문집, 『마음은 스승님께 몸은 세상에』, 2007

구타원 이공주 법문집 Ⅰ, 『일원상을 모본하라』, 2007

구타원 이공주 법문집 Ⅱ, 『인생과 수양』, 2007

혜산 전음광 문집, 『빛은 동방에서』, 1986

원산 서대원 문집, 『천상락과 인간락』, 2000

양도신, 『대종사님은혜속에』, 1991

안이정, 『원불교교전해의』, 1997

손정윤 편저, 『원각성존 소태산대종사 일화집』, 1995

이승원(제룡) 엮음, 『원각성존 소태산대종사 수필법문집』

〈기타〉

『정전 공부법』에 제시된 월말통신·월보·회보의 자료목록

1. 월말통신·월보·회보로 「개교의 동기」 읽기

[법설] 나는 용심법을 가르치노라 -《회보》 제33호

[법설] 내세를 관측하심 -《월보》 제39호

[회설] 물질이 개벽되니 정신을 개벽하자 -《회보》 제23호

[회설] 과학과 도학 -《월보》 제46호

[회설] 빛은 동방에서 -《회보》 제16호

[회설] 신구를 병진하자 -《회보》 제17호

[감각] 물질의 발명된 것을 보고 -《회보》 제14호

[감각] 현대문명의 횃불을 조심하라 -《회보》 제18호

[법설] 철모르는 사람들 -《월말통신》 제9호

2. 월말통신·월보·회보로 「교법의 총설」 읽기

[법설] 도덕은 동일하나 그 교리의 주체는 각각 다르다 -《회보》 제4호

[회설] 본회 출현의 근본정신 -《회보》 제38호

[회설] 불법의 대중화에 대하여 -《회보》 제29호

[감상] 도에 대한 오인을 지적함 -《회보》 제45호

[법설] 일편의 애착을 벗어나서 광활한 천지를 구경하라
곳에 마땅하게 사용하면 지상에는 한 가지도 버릴 것이 없나니라 -《월말통신》 제2호

[법설] 통만법명일심 -《월말통신》 제34호

[연제] 불법연구회 창건사 - 제13장. 대종사 불법에 대한 선언 -《회보》 제44호

3. 월말통신·월보·회보로 「일원상」 읽기

[법설] 일원상을 모본하라 -《회보》 제40호

[법설] 삼대력 얻는 빠른 길 –《회보》 제50호

[법설] 일원상과 인간과의 관계 –《회보》 제46호

[논설] 일원상에 대하여 –《회보》 제38호

[논설] 신앙과 수양 –《회보》 제34호

[논설] 일원상의 유래와 법문(하) –《회보》 제56호

[감상] 원각가 –《회보》 제34호

[감상] 승급인과 강급인 –《월보》 제45호

[감상] 이재문 군의 열반을 보고 더욱 인세의 무상을 감득 –《회보》 제37호

[법설] 천상락과 인간락 –《월보》 제41호

[법설] 사생과 육도 –《월보》 제36호

[법설] 우주만물은 곧 만능의 조물주이다 –《회보》 제64호

[법설] 대우주의 본가를 찾아 초인간적 생활을 하라 –《월말통신》 제21호

[법설] 대지강산과 삼라만상이 모두 다 내 것이다 –《회보》 제25호

[시] 허공과 자성 –《회보》 제42호

4. 월말통신·월보·회보로 「사은」 읽기

[법설] 일편의 애착을 벗어나서 광활한 천지를 구경하라

곳에 마땅하게 사용하면 지상에는 한 가지도 버릴 것이 없나니라 –《월말통신》 제2호

[회설] 원망생활을 감사생활로 돌리자 –《회보》 제57호

[감상] 사은의 무량한 덕과 그를 발명하신 종사주의 은혜 –《회보》 제38호

[법설] 도와 덕 –《회보》 제35호

[감상] 새 윤리의 출현 –《회보》 제30호

[감상] 나의 몸은 누구의 것이며 나의 의무는 무엇인가? –《월보》 제44호

[교법제정안] 사은사요 –《월말통신》 제20호

[가사] 경축가 –《회보》 제62호

[시단] 사은 찬송가 –《회보》 제17호

5. 월말통신·월보·회보로 「천지은」 읽기

[감상] 참 선생을 찾아 그 선생의 가르침을 받읍시다 – 《월말통신》 제21호

[법설] 우주만물은 곧 만능의 조물주이다 – 《회보》 제64호

[법설] 영구인연법 – 《월말통신》 제11호

[법설] 천지의 식을 말씀하심 – 《회보》 제11호

[감상] 매사에 시종이 여일치 못한 것은 우리의 큰 병이다 – 《회보》 제30호

[시] 보은자여 대은을 알라 – 《회보》 제28호

6. 월말통신·월보·회보로 「부모은」 읽기

[감상] 부모보은에 대한 감상 – 《회보》 제19호

[감상] 일산 이재철 선생의 효행 – 《회보》 제46호

[감상] 부모의 지중한 은혜 – 《회보》 제15호

[일화] 순인군의 효양부모 – 《회보》 제25호

7. 월말통신·월보·회보로 「동포은」 읽기

[법설] 핍처유성 – 《월말통신》 제11호

[감상] 동포의 은덕을 감사함 – 《회보》 제57호

[감상] 방직 공장을 구경한 감상 – 《회보》 제28호

[감상] 오는 해를 기념하여 오직 나는 나를 위하리라 – 《월말통신》 제22호

8. 월말통신·월보·회보로 「법률은」 읽기

[법설] 신기묘술의 폐해와 정의 도덕의 공덕 – 《월말통신》 제11호

[법설] 과거에는 다른 사람을 해하여 다가 자기를 이롭게 하는 사람이 잘 살았으나, 현재에 있어서는 어느 방면으로든지 다른 사람을 유익 주는 사람이라야 잘 살 것이다 – 《회보》 제17호

[회설] 역대 성불의 은택을 알라 – 《월말통신》 제14호

[회설] 도덕과 도인 – 《월보》 제39호

[회설] 도학은 양심을 배양하기 위해서 – 《월보》 제47호

[감상] 구속과 자유 – 《회보》 제61호

[법설] 제군은 동남풍이 될지어다 – 《회보》 제16호

[법설] 법회록 1 – 《월말통신》 제4호

[법설] 법회록 2 – 《월말통신》 제4호

[법설] 교무강습시 훈사 – 《회보》 제53호

[법설] 불타은과 국왕은 – 《회보》 제34호

[회설] 종교와 정치의 필요 – 《월말통신》 제15호

9. 월말통신·월보·회보로 「자력양성」 읽기

[법설] 우리는 고혈마가 되지 말자 – 《회보》 제14호

[의견안] 전무출신 여자 수용에 관한 건 – 《월말통신》 제16호

[감상] 부정당한 의뢰심을 두지 말라는 데 대하여 – 《회보》 제26호

[감상] 사모님의 실생활 – 《회보》 제39호

10. 월말통신·월보·회보로 「지자본위」 읽기

[교법제정안] 사은사요 – 《월말통신》 제20호

[법설] 배울 줄 모르는 병 – 《회보》 제36호

11. 월말통신·월보·회보로 「타자녀교육」 읽기

[취지서] 인재양성소 기성연합단 취지서 – 《월말통신》 제3호

[법설] 특별한 성공을 하기로 하면 특별난 서원과 특별난 계획이 있어야 한다 – 《회보》 제12호

[각지근황] 은부시녀 결의식과 신 삼형제 – 《월말통신》 제33호

[법설] 타자녀교양법을 실행하자 – 《시창26년도 사업보고서》

[감상] 전명철행 씨 미행 – 《회보》 제65호

12. 월말통신·월보·회보로 「공도자숭배」 읽기

[문목해답안] 공심이란 – 《회보》 제11호

[법설] 개인생활과 도덕사업 –《월말통신》 제22호

[법설] 금수사업을 초월하여 영장의 본처에 돌아오라 –《시창13년도 사업보고서》

[법설] 본회 공동생일 기념날 –《회보》 제65호

[회설] 공익기관 창립을 두고 –《월말통신》 제21호

[감상] 기한을 이기시며 공사를 위하시는 우리 사모님 생활 –《회보》 제64호

[법설] 희사위 열반 공동기념에 제하여 –《회보》 제47호

[기념문] 대희사 대사조모주 열반 제7주 기념문 –《월말통신》 제30호

[감상] 공도헌신자의 각오 –《회보》 제57호

[취지서] 농업부 기성연합단 취지서 –《월말통신》 제3호

13. 월말통신·월보·회보로 「삼학」 읽기

[법설] 동정간 삼대력을 얻는 빠른 길 –《회보》 제47호

[법설] 삼대력 얻는 빠른 길 –《회보》 제50호

[법설] 집에서 살림하면서 공부하는 방식 –《회보》 제34호

[법설] 삼강령의 필요 –《회보》 제25호

[법설] 정당한 일하는 사람과 부당한 길 밟는 자 –《월말통신》 제10호

[회설] 인격완성 –《월보》 제45호

[회설] 동정간 간단없는 공부법을 발견해서 만사를 내 공부 성취시키는 데에 이용하라 –《회보》 제22호

[회설] 참사람을 이루려면 도학의 공부를 하라 –《회보》 제30호

[회설] 사마를 정복하고 평화를 만회하는 삼강령에 대하여 –《월말통신》 제23호

[회설] 선이 적다고 안 할 것이 아니며 악이 적다고 할 것이 아니다 –《회보》 제15호

[감상] 무형한 함정 –《회보》 제15호

[감상] 삼독과 육적이며 그 대치법 –《회보》 제11호

[감상] 공부요도 삼강령은 고해의 대교이다 –《회보》 제19호

[감각] 수리조합의 몽리 구역과 삼강령 팔조목 –《월말통신》 제7호

[감상] 자취하는 함정 –《회보》 제18호

[가사] 처세가 –《회보》 제45호

14. 월말통신·월보·회보로 「팔조」 읽기

[법설] 배우는 성심 있는 원인과 없는 원인 - 《월말통신》 제12호

[법설] 이소성대는 천리의 원칙이다 - 《회보》 제58호

[회설] 대업을 완성토록 용왕매진하라 - 《월말통신》 제12호

[회설] 대도지사여, 모든 고난을 극복하고 용왕하라 - 《월말통신》 제34호

[회설] 성근 - 《회보》 제48호

[회설] 신성을 배양하자 - 《회보》 제63호

[감상] 까닭 있고 열심 있는 사람이 됩시다 - 《회보》 제2호

[감상] 매사에 기회를 잃지 말아야 성공할 수 있다 - 《회보》 제58호

[법설] 한 가지 잘못됨으로 인하여 만사에 방념치 말라 - 《월말통신》 제2호

15. 월말통신·월보·회보로 「인생의 요도와 공부의 요도」 읽기

[법설] 나의 가르치는 것은 인도상 요법이 주체이다 - 《회보》 제24호

[회설] 공부와 사업 - 《회보》 제33호

[가사] 교리송 - 《회보》 제32호

16. 월말통신·월보·회보로 「사대강령」 읽기

[법설] 제불조사의 지행을 체득하라 - 《회보》 제61호

[김상] 성질을 잘 골라서 매사에 중도를 잡으라 - 《회보》 제8호

[법설] 까닥하면 나를 생각해준 사람에게 죄를 짓게 되나니 주의하라 - 《월말통신》 제32호

[회설] 출세간의 불교를 세간불교로 건설하자 - 《회보》 제51호

[회설] 이기주의와 이타주의, 결과는 그 주의와 정상 반대로 - 《월말통신》 제31호

교고총간학敎故叢刊學의 태동을 바라며

월말통신·월보·회보와 함께 읽는 『정전 훈련법』과 『정전 수행법』을 발간하면서 느껴지는 감상과 바람이 있다. 그것은 다름이 아니라 '교고총간학'의 태동이다.

'교고총간'을 공부하면 할수록 그 가치가 가슴 깊이 새겨지기 때문이다. 교고총간敎故叢刊에는 소태산 대종사 재세 시의 기록물인 《월말통신》《월보》《회보》가 실려 있으며 그 외에도 초기교서 및 사업보고서 등이 망라되어 있다.

'교고총간학'은 왜 요청될까? 교고총간은 소태산 대종사의 육성肉聲법문과 초기교단의 구체적인 모습이 담겨 있는 기록물로, 소태산의 포부와 경륜을 제자들과 함께 이뤄가는 생생한 역사를 볼 수 있기 때문이다. 그러므로 교고총간은 원불교의 보경寶經이요 가치의 보고寶庫이다.

『원불교교사』 제2편 제3장 '1. 교화 기관지의 발행'의 전문全文이다.
"제1회 기념총회(원기13년 3월)를 마치고 제2회에 접어들면서 새 회상이 먼저 착수한 중요한 일은 교화 기관지의 발행이었다.
원기13년(1928·戊辰) 5월에 월간月刊 《월말통신月末通信》이 송도성(硏究部書記) 주간主幹으로 창간되어 복사판으로 34호(원기15년 12월호)까지 발행하다가, 교서 편찬 등 사무 관계로 부득이 한동안 중단되었으며, 원기17년(1932·壬申) 4월에 복간, 《월보月報》로 개제하여, 전음광(연구부장) 주간 아래 등사판으로 48호(원기18년 6월호)까지 발행하다가, 출판법 관계로 적발되어 48호 전부를 일경日警에게 압수당하고 폐간되었다.
원기18년(1933·癸酉) 9월, 총독부 당국의 정식 허가를 얻어, 월간 《회보會報》(전음광 주간)를 창간, 등사판 발행을 계속하다가, 원기19년(1934·甲戌) 12월호(회보 13호)부터 이공주(通信部

長) 주간으로 인쇄판을 발행, 점차 부수가 증가하였으나, 25년(1940·庚辰) 제2차 세계 대전이 급박해지면서 계간으로 바꾸었다가, 26년(1941·辛巳) 1월, 통권通卷 65호를 마지막으로 마침내 휴간하였다.
《월말통신》은 당시 몇 군데의 지방 교당에 법설 요지와 총부 전달 사항 및 교단 소식을 주로 보도하였고, 《월보》와 등사판 《회보》는 거기에 의견 교환의 역할도 겸하였으며, 인쇄판 《회보》는 차차 교화와 문화 기능도 겸하게 되어, 일정日政 압제 아래 유일한 문화 활동의 명맥이 되었고, 법설 기재와 감각·감상·의견·처리·문목 건 등의 제출이 많이 권장되어, 초기 교단의 정신적 유산으로 길이 남게 되었다."

이와 같은 《월말통신》 《월보》 《회보》가 수록된 교고총간의 연찬硏鑽은 『정전』 『대종경』 『원불교교사』 등의 본의를 독해讀解할 수 있는 근력을 키워줄 것이며, 교고총간을 적공한 힘은 원불교의 정체성을 세워주고 원불교가 나아갈 방향을 협의해 줄 것이다. 또한 원불교 문화의 원형을 밝혀주며 원불교 미래의 혜두연마와 전망지가 될 것이다.

월말통신·월보·회보와 함께 읽는 『정전 훈련법』 및 『정전 수행법』은 '교고총간학'의 일환이다. 아무쪼록 이 책에서 소개하고 있는 소태산 대종사의 법설과 제자들의 논설 회설 감상담 등을 통해 '『정전』 수행편' 체험의 친절한 안내가 되기를 소망한다.

끝으로 『정전』 수행편과 이와 연관된 《월말통신》 《월보》 《회보》를 공부인들과 연찬했던 1년여의 과정은 즐거움이었다. 이렇게 공부한 성과를 담아낸 『정전 훈련법』과 『정전 수행법』이 교고총간학의 태동에 작은 보탬이 되기를 바라며, 또한 소태산 대종사의 수행길을 밝혀가는 작은 등불이 되길 희망해 본다.

원기107년 6월

길산 방길튼 합장

월말통신·월보·회보와 함께 읽는

정전 훈련법

'일원상' 자리에 근거하는 훈련법

초판 1쇄 인쇄 2022년 8월 12일
초판 1쇄 발행 2022년 8월 21일

글쓴이 방길튼

펴낸곳 원불교출판사
펴낸이 주영삼
출판등록 1980년 4월 25일(제1980-000001호)
주소 54536 전라북도 익산시 익산대로 501
전화 063)854-0784
팩스 063)852-0784
홈페이지 www.wonbook.co.kr
인쇄 문덕인쇄

ISBN 978-89-8076-388-7(03200)
값 18,000원